내러티브와 장르

Narrative and Genre

내러티브와 장르

Narrative and Genre

미디어 분석의
핵심 개념들

닉 레이시 Nick Lacey 지음 | 임영호 옮김

산지니

Contents

3장 내러티브 이론 2

4장 장르 이론 1

5장 장르 이론 2

옮긴이 서문

드라마와 영화는 많은 사람이 즐겨 보는 '대중문화 영상 콘텐츠'다. 한때 이 콘텐츠는 텔레비전이나 영화관이라는 공간에서만 접할 수 있었다. 텔레비전이나 영화는 수많은 종사자로 이루어진 조직 형태이자 사회적 제도이기도 했다. 하지만 인터넷과 모바일이 등장하면서 이 모든 것이 바뀌었다. 사람들은 이제 방송시간대나 장소에 얽매이지 않고 자유롭게 프로그램을 소비한다. 자신이 본 프로그램의 내용은 알지만 심지어 어느 방송사 것인지, 영화인지 드라마인지조차도 잘 기억하지 못한다. 넷플릭스가 등장하면서 변화는 더 빨라져 이제 텔레비전의 종말을 선언하는 목소리도 나오고 있다. 전문 제작자의 판단과 방송사의 편성표가 아니라 이용자의 시청습관에 근거한 추천 알고리즘은 이 시대의 새로운 영상 소비방식의 추이를 표현하는 키워드로 떠올랐다.

이처럼 요동치는 변화의 물결 속에서도 그래도 한 가지 변하지 않은 것은 있다. 매체와 채널은 쇠퇴하고 있을지라도 여전히 드라마나 영화, 소설 등의 콘텐츠는 계속 만들어지면서 사람들의 사랑을 받고 있다는 것이다. 영상 콘텐츠는 영상이라는 언어를 빌렸을 뿐, 천년 전이나 지금이나 변함없이 인간의 삶에 관한 이야기를 다룬다. 사랑과 증오, 죄와 벌, 권력과 투쟁 등 삶의 다양한 이야기는 예전이나 지금이나 사람들을 간접 체험의 세계에 빠지게 해준다. 그런데 의외로 이러한 삶의 이야기는 레퍼토리가 그다지 다양하지 않다.

이 책은 바로 이러한 이야기가 어떤 구조로 되어 있으며, 이야기의 전달 관행은 어떻게 구성되어 있는지에 관한 궁금증을 풀어주기 위해 집필되었다. 원 제목은 〈내러티브와 장르: 미디어 분석의 핵심 개념(Narrative and Genre: Key Concepts in Media Studies)〉이다. 초판이 출간된 지는 꽤 지났지만, 책의 내용은 여전히 현실 상황을 이해하는 데 도움이 된다. 미디어가 바뀌고 시대상황이 변해도 콘텐츠의 기본 내용은 거의 변하지 않았다는 사실을 이보다 더 잘 보여주는 사례는 없는 듯하다. 미디어 환경이 급변하는 이 시대에 영상 분야에 뜻을 둔 젊은이라면 영상 콘텐츠에 대해 이해하고 나름대로 기획, 설계할 수 있는 안목을 갖출 필요가 있다. 이 책은 그러한 사람들을 위한 입문서로도 적합할 것이다.

이 책은 방송문화진흥회 번역 지원사업의 도움을 받아서 작업했다. 작업 희망 목록에만 올려두었던 책인데, 번역 작업에 본격적으로 착수할 계기를 마련해준 방문진에 감사드리며, 어려운 여건 속에서도 출판 작업을 맡아준 도서출판 산지니에도 사의를 표한다.

2019년 가을

번역자 임영호

들어가면서

> 강의를 계획하다 보면, 종종 '상식'에 따라 … 오로지 한 부류의 실천 관행이 지니는 특성만을 강조하면서 미디어별로 가르치기 쉽다. … [이렇게 되면] 모든 사람이 미디어를, 서로 관련되고 상호작용하는 일련의 체제로 경험한다는 사실을 무시하게 된다(Bowker, 1991, p.5).

책 시리즈의 구조

영국영화진흥기구(British Film Institute)의 보고서 〈초등과정 미디어 교육: 교과과정 목표(Primary Media Education: Curriculum Statement)〉는 다음과 같이 "교과과정 개발 … 에 토대가 되는 지식과 이해 영역 여섯 가지를 제안했다"(Bowker, 1991, p.5):

> 누가 커뮤니케이션을 하며, 왜 하는가? 그것은 어떤 유형의 텍스트인가? 어떻게 생산되는가? 그것이 의미하는 바를 우리는 어떻게 아는가? 누가 그것을 수용하며, 그 의미를 어떻게 받아들이는가? 그 텍스트는 그 주제를 어떻게 제시하는가?(Bowker, 1991, p.6)

이 '이정표적 질문들'은 다음과 같이 몇몇 핵심 개념으로 이어진다:

1. 미디어 행위자
2. 미디어 범주
3. 미디어 테크놀로지
4. 미디어 언어
5. 미디어 수용자
6. 미디어 재현

이 핵심 개념들은 이 책의 구조뿐 아니라 더 심화된 미디어 연구에 관한 다른 두 책(〈이미지와 재현〉(Lacey, 1998), 〈미디어 제도와 수용자〉(Lacey, 2002))의 근간을 이룬다. 이러한 주제 접근방식들을 집중적으로 다룸으로써, 대학진학 과정의 고학년 고등학생이든, 미디어 연구를 전공하는 대학 신입생이든, 학생들에게 고등학교 이후(post-16) 교육*에 필수적인 기본 기술을 전수할 수 있게 되었으면 한다. 교사나 강사의 강의 내용에 보충자료로 활용되었으면 하는 취지로 이 책을 집필했다.

이 개념들을 별도로 분리해 놓은 것은 자의적인 조치일 뿐이다. 왜냐하면 테크놀로지가 없다면 미디어도 존재하지 않을 것이고, 언어 없이는 재현도 이해할 수 없을 것이라는 등등의 이유 때문이다. 하지만 교육 목적으로는 이 범주 구분이 아주 유용하다.

나는 위의 내용을 다음과 같이 수정했는데, 이는 요즘 강의 계획서에서 강조하는 바를 따른 것이다. 그렇지만 이 수정안은 동시에 이 주제의 핵심 개념들을 다루고 있다. 그래서 이 책은 내가 상

* 영국 교육체제에서 학생들은 중등과정 중반에 해당하는 16세가 되면 대학 진학과정이나 직업 교육과정 중에서 선택할 수 있다. 여기서 'post-16' 교육은 고등학교에서 학부 교육까지를 지칭하는 용어로 이해된다. —역주

상하는 한 앞으로 어떤 미디어 강의계획서용으로도 적합할 것이다. 수정안은 다음과 같다:

1. 미디어 행위자 – 미디어 제도
2. 미디어 범주 – 장르
3. 미디어 테크놀로지 – 별도로 다루지는 않지만, 다른 각 범주와 관련을 맺는 범주이다. 내러티브와 장르는 텍스트가 어떻게 **구조화**되는지를 지칭하는 반면 테크놀로지는 이 구조를 **매개하기** 때문에 이 책은 예외적으로 그러한 구분을 따르지 않았다.
4. 미디어 언어 – 이미지 분석과 내러티브
5. 미디어 수용자 – 수용자
6. 미디어 재현 – 재현

물론 이 주제에 관한 방대한 지식을 책 한 권에 담으려는 의도는 아니지만, 이 범주들이 서로 어떻게 연결되는지를 명료하게 예시하기 위해 수정된 개념과 범주를 짝지어 제시했다.

책의 구조

고등학교 이후 과정의 학생들은 흔히 이 주제에 관해 거의 혹은 전혀 사전지식 없이 미디어 연구를 시작한다. 물론 나와 있는 책은 많지만, 대다수는 아직 고등학교 재학 중인 학생이 읽기엔 너무 학술적이고 일부는 학위과정을 밟는 사람에게조차도 너무

난해하다.

많은 교과서는 은연중에 책의 수용자를 지적 수준이 고정된 개인으로 상정한다. 이 교과서는 16세 이전과 이후를 구분하는데, 이는 단지 20개월의 학습기간 차이가 아니라 그보다는 주로 16세에서 18세 사이에 급속한 지적 발전이 이루어짐에 따라 생겨나는 수준 차를 감안한 것이다.

이러한 구분의 결과로, 우선 강좌 초반의 학생에게 맞게 각 핵심 개념은 기초적 수준에서 다룬다. 그 이후 장들은 이데올로기와 기호학처럼 좀 더 심화된 이론을 소개하고 개념에 적용해본다. 이 책은 (가장 일반적으로는) 2년 과정의 구조에 맞춰져 있어, 좀 더 심화된 장들은 이후 단계에 활용할 수 있도록 했다. 학부생이라면 모든 내용을 이해할 수 있어야 하지만, 이 책의 일부는 대학 진학 전 최상급반 학생조차도 어렵게 여길 가능성이 있음을 염두에 두어야 한다.

예를 들어, 이 책은 내러티브 이론의 기초 소개로 시작한다. 3장은 내러티브 보이스, 이데올로기적 내러티브와 대안적 내러티브 체제를 다룬다. 이와 비슷하게, 장르에 관한 절은 수많은 사례 연구의 기초적 기술로 시작하고, 뒤이어 장르 이론 비판 같은 어려운 개념이 나온다(5장).

미디어 연구의 대상은 광고, 영화, 비디오, CD, 인터넷 등 매일매일 우리 삶에 영향을 미치는 인위적 가공물이다. 미디어 연구는 미디어가 어떻게 작동하고, 미디어의 규칙이나 관행, 이데올로기적 목적은 무엇이며, 이러한 가공물이 21세기 초반을 사는 우리에게 어떤 의미가 있는지 탐구하는 것이다.

다른 주제들과 달리 미디어 연구의 범위는 유난히 광범위하며,

전문 분야에서 고질화된 것처럼 협소한 세분화는 이루어지지 않았다. 미디어 연구는 우리 주변의 세계를 이해하게 해주는 중요한 일을 한다. 또한 아주 재미도 있을 것이다.

내가 사용한 예는 현재 것과 (권위 있는 작품의 일부라는 의미에서) 고전이 섞여 있다. 나의 관심사를 반영해 영화에 초점을 두었지만, 경험에 비추어보건대 이는 대다수 학생들의 관심사이기도 할 것이다. 그렇지만 교사들이 선호하는 주제를 대체하려는 의도에서 그리한 것은 아니다. 이 밖에도 학생들은 자신의 미디어 경험에 관해 토론해볼 때 핵심 개념을 가장 잘 파악하게 된다. 이 책만 별도로 읽어도 되지만, 시리즈의 다른 책을 보완해서 읽도록 하는 것이 글을 쓴 취지이기도 하다. 〈내러티브와 장르〉는 두 번째 책이며, 첫 번째 책인 〈이미지와 재현〉을 언급하는 부분도 있을 것이다. 이는 (미디어 언어와 재현이라는) 핵심 개념에 관한 추가 정보를 어디서 찾을 수 있는지 명시하려는 취지에서 그렇게 하였다. 여기서 한 가지 예외는 기호학을 다룬 장인데, 독자가 적어도 이 분야의 기초 지식은 갖추었을 것이라고 가정한다(〈이미지와 재현〉의 2장을 보라).

마지막으로 한 가지 주의사항이 있다. 분명히 이 책은 참고서로 활용할 수도 있지만, 후반부 장들은 앞서 논의한 자료를 언급하기도 해서, 해당 절만 따로 떼서 읽으면 혼란스러울 수도 있다.

닉 레이시

사례 사용에 관한 설명

내가 특히 싫어하는 것 중의 하나는 어떤 텍스트를 보거나 읽기도 전에 사람들이 줄거리를 먼저 알려주는 것인데, 나 역시 독자가 느낄 내러티브의 즐거움을 망치고 싶지는 않다. 대개 결말을 '알려주는' 것 자체는 문제가 되지 않는다. 장르나 내러티브적 예상을 통해 '어쨌든 우리는 어떤 일이 발생할지 알기' 때문이다. 예컨대 〈스타워즈(Star Wars)〉를 보지 않았는데도, 내가 결말을 알려준다는 사실에 당혹해 할지도 모르는 모든 독자에게 지금 양해를 구한다. 하지만 어쨌거나 여러분은 결말을 이미 알고 있을 것이라 확신한다.

반면—'범인 색출물' 같은—어떤 텍스트에서는 독자가 중요한 사실을 모르고 있기 때문에 즐거움을 경험할 수 있다. 만일 탐정물 텍스트를 활용해 개념을 예시하게 될 경우, 나는 텍스트의 주요 부분에서 어떤 것도 미리 알려주지 않으려 노력할 것이다. 〈크라잉 게임(The Crying Game)〉(1992) 같은 다른 텍스트는 텍스트의 해당 장면이 나올 때까지 노출해서는 안 되는 내러티브 '충격장치'를 그 속에 갖고 있다. 내러티브적 지식에 신경 쓰지 않거나, 언급한 텍스트를 이미 경험한 사람들을 위해서는, 〈부록〉에 자세한 사항을 제목 알파벳순으로 정리해놓았다.

1

내러티브 이론 소개

Introduction to Narrative Theory

1장 내러티브 이론 소개

이 장의 목표

▶ 도입부의 검토를 통해 내러티브 개념을 소개한다.

▶ '스토리'와 '플롯'을 구분하고 내러티브에서 디에게시스(diegesis)와 시간 문제를 살펴본다.

▶ 토도로프의 이론을 설명하고 이를 텔레비전 시리즈(<엑스파일The X-Files>)와 연속극(솝 오페라Soap Opera), 논픽션 텍스트에 적용해본다.

▶ 프로프의 이론을 설명하고 영화 <세븐(Se7en)>과 <카피캣(Copycat)>에 적용해본다.

▶ 레비스트로스의 이항대립 이론을 기술하고 걸프전 보도, 글래스고 쓰레기 수거차량 기사 파업 등 신문 기사에 적용해본다.

▶ 내러티브에서 주인공과 악당의 이데올로기적 효과를 검토한다.

▶ 바르트의 내러티브 이론을 설명한다.

1. 시작하며

'내러티브'라는 용어는 분명히 '스토리'만큼 자주 사용되진 않지만, 어떤 식으로든 스토리를 지칭한다고 대다수 사람들이 알고 있다. 사실 스토리는 우리 삶 속에 깊이 스며들어 있다. 우리가 매

일매일 얼마나 많은 스토리를 경험하는지 생각해보라. 이러한 텍스트에는 다음과 같은 것이 포함된다:

- 텔레비전 프로그램
- 소설이나 단편(오디오든 텍스트든)
- 영화(텔레비전에서든 영화관에서든)
- 광고
- 신문이나 텔레비전, 라디오 뉴스
- 인터넷으로 유통되는 텍스트

또한 스토리는 텍스트에만 국한되지는 않는다. 친구에게 어떤 사건을 설명할 때 아마 사실과 숫자만으로는 감흥을 주기가 어려울 것이다. 아마 스토리 형태로 사건을 전하게 될 것이다. 또한 거의 확신하건대 여러분은 아주 어렸을 때부터 부모님에게서 이야기(스토리)를 들었을 것이다. 스토리는 우리 문화에 엄청난 영향을 미치는 데 그치지 않으며, 스토리텔링이 중요하지 않은 사회를 찾으려면 인류학자까지 나서야 할 정도다. 스토리는 인간의 삶에서 피할 수 없는 일부이다.

하지만 이 책의 제목은 〈스토리와 장르〉가 아니며, 정확히 내러티브란 무엇인가 하는 질문을 검토하는 데서 출발한다. 앞으로 살펴보겠지만, 내러티브는 너무나 강력한 분석 도구이기 때문에 장르보다 훨씬 더 중요한 개념이라 할 만하다.

내러티브는 아마 인간의 존재만큼이나 오래 전부터 존재해왔을 것이다. 프랑스 아르데슈의 1만 8천 년 된 동굴 벽화를 그린 석기시대 예술가들은 이미지로 내러티브를 구성하려 한 것 같다. 내러티브는 인류에게 참으로 보편적인 것으로 보인다는 점에서, 심리학, 정신의학, 사회학과 종교처럼 더 광범위한 담론을 다루지 않고는 이것이 우리의 존재와 어떤 관련성이 있는지 완벽하게 논의하기란 불가능하다. 하지만 그러한 작업은 대부분 이 책의 범위를 넘어선다. 우리는 미디어 연구의 관점으로 내러티브의 정의를 검토하는 데서 시작할 것이며, 이를 위해서는 수많은 텍스트의 도입부를 살펴보면 도움이 될 것이다. 우리 중 대다수는 아주 어릴 적에 첫 번째 스토리를 경험하는데, 아마도 이는 무수히 많은 동화에서 그렇듯이 '옛날 옛적에…'라는 불멸의 구절로 시작할 것이다.

2. '옛날 옛적에…' — 도입부

▩ 연습문제 1.1 ▩

'옛날 옛적에…'라는 구절을 분석해보자.

'옛날에'는 과거로 설정된 내러티브 세계로 우리를 초대한다. 실로 대다수의 내러티브는 과거 시제로 전달된다(한 가지 예외는 스포츠 다큐멘터리인데, 이는 사건이 전개되는 대로, 실시간으로 전달한다). 하지만 동화에서 우리가 들어서는 세계는 우리에게 친숙한 세계와 완전히 다른 곳이다. 이 '과거'는 말하자면 역사 내러티브에서 불러내는 과거와는 일치하지 않는다. '옛날에(once)'는 '누적된 시간(upon a time)'이다. 버거가 말했듯이, "이는 스토리를 과거에 위치시키는 것과 동시에 이것이 다른 세상, 전달자와 청자 혹은 독자와 멀리 떨어진 세상에서 일어난다는 사실을 시사한다"(Berger,

1997, p.84, 필자 강조). 일반적으로는 어떤 주체가 다른 것 '위에(upon)' 있다면 우리는 공간을 지칭하는데('테이블 위에'처럼), 여기서는 시간이라는 4차원 '위에' 있다. 이것이 자아내는 효과는 이 내러티브의 위치가 과거에 있을 뿐 아니라, **글자 그대로** 다른 차원, 우리와 다른 세상에 있다는 사실을 시사한다는 것이다. 이 도입부의 내러티브적 기능은 '그 어떤 일도 가능'하며, 물리학의 정상적 규칙이 적용되지 않음을 시사한다.

어린 아이들은 세계관이 아직 완전히 발달하지 않았기 때문에, 이러한 현실 비틀어놓기는 특히 이들의 욕구에 잘 맞는다. 이들은 '모든 일에는 시작이 있으면 항상 끝이 있다'는 식으로만 이해할지 모르나, 현실의 물리적 법칙을 모르기 때문에 규칙의 예외를 기꺼이 받아들일 수도 있다. 하지만 동화란 우리의 삶을 지배하는 물리적 법칙을 아이들에게 가르치는 용도로 이용되지 않는데, 이것의 용도는 이 장 후반에서 설명할 것이다.

블라디미르 프로프(Vladimir Propp)의 러시아 민담 분석을 공부해보면, 동화란 우리가 나이를 먹어간다고 반드시 '벗어나는' 텍스트가 아니라는 사실을 알게 된다. 역대 최대 흥행작 중 하나인 조지 루카스의 영화 〈스타워즈〉(1977, 재개봉작 1997)는 언뜻 보면 미래를 배경으로 하는데도 불구하고, 도입부를 '옛날 옛적에…'라는 구절로 시작해 그 내러티브가 동화에서 시작되었음을 강조한다.

▨ 연습문제 1.2 ▨

다음 도입부 이후에 어떤 부류의 일이 일어날 것이라 예상하는지 적어보자(만일 어떤 일이 발생하는지 이미 알고 있으면, 다음 도입부로 넘어가도 된다).

(a) 맑고 추운 4월의 어느 날이었는데, 벽시계는 13시를 알리고 있었다.

(b) 식보이는 오한으로 떨면서 비 오듯 땀을 흘리고 있었다. 나는 그냥 거기 앉아서 텔레비전만 응시하며 그 자식에게 신경을 끊으려고 애썼다. 내 기분을 망쳐놓고 있는 그 녀석을 피해서 장클로드 반담의 비디오에 주의를 집중했다.*

(c) 야외. 거리. 낮 시간

아스팔트길을 따라 달리는 사람 다리가 보인다. 마크 렌턴이다.

그의 바로 앞에는 스퍼드가 있다. 이들은 둘 다 빨리 달리고 있다.

이들은 이동하는 동안 재킷 안쪽에서 다양한 물건(펜, 테이프, CD, 화장지, 끈, 선글라스 등등)을 떨어트리거나 버린다.

똑같은 제복을 입은 건장한 보안요원 두 사람이 이 둘을 추격하고 있다. 이들은 빨랐지만, 렌턴과 스퍼드는 여전히 앞선 채 거리를 유지하고 있다.

렌턴(보이스오버) :

> 삶을 선택하라. 직업을 선택하라. 커리어를 선택하라. 가정을 선택하라. 망할 놈의 대형 텔레비전을 선택하고, 세탁기, 자동차, CD 플레이어와 전기 깡통 따개를 선택하라.

갑자기 렌턴이 길을 가로질러 간다. 자동차가 렌턴 바로 코앞에서 끼익 소리를 내며 정지한다.

렌턴은 미소를 짓는다.

도입부는 보통 텍스트 수용자의 주목을 붙잡아두려는 의도를 갖고 있기 때문에 중요하다. 시작이 엉망이거나 지루하면 사람들

---

* 어빈 웰시, 임지현 옮김, 〈트레인스포팅〉, 단숨, 2014, 8쪽을 기반으로 수정했다.

이 영화나 공연을 보지 않고 나가버릴 수도 있다. 우리 중 다수는 소설의 시작이 흥미가 없으면 굳이 끝까지 읽지 않으려 할 것이다. 그러니까 도입부가 얼마나 효과적인가 하는 문제가 텍스트의 재정적 성공에도 영향을 미치는 게 당연하다. 도입부는 내러티브의 미끼 역할을 해야 한다.

텍스트의 '도입부'는 보통 첫 번째 문장 이상의 것으로 규정되며, 비록 단위는 아주 작을지라도 여기서 우리를 내러티브 세계로 인도하는 몇몇 특징을 부각할 수도 있다. 발췌 예문 (a)에 나온 조지 오웰의 소설 〈1984〉의 도입부를 예로 들어보자. "맑고 추운 4월의 어느 날이었는데, 벽시계는 13시를 알리고 있었다."(Orwell, 1954, p.5) 이 문장에서 흥미로운 점은 시계가 '13시'를 알리고 있었다는 사실이다. 이 문장은 즉시 다음과 같은 수수께끼(이 장 후반에서 살펴볼 수수께끼)를 설정한다: 왜 13시일까? 이에 대한 해답은 소설이 출판된 1949년에 오웰은 전혀 다른 법칙이 적용되는 미래 세계, 바로 1984년의 세계를 묘사하는 장치로 이를 사용했다는 것이다. 내가 이전에 읽은 바로는, 오웰은 책 이름을 〈1948〉로 원했는데, 출판사가 이 제목을 거부해 그냥 마지막 두 자리 숫자의 순서를 바꿨다고 한다. 여기서 부각되는 점은, (4장에서 살펴볼) 많은 SF 텍스트와 마찬가지로 오웰은 미래가 아니라 자신의 현재에 관한 글을 쓰려 했다는 것이다. 이 소설을 기반으로 한 1984년 개봉 영화는 제2차 세계대전 직후의 매우 황량한 배경으로 이 점을 부각했다.

〈이미지와 재현〉이라는 책에서 이미 미디어 언어를 이해하는 법을 다루기는 했지만, 여기서 약간의 텍스트 분석에 빠져보는 것도 의미 있을 것이다. 물론 우리가 텍스트 도입부의 의미를 파악

하려 할 때에는 일종의 **해독**을 하는 것이기 때문이다. 말하자면 모든 것이 의미를 담고 있다:

> 예술은 순수한 체계라서, 어떤 단위를 스토리의 어떤 층위와 연결하는 갈래가 아무리 길거나 느슨하거나 희박할지라도 헛되게 낭비되는 단위는 결코 없다(Barthes, 1977, pp.89-90).

따라서 텍스트 분석에서는 스스로 다음과 같은 질문을 끊임없이 던져볼 필요가 있다. 가령 〈1984〉의 도입부에서 시점이 4월이라는 사실의 의미가 무엇일까?

1) 도입부의 분석

4월은 봄을 연상시킨다. 문학에서 4월을 언급한 다른 유명한 작품은 초서의 〈캔터베리 이야기〉의 전체 서문인데, 여기서 4월은 '3월의 메마름'에 대한 해독제로 '달콤한 소나기'를 선사한다. 이와 반대로, T. S. 엘리엇의 〈황무지〉는 4월에 관해 도발적 시도를 한다(〈이미지와 재현〉의 6장을 보라).

> 4월은 가장 잔인한 달
> 죽은 땅에서 라일락을 키워 내고
> 추억과 욕정을 뒤섞고
> 잠든 뿌리를 봄비로 깨운다.
> 겨울은 오히려 따뜻했다.
> 잘 잊게 해주는 눈으로 대지를 덮고

마른 구근으로 약간의 목숨을 대어 주었다.(Eliot, 1974, p.63)*

〈1984〉에서 날씨가 '춥다'는 사실은 오웰의 4월이 초서보다는 엘리엇의 4월에 더 가깝기는 하지만, 적어도 이것이 바뀔 가능성은 남아 있음을 시사한다. 그러나 이미 밝혔듯이 이 도입부 문장에서 모순된 의미를 암시하는 것은 '13시'를 알리는 시계다. 이는 24시간 단위의 시계를 지칭하는 것처럼 보이지만, 우리에게 친숙하지 않은 언어로 표현된다. 즉 이 세계는 우리 자신의 세계와 똑같지 않다는 것이다. 이와 더불어, 13은 흔히 불길하면서 상서롭지 못한 숫자로 간주된다.

예문 (b)의 첫 번째 문장은 어빈 웰시(Irvine Welsh)의 1993년 작, 소설 〈트레인스포팅(Trainspotting)〉에 나오는 것으로, 독자의 흥미를 끌기 위해 유사한 기법을 사용한다. 왜 식보이는 "비 오듯 땀을 흘리고" 있는가? 식보이는 누구이며, 왜 아픈가? 이 밖에도 노동계급의 에든버러 사투리와 거친 언어는 하층민의 환경이나 배경을 시사한다. (디킨스, 하디와 로렌스처럼) 많은 작가가 대사에 비표준 언어를 사용해 왔지만, 묘사용 구절에 이를 사용하는 것은 이례적이다. 〈트레인스포팅〉은 대부분 1인칭으로 썼으며, 에든버러 사투리 사용은 독자에게 등장인물의 생각과 직접 대면하고 있다는 느낌을 강화해준다. 실제로 어떤 절('정크 딜레마')은 (3장에서 정의한) 의식의 흐름처럼 되어 있다. 이와 대조적으로, '백년만의 섹스' 같은 절은 3인칭으로 썼을 뿐 아니라 표준영어로 되어 있다.

이것은 〈트레인스포팅〉의 내러티브와 무슨 관련이 있을까? 세

* T. S. 엘리어트, 황동규 옮김, 〈황무지〉, 민음사, 2011, 46쪽.

심하게 구상된 소설에서라면, 흔히 도입부가 적어도 이후에 구체화할 주제의 씨앗을 담고 있을 것이다. 비록 전체 텍스트를 다 읽고 난 후까지 확신할 수는 없겠지만, 이러한 '씨앗'이 존재하지 않는다면 텍스트를 읽는 일은 매우 힘겨워질 것이다. 어떤 텍스트를 읽기 시작할 때, 우리는 제공된 단서를 토대로 예측 과정에 몰두하게 된다. 대다수의 텍스트는 수용자에게 일찍부터 텍스트에 관해 오리엔테이션을 제공하고자 하기 때문에, 수용자에게 신속하게 다음과 같은 문제에 관해 명확한 기호를 제공할 것이다.

- 누가 주인공과 악당인가 (심리적으로 납득이 가는 캐릭터, 혹은 적어도 식별하기 쉬운 캐릭터 유형character types을 활용한다)
- 어디인지 식별 가능한 배경
- 이해하기 쉬운 스타일
- 원인-효과의 동기화를 포함하는 관습적 내러티브 구조

이상의 모든 것은 '장르' 아래에 포괄할 수 있는데, 장르는 수용자가 텍스트를 해석할 수 있도록 하기 위해 텍스트 제작자가 가장 손쉽게 동원하는 개념이다. 실제로 수용자는 텍스트 장르에 관해 보통 사전에 충분한 정보를 갖게 되는데, 이는 책 표지, 영화 포스터, 텔레비전 프로그램의 타이틀 시퀀스 등을 포함하는 마케팅을 통해 이루어진다. 일단 어떤 장르가 결정되고 나면, 대다수의 수용자는 '사전에 준비된' 틀로 텍스트를 이해하게 된다. 수용자가 해당 장르를 식별하는 정도는 텍스트 난이도에 따라 차이가 있다. 할리우드에서 출시한 최신 액션 블록버스터는 사실상 항상 '매장 전시대 분류표' 수준의 틀을 제공하며, 우리는 이떤 내용을 기대

할 수 있는지 정확하게 알고 있다. 다른 텍스트는 여러 장르가 결합된 내용을 제공할 수도 있어, 이때 수용자는 해당 범주를 식별하는 데 시간이 다소 더 걸릴 수도 있다.

▨ 연습 문제 1.3 ▨

여러분은 다음에 어떤 일이 일어날 것이라 생각하며, 어떻게 그러한 예측에 도달했는가?

"낯선 놈이 너무 많아. 당신들의 이 편협한 마을에선 그게 문제야." 마치 시비를 거는 것처럼 거칠고 냉소적인 목소리가 흘러나왔는데, 실제로도 그랬다. 마치 감히 거기서 자신의 말에 토를 달 자가 있는지 확인하듯이, 목소리 주인공의 핏발서고 잔인한 눈초리가 실내 여기저기를 훑었다. 그는 푸른 셔츠를 입고 긴 장화 윗부분에 바지를 구겨 넣은 차림의 덩치 큰 남자였고, 총 두 자루를 차고 있었다. 앞으로 눌러 쓴 모자가 그의 넓적하고 면도하지 않은 얼굴에 부분적으로 그림자를 드리우고 있었다(Strange, 1961, p.7).

이 글은 웨스턴(올리버 스트레인지의 〈서든Sudden〉*)에서 발췌한 것이며 여기서 묘사한 캐릭터는 확실히 '악당'이다. 그는 거친 목소리로 냉소를 날리고, 충혈된 눈에, 잔인해 보이며, 삐딱한 자세를 하고 있고(혹은 적어도 그의 모자는 그렇다), 넓적하고 면도하지 않은 얼굴을 하고 있다. 그는 악당 캐릭터로 묘사된다. 그다음에는 무슨 일이 일어날까? 그는 호리호리하고 깨끗하게 면도한 주인공에게 '혼이 난다.' 도입부 단락은 소설 처음 네 쪽의 배경을 설

* 영국의 작가 올리버 스트레인지(Oliver Strange)는 1930년부터 1950년까지 '서든'이라는 인물이 등장하는 웨스턴 장르 소설 10편을 출간해 인기를 끌었다. 소설에서 서든은 제임스 그린(James Green)이라는 가공인물의 별명이다. —역주

정하며, 독자는 무엇보다도 자신의 예측이 옳았음을 확인하는 즐거움을 경험할 수 있다.

하지만 비장르 텍스트라면 단서가 더 모호할 가능성이 있기 때문에 '접근하기'가 더 어려울 수도 있다. 가령 보통 장르 텍스트는 특정한 배경을 제공하는 데 비해, 비장르 텍스트는 그 어떤 배경이든 선택할 수 있다. 그럼에도 불구하고 비장르의 배경 역시 내러티브의 주제에 관해 유용한 실마리를 제공할 것이라고 거의 확신할 수 있다. 예를 들면, 장 뤽 고다르(Jean-Luc Godard)가 감독한 〈미치광이 피에로(Pierrot le fou)〉(1965)(제3장을 보라)는 '지적이고 교양 있는' 파리를 배경으로 시작해 '열정적이고 폭력적인' 프랑스 남부에서 끝난다.

가장 흔한 미디어 텍스트 스타일은 자신을 '위장하는' 것이다. 즉 텍스트의 창작자가 텍스트 해석의 틀이 되는 보이지 않는 창을 조성하려고 시도하는 것이다. 오웰과 스트레인지의 도입부는 아주 중립적인 스타일로 되어 있는 반면, 웰시 작품의 도입부는 스스로 전면 부각되고 이를 통해 텍스트의 중요한 부분이 된다. 앞으로 살펴보겠지만, 에든버러 사투리와 악센트 사용은 '진정한' 자연주의적 배경을 창조하는 데 기여한다.

내러티브는 수용자에게 제공되는 가장 핵심적인 단서라고 할 만하다. 적어도 서구에서는 사실상 모든 내러티브의 구조가 똑같으며, 이 장에서 설명하겠지만 이 때문에 매우 안정된 틀을 이루게 된다. 이러한 단서의 해독은 상당 부분 의식적이지만, '무의식적' 해독(우리가 생각을 하지 않는 상태에서 하게 되는 해독) 과정도 여전히 지속된다. 미디어 연구에서 텍스트 분석의 상당 부분은 이러한 무의식적 해독을 설명하는 일을 다룬다. 예를 들면, 〈트레인스포팅〉의 시작 부분에서 등장인물은 왜 장클로드 반담 비디오를 시청하고 있을까? 바꿔보기 테스트(commputation test)를 해보면 벨기에 출신 배우가 이 특정 내러티브에서 지니는 의미를 파악하는 데 도움이 될 것이다.

〈이미지와 재현〉의 2장에서 보여주었듯이, 바꿔보기 테스트는 특정한 기호의 의미를 확인하는 데 유용한 방법이다. 요컨대, 이는 동일한 계열체에서 선택된 기호를 다른 기호로 대체해보는 작업으로 이루어진다. 이 사례에서 선택된 기호는 장클로드 반담이다.

장클로드 반담은 '영화배우'의 계열체에 속한다. '영화배우'의 계열체에서 '장클로드 반담'이라는 기호를 다른 기호로 대체해보면 문장에 어떤 차이가 발생하는지 평가할 수 있다. 가령:

"나는 톰 행크스 비디오에 주의를 집중했다."

반담은 액션 영화(가령 〈유니버셜 솔저Universal Soldier, 1992〉)를 만들지만, 이와 대조적으로 톰 행크스의 영화는 멜로드라마인 〈시애틀의 잠 못 이루는 밤(Sleepless in Seattle)〉(1993)처럼 훨씬 '말랑말랑한' 경향이 있다. 그래서 〈트레인스포팅〉의 등장인물이 액션 영화를 시청하고 있다는 점은 중요해 보인다. 액션 영화의 두 가지 함축적 의미는 마초스럽고 어렵지 않다는 점이다. 그러니 단순히 '영화배우' 대신에 '액션 영화배우'라는 계열체를 사용했다면 어땠을까?

"나는 실베스터 스탤론 비디오에 주의를 집중했다."

스탤론은 〈데이라이트(Daylight)〉(1996)나 〈스페셜리스트(The Specialist)〉(1994) 같은 고예산 주류 할리우드 액션 영화와 연관을 맺어 왔다. 이와 반대로 반담은 확실히 비디오용 배우다. 스티븐 시걸과 신시아 로즈록처럼 반담은 (적어도 1999년까지는) 주류 영화에 '진출'하는 데 성공하지 못했다. 하지만 반담 영화는 마초스럽고 어렵지 않을 뿐 아니라 저예산으로, 흔히 '고예산' 영화의 고질병인 위선에서 자유롭다.

그렇다면 〈트레인스포팅〉의 도입부에서 '장클로드 반담'이라는 기호의 기능은 무엇일까? 이것은 효율적으로 캐릭터의 특성을 규정하게 해준다. 즉 ('멍청한' 액션 영화는 '저급 문화'라는 함축적 의미로) 등장인물이 밑바닥 인생임을 확인해주고, ('그냥'이라는 단어가 보여주듯이) 친구의 고통에 대해 무신경하고 전형적으로 남성적인 반응을 강조하는 기능을 한다. (만일 나머지 텍스트에서 어떤 일이 일어나는지 미리 안다면 텍스트 도입부를 분석하기가 훨씬 쉬워진다는 것은 의문의 여지가 없다.)

동일한 텍스트의 여러 버전을 비교해보면, 미디어에 따라 내러티브가 제시되는 방식이 어떻게 바뀔 수 있는지, 혹은 어떻게 필연적으로 바뀌게 되는지 파악하는 데 도움이 된다. 〈트레인스포팅〉 도입부(예문 c)의 스크립트는 영화에서 실제로 등장하는 시퀀스를 제대로 보여줄 수가 없다. 26초의 예문 부분은 13개 쇼트로 구성되어, 쇼트당 평균 2초로 매우 빠르게 진행된다. 장면 내내 카메라는 대개 렌턴과 똑같은 속도로 움직이면서, 이미 편집을 통해 조성된 역동적 속성을 강화한다. 렌턴의 보이스오버뿐 아니라, 이기 팝(Iggy Pop)의 곡 '러스트 포 라이프(Lust for Life)' 시작 부분을 딴 사운드트랙도 시퀀스를 빠르게 전개시키는 데 기여한다.

소설에서는 이 시퀀스를 [글로만] 기술하는 데 비해, 영화는 독자가 내러티브를 이해하기 위해 해독해야 하는 수많은 시각적 기호를 제공한다. 여기서 배우의 연기가 중요한데, 비언어적 커뮤니케이션은 배우가 연기하는 캐릭터에 관해 많은 정보를 전해준다. 예를 들면, 이완 맥그리거(렌턴)의 악센트는 에든버러 밑바닥층의 배경을 더 강하게 환기시키며, 그가 차에 치었을 때 대본(예문 c)에서 지시한 대로 그냥 '미소 짓지' 않고 실제로 웃음을 터뜨린다는 사실은 그가 적어도 약간은 정신이 나갔음을 시사한다. 그렇지만 우리는 그의 침착한 태도에 경탄할 수도 있는데, 이 점은 그가 우리가 주로 동일시하고 싶어 하는 캐릭터일 수도 있음을 의미한다.

옷은 중요한 비언어적 단서이다. 렌턴은 낡은 청바지와 싸구려 운동화에 배가 드러나 보이는 티셔츠 차림이다. 매장 고객 사이로 도망치고 있다는 사실까지 더해 이 모든 것은 그가 범죄자임을 시사한다.

영화 도입부는 분명히 소설보다 훨씬 더 흥미를 자아내기는 하지만, 영화가 문학보다 우월하다는 뜻이 아니라는 점은 확실하다. 3장에서 살펴보겠지만, 문학에 이상적으로 적합한 몇 가지 내러티브 기법이 존재하며, 다소 측은하게도 영화는 겨우 이를 모방이나 할 수 있을 뿐이다.

따라서 세심하게 설계된 텍스트 도입부는 뒤에 어떤 내용이 나올지, 또 수용자를 어떻게 사로잡으려 하는지에 관해 일정한 단서를 포함하고 있다. 하지만 텍스트 도입부를 스토리 도입부와 혼동해서는 안 된다. 텍스트 도입부는 예를 들면 뒤의 내용과 시기적으로 맞지 않을 수도 있다. 〈트레인스포팅〉의 영화 버전에서 도입부인 추격 장면은 대략 영화 중반에 발생한다(이 장 후반에 나오는 스토리와 플롯 구분을 보라). 그러나 텍스트의 시간적 구조와 내러티브의 시간적 구조를 구분하기 전에, 내러티브의 의미가 무엇인지 좀 더 자세하게 정의할 필요가 있다.

3. 내러티브란 무엇인가?

이 단어는 라틴어에서 '알려준다'는 뜻의 'narre'에서 유래하기 때문에, 내러티브란 흔히 정보를 전달하는 것이다. 하지만 이것만으로는 충분한 정의가 되지 못한다. 기차 시간표도 정보를 전달하지만 내러티브는 아니다. 내러티브를 다른 형태와 구분해주는 것은 정보를 연결된 사건의 시퀀스로 제시한다는 점이다. 말하자면 가장 기본적인 내러티브는 선형적 시퀀스로 A, B, C, D, E나 1, 2, 3, 4, 5 식으로 제시할 수 있다. 더구나 이 시퀀스는 무작위적이지 않고 논리적으로 구조화되어 있다. 대다수의 내러티브는 그 시퀀스를 인과적으로 구조화한다. 즉 각 사건은 논리적으로 이전의 사건 이후에 발생하며, 그다음 사건을 유발한다. 그러므로 내러티브란 적어도 두 개의 연결된 사건을 필요로 하며, 하나의 사건은 시퀀스가 아니다. 내러티브가 인과성을 강조한다는 점은 언어학의 담론을 활용해 예시할 수도 있다.

1) 언어학과 내러티브

내러티브는 적어도 두 개의 연결된 사건을 반드시 요구하기 때문에, 언어학을 활용하자면, "문법적으로 볼 때 … 스토리가 성립하는 최소 요건을 충족하려면, 하나의 복문으로 되든 두 개의 단문으로 되든 두 개의 절이 있어야 한다"(Pope, 1995, p.70). 따라서 '왕은 죽었다'라는 진술문은 내러티브가 아니다. 여기에 '그리고 왕비도 슬픔에 겨워 죽었다'라는 또 다른 절을 덧붙여야 내러티브가 성립한다. 내러티브는 단어가 전혀 없어도 성립할 수 있지만, 그 구조가 문장 구조와 비슷하다는 사실은 내러티브가 보편성을 띤다는 증거가 된다. 하지만 이러한 유사성에도 불구하고, 내러티브는 단순히 '문장의 합계'라고 정리할 수 없다.

내러티브가 미디어 연구에서 핵심 개념이 되는 이유는 텍스트 전체를 살펴보는 데, 특히 완전히 다른 것처럼 보이는 텍스트 간의 유사성을 입증하는 데 유용하기 때문이라고 주장해도 무방하다. 따라서 우리는 한 걸음 뒤로 물러나 내러티브를 더 폭넓은 의미에서 고려할 필요가 있다.

이미 살펴보았듯이, 시퀀스 개념이 중요하다. 전개가 이루어지지 않으면 내러티브가 성립하지 않는다는 것이다. 이 전개의 의미를 정확하게 기술하기 위해, 이외에도 '스토리(story)'와 '플롯(plot)'이라는 아주 흔한 이름이 붙은 두 개념을 구분하고 세심하게 정의할 필요가 있다.

2) 스토리와 플롯

▨ 연습문제 1.4 ▨

〈트레인스포팅〉이라는 영화를 본 적이 있으면, 그 영화의 내러티브 개요를 작성해보자.

***레이시가 작성한 <트레인스포팅>의 개요**

렌턴은 행복한 마약 중독자이다. 그러나 그는 마약을 '끊기로' 결심하고 다가올 (증상의) 부작용에 대비해 꼼꼼하게 준비하기로 한다. 하지만 그렇게 하기 전에 마지막으로 한 방을 맞기로 결정한다.

그는 어렵게 좌약을 구입해 몸에 주입한다. 그렇지만 그간 그를 괴롭히던 변비가 사라지자 '스코틀랜드에서 최악의 변기'를 향해 달려가야 한다. 여기서 근심을 해소한 지 얼마 지나지 않아 좌약까지 변기에 쓸려 내려갔음을 깨닫는다. 그는 변투성이 좌변기를 깊숙이 더듬어 좌약을 찾아낸 후 화장실에서 내려온다. 이때 렌턴이 바다처럼 보이는 곳 깊숙이 다이빙하는 초현실적인 시퀀스가 이어진다. 하지만 화면 위쪽에 조명이 비추어지면서 배경이 화장실 변기임이 드러난다. 렌턴은 의기양양하게 좌약을 찾아서 변기에서 내려와 좌약을 다시 삽입하고, 발걸음 소리를 요란하게 내며 화장실에서 나간다.

그리고는 렌턴의 '하루하루' 삶을 보여주는 수많은 신이 이어진다. 다이앤과 사귀게 되고, 그녀와 섹스를 한 후 침실에서 쫓겨나 소파에서 자고, 다음 날 아침 그녀가 사실 미성년 학생임을 알게 되는 광경이 그런 것들이다.

(마약 중독자가 아닌) 렌턴의 친구 토미는 여자친구와 섹스를 하는 장면을 찍은 비디오가 사라졌음을 알게 된다(사실은 렌턴이 훔쳐간 것이다). 토미가 실수로 그것을 비디오 대여점에 돌려줬을 것이라고 오해하고는, 애가 탄 여자친구는 그와 결별한다.

렌턴의 친구 식보이와 스퍼드 역시 '마약을 끊으려고' 시도한다. 하지만 친구 토미가 이들을 [스코틀랜드의] 하일랜드 산행에 데려가려 하자, 다시 마약으로 '되돌아가려'고 결심한다.

어느 날 아주 느긋하게 마약을 흡입하는 동안 아기가 사망한다(원인을 알 수 없는 사망이다). 토미는 사귀던 여자친구와 헤어진 후 절망감에 빠져 헤로인을 흡입하기 시작한다. 렌턴과 스퍼드는 가게에서 물건을 훔치다 붙잡힌다. 스퍼드는 감옥에 가고, 렌턴은 집행유예 판결을 받아 중독치료 과정에 다니게 된다.

하지만 렌턴은 다시 마약에 빠져 약물과용으로 고통을 겪는다. 이 사건 후 렌턴의 부모가 그를 침실에 가둬버리는 바람에 그는 어쩔 수 없이 '마약 금단 증세'를 겪게 된다. 그런데 이게 효과를 봐서 그는 과거에서 벗어나 런던에서 일자리를 얻기로 결심한다. 그는 부동산 중개인으로 일하는데, 친구 중 한 명이며 사이코패스인 벡비가 경찰에 쫓기는 상태로 찾아오기 전까지는 그럭저럭 잘 지낸다. 이 둘은 토미의 장례식에 참석하러 에든버러로 돌아가고, 토미는 에이즈 후유증으로 사망한다.

에든버러에 머무는 동안 벡비, 스퍼드와 식보이는 다량의 헤로인을 런던에서 판매할 수 있게 도와달라고 렌턴을 설득한다. 렌턴은 마지못해 승낙하고는, 헤로인이 고품질인지 확인하려고 몸소 흡입해본다. 거래는 성공적으로 성사되지만 이들이 축하파티를 여는 동안 벡비는 누군가를 '깨진 유리병으로 내리친다.' 그날 밤 렌턴은 스퍼드에게 약간의 현금만 남겨둔 채, 이들이 번 1만 5천 파운드를 챙겨 달아난다.

여러분이 개요를 요약한다면 아마 내 것과는 다를 것이다. 나는 많은 세부사항을 생략했다. 식보이와 렌턴이 숀 코너리 이야기를 하면서 개에게 공기총을 발사해 개가 바로 주인에게 달려들도록 도발하는 장면이 대표적이다. 하지만 '화장실 신'은 다소 자세하게 묘사했다(내게는 매우 흥미로웠기 때문이다). 줄거리 개요는 훨씬 짧아질 수도 있었고('헤로인 중독자가 스스로 개과천선하는 이야기'), 더 길어질 수도 있었다. 나는 텍스트 도입부에서 렌턴과 스퍼드가 가게에서 물건을 훔쳐 달아나다가 붙잡히는 장면도 생략했다.

내가 제시한 것은 "시공간에 걸쳐 원인-결과의 관계로 발생하는 여러 사건 간의 연쇄"(Bordwell & Thompson, 1993, p.65)로 구조화된 내러티브 개요이다. 이 원인-결과의 연쇄는 스토리와 플롯에 모두 나타나지만, 보드웰과 톰슨(Bordwell & Thompson, 1993, p.67)의 도표가 보여주듯이 모두 별개의 개념이다.

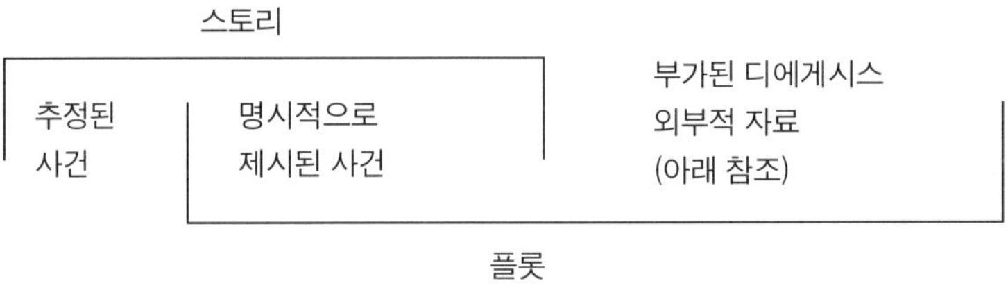

〈그림 1.1〉

플롯은 텍스트가 명시적으로 제시하는 모든 것이다. 스토리는 명시적으로 제시된 사건뿐 아니라 텍스트로 추정할 수 있는 모든 사건을 시간적 순서대로 배열한 것이다. 예를 들면, 〈스타워즈〉에서 플롯은 제국이 레아 공주를 체포하는 장면으로 시작하고, 루크 스카이워커와 동료들의 용맹스런 업적을 기리는 훈장 수여식 장면으로 끝난다. 하지만 스토리에는 이보다 더 많은 요소가 포함된다. 한때 제다이 기사였던 스카이워커의 아버지는 플롯이 시작될 무렵에는 이미 사망했지만, 스토리에는 등장한다. 할리우드 제작자들은 등장인물의 동기를 설명해주는 이 배경 정보를 '과거의 스토리'로 자주 활용한다.

〈트레인스포팅〉에서 렌턴의 화장실 경험은 플롯의 일부를 이루지만, 그 후 그가 집에 돌아가는 과정은 우리가 볼 수 없기 때문에 플롯에 속하지 않는다. 하지만 수용자는 그가 걸어서 집에 갔을 것이라고 추정하며, 따라서 이 과정은 스토리의 일부가 된다. 렌턴이 화장실에 들어갈 때 '스코틀랜드에서 최악의'라는 단어가 화장실 문의 이미지 위에 자막으로 부가된다(문에 붙은 '화장실'이라는 기호가 빈칸을 메우게 된다). ('화장실'이라는 단어와 달리) 이 단어들이 실제로 문 위에 붙어 있지 않다는 것을 우리는 알고 있다. 그러므로 자막의 단어들은 거기 있어도 렌턴은 모를 것이기 때문에 플롯의 일부이긴 하지만, 스토리에는 속하지 않는다.

이와 비슷하게 타이틀 시퀀스와 엔드 크레딧 역시 플롯의 일부로 간주된다. 이것들은 텍스트에 부가되지만, 내러티브 세계의 일부는 아니기 때문이다. 앞으로 설명하겠지만 이 내러티브 세계는 디에게시스(diegesis)로 불리는데, 이는 그리스어의 '내레이션'에 해당하는 단어에서 유래한 것이다.

보드웰과 톰슨(Bordwell & Thompson, 1993, p.69)은 탐정극의 내러티브를 설명하는 데 이 구분이 왜 유용한지 보여준다.

스토리
- a) 범죄를 꾸민다
- b) 범죄 계획을 세운다
- c) 범죄를 저지른다
- d) 범죄가 드러난다

플롯
- e) 탐정이 수사를 한다
- f) 탐정이 a, b, c를 밝혀낸다

〈그림 1.2〉

만일 이 텍스트가 '범죄물'이나 '살인 추리물'이라면, 범죄를 꾸미고(a), 범죄 계획을 세우며(b), 저지르는(c) 과정을 플롯이 수용자에게 보여주는 게 말이 되지 않는다. 그렇게 되면 우리는 사전에 이미 '범인'이 누구인지 알게 되기 때문이다. 실제로 플롯의 전개(e와 f)는 이 경우엔 a, b, c의 재구성으로 이루어진다. 흔히 a, b, c는 마지막에 탐정이 한자리에 모인 용의자들에게 '집사가 범인이었어!'라고 밝히면서 드러난다. 하지만 만일 a, b, c가 단순히 (위의 그림 1.2에서 보여주는 대로) 마지막에 탐정이 설명하는 방식이 아니라, 플래시백 형태로 (그림 1.3을 보라) 밝혀진다면 플롯은 바뀌게 된다.

스토리
- d) 범죄가 드러난다
- e) 탐정이 수사를 한다
- f) 탐정이 a, b, c를 밝혀낸다
- c) 범죄를 저지른다
- a) 범죄를 꾸민다
- b) 범죄 계획을 세운다
- c) 범죄를 저지른다

플래시백 (a, b, c)

〈그림 1.3〉

하지만 스토리에서 'a에서 f'까지는 이전과 똑같다. 실제로 관습적인 내러티브에서 스토리는 항상 시간순으로 구성되어야 하는데, 만일 그렇지 않으면 우주의 법칙을 어긴 것으로 판단될 것이며, 내러티브를 규정하는 논리적 인과성의 규칙을 파괴하게 될 것이다. 이는 심지어 시간 여행 스토리에도 적용된다. 가령 〈터미네이터(The Terminator)〉(1984)의 플롯은 1984년과 2029년 사이를 왔다 갔다 할 수 있지만, 스토리는 1984년(〈터미네이터〉에서 1984년 이전의 사건은 어떤 것도 추정해내지 못했다)에서 시작해서 2029년에 끝나도록 구성되어야 한다.

빅토르 쉬클로프스키(Victor Shklovsky)는 '스토리'와 '플롯'을 처음 구분한 사람이었다. 그가 사용한 용어는 'fabula'와 'syuzhet'였는데, 종종 '이야기(fable)'와 '주제(subject)'로 번역된다(Todorov, 1988, p.160). 토도로프는 이 장치들을 구분하는 방법을 다음과 같이 제시한다:

> 스토리는 실제로 일어난 일이고, 플롯은 저자가 이를 우리에게 제시하는 방식이다. [스토리]는 환기된 현실에 해당하고… [플롯]은 책 자체에, 내러티브는 저자가 채택한 문학적 장치에 해당한다(Todorov, 1988, p.160).

3장에서 살펴보겠지만, 텍스트 창작자(토도로프는 오로지 문학만을 지칭하지만, 우리는 미디어 텍스트 일반을 다룬다)가 사용하는 가장 중요한 '장치' 중의 하나는 내러티브 보이스라는 장치다.

'스토리'와 '플롯'은 또한 다음과 같이 기호학적으로도 파악할 수 있다:

> **플롯**은 처음부터 마지막까지 언어나 이미지에서 **읽고, 보고, 들은 그 대로의 내러티브**이다. 말하자면 기표(signifier)처럼 이는 독자가 인식하는 것이다.
>
> **스토리**는 **시간순으로 전개되는 내러티브**, 즉 차례로 발생하는 사건들의 추상적 순서이다. 말하자면, 기의(signified)처럼 스토리는 독자가 인식하거나 이해하는 것이다(Thwaites et al., 1994, p.121).

만일 트웨이츠 등의 비유를 더 확장하자면 (기표와 기의에 의해 창조되는) 결과적 기호가 바로 내러티브 자체라고 해도 무방할 것이다.

▨ 연습문제 1.5 ▨

내러티브 텍스트를 골라 스토리와 플롯을 구분해보자(더 의욕을 부린다면 〈터미네이터〉 시리즈 중에 골라 시도해보자).

플롯이란 저자가 독자의 주목을 끌고자 도입하는 아이디어의 미학적 배열로 볼 수 있다고 토마쉐프스키(Tomashevsky)는 주장한다(Lemon & Reis, 1965). 그러므로 '범죄'에서 중요한 사항은 범인이 누구인지 밝히는 것이며, 이 때문에 범인 노출은 플롯의 마지막에 이루어진다. 만일 그렇지 않으면 수용자는 스토리의 나머지를 읽지 않을 가능성이 더 크다. 마찬가지로, 렌턴이 걸어서 집에 가는 긴 과정은 중요치 않으므로 플롯에서는 등장하지 않는다.

모든 내러티브 텍스트는 하나의 플롯으로 구성되지만, 하나나 그 이상의 하위플롯으로 이루어질 수도 있다. 하위플롯은 기본적으로 조역인물을 등장시키며 보통 주 내러티브로 연결된다. 〈풀

몬티(The Full Monthy)〉(1997)에서 소외된 부인, 아들과 가즈의 관계는 하위플롯이 되며, 제럴드가 배우자를 기만하는 내용도 마찬가지다. 여기서 주된 플롯은 돈이 절실한 실업자를 다룬다.

3) 디에게시스(내러티브 세계)

디에게시스 개념은 텍스트가 창조한 세계와 다른 부가적—디에게시스 외적인—특징을 구별하는 데 도움이 된다. 디에게시스와 디에게시스 외적 요소를 구분하는 가장 손쉬운 방법은 내러티브의 등장인물이 인식할 수 있는(시청각 텍스트에서는 보거나 들을 수 있는) 게 어떤 것이고, 수용자가 인식하는 게 무엇인지 고려해보는 것이다. 수용자는 분명히 디에게시스 외적 자료를 포함해 텍스트가 제공하는 모든 것을 파악할 수 있는 반면, 등장인물은 오직 디에게시스적 요소만 지각할 수 있다.

〈표 1.1〉

디에게시스적	디에게시스 외적
영화나 비디오로 제시되는 이미지나 서술	부가된 이미지(가령 크레딧)나 소설에서 감사의 말
텍스트의 세계에서 발생하는 사운드 (탁자가 넘어지거나 음악 연주하는 소리)	'부가된' 사운드 (음악)
스크린상에서, 혹은 신의 일부로 등장하는 인물 간의 대화	보이스오버

디에게시스적 세계는 어떤 형식, 매체나 장르의 특정한 관습에

의해 창조된다. 만일 텍스트 내에서 불일치하는 부분이 발견되면 수용자는 자신이 접하는 세계를 '믿지' 않으려 할 것이기 때문에 디에게시스적 일관성은 중요하다. 일관된 디에게시스를 창조하기 위해 사용되는 장치 중의 하나가 바로 내러티브 보이스인데, 이는 3장에서 다룰 것이다. 또 다른 장치는 시간의 재현이다:

> 플롯을 바탕으로 [텍스트의] 스토리를 구성할 때 [수용자는] 사건을 시간 순서대로 배열하고 거기에 **지속시간**과 **빈도**를 부여하려 한다. 우리는 이 시간적 요인을 각기 별도로 구분해 살펴볼 수 있다 (Bordwell & Thompson, 1993, p.70).

4) 시간적 순서

스토리는 단순하게 말해 사건의 시간적 순서로, 위에서 살펴본 대로 항상 'a'에서 시작해야 한다. 하지만 쿠엔틴 타란티노(Quentin Tarantino)의 초기 영화들이 기법으로 즐겨 사용했듯이, 플롯은 이 순서를 바꿀 수 있다. 가령 〈펄프 픽션(Pulp Fiction)〉(1994)에서 영화의 '장'에 해당하는 플롯 순서는 다음과 같다:

(a) 서두
(b) 빈센트 베가와 마르셀러스 웰러스의 아내
(c) 금시계
(d) 진퇴양난의 상황
(e) 에필로그

하지만 이 플롯 순서는 (빈센트 베가의 암스테르담 체류처럼 텍스트에서 추론할 수 있는 플롯 이전의 사건을 당분간 무시한다면) 다음과 같이 'adebc'로 된 스토리를 재구성한 것이다.

(a) 서두
(d) 진퇴양난의 상황
(e) 에필로그
(b) 빈센트 베가와 마르셀러스 웰러스의 아내
(c) 금시계

금시계 부분은 또한 플롯이 시작되기 훨씬 오래전의 사건을 지칭하는 이야기도 포함한다. 타란티노의 감독 데뷔작인 〈저수지의 개들(Reservoir Dogs)〉(1992) 역시 그가 쓴 〈트루 로맨스(True Romance)〉(토니 스콧Tony Scott 감독, 1993)의 영화 대본과 비슷하게 뒤엉킨 플롯을 갖고 있다. 하지만 〈트루 로맨스〉의 영화 버전은 이를 해체하여 스토리의 시간적 순서대로 전개했다.

5) 시간적 지속기간

보드웰과 톰슨은 영화에 관해 서술하면서 플롯, 스토리, 스크린이라는 시간적 지속기간의 세 가지 유형을 기술하고 있다. 그렇지만 이는 모든 내러티브 매체에 적용할 수 있다.

- **플롯 지속기간(plot duration)**은 플롯이 다루는 시간의 양을 가리킨다. 플롯상으로는 1천 년의 시간 경과를 문장 절반 정도

로 표현할 수 있다(또는 〈2001: 스페이스 오디세이2001: A Space Odyssey〉(1968)에서는 '인간 문명의 새벽' 시퀀스와 2001년은 1초도 채 걸리지 않는 컷으로 이어진다). 아니면 이와 반대로 몇 초가 여러 페이지에 걸쳐 전개될 수도 있다. 〈트레인스포팅〉이 얼마 동안의 시간에 걸쳐 전개되는지는 분명하게 나오지 않지만, 토미가 여자친구와 헤어지고, 헤로인에 빠지고, 에이즈 관련 질병으로 사망하는 데는 적어도 7~8년 정도는 걸릴 것이라고 추정할 수 있다. 〈세븐〉(1995)의 플롯은 8일간을 다룬다. 〈닉 오브 타임(The Nick of Time)〉(1995)에서 플롯의 지속기간은 '실제 시간'이다. 즉 영화 상영시간인 89분은 등장인물의 삶에서 89분을 끊김 없이 다룬다. 이 '실제 시간'대로의 재현은 자연주의의 리얼리즘 프로젝트의 일부였는데, 19세기의 이 사조는 삶을 '초단위로(Sekundenstil)' 재현하려고 시도했다. 〈닉 오브 타임〉에서 이 발상은 오직 긴장을 조성하기 위해 사용된 데 비해, 이 사조는 철학적이고 미학적인 프로젝트였다.

- **스토리 지속기간(story duration)**은 스토리가 다루는 시간의 양이다. 이는 보통 플롯 지속기간보다 길다. 여기서 지칭되는 과거의 사건은 모두 스토리 지속기간의 일부가 된다. 만일 〈닉 오브 타임〉에서 플롯이 시작되기 이전 등장인물의 삶에 관해 우리가 아무 것도 몰랐다면 플롯 지속기간과 스크린 지속기간이 동일해졌을 것이다.
- **스크린 지속기간(screen duration)**은 영화나 텔레비전 프로그램을 보여주는 데 걸리는 시간의 양이다. 〈트레인스포팅〉의 상영시간은 93분이고, 〈세븐〉은 127분이다. 30분짜리 텔레비전 6부작 연속극에는 180분의 스크린 지속기간이 소요될 것이다.

물론 이 방식이 딱히 유익할지 의심스럽기는 하지만, 이 개념을 소설에도 적용해 특정한 텍스트를 읽는 데 어느 정도 시간이 걸리는지 측정할 수도 있을 것이다. 반면 라디오에는 '청취 지속 기간'을 적용할 수 있다.

몇몇 경우에 플롯은 스토리 시간 대신에 스크린 지속기간을 사용할 수도 있다. 모든 슬로 모션 시퀀스는 실제 사건 발생에 걸리는 시간보다 보여주는 시간이 더 걸릴 것이다. 어떤 사건을 반복해서 보여주기 위해 몽타주를 사용해도 똑같은 효과가 발생한다. 〈블루 스틸(Blue Steel)〉(1989)에서 메건 터너가 가게 유리창을 통해 절도범에게 총기를 발사하는 장면이나, 〈전함 포템킨(Battleship Potemkin)〉(1925)에서 에이젠슈테인의 오데사 계단 시퀀스가 그러한 예다.

물론 저자는 시간을 원하는 대로 설정할 수 있다. 마틴 에이미스(Martin Amis)의 〈시간의 화살(Time's Arrow)〉(1991)은 주인공의 죽음으로 시작한다. 그리고 나서 소설은 등장인물의 삶을 거꾸로 추적한다. T. H. 화이츠(T. H. Whites)가 아서왕 전설을 재구성한 〈과거와 미래의 왕(Once and Future King)〉에서 대다수 등장인물의 삶은 정상적으로 미래를 향해 전개되지만, 반대로 멀린과 올빼미는 과거로 거슬러 올라간다("여기가 바로 내 날개가 부러지는 곳이야" 하고 어느 지점에서 올빼미는 처량하게 말한다).

6) 시간적 빈도

플롯은 스토리의 빈도를 수많은 방식으로 변주할 수 있다. 만일 스토리에서 어떤 사건이 수없이 반복될 경우, 한 번 혹은 여러 번 보여줄 수도 있는데, 이는 사건이 더 긴 지속기간 동안 발생했다는 뜻이다. 예를 들면, 로맨스물에서 커플이 허니문을 떠난다면, 휴가 전 기간을 나타내기 위해 몇몇 장소만 보여주어도 된다.

스토리의 또 다른 변형은 빈도를 포함하는 것으로 사건의 반복이 될 수도 있다. 예를 들면, '범죄물'에서 결말은 흔히 이전에 보여준 살인장면으로 되돌아가는 플래시백으로 구성된다(이는 종종 우리에게 '전체 그림'을 보여주기 위해 다른 시각을 취한다). 스탠리 큐브릭(Stanley Kubrick) 초기 영화의 하나인 〈킬링(The Killing)〉(1956)은 '살인'에 이르는 줄거리를 참여자의 관점에서 반복해 보여준다. 사실상 어떤 경우이든 플롯이 스토리를 조작한 형태라는 사실은 독자가 텍스트 창조에서 중요한 역할을 한다는 점을 시사한다. 독자는 플롯에서 조각조각을 모아 스토리를 끼워 맞춰야 한다.

독자가 텍스트를 이해하게 되는 주된 방식 중의 하나는, 내러티브 구조에 관해 대개 암묵적으로 갖고 있는 지식을 통해 이루어진다. 내러티브 구조에 관해 최근에 나온 가장 영향력 있는 저작 중에는 츠베탕 토도로프(Tzvetan Todorov)의 저술이 있는데, 그 뿌리는 멀리는 아리스토텔레스와 그의 〈시학〉으로까지 거슬러 올라간다.

4. 토도로프와 내러티브 구조

이미 살펴보았듯이, 내러티브는 인과성에 의해 구조화된 구절들을 갖추어야 한다. 하지만 인과성만으로는 충분하지 않다. 비록 여러 점을 이용하고 인과성을 강조하긴 하지만, 관습화된 요리법

('달걀을 5분간 삶아라')을 내러티브로 분류할 사람은 거의 없을 것이다. 이 점을 예시하기 위해 연습문제 1.6을 나름대로 풀어보고, 만일 가능하다면 완성된 내러티브 버전을 다른 사람 것과 비교해 보라.

▨ 연습문제 1.6 ▨

내러티브가 되도록 여러 이미지를 재배열해보자.

a

b

c

d

e

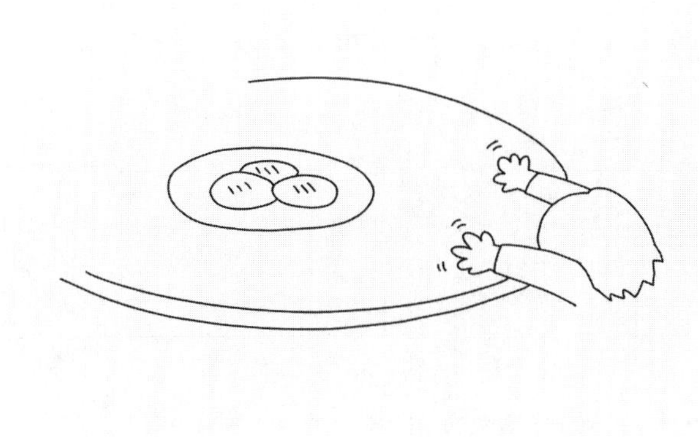

f

g

h

i

〈그림 1.4〉

만일 의도적으로 심술을 부리지 않았다면(물론 그런다고 해도 문제는 없다), 여러분은 시작이 있고 그다음에 논리적으로 (인과적으로) 중간이 나오며 마지막에 결말이 나오도록 내러티브를 구조화했을 가능성이 크다. 내가 제안하고 싶은 내러티브는 '케이트와 비스킷'이라는 제목으로 d, c, g, h, f, i, b, e, a 순으로 사진이 배열된 것이다. (그림 a, b, c, d, e, f, g, h, i ©임영호)

따라서 내러티브는 시작, 중간과 결말이 있다. 그러나 그것은 레시피도 마찬가지이다….

1) 시작, 중간, 결말 그리고…?

아리스토텔레스는 보통 드라마 텍스트의 '3막' 구조를 처음 서술한 사람으로 인정받는다(그의 〈시학(1965)〉을 보라). 루 헌터가 다음과 같이 제시한 '브로드웨이' 버전을 보자:

제1막에서는 주인공을 나무 위에 올라가게 한다. 제2막에서는 주인공에게 돌을 던진다. 제3막에서는 주인공을 나무에서 떨어트린다(Hunter, 1994, p.45).

이것 역시 아주 단순화된 정의다. 독자는 대다수의 내러티브에서 단지 결말에 도달하는 것 자체만으로는 그다지 만족하지 못한다. 내러티브는 사실 **인과적 변형**(causal transformation)이라고 츠베탕 토도로프는 주장했다. 달리 말해 내러티브는 그 안에 어떤 논리적 변화의 형태를 포함한다. 하지만 이 변형은 단순히 **어떠한** 변화라도 무방하다는 뜻은 아니다. 관습적 내러티브에서 발생하는 변형의 유형은 아주 구체적으로 정해지는 경향이 있다.

관습적 내러티브 구조의 토대는 다음 세 가지 요소로 구성된다고 토도로프는 주장했다. 즉 도입 상황(상황 1), 이 상황을 무너트리는 문제점의 발생, 아마 약간의 변화는 일어난 상태이긴 하지만 도입 상황이 회복될 수 있게 해주는 문제점 해결(상황 2)이 바로 그것이다. 연습문제 1.6의 내러티브에서 일어난 변형은, 케이트라 불리는 아이가 배고픈 상태(혹은 적어도 비스킷을 먹고 싶어 하는 상태)에서 '배고프지 않은' 상태로 옮아간 것이다. 중간 부분은 문제점 해결에 관한 것이다. 이는 다음과 같이 도식적으로 정리할 수 있을 것이다:

시작 〉 중간 〉 결말

상황 1 〉 문제점 발생 〉 해결(상황 2)

케이트가 놀고 있다 〉 케이트가 배고프다 〉 케이트가 먹고 난 후 다시 놀고 있다.

상황 2는 상황 1과 아주 비슷하다. 유일한 차이점은 (음식의) 결여가 해결되었다는 점뿐이다. 대다수의 내러티브는 이처럼 아주 단순한 구조에 끼워 맞출 수 있다. 예컨대 〈스타워즈〉(1977, 재개봉작 1997)에서 내러티브 구조는 다음과 같이 서술할 수 있다:

- 도입 상황: 제국에 대항해 반란 모의가 이루어진다.
- 문제 발생: 데스 스타가 반란을 진압하려 한다.
- 문제 해결: 데스 스타가 파괴되어 반란이 계속될 수 있게 된다.

윌리엄 골딩의 소설 〈파리 대왕〉(1954)에서 내러티브는 다음과 같다:

- 도입 상황: 소년들이 비행기로 탈출한다.
- 문제 발생: 비행기가 추락하고 소년들은 섬에 고립된다.
- 문제 해결: 소년들이 구출되어 여행을 계속한다.

그리고 〈풀 몬티〉(1997)에서는:

- 도입 상황: 미래가 막막한 실업자, 가령 가즈가 아들에게 따돌림 당한다.
- 문제 발생: 돈이 궁한 바람에 가즈는 아들과 계속 만날 수 있게 된다.
- 문제 해결: 스트립쇼가 성공해 돈을 벌게 된다.

(하지만 이 실업자의 미래에 관해 상상해보는 것도 흥미로운 것이다.

마지막 샷의 정지 화면freeze-frame*은 이들의 문제점이 해결되지 않았다는 사실을 시사한다. 만일 영화가 계속되었다면, 이 문제점을 해결할 필요가 있었을 것이다.)

▨ 연습문제 1.7 ▨

픽션 텍스트 세 가지를 고른 후, 상황/문제 발생/문제 해결 모델을 활용해 내러티브 구조를 기술해보자.

내러티브는 반드시 픽션 텍스트에만 국한되지는 않는다. 스포츠 이벤트 역시 종종 이런 특징을 갖는다. 게임 시작 무렵 축구팀의 상황은 리그 내에서 특정한 순위를 말한다. 경기 상대팀은 문제를 발생시킨다. 문제 해결은 리그 순위(혹은 우승컵 쟁탈전의 전적)를 변동시킬 가능성이 있는 경기 결과이다. 물론 '친선' 경기에서는 그러한 변형이 일어나지 않는데, 이는 왜 그러한 경기의 중요성이 떨어지는지를 어느 정도 설명해준다. 몇몇 논픽션 내러티브 형태는 나중에 살펴볼 것이다.

일반적으로 내러티브적 변형은 또한 내러티브에 등장하는 등장인물과 관련이 있다. 문제를 해결한 (보통 자기 자신의) 행동의 결과로 이들 역시 변화하게 된다. '케이트와 비스킷' 사례에서 아이는 평소라면 손이 닿지 않는 대상을 손에 넣는 방법을 깨우쳤는데, 이 해결책은 미래에 발생할 문제점에도 적용할 수 있는 것이다. 이 내러티브는 단순하긴 하지만 어린 아이들의 학습 경험을

---

* 정지 화면은 영화와 비디오에서 어떤 내용의 프레임을 스크린상으로 반복해서 보여주는 기법을 말한다. 이는 정사진(still photograph)과 유사하게 정태적인 샷의 효과를 낳게 된다. —역주

내용으로 한다.

이처럼 단순한 시작/중간/결말의 구조는 다음과 같이 또 다른 방식으로도 설명할 수 있다:

명제(thesis)/반대명제(anti-thesis)/종합명제(synthesis)

이 설명은 내러티브에서 변형의 요소를 강조한다. 도입 상황(놀이)이 명제이고, 이는 음식의 부재, 즉 놀이의 즐거움을 망치는 배고픔이라는 **반대명제**의 도전을 받는다. 장애는 탁자이다. 문제점을 극복하고 나면 케이트는 다시 만족한 상태에서 놀이에 몰두할 수 있다. 하지만 '반대명제'의 경험은 케이트도 변화시켰다. 케이트는 키가 작다는 문제점을 극복하는 법을 깨쳤고, '배고픔 해소'(종합명제)라는 보상을 받았다.

아이들은 '까꿍놀이(peek-a-boo)'를 즐겨 하는데, 이는 프로이트가 말한 포르트-다 게임(fort-da game)*('이제 없다-여기 있네')의 일종의 변형이다. 테리 이글턴은 다음과 같이 말했다:

> 포르트-다는 대상을 잃어버리고는 다시 찾아낸다는 이야기로, 아마 우리가 상상할 수 있는 한 가장 짧은 스토리일 것이다. 그러나 심지어 가장 복잡한 내러티브조차도 이 모델의 변형으로 해석할 수 있다. 고전적 내러티브의 패턴은 원래의 안정된 상태가 무너지고 결국

* 이는 유아들이 침대 바깥으로 장난감을 던지고 부모가 이를 가져다주면 다시 던지는 행위를 반복하면서 내는 소리에 프로이트가 착안해 도출한 개념이다. 프로이트는 유아기의 이 행동이 반복의 강박관념(repetition compulsion)을 설명하는 중요한 사례라고 보았다. —역주

다시 회복된다는 것이다(Eagleton, 1983, p.185).

내러티브와 문장의 유사성이 보여준 것처럼 내러티브를 보는 이 정신분석학적 시각 역시, 내러티브 형태는 인간과 관련된 모든 것을 규정하는 특징임을 시사한다.

내러티브의 '시작, 중간, 결말'은 내러티브를 이루는 **개별적** 요소들에 그치지 않고 상호 **관계**에 의해 정의된다. 시작은 중간과 결말과의 관계 속에서 차지하는 위치에 의해서만 규정될 수 있다. 예를 들자면, 플롯에서 시작 부분의 사건은, 나중에 어떤 문제에 봉착하게 되는지 파악하기 전까지는 왜 중요한지 우리가 확신할 수가 없다. 이와 비슷하게 문제 발생은 오로지 결말에서 '해결'되기 위해서만 존재한다.

토도로프는 상황/문제 발생/해결이라는 단순한 구조보다 조금 더 복잡한 내러티브 구조의 설명을 제안했다. 그는 다음과 같이 다섯 가지 단계를 설정했다:

1. 원래의 균형 상태
2. 어떤 행동에 의해 균형 상태의 붕괴
3. 문제 발생에 대한 인지
4. 문제 발생을 해소하려는 시도
5. 균형 상태의 회복

우리의 '케이트와 비스킷' 내러티브는 다음과 같이 해석할 수 있다:

1. 케이트가 놀고 있다.
2. 케이트가 배고프다(배고픔의 충동이라는 상황에 의해 유발).
3. 케이트가 음식이 간절해 놀이를 중단한다.
4. 케이트는 음식을 손에 넣으려 애쓰고 성공을 거둔다.
5. 케이트가 음식을 먹고 놀이를 계속한다.

브래니건이 말했듯이, 토도로프는 어떻게 변화가 다음과 같은 결과를 초래하는지 설명했다:

> [변화는] 전반적 패턴이나 '변형'을 초래하며, 이에 따라 제3단계는 제1단계와 제5단계의 '역전'으로 볼 수 있고, 제4단계는 제2단계의 '역전'으로 볼 수 있다(왜냐하면 이는 문제 발생의 효과를 역전시키려 하기 때문이다). 다섯 단계는 A, B, -A, -B, A 등의 순서를 나타내는 것으로 볼 수 있다(Branigan, 1992, p.5).

'자기완결적' 텍스트, 즉 연속극의 성격을 띠지 않는 텍스트의 내러티브는 단순히 원래 도입 상황으로 우리를 데려가는 데 그치지 않는다. 그래서 다소 대칭성을 훼손하기는 하지만 변형이 일어났음을 인정한다는 점에서, 균형의 회복(5단계)은 A2라고 해석하는 것이 아마 더 정확할 것이다.

오늘날의 수용자라면 때때로 이러한 내러티브적 문제점 해결에 다소 개연성이 떨어진다고 여길 수도 있다. 그래서 아이들은 자기 나름대로 내러티브 작성을 시도할 때 '그냥 꿈이었을 뿐이야'라는 결말을 잘 이용한다. 비록 당시에는 설득력이 없다고 여겨지지 않았지만, 이와 비슷한 장치는 중세의 미스터리 희곡에서 사용된 것으로, '신의 행위(deus ex machina)'로 갑자기 모든 문제점이 해결되는 방식이었다. 멜로드라마에서는 때때로 신뢰성에 무리가 가는 방식으로 결말이 지어지는데, 여기서는 종종 이 점이 핵심이 되기도 한다(제4장을 보라).

▩ 연습문제 1.8 ▩

연습문제 1.7에서 사용한 세 가지 텍스트를 대상으로, 토도로프의 범주를 활용해 내러티브 구조를 기술해보자.

2) 텔레비전 시리즈: <엑스 파일>

시작과 결말 사이에서는 변화가 일어난다고 앞서 설명했지만, 한 가지 내러티브 형태, 즉 시리즈물(series)에서는 두 번째 'A'가 정확하게 도입 상황으로 되돌아간다. 텔레비전 시리즈는 이러한 내러티브 구조의 가장 주된 사례인데, 이 구조는 다음과 같이 순환되는 특징을 지닌다:

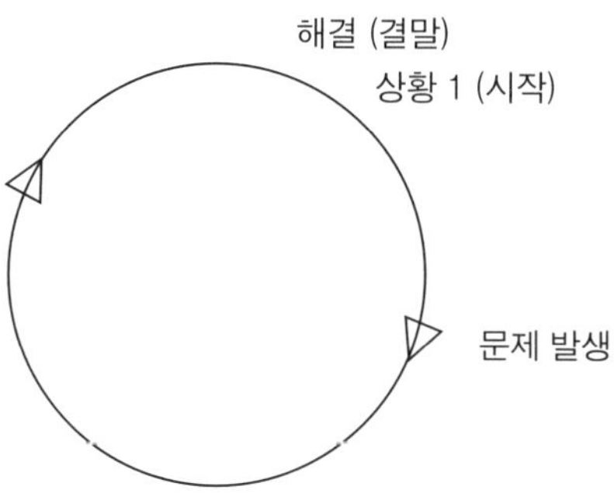

〈그림 1.5〉 시리즈물의 내러티브 구조

프로그램은 다음 주에 정확하게 똑같은 지점에서 다시 출발할 수 있도록 반드시 원래 시작한 상태에서 결말을 맞는다. 〈엑스 파일〉 시리즈물에서 멀더와 스컬리는 설명이 불가능한 사건을 조사하고 내러티브 결말에서 '설명이 불가능한' 사건(문제 발생)을 어느 정도 설명하게 된다. 그 다음 주에도 이들은 똑같은 일을 하게 될 것이다. 〈스타 트렉(Star Trek)〉의 1960년대 오리지널 연속극에서는 '5년 기간의 임무'를 띠고 떠나 (2부작이 아닌 경우) 각 에피소드 결말에서는 그 주에 발생한 문제를 해결하고 다시 탐사를 계속해야 한다. 〈엑스 파일〉에서 흥미로운 점은 내러티브에서 발생한 문제점을 멀더와 스컬리가 한 번도 완전하게 해결할 수 없다는 것이다. 만일 그렇게 되면 설명이 불가능한 현상을 설명할 수 있게 되어 시리즈물의 근거를 파괴하게 되기 때문이다. 예를 들면, (시리즈 2의 제19화인) '도드 캄(Dod Kalm)'에서는:

> 전함에 가득한 생존자가 발견되기 전까지, 마지막으로 알려진 미 해군 전함 아전트의 위치는 노르웨이의 버뮤다 삼각지에 해당하는 곳이었다. 사건을 파고드는 멀더의 눈길을 특히 끈 부분은 이 모든 승무원이 불과 며칠 사이에 수십 년 치만큼 늙어버린 것처럼 보였다는 점이다(David Nattriss website).

토도로프의 틀에서 보면 이 내러티브는 다음과 같은 구조로 되어 있다:

1. 시작 시점의 균형 상태 — 멀더와 스컬리가 임무를 기다린다.
2. 어떤 행동에 의한 균형의 파괴 — 노르웨이 해안에서 표류하

는 미 해군 전함이 발견된다.

3. 문제 발생에 대한 인지 — 멀더와 스컬리가 파견된다.
4. 문제 발생을 해결하려는 시도 — 왜 대다수의 승무원이 노화로 사망했는지 밝히려 애쓰지만, 이들 자신도 '감염'되고 특히 멀더는 거의 죽음 직전에 이른다.
5. 균형 상태의 회복 — 스컬리는 멀더의 메모를 활용해 치료법을 찾아내고 두 사람은 귀환해 다음 임무를 기다린다.

여기서 문제 발생은 낡아빠진 배에 탑승한 사람들이 왜 늙어버렸는지를 찾아내는 일에서, 멀더와 스컬리의 노화를 막는 일로 옮겨간다는 점에 주목하라. 만일 노화 발생의 원인을 찾아내려는 시도가 성공했다면, 주요 등장인물들은 '설명이 불가능한' 현상을 설명할 수 있게 되었을 것이다. 만일 그렇게 되었다면, '실제' 이야기를 활용하고 시공간을 다큐멘터리 스타일로 구체화하는 방식을 통해 이 프로그램이 세심하게 조성하려 한 현실 감각이 무력화되고 말았을 것이다. 설명이 불가능한 현상의 설명은 호러 (그리고 아마 SF) 장르에 속한다. 〈엑스 파일〉과 〈다크 스카이즈(Dark Skies)〉 같은 프로그램은 부분적으로는 (특히 미국에서) 정부기관이 외계인 접촉 같은 문제에 관한 정보를 숨기고 있다고 믿는 '음모 이론 신봉자'에게 호소력을 발휘한다. 음모 이론에서 핵심적인 부분은 51구역, 즉 1950년대에 추락한 UFO를 숨겨두었다는 소문이 도는 미군 기지이다. 이 구역은 1996년 최고 흥행작인 영화 〈인디펜던스 데이(Independence Day)〉에 등장했다.

'음모 이론' 내러티브의 호소력은 수용자가 현대 세계에서 느끼는 소외감에 근거한다고 프레드릭 제임슨(Frederic Jameson,

1992)은 주장했다. 만일 개인들이 무력감을 느끼고, '세상 돌아가는 일'을 이해하는 데 어려움을 겪는다면, '음모'는 자신의 무지를 단순하게 설명해줄 수 있게 된다. 제임슨은 〈암살단(Parallax View)〉(1974),* 〈도청(The Conversation)〉(1974), 〈대통령의 사람들(All the President's Men)〉(1976) 등 1970년대에 나온 수많은 영화를 다루는데, 이 영화들은 대중에게는 무책임한 정치 체제가 만들어낸 편집증을 묘사했다. 좀 더 최근에 와서 '편집증 영화'는 다시 부활한 것으로 보이는데, 〈더 게임(The Game)〉(1997), 〈LA 컨피덴셜(L.A. Confidential)〉(1997), 〈트루먼 쇼(The Truman Show)〉, 〈엑스 파일〉, 〈에너미 오브 스테이트(Enemy of the State)〉, 〈스페인 죄수(The Spanish Prisoner)〉 (모두 1998년작), 〈매트릭스(The Matrix)〉(1999) 등이 여기에 속한다.

〈엑스 파일〉의 '도드 캄' 에피소드에서는 깔끔한 내러티브적 솜씨 덕분에 해결이 가능했다. 노화 과정을 설명할 필요가 없이도 멀더와 스컬리는 구출된다. 물론 이 프로그램이 모든 에피소드에서 이러한 내러티브적 '속임수'를 시도했다면, 그 정도로 인기를 끌었을 가능성은 희박하다.

비록 시리즈의 모든 에피소드가 원래 출발점과 똑같은 상황으로 끝나긴 하지만, 가끔씩 사건의 진전도 이루어진다. (아마도 계

---

* 1974년 개봉된 알란 파큘라 감독의 영화다. 유력한 대통령 출마 후보자인 캐롤 상원의원은 파티장에서 암살당한다. 그곳에 있던 일곱 명의 목격자가 차례로 죽게 되는데, 이들의 죽음은 모두 우연한 사고로 발표된다. 신문기자인 조셉 프레이디는 이 사건들에 의문을 품고 혼자서 사건을 파고든다. 마침내 패럴랙스 회사에 잠입해, 이 회사가 살해 음모를 꾸미고 반사회적 인물을 모아 살인자로 훈련시킨다는 것을 파악하게 된다. 그러나 그는 자신도 모르게 새로이 부상하는 대통령 후보 암살자로 몰리게 된다. —역주

약상의 이유겠지만) 어떤 등장인물은 시리즈에서 사라져, 그다음 주에는 등장하지 않을 수도 있다. 〈스타 트렉-넥스트 제너레이션〉의 초기 에피소드에서 핵심적 등장인물인 보안 장교 타샤 야르가 살해된다. 이에 따라 아주 충격적인 효과가 발생한다. 에피소드 결말에서 도입부의 균형 상태로 되돌아갈 수 없게 되기 때문이다.

시리즈물의 첫 번째 에피소드가 방영된 이후의 각 에피소드에서는 보통 도입 상황을 다시 설정해 제공할 필요가 없다. 제작자는 수용자가 이미 균형 상태를 잘 알고 있을 것이라고 가정할 수 있다. 토도로프의 제2단계는 (그리고 거의 변함없이 제3단계까지도) 플롯 도입부에서 시작한다는 뜻이다. 크레딧 시퀀스가 시작되기도 전에 이 단계가 전개되는 것이 미국 시리즈물의 흔한 관습이다. 수용자가 초기 단계에서 프로그램에 '낚이게'되고 결말(문제 발생은 성공적으로 해결될 것임을 수용자들은 물론 알고 있다)을 보기 위해 끝까지 시청할 것이라고 기대하는 것이다. 일단 문제가 시작되고 나면 방송사는 광고 시간으로 넘어가는 모험을 감행할 정도로 이미 안전한 상태라고 느끼게 된다. 이는 영국의 지상파 시청자라면 경이롭게 여길 만한 현상이다. 그렇다면 시리즈물에서는 스크린 지속기간의 50분 중 대략 첫 3분 정도는 2단계와 3단계로 다루고, 44분은 발생한 문제를 해결하려 노력하며, 대략 3분이 결말용으로 남는다. 이는 텍스트 창작에 제도적 요인이 어떻게 영향을 미치는지 보여주는 하나의 예다.

다소 관습에 어긋나긴 하지만, 〈엑스 파일〉은 각 시리즈를 거쳐가는 동안 내러티브의 전개를 보여준다. 예를 들면, '스모킹 맨'이 사망하기 전까지 멀더는 그의 정체를 파악하는 데 좀 더 근접해

간 것처럼 보였다. 만일 이 사람의 정체를 알아낸다면 여러 사건의 원인을 설명할 수도 있게 된다. 이 프로그램이 리얼리즘 미학을 사용한다는 점(시공간을 다큐멘터리 스타일로 표현하는 것)은, 합리적 현상만 다룰 수 있고 외계인 방문은 아직 입증되지 않은 현상임을 의미하기 때문에, 음모 이론을 믿지 않는 사람들에게 이러한 설명은 말도 안 되는 일이었을 것이다. 더 중요한 점은, 스토리 배후의 진실을 발견해낼 경우 〈엑스 파일〉에서는 내러티브 문제 발생의 요소가 제거될 것이고, 설명 불가능한 현상이 존재하지 않는다면 엑스 파일도 성립할 수 없다. 적어도 부분적으로는 〈엑스 파일〉도 SF 장르에 속한다고 주장할 수 있는데, 이 장르는 4장에서 다룬다.

3) 연속극

시리즈물을 **연속극**(serial)과 구분할 때에는 조심해야 한다. 연속극 역시 시리즈물처럼 수많은 에피소드로 이루어진다. 하지만 수많은 하위플롯이 존재할 수는 있지만 연속극은 보통 **모든** 에피소드를 관통하는 **하나의** 상위 내러티브를 다룬다. 연속극의 특징은 각 에피소드가 '클리프행어(cliffhanger)'로 끝난다는 것인데, 이는 최종 결말에 도달하기 위해 다음 에피소드에서 주인공이 극복해야 할 시급한 문제점을 의미한다.

연속극은 텔레비전에서 잘 발전한 형태다. 연속극의 가장 가까운 원조는 빅토리아 시대 영국에서 유래하는데, 당시 소설이 흔히 여러 차례로 나뉘어 출판된 것과 관련이 있다. 주간 간행물 〈대중적 언어(Household Words)〉*를 발간한 찰스 디킨스와 토마스 하디는 모두 자작 소설을 쪼개서 연재했다. 이 관행은 대규모의 '독서하는 공중'이 생겨난 후에야 경제적으로 실행가능성이 높아졌다. 19세기 이전에는 이를 감당하기엔 문맹률이 너무 높았던 것이다. 최근에 와서 스티븐 킹(Stephen King)의 소설 〈그린 마일(The Green Mile)〉(1996)은 여섯 개의 분책으로 나눠 출판되고 각 권은 영국에서 소매가 1.99파운드에 팔렸다.

리처드 다이어는 다음과 같이 말했다:

> 인간이 항상 연속극이란 속성(seriality)을 즐겨왔음은 분명하다. (부모와 유모는 말할 것도 없고) 음유시인, 악사, 이야기 구전자, 재담꾼들은 오래전부터 청취자가 이야기를 더 듣고 싶어 애를 태우게 하거나, 반복과 예상을 적절히 섞어 쓰는 기법의 가치를 깨달았으며, 연속극에서 즐거움의 근저가 되는 반복의 기대치가 지니는 가치도 인지하고 있었다. 하지만 연속극의 속성은 오직 자본주의 체제에 이르러서야 문화생산의 지배적 원칙이 되었다(Dyer, 1997, p.14).

다이어는 또한 "연쇄 살인은 종종 우리 시대의 범죄로 여겨진다"(Dyer, 1997, p.14)라고 말하는데, 이 주제는 이 장 후반에서 〈세븐〉의 내러티브 구조를 검토하면서 다룰 것이다.

에코(아래 논의를 보라)는 자본주의가 연속극이라는 속성을 어떻게 철저하게 활용했는지 설명했다. 인간 학습의 기본 장치로서

---

* 'Household Words'는 1598년 윌리엄 셰익스피어가 처음 사용한 단어로, 오늘날에는 흔히 사용되는 단어나 표현, 일반인에게 익숙한 이름 등을 의미한다. 1850년 찰스 디킨스의 재정적 후원을 받아 같은 이름의 잡지가 창간되었다. —역주

반복의 중요성은 〈꼬꼬마 텔레토비(Teletubbies)〉의 눈부신 성공 덕분에 주목을 받았다. 아마도 이는 18개월짜리 아기를 대상으로 **설정할** 뿐 아니라 실제로도 **그렇게 하는** 최초의 텔레비전 프로그램일 것이다. 이 기괴한 캐릭터들(나나, 뽀, 뚜비, 보라돌이)은 얼굴이 단순한 형태로 되어 있고 대사 역시 아기들이 단어를 말하기 위해 연습해야 하는 음소를 사용한다. 이들이 끊임없이 행동을 반복한다는 데에 타깃 수용자는 열광하며, (이 프로그램의 컬트 수준의 지위가 시사하듯) 반복되는 부분은 이외에도 더 많다. 텔레토비가 동화 속의 장소, 즉 '언덕 위에 그리고 저 먼 곳에' 존재한다는 사실은 그다지 놀랍지 않다.

영화 초창기에는 벅 로저스(Buck Rogers)와 플래시 고든(Flash Gordon) 같은 캐릭터를 철저하게 활용하는 토요일 흥행작 연속극 내러티브가 아주 인기가 있었다. 피처 영화도 예를 들면 미키 루니(Mickey Rooney)의 13부작 '앤디 하디(Andy Hardy)' 뮤지컬처럼 연속극으로 제작되기도 했다. 영화 연속극은 수용자가 매주 극장에 가는 경향이 있다는 사실을 이용해 이 추세를 더 조장했다. 이들은 이렇게 해서 전편의 클리프행어 이후 주인공이 어떻게 살아남았는지 확인하도록 공중에게 매주 영화를 보러 갈 이유를 제공했다.

'고전적인' 연속극은 흔히 '수준 높은' 텔레비전의 증명서처럼 간주되었다. 보통 20세기 이전의 소설을 각색한 것이었는데, 원작은 너무 길어서, 짧은 1회용 드라마로 각색하기에 불리했다. 물론 긴 소설도 영화 버전으로 만들 수는 있지만, 연속극 포맷처럼 스크린 상영시간이 길어지면 원작을 더 잘 활용할 가능성이 커지는 것은 분명했다. 1749년 출간된 헨리 필딩(Henry Fielding)

의 874쪽짜리 소설 〈톰 존스(Tom Jones)〉의 1963년 영국 개봉 영화 버전은 스크린 상영시간이 131분이었는데 비해, 1997년 BBC 텔레비전 방송 버전은 각각 거의 60분짜리 에피소드 다섯 편으로 되어 있었다. 1994년 BBC의 〈미들마치(Middlemarch)〉 방영 이후, 영국 텔레비전에서 고전적 연속극은 새로운 전성기를 맞았다. 〈오만과 편견〉의 각색본은 엄청난 흥행 돌풍을 일으키는 바람에, 이미 여러 번 재탕되었음에도 불구하고 [주인공인] '섹스 심벌' 다르시의 사진이 〈라디오 타임스(Radio Times)〉 잡지 표지에 실릴 정도였다.

또한 리처드 다이어는 1984년 처음 방영된 '고전적' 연속극 〈왕관의 보석(The Jewel in the Crown)〉을 언급하면서 연속극이라는 속성이 여성을 수동적 존재로 재현하는 데 기여했다고 주장했다:

> 백인 여성성을 수동적 존재로 구성하는 것은 단지 연속극의 내러티브에서 여성이 (곧 정형화되고 주변화되었으며 사건에 직면할 때 무기력한 존재로 그려진다는 점에서) 차지하는 위상만이 아니다. 이는 내러티브의 조직 문제이기도 하다. 연속극 형태에서 두 가지 측면이 여기서 관련성을 갖는다. 첫 번째는 시퀀스를 처리하는 방식이고, 두 번째는 연속극 전반에 걸쳐 여러 부분을 연결시키는 방식이다(Dyer, 1996, p.234).

나아가 다이어는 시퀀스에 의해 수동성이 어떻게 조성되는지 보여준다. '고전적' 연속극은 느린 페이스로 전개되며, 여러 장면은 시간적 순서대로 배열되어 있음에도 불구하고 내러티브를 이끌어가는 동인도 거의 존재하지 않는다. 고전적 연속극은 대화와 회고를 강조하기 때문이다. 대체로 〈왕관의 보석〉은 시청자를 붙들어둘 수 있도록 에피소드 사이에 클리프행어도 그다지 자주 사용하지 않아, 정체되어 있다는 느낌을 조장한다. 이 밖에도 아주 의식적이고 멜로드라마적으로 상징을 사용해 백인 등장인물의 무능력을 강조한다.

텔레비전과 라디오 방송사에서 연속극이 갖는 장점은 분명하다. 바로 내러티브 문제 해결을 유보해 수용자가 모든 에피소드를 시청하도록 유도하고 그 결과 시청률을 높일 수 있다는 점이다. 감수해야 할 위험도 뚜렷하다. 만일 연속극 시청률이 '엄청나게 낮으면', 방송사는 시청하는 사람도 없는 방송시간을 지속해야 할지 모른다. 방송사의 시리즈물보다 연속극이 인기가 낮은 이유는 여기에도 있는 것이다. 또 다른 이유는 제작 비용이다. 시리즈는 새 에피소드마다 이전에 만든 비싼 무대장치를 다시 사용할 수 있다. 연속극은 수용자의 흥미를 유지하려면 수많은 무대장치, 더 많은 등장인물, 더 많은 배역을 필요로 할 가능성이 있다.

BBC처럼 국가 재원으로 운영되는 조직을 제외하면, 대다수의 방송사는 광고 시간 판매와 구독 수입으로 재원을 마련한다. 따라서 '적절한' 수용자(즉 광고에서 다루는 상품과 서비스를 구매할 여력이 있는 사람)를 대규모로 확보해야 한다는 압력이 작용한다. 시리즈물은 연속극처럼 매 에피소드마다 수용자의 충성도를 요구하지 않고도 이를 쉽사리 달성할 수 있다.

움베르토 에코(Umberto Eco)는 연속극이 어떻게 해서 문화생산에서도 '산업과 유사한' 생산방식을 모방하는지 검토한 후, 반복의 다양한 유형을 다음과 같이 정의한다:

- 리테이크(The Retake): 후속극(sequels), 그리고 어떤 경우에는 이전극(prequels)을 말한다. 어떤 텍스트가 성공을 거둘 경우 오리지널의 플롯이 끝난 이후에 등장인물에게 일어난 사건을 보여주는 방식으로 원작을 부활시키기도 한다. 이전극은 첫 번째 텍스트가 시작되기 **이전** 스토리의 플롯을 구성한 것으로 간주할 수 있다. 예를 들면, 〈스타워즈: 에피소드 1-보이지 않는 위협(Star Wars: Episode-The Phantom Menace)〉은 첫 번째 영화가 나온 지 22년 후에 개봉되었다.
- 리메이크(The Remake): (분명히 문학에서는 발생하기 어려운 일이긴 하지만) 성공을 거둔 텍스트는 리메이크되기도 한다. 오늘날의 할리우드는 원작이 영화든 텔레비전이든 과도할 정도로 리메이크에 매달린다. 1998년에 나온 리메이크작으로는 〈로스트 인 스페이스(Lost in Space)〉, 〈시티 오브 앤젤(City of Angels)〉, 〈고질라(Godzilla)〉, 〈어벤저스(The Avengers)〉, 〈닥터 두리틀(Dr. Dolittle)〉, 〈엑스 파일〉, 〈마스크 오브 조로(The Mask of Zorro)〉, 〈러그래츠 영화(The Rugrats Movie)〉, 〈싸이코(Psycho)〉, 〈유브 갓 메일(You've Got Mail)〉, 〈마이티 조 영(Mighty Joe Young)〉 등이 있으며, 1999년작으로는 〈페이백(Payback)〉과 〈도시탈출(The Out-of-Towners)〉이 있다.
- 시리즈물: 위에서 이미 다루었다.
- 대하드라마(The Saga): 북미에서 전형적인 유형으로, 대가족과 여러 세대에 걸쳐 전개되는 이들의 삶에 초점을 둔다.

▨ 연습문제 1.9 ▨

문화 이벤트 전문잡지*에서 하루치 스케줄을 선정해 시리즈물과 연속극(솝 오페라를 제외하고)의 숫자를 합산해보자. 어느 쪽이 더 많은가?

4) 솝 오페라

솝 오페라(Soap Opera)는 예외적인 연속극 유형의 한 사례로 엄청난 인기를 끌었다. 브라운은 솝 오페라의 일반적 특징을 다음과 같이 여덟 가지로 정리했다:

1. 내러티브의 종결을 거부하는 연속극 형태다.
2. 많은 등장인물과 플롯으로 구성된다.
3. 시간 사용에서 실제 시간과 보조를 맞추는데, 이는 우리가 시청하든 않든 간에 액션은 계속 전개될 것임을 암시한다.
4. 여러 부분이 단절에 가까울 정도로 서로 분절되어 있다.
5. 대화체, 문제 해결, 친밀한 대화를 강조한다.
6. 남성 등장인물은 '세심한 남성'이다.
7. 여성 등장인물은 전문직이 흔하고, 그렇지 않은 경우에도 가정 바깥 세계에서 영향력이 큰 인물이다.
8. 프로그램의 무대는 가정이거나 다른 장소라도 가정의 기능을 하는 곳이다.

* 문화 이벤트 전문잡지(listings magazine)는 다음 한 주 동안의 방송 편성표, 음악, 클럽, 연극, 영화 관련 정보를 소개하는 잡지를 말한다. 1923년 창간된 BBC의 〈라디오 타임스〉는 이러한 유형으로는 세계 최초의 잡지이며, 1932년 뉴욕에서 시작된 〈큐(Cue)〉는 특정한 도시에 특화된 최초의 잡지다. —역주

여기서 특징 3번은 아마 원래 제작 국가에만 적용되는 사항일 것이라는 점을 주목해야 한다. 예를 들면, 호주 바깥에서 방영된 〈이웃들(Neighbours)〉의 에피소드들은 '실제' 시간과 일치하지 않는다. 가령 크리스마스 에피소드가 연중 어느 때든 방영될 수도 있다.

5장에서 우리는 장르로서의 솝 오페라를 다시 다루게 될 것이다. 현재 관련된 사항을 보자면, 브라운이 제시한 특징 중 처음 네 가지는 모두 솝 오페라의 내러티브에 관해 지적한다. 솝 오페라는 시리즈물이긴 하지만, 아마도 거의 유일무이하다고 할 정도로 독특한 내러티브 구조를 갖고 있다. 이렇게 판단한 주된 이유는 솝 오페라는 끝없이 지속될 수도 있는 잠재력을 갖고 있다는 점이다. 물론 솝 오페라도 끝이 나긴 하지만(예를 들면, 〈페이튼 플레이스Payton Place〉, 〈댈러스Dallas〉, 〈크로스로즈Crossroads〉), 원한다면 영원히 계속될 **수도 있다는** 점에서 독특한 내러티브를 갖고 있다. '최후의 심판을 알리는 트럼펫'이 울리고 열역학 제2법칙의 결과 우주가 무너져 내릴 때까지 〈코로네이션 스트리트(Coronation Street)〉(그라나다 채널), 〈아처가(The Archers)*〉(BBC Radio 4), 〈이웃들〉(그런디 텔레비전Grudndy Television)은 여전히 방영되고 있을지 모른다. 솝 오페라가 이렇게 할 수 있는 것은 한두 명의 등장인물을 내러티브의 중심에 두지 않고, 그 대신 여러 갈래로 된 내러티브 구조를 취해 특정한 배경에서 여러 등장인물의 삶을 추적하기 때문이다. 이 갈래의 숫자는—솝 오페라마다, 또한 똑같은 솝 오

* 〈아처가〉는 1951년부터 영국 BBC Radio에서 방영되고 있는 드라마로, 가상의 영국 시골 마을을 배경으로 벌어지는 에피소드를 다루었다. 방영 회수가 무려 18,800회를 넘겨 세계에서 가장 오랫동안 방송된 드라마로 기록되고 있다. —역주

페라라도 에피소드마다 다르지만—보통 대략 여섯 개 내외의 내러티브가 동시에 전개된다. 이 내러티브 중 몇몇은 하나의 에피소드에서 시작해 그 안에서 끝날 수도 있고, 다른 내러티브는 여러 에피소드에 걸쳐, 혹은 심지어 여러 해에 걸쳐 계속된다. 영국에서 인기 있는 솝 오페라 〈이스트엔드 사람들(EastEnders)〉에서 마크 파울러는 에이즈 양성으로 진단을 받는데, 이러한 내러티브 문제에는 두 가지 해결책이 가능하다. 즉 사망하거나 치유되는 것이다(물론 '에이즈 말기'로 이행하는 과정을 다루지 않는다면 이 문제를 그냥 회피할 수도 있을 것이다). 이러한 진단이 내려지고 여러 해가 경과한 후에도, 제작자가 원한다면 언제든 이 문제를 다시 부활시킬 수도 있다.

관습화된 시리즈물 역시 하나 이상의 내러티브 갈래를 채택할 수도 있지만, 여기서 보통 갈래가 서로 연결된다. 하지만 솝 오페라에서는 일부 갈래가 서로 연관되기도 하지만 다른 갈래는 완전히 별개로 유지된다. 예를 들면, 〈코로네이션 스트리트〉는 1960년에 처음 방영된 후로 시청자가 에피소드당 거의 2천만 명에 달해 영국 텔레비전에서 시청률이 가장 높은 프로그램에 속한다. 1996년 2월 이 프로그램이 방영된 2주 동안에만 해도 13개의 내러티브 갈래가 있었다.

어떤 에피소드에서든 일부 내러티브 갈래는 다뤄지고, 다른 갈래는 등장하지 않는다. 한 주 동안 휴가를 떠난 등장인물은 그 기간 동안에는 등장하지 않을 것이다. 또한 이는 몇몇 배우가 '휴식에 들어가는' 바람에 생겨날 수도 있다.

솝 오페라가 인기를 유지하는 비결 중의 하나는 끊임없이 일부 내러티브 갈래의 결말을 지으면서, 다른 갈래를 만들어내는 데 있

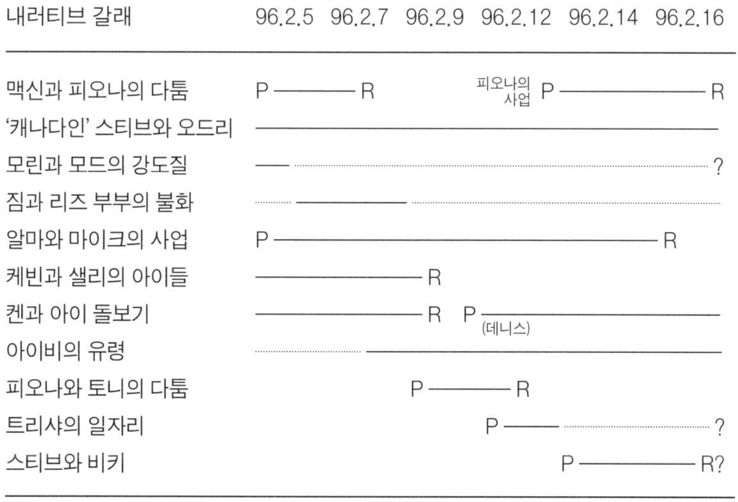

P = 문제발생/ R = 문제 해결/ … = 에피소드에서 다루지 않은 갈래/ ? = 상태가 불확실함. 이는 다음 세 가지 원인의 결과일 가능성이 있다: 1) 이후 에피소드에서 이 갈래의 문제가 해결된다. 2) 이 갈래는 해결되지 않은 상태로 남는다(가능성 낮음). 3) 해당 에피소드를 시청할 때 전화가 오는 바람에 내가 문제 해결 장면을 놓쳤을 것이다(가능성 있음).

〈그림 1.6〉 〈코로네이션 스트리트〉의 내러티브 갈래들

음을 그림 1.6은 뚜렷하게 보여준다. 실제로, 모든 문제가 해결되는 시점이 잠시라도 존재할 가능성은 매우 낮다. 내러티브 갈래 중 한두 가지(아마 가문 간의 불화?)는 솝 오페라가 방영되는 전 기간 동안 해결되지 않을 가능성이 있지만, 대다수의 내러티브 갈래는 해결되고 새로운 갈래로 대체된다.

솝 오페라는 연속극이긴 하지만 시간을 활용하는 방식에서 전통적인 연속극과 다음과 같이 약간 차이가 있다:

> 연속극은 … 한 에피소드와 다음 에피소드 사이의 시간 간격을 넘어 시청자를 계속 붙잡아두기 위해 일군의 미해결 상태의 내러티브

적 수수께끼를 채택한다. 그러나 에피소드 간에 경과했다고 간주되는 가상적 시간의 길이는 내러티브의 요구사항에 따라 결정된다. 즉 1분이 될 수도, 한 달이나 일 년이 될 수도 있다. 만일 다음 에피소드에서 이전 에피소드가 끝난 드라마 시점으로 되돌아간다면 시간 자체가 전혀 경과하지 않을 수도 있다(Geraghty, 1991, p.10).

하지만 많은 솝 오페라는 실제 시간을 반영하며, 에피소드 사이에 경과된 날짜 수도 똑같다는 인상을 수용자와 등장인물에게 모두 준다. 그래서 수용자는 이를테면 〈코로네이션 스트리트〉를 한 주에 세 번 26분간(플롯상으로) '방문'하지만, 등장인물의 삶(이들의 스토리)은 시청자가 보지 않을 때에도 계속된다.

〈코로네이션 스트리트〉의 내러티브 갈래를 설명한 부분을 보면, 솝 오페라는 관계의 갈등을 기반으로 전개된다는 점 역시 뚜렷해진다.

솝 오페라는 대화와 가십으로 넘쳐난다. 보통 어떤 액션이 일어날 때 우리는 직접 목격하기보다는 간접적으로 들어서 알게 된다. 액션은 대개 스토리와 사건 발생 시간의 틀을 정해주는 장면 전환이나 짤막한 신에서만 등장한다. 솝 오페라는 시간경과를 따라 전개되지만, 동시성 혹은 정확하게 같은 시간에 발생하는 액션을 표현하기 위해 시간 경과를 중단하기도 한다(Watson, 1998, p.135).

시리즈물처럼 솝 오페라는 똑같은 무대장치와 정해진 등장인물을 이용하며, 이를 통해 연속극이 감당하기 어려운 수많은 로케이션과 출연진의 부담을 피하려 한다. 젠디와 솝 오페라 장르의 관계를 살펴보려면 5장도 보라.

5) 내러티브와 논픽션

내러티브가 어느 정도 깊숙이 우리 삶의 일부가 되었는지는 이미 주지의 사실이며, 우리는 심지어 실제 사건에 관해서도 서로 스토리를 교환하고 있다. 토도로프의 내러티브 이론은 논픽션 텍스트에도 적용할 수 있다는 것이 강점 중 하나다. 다음은 그의 이론을 신문과 음악에 어떻게 적용할 수 있는지 간단하게 살펴볼 것이다.

- 신문: 언론인은 보통 자신의 보도를 내러티브로 구성한다. 예를 들면, 1997년 12월 6일 자 〈더 타임스(The Times)〉 머리기사의 첫 단락은 다음과 같다:

  어제 병원 산부인과 병동에서 잠든 아기 엄마 옆의 유아용 침대에서 세 살짜리 아기가 유괴되었는데, 범행을 저지른 여성은 삼엄한 보안 체제를 교묘하게 피해 달아났다.

  이 내러티브는 다음과 같이 구성되었다:

  1. 균형 상태 — 엄마와 아기가 병원에 입원해 있다.
  2. 어떤 행동에 의한 균형 상태 파괴 — 어떤 여성이 아기를 '채가다'.
  3. 문제 발생에 대한 인지 — 아기가 사라졌음이 드러나다.

4. 이 문제 발생을 해결하려는 시도 — 보도는 이 부분을 다음과 같이 기술했다: "경찰이 건물 주변을 봉쇄한 채, 헬리콥터가 상공을 날며 수색하고, 경관들은 추격견을 데리고 땅 위를 탐지했다."
5. 균형 상태의 회복

신문 기사에서 다섯 번째 항목은 포함되지 않았다. 이 방식이 흔한 이유는 모든 내러티브처럼 뉴스 스토리도 문제 발생에 의해 만들어지지만 대다수의 픽션과 달리 이렇게 발생된 문제가 반드시 해결되지는 않기 때문이다. 이는 뉴스의 부정적 속성(뉴스 가치의 '부정성')이 그렇게 자주 언급되는 이유이기도 하다. 다행히 아기는 다음 날 전혀 다치지 않은 채 발견되어 문제가 해결되는데, 이는 연속성의 요인이라는 또 다른 뉴스 가치를 보여준다. 일단 어떤 스토리가 머리기사를 장식하고 나면, 뉴스로 규정되며 이후에도 계속해서 보도될 가능성이 크다.

뉴스 스토리가 내러티브로 구조화된다는 사실은 또한 왜 어떤 뉴스 사건은 거의 보도되지 않는지도 설명해준다. 가령 노사분규는 균형(정상적 근무)과 문제 발생(파업) 모델에 딱 들어맞을 것이다. 하지만 만일 분규가 장기적으로 지속되면 문제 발생 후에 보도할 거리가 점점 더 적어질 가능성이 있다. '분규가 계속된다'는 그 자체만으로는 뉴스가 아니다. 의미 있는 사건, 즉 문제 해결로 이어지는 것처럼 보이는 사건만 보도될 가능성이 크다. 뉴스의 틀로 보면, 해결책이 도출될 때까지 분규는 잊힐 수도 있다. 여기서 발생하는 결과 중의 하나는 추세가 훨씬 적게 보도된다는 것이다.

하지만 렌 매스터민이 지적했듯이, 뉴스는 내러티브식으로 구조화되지 않는다고 주장하는 시각도 있다. 신문에 실리든 방송에 나오든 개별적 스토리는 내러티브라 할지라도, 여러 텍스트 전체로 그렇지 않다는 것이다. 만일 〈더 타임스〉의 하루치나 뉴스 프로그램 방송분 자체를 평가해보면, 다음과 같은 점을 발견할 수 있다:

> 이것들은 선형적 전개를 따르지 않는다. 파편화되어 있다. '모여서 전체를 이루거나' 세계 전체를 해석하도록 도움을 주지도 않는다. 그러한 점에서, 이것들의 기능은 대다수 내러티브의 반대명제를 이룬다(Masterman, 1985, p.182).

따라서 뉴스는 서로 전혀 연결되지 않는 파편화된 스토리의 군집을 이룬다. 비록 신문은 기사를 국제 뉴스처럼 모아서 제시하는 경향이 있고 방송사는 때때로 유사한 주제의 기사를 함께 모아서 배치할 수도 있지만, 이들 간의 **연결**은 피한다. 따라서 예컨대 범죄와 빈곤 사이에는 연계 관계가 있는데도, 이들에 관한 기사는 별도로 다룬다. 그 결과 수용자는 사회 전체를 볼 수 있게 도움을 받지 못하고 세상은 설명할 수 없는 장소로 재현된다. 비프(Biff) 만평에서는 이를 다음과 같이 표현했다:

> (TV 뉴스) : "다음 뉴스입니다: 섬뜩할 정도로 무섭고 설명할 수 없는 사건이 머나먼 장소에서 발생하고 있는데, 아무런 역사적 혹은 사회학적 맥락 없이 전달되고 있습니다!"
> (시청자 1) : "맙소사! 저 바깥은 아주 무시무시해 보이는구먼!"
> (시청자 2) : "우리는 안전하게 집에만 있어서 너무 좋다!"(Tom

Tomorrow, 'Coming up next on the news…')

방송된 모든 뉴스 기사를 찾아서 이 모든 것을 하나의 내러티브로 끼워 맞춰보면 흥미로운 훈련이 될 수 있을 것이다.

- 음악: 스토리를 제공하는 어떤 노래 가사나 (오페라 같은) 음악 형태의 내러티브 구조를 살펴보는 것은 아주 간단명료한 일이겠지만, 가장 추상적인 대중 예술 중의 하나인 음악 자체의 내러티브에 관해 생각해보는 일은 논란의 소지가 좀 더 크다. 하지만 '고전주의' 시대(대략 1750년에서 1800년대 초반까지)의 음악을 탐구해보면, 토도로프의 모델이 어떻게 작동되는지 알 수 있다:

 필수적 요인은 조성 구조, 주음 변조를 통한 긴장감 유발, 그리고 다시 조성으로 되돌아가는 방식에 의한 긴장 해소다(Grout, 1962, p.420).

대다수의 서구 음악은 조성 기반적(tonal)인데, 이는 일정한 조성(key) 구조를 따라야 한다는 뜻이다. 그래서 가령 C장조로 시작하는 곡은 C장조로 끝날 것이다. 만일 곡 전체가 똑같은 조성을 유지한다면 (문제 발생이 없는 내러티브와 꼭 마찬가지로) 단조롭게 들릴 가능성이 크기 때문에, 기본 조성(home key)은 예를 들면 G장조(지배적 코드)로 변조될 것이다. 우리의 귀는 곡이 기본 조성으로 끝날 것이라고 기대할 것이기 때문에, 이는 음악에서 갈등을 설정하는 데 기여한다. 만일 음악에서 갈등, 혹은 문제 발생이라는 발상이 마음에 든다면, 베토벤의 교향곡 5번을 들어보라. 여기서는 갈등이 너무나 강렬해 "이 방대한 작품의 극단적 긴장을 진정시키는 데에는"(Rosen, 1971, p.72) 54마디의 C7가 필요하다. 음악 이론을 다루는 것은 이 책의 범위를 벗어나는 일이지만, 조성 음악의 구조가 토도로프의 내러티브 구조와 유사하다는 점은 분명하다.

'고전주의' 음악에서 가장 영향력이 큰 형식은 수많은 악기 연주(보통 피아노) 음악, 실내악과 교향곡의 구조에 영향을 미친 소나타 형식이었다. 이 형식은 주제 제시부(Exposition), 전개부(Development), 재현부(Recapitulation)로 구성되는데, 주제 제시부의 음악적 내용은 다음 섹션에서 발전되고 재현부는 최초의 내용을 발전된 형태로 복귀시킨다. 토도로프의 구상에서도 다음 내용과 같이 내러티브의 결론이 단발성 드라마처럼 우리를 안정된 상태로 다시 데려가지만, 이는 도입 상황에서 약간 변화된 상태(A1)라는 점에서 이 둘은 아주 비슷하다:

- 도입 상황: 주제 제시부
- 문제 발생: 전개부
- 문제 해결: 재현부

초점을 조금 더 좁히기는 했지만, 앤서니 스토르 역시 다음과 같이 음악과 내러티브 형태를 나란히 놓고 비교한다:

> 전형적인 영웅 신화는 주인공이 집을 떠나 모험에 나서고, 용을 죽이거나 다른 업적을 달성하며, 신부를 얻어서 집으로 개선하는 내용을 포함한다. 소나타 형식 역시 원래 대비를 이루던 요소 간의 새로

운 종합을 향한 여정을 자축한다. 곡의 결말은 보통 조성의 '기본'으로 되돌아가는 것으로 표현된다. 장조 3화음으로 돌아가는 게 가장 흔하며, 단조로 돌아가는 일은 더 드물다(Storr, 1992, p.82).

음악 형식과 내러티브 구조 사이의 비유는 팝 음악에도 적용된다. 대다수의 팝 음악은 계속 반복되는 단순 화음 진행(simple chord progressions)으로 구성된다. 다양한 화음은 긴장을 조성하며 이는 나중에 '기본 화음'으로 되돌아감으로써 해소된다. 이 진행은 음악이 속하는 특정 장르를 정의하는 데 유용하다.

심지어 퀴즈나 게임 쇼처럼 언뜻 보기에 내러티브가 아닌 것 같은 텍스트도 느슨하긴 하지만 토도로프의 구조에 들어맞을 수 있다. 퀴즈나 게임 쇼는 도입 상황(게임)과 해결해야 할 문제, 즉 '누가 이길 것인가?' 하는 문제에서 시작한다. 흔히 이는 '여러 가족 중의 하나는 이 가족용 세단을 운전해서 집에 돌아갈 것이다'(〈패밀리 포춘Family Fortunes〉)라는 식으로 극적으로 제시된다. 이러한 부류의 쇼에 승자가 없다면 그것은 마치 문제 해결이 없는 내러티브 같을 것이다. 하지만 보통 '가벼운 오락물'인 이 쇼의 기조는, 심지어 패자조차도 어떤 형태로든 위안이 될 만한 상을 받을 것임을 의미한다.

비록 토도로프의 이론이 텍스트 유형을 정의하는 데 유용하긴 하지만, "수용자가 실제로 내러티브를 처리하는 과정을 직접 기술하지는 못하고 해석이 이루어진 후 그 개념적, 혹은 논리적 형태만 보여줄 뿐이다"(Branigan, 1992, p.5). 여기서 우리는 다시 스토리와 플롯의 구분으로 되돌아가게 된다. 우리는 오로지 내러티브가 완결된 후에야 도입 상황, 문제 발생, 문제 해결과 이것들 간의 상호관계를 완전하게 이해하게 된다. 토도로프의 이론은 우리가 **플롯**을 관찰할 때 파악하게 되는 **스토리**를 설명해준다. 텍스트 내부의 모든 것은 내러티브의 전개에 기여하려는 취지로 구상된다. 불필요한 부분은 거의 없거나 아예 없다(이 장 후반의 〈카피캣〉에 관한 논의 부분을 보라).

대다수의 내러티브 텍스트에는 기본적으로 하나의 내러티브 **구조**가 존재한다고 토도로프는 주장한다. 또한 반복해서 등장하는 스토리의 개요를 추출하는 일도 가능하며, **모든** 내러티브 텍스트는 다음과 같은 스토리 개요 중 적어도 한 가지는 다룬다고 말해도 무방하다:

- 추적(the quest): 여기서는 늙은 왕이 주인공을 파견해 악(악당)과 맞서 싸우게 하며 주인공은 왕의 딸을 구출해 나중에 결혼하게 된다. 이 추적물에서는 마술사가 주인공에게 마법의 도구를 주고, 주인공은 이를 활용해 추적에 성공하게 된다. 영국에서 고전적인 추적물 내러티브는 성배를 찾아나서는 이야기를 다룬 아서왕의 전설이다(제2장을 보라). 추적 이야기는 동화에서도 핵심적인 부분이다.
- 속죄(redemption): 중심인물이 죄를 짓지만 스스로 자기희생을 통해 구원을 받는 이야기다. 예를 들면, 성서 이야기에서는 예수가 자신의 죽음을 통해 인류를 구원한다. (소포클레스의 〈오이디푸스 왕〉에서) 오이디푸스는 무심코 저지른 일이긴 하지만 부친 살해와 근친상간을 속죄하기 위해 자기 눈을 뽑아버린다.
- 미지의 세계로의 여정(journey to another world): 그리스 신화에서 이 '다른' 세계는 보통 하데스, 즉 죽은 자의 세계였다. 오르페

우스는 죽은 자의 세계에서 아내를 다시 데려오기 위해 매혹적인 악기 소리를 이용하여 관문을 통과해 하데스에게 간다.

- 사랑의 힘으로 변신하는 야수: 고전적 예는 '미녀와 야수'이다. 또한 비극적 예는 〈프랑켄슈타인(Frankenstein)〉이다. 후자가 비극적인 이유는 괴물이 자신은 사랑받을 수 없다는 사실을 깨닫기 때문이다.
- 수수께끼의 해결: 그림의 동화는 흔히 수수께끼 해결을 다루는데, 이 형태는 범죄 텍스트에서 가장 흔히 발견할 수 있다.
- 피억압자의 저항(the 'biter-bit'): '지렁이가 꿈틀거린다'는 내용인데, 피억압자가 봉기하여 독재자를 몰아내는 이야기다. 조지 오웰의 〈1984〉가 이 스토리를 이용하지만 (연속극처럼) 거의 바뀌지 않는 도입 상황으로 결말지어지고, 결국 주인공은 실패한다.
- 이방인 구원자(the stranger saviour): 이방인이 마을에 나타나 주민들이 공포를 극복하도록 유인하는 촉매 구실을 한다. 클린트 이스트우드는 '스파게티 웨스턴', 그리고 1970년대에 그가 감독을 맡은 이 '장르'의 패러디물에서 종종 '이방인'이라는 이름으로 캐릭터를 연기했다.
- 흥망사(the rise and fall): 어떤 가문이나 제국이 세력을 얻어 번성하다가 이후에 운이 다해 몰락하는 이야기다. 아이작 아시모프(Isaac Asimov)의 원작 소설 〈파운데이션(Foundation)〉 3부작이 그 예다.

이것들은 줄거리 개요에 불과하며 따라서 내러티브의 내용에 관해 아주 개략적으로만 설명해줄 뿐임을 명심하라.

▨ 연습문제 1.10 ▨

위의 각 스토리 개요에 해당하는 사례를 생각해보자. 또한 혹시 기억이 난다면 이 개요를 반영하는 동화의 예도 생각해보자.

동화는 동유럽의 또 다른 위대한 내러티브 이론가인 블라디미르 프로프의 저작에서 아주 중요하게 부각된다. 토도로프와 마찬가지로 프로프 역시 내러티브 구조에 관한 정의를 내렸다. 예상과 어긋나지 않게 이 두 이론가 사이에는 유사점이 존재한다.

5. 프로프의 내러티브 기능

블라디미르 프로프의 〈러시아 민담 형태론〉은 1928년에 처음 출판되었지만, 1958년에 와서야 영어 번역본이 나왔다. 1960년대의 지적 분위기도 그의 사상에 우호적이어서, 이 책은 서구에서 중요성을 인정받게 된다. 모든 민담, 혹은 내러티브를 살펴보고 내용별로 분류하려는 시도는 작업량이 너무 방대해 쓸데없는 일이라는 전제에서 프로프는 출발했다. 프로프는 민담이 어떻게 공통된 구조에 의해 서로 연결되어 있는지, 또한 이 구조가 모든 오래된 민담에, 혹은 이론적으로는 새로운 민담에도 적용될 수 있는지 입증하려 노력했다. 프로프의 아이디어는 러시아 민담이라는 고색창연한 세계를 탐구하는 데 유용할 뿐 아니라 수많은—심지어 몇몇 학자가 보기에는 모든—내러티브 텍스트에도 적용될 수 있음을 1960년대 학자들은 발견했다.

1) 프로프의 기능

우리는 픽션 텍스트에서 등장인물의 중요도를 판단하는 데 익숙하다. 예를 들면, 문학 교육은 흔히 등장인물의 '행동'을 유발하는 게 무엇인지 찾아내는 등장인물 연구에 초점을 두고 있다. 하지만 프로프는 개별 등장인물의 심리적 동기화가 아니라 내러티브에서 이들이 수행하는 **기능**이 무엇인지에 관심을 둔다. 프로프는 이 기능을 두 가지 방식으로 개념화했다: 스토리 내에서 등장인물의 행동, 그리고 스토리에서 이 행동이 초래하는 **결과**이다.

프로프는 민담에서는 최대한 31가지 기능이 존재한다고 결론지었다. 어떤 민담이 모든 기능을 포함할 필요는 없지만, 등장하는 기능은 항상 정해진 순서대로 나온다고 보았다. 〈표 1.2〉는 아서 아사 버거의 책 〈대중문화, 미디어와 일상생활에서의 내러티브〉(1997)의 내용을 각색한 것이다.

우리가 앞서 처음 제시한 내러티브의 정의에 따르면 적어도 두 개의 절이 필요하다고 했다. 이 절은 프로프의 기능으로 볼 수 있다.

> 프로프는 민담의 구성을 서로 연계되는 여러 기능으로 이루어지는 일련의 움직임(MOVES)으로 구분했는데, 이것들은 서로 뚜렷이 구분되는 행동 방향을 나타낸다(Stam et al., 1992, p.81).

가장 먼저 나오는 일곱 가지 기능은 준비에 해당하며, 수많은 내러티브는 문제가 발생하는 여덟 번째 기능에서 시작된다고 말

〈표 1.2〉

기능			설명
	α	도입 상황	가족 구성원이 소개된다. 주인공이 소개된다
1.	β	부재	가족 한 명이 사라진다
2.	γ	금지	주인공에게 금지가 부여된다(금지가 파기될 수도 있음)
3.	δ	위반	금지를 위반한다
4.	ε	정탐	악당이 정탐을 시도한다
5.	ζ	정보	악당이 희생자에 관한 정보를 얻는다
6.	η	속임	악당이 희생자를 속이려 한다
7.	θ	공모	희생자가 속는다
8.	A	가해	악당이 가족 구성원에게 해를 입힌다; 혹은
	a	결핍	가족 구성원에게 결핍된 게 있고 그것을 소망한다
9.	B	매개	불행이 알려지고 주인공이 파견된다
10.	C	대응행위	주인공(추적자)이 대응행위에 동의한다
11.	↑	출발	주인공이 집을 떠난다
12.	D	첫 번째 증여자 기능	주인공이 시련을 겪고 마법적 도구나 조력자를 얻는다
13.	E	주인공의 반응	주인공이 마법적 도구나 조력자에 반응한다
14.	F	마법적 도구의 수락	주인공이 마법적 도구 사용법을 익힌다
15.	G	공간 이동	주인공이 추적 대상에 도달한다
16.	H	싸움	주인공과 악당이 맞붙어 싸운다
17.	J	낙인	주인공에게 낙인이 찍힌다
18.	I	승리	악당을 격퇴시킨다
19.	K	소멸	도입 상황의 피해나 결핍이 해소된다
20.	↓	귀향	주인공이 고향에 돌아온다
21.	Pr	추적	주인공이 쫓긴다
22.	Rs	구출	추격에서 주인공이 구출된다
23.	O	몰래 도착	주인공이 신분을 숨긴 채 고향이나 다른 곳에 도착한다
24.	L	거짓 주장	가짜 주인공이 거짓 주장을 한다
25.	M	어려운 과제	어려운 과제가 주인공에게 주어진다
26.	N	해결	과제를 해결한다
27.	R	인정	주인공이 인정을 받는다
28.	Ex	폭로	가짜 주인공이나 악당의 신분이 탄로난다
29.	T	변신	주인공이 새로운 모습을 취한다
30.	U	처벌	악당이 처벌을 받는다
31.	W	결혼	주인공이 결혼하고 왕위에 오른다

주: 1-7 준비; 8-10 문제 발생; 11-15 이동; 16-19 싸움; 20-26 귀환; 27-31 인정.

했다. 프로프의 구조가 다음과 같은 토도로프의 구조에 아주 손쉽게 비견되는 것은 예상에서 그다지 벗어나는 일도 아니다:

1. 시작 부분의 균형 상태 — 0-8
2. 어떤 행동에 의해 균형의 붕괴 — 8
3. 문제가 발생했음을 인지 — 9
4. 문제를 해결하려는 시도 — 10-17
5. 균형 상태의 회복 — 18-31

대다수의 내러티브가 기능 18번인 악당 격퇴로 정점에 달한다는 점은 눈에 띄게 흥미로운 부분이다. 이 장면 후에는 처벌(악당이 처형된다면 이는 격퇴 단계에서 발생할 수도 있다)과 더불어 주인공이 구출된 '여주인공'과 이성애적으로 결합하는 장면이 이어지는 것이 관행이다. 그러므로 기능 20-29는 등장하는 사례가 드물지만 그렇다고 해서 프로프의 이론이 타당성을 잃는 것은 아니다. 프로프가 말했듯이, 모든 기능이 존재할 필요는 없기 때문이다.

프로프의 설명을 현대의 내러티브에 적용하려면 각색이 필요하다는 점은 분명하다. 예를 들면, '마술적 도구'는 특정한 장르(SF, 판타지, 혹은 호러)에서만 등장하며 오늘날의 플롯이 결혼으로 결말지어지는 일은 드물다. '마술적 도구'의 기능은 반드시 마술에 의해서만 유발되지는 않으며, 그보다는 주인공이 변화에 영향을 미치는 데 유용한 도움을 준다는 데 있다고 할 수 있다. 예를 들면, 제임스 본드 영화에서 흔히 주인공은 Q가 준 장비를 활용해 '불가능한' 상황에서 탈출한다.

각 기능은 이전의 기능에서 논리적으로 전개되어 나온다는 점을 주목해야 한다. 앞서 정의에서 살펴보았듯이, 인과성은 내러티브 전개에 핵심적인 부분이다. 대다수의 내러티브에서 행동을 시작하고 거기에 반응하는 것은 등장인물이기 때문에 텍스트의 등장인물 사이에 이 기능이 배분되어야 하는 것은 당연하다. 프로프는 이 등장인물을 '행동 영역(spheres of action)'으로 명명했는데, 이러한 명명방식은 '내러티브 기능으로서의 등장인물'과 '심리학적 실체로서의 등장인물' 사이의 혼동을 피하는 데 유용하다.

▩ 연습문제 1.11 ▩

아주 잘 아는 내러티브를 아무거나 골라 그 속에 나타나는 기능의 숫자를 열거해보자. 이것들은 프로프가 제시한 순서대로 나오는가? 이 질문에 답하려면 아마 내러티브를 다시 해독해보아야 할 것이다.

오늘날의 텍스트가 결혼으로 결말짓는 사례는 흔치 않지만(최근 나온 한 가지 예외는—역설적이긴 하지만—〈클루리스Clueless, 1995〉다), 보통 이성애 커플이 친밀한 관계를 보여주는 장면으로 끝난다. 오늘날에는 수많은 가족 단위가 결혼한 커플 중심으로 되어 있지 않기 때문에, 결혼을 강조하지 않는 것은 납득할 만하다. 오늘날 할리우드가 토도로프의 구상을 얼마나 잘 예시해주는지 이미 살펴보았지만 할리우드는 그 나름대로 프로프 '버전'을 갖고 있다.

1985년 디즈니에서 근무하던 스토리 분석가 크리스토퍼 보글러(Christopher Vogler)는 메모 하나를 작성했는데, 나중에 이를 발전시켜 〈신화, 영웅 그리고 시나리오 쓰기(The Writer's Journey)라는 책으로도 냈다. 여기서 그는 주인공의 여정에서 12가지 단계를 서술했는데, 이는 할리우드에 매우 큰 영향을 미친 것으로 알려졌다. 이 12단계를 〈스타워즈〉에 적용해보면 다음과 같다:

〈표 1.3〉

단계	〈스타워즈〉
1. 일상적 세계	참을성 없는 10대인 루크 스카이워커는 삼촌과 숙모와 함께 생활하는 오지 농장 생활에 싫증을 낸다.
2. 모험에 부름받다	루크는 아름다운 레아 공주가 오비완 케노비에게 도움을 간절히 청하는 메시지가 드로이드 R2D2에 담긴 것을 우연히 발견한다.
3. 부름을 거부하다	루크는 오비완을 찾아내지만 삼촌 숙모가 자신을 필요로 한다며 선뜻 모험에 나서지 못한다.
4. 정신적 스승을 만나다	마침내 루크는 오비완의 손에 자신을 맡기고 포스에 관해 배우기 시작한다.
5. 첫 번째 문턱을 넘다	제국군이 삼촌과 숙모를 태워죽인 후 모험을 받아들인다.
6. 시련, 동맹과 적	루크와 오비완은 우주항구의 술집으로 가서 한 솔로와 우키를 우연히 만나는데 여기서 자바헛과 철천지원수가 된다.
7. 가장 깊숙한 동굴로 접근하다	루크 일행은 여러 차례 모험을 겪고, 결국 공주를 데스 스타에서 구출하려고 시도한다.
8. 가장 가혹한 시련	시련은 쓰레기 압축기에서 거의 죽을 뻔한 경험을 포함해 데스 스타에서 겪는 일련의 모험으로 이루어진다.
9. 보상(검을 손에 넣다)	루크 일행은 공주와 함께 데스 스타를 파괴하는 데 필요한 정보를 갖고 탈출하는데, 오비완의 희생이란 대가를 치른다.
10. 다시 길을 나서다	최악의 사태는 아직 끝나지 않았다. 반군 기지 반경 내에서 움직이는 데스 스타를 파괴하는 임무가 아직 남았다.

11. 부활	루크는 자신이 오랫동안 가졌던 기계에 대한 의존심을 버리고 포스에 대한 믿음으로 데스 스타를 파괴한다.
12. 만능약을 갖고 돌아오다	루크 일행은 대규모 군중 앞에서 영웅으로 훈장을 받는다. 루크 내부의 만능약은 자기 자신에 관한 새로운 지식과 포스를 통제하는 능력이다.

출처: Widdicombe, 1994, p.10.

보글러는 미국의 신화학자인 조셉 캠벨(Joseph Campbell)의 아이디어에서 영향을 받았기 때문에 검과 만능약을 언급하는 부분이 등장한다.

▨ 연습문제 1.12 ▨

보글러의 '단계'와 프로프의 '기능'을 비교해보자. 과연 단계를 기능과 관련지을 수 있으며, 둘 다 똑같은 순서대로 되어 있는가?

내가 보기에는 세 가지 기능을 제외하면 모두 대칭을 이루며, 단계와 기능은 똑같은 순서로 되어 있다.

〈표 1.4〉

단계	기능
1. 일상적 세계	도입 상황
2. 모험에 부름받다	9. 매개
4. 정신적 스승을 만나다	12. 첫 번째 증여자 기능
5. 첫 번째 문턱을 넘다	13. 주인공의 반응
6. 시련, 동맹과 적	15. 공간 이동
7. 가장 깊숙한 동굴로 접근하다	16. 싸움

8. 가장 가혹한 시련	17. 낙인
11. 부활	18. 승리, 19. 소멸
12. 만능약을 갖고 돌아오다	20. 주인공의 귀향

하지만 여기서 누락된 단계라 순서상으로는 들어맞는다. '3. 부름을 거부하다'는 프로프의 기능 9번과 10번 사이에 오고, '9. 보상(검을 손에 넣다)'과 '10. 다시 길을 나서다'는 17번과 18번 기능 사이에 들어간다. 어느 정도 많은 현대, 혹은 '고전적' 할리우드 영화가 이 패턴에 들어맞을까?

▩ 연습문제 1.13 ▩

보글러의 단계를 당신이 잘 아는 영화 세 편에 적용해보자.

1990년대 할리우드는 흥행에서 재정적 안정을 유지하기 위해 고가 개념의 블록버스터 영화를 끊임없이 공급하는 방식에 의존해왔는데, 내러티브를 이처럼 극단적으로 공식화된 방식으로 접근하는 관행 때문에 비판을 받았다. 따지고 보면 보글러가 제시한 단계는 프로프의 기능보다 숫자가 훨씬 적다.

2) 행동 영역

프로프는 (텍스트에) 7가지 '행동 영역' 즉 내러티브 기능이 존재한다고 주장했는데, 바로 악당, 증여자, 조력자, 공주(와 부친), 파견, 주인공(추적자 혹은 희생자), 가짜 주인공이다. 이 '등장인물'은 내러티브 전개에서 각기 구체적인 역할을 수행한다. 예를 들면,

악당은 내러티브에서 문제 발생을 책임지고, 주인공은 해결하는 일을 맡는다. 이 일곱 가지 행동 영역은 다음과 같다:

- **악당**은 내러티브에서 문제를 일으키는 인물이다.
- **증여자**는 물건이나 정보, 조언 중 어느 것이든 내러티브 해결에 도움이 되는 무엇인가를 주인공에게 준다.
- **조력자**는 균형 상태 회복을 위한 임무 수행에서 주인공을 돕는다.
- **공주**는 보통 악당의 위협을 가장 심각하게 받고 이야기의 정점에서 주인공에 의해 구출되어야 하는 등장인물이다. (동화에서는 흔히 왕으로 등장하는) 부친은 내러티브의 결말에서 주인공에게 공주를 허락하는 역할을 한다.
- **파견자**는 주인공에게 임무를 주어 파견하는 인물이다(공주의 부친이 될 수도 있다).
- **주인공**은 보통 남성이며 흔히 추적(혹은 찾기)에 나서 공주를 구하고 그녀의 '마음'을 사로잡으며 내러티브의 균형 상태를 회복시키는 행위자이다. 프로프는 악당의 주된 관심을 한 몸에 받는 '희생자 주인공'과 악당의 다른 희생자를 돕는 '추적자 주인공'을 구분한다. 주인공은 예외 없이 텍스트의 주 행위자이거나 중심적인 캐릭터이며 보통 소속 공동체의 요구로 추적에 나서는 (대개 남성인) 인물이다.
- **가짜 주인공**은 선한 인물의 겉모습을 하고 있으나 내러티브의 결말에서 악당이라는 사실이 밝혀진다(이 행동 영역은 기능 24번과 28번에서 일어나는데, 앞서 설명했듯이, 자주 등장하지는 않는다).

등장인물은 하나 이상의 '행동 영역'을 수행할 수도 있고 '행동 영역'은 하나 이상의 등장인물로 구성될 수도 있다. 따라서 공주는 동시에 조력자 역할을 할 수도 있으며 텍스트에 악당이 여러 명 등장할 수도 있다. 표 1.5는 등장인물이 프로프의 전반적 틀에서 어떤 위치에 들어가는지 보여준다.

〈표 1.5〉

등장인물의 유형 (행동 영역)	기능 (표 1.2를 보라)
악당	A, H, Pr
증여자	D, F
조력자	G, K, Rs, N, T
공주 (그리고 부친)	M, J, Ex, U, W
파견자	B
주인공	C, E, W
가짜 주인공	C, E, L

출처: Berger, 1997, p.27.

▨ 연습문제 1.14 ▨

앞서 연습문제에서 이용한 내러티브를 활용해 행동 영역을 추출해보자.

프로프의 이론은 모든 내러티브를 설명해줄 수 있을까? 프로프식으로 접근해 좋은 결과가 나온 분석은 많았지만—피터 월렌(Peter Wollen, 1976)의 〈북북서로 기수를 돌려라(North by Northwest)〉 분석과 존 피스크(John Fiske, 1987)의 텔레비전 시리즈물과 연속극 분석을 보라—학자들은 여기에 대해 냉소적인 것으로 보인다. [이 관점에서 본] 영화에 관해 데이빗 보드웰은 다음과

같은 결론을 내렸다:

> 왜곡, 생략, 무지막지한 끼워 맞추기, 이론적 부적절성 때문에 [프로프식의] 분석은 실패했다. 현재로서는 영화가 민담과 비슷한 심층적 구조를 공유한다거나, 프로프 방법의 영화 연구 버전으로 내러티브 영화의 저변을 관통하는 구조를 밝혀낼 수 있다고 결론지을 만한 합리적 근거는 없다(Bordwell, 1988, p.16).

물론 결론은 여러분 스스로 내려야 한다. 프로프 이론의 적용이 개별적 텍스트를 더 깊이 이해할 수 있게 해주는가? 심지어 주류의 텍스트조차 내러티브적 동인을 회피할 수 있다는 점도 유의해야 한다. 예를 들면, 〈씬 레드 라인(Thin Red Line)〉(테렌스 맬릭Terence Malick 감독, 1998)은 상영시간이 세 시간이고 대략 길이가 비슷한 세 부문—준비, 전투, 그 후—으로 구성되어 있다. 내러티브라는 틀에서 보면, 전투에서 갈등의 해결은 이루어지지만, 영화는 그 후 한 시간 동안 더 지속된다. 이 밖에도 중심인물(위트)이 등장하긴 하지만, 영화는 수많은 개인에 초점을 맞추며, 전통적 의미에서 프로프식의 악당도 나오지 않는다. 이러한 특징에도 불구하고, 영화는 흥행 측면에서 괜찮은 실적을 올렸다. 1970년대 초반에 뉴 할리우드(New Hollywood)는 결말이 '우울한' 영화를 대거 제작했는데, 예를 들면 〈마지막 영화관(The Last Picture Show)〉(1971)과 〈도청〉(1974)이 대표적이다. 하지만 지난 25년간 할리우드 작품의 상당수는 예외 없이 해피엔딩으로 마무리되고 내러티브도 단순한 고예산 투입작으로 특징지을 수 있다. 심지어 그 정도가 너무 심해 내러티브는 무엇보다 특수효과를 과시하기 위한 유인 장치에 불과하다고 여겨질 정도였다.

프로프의 이론은 개별 텍스트에 대한 구체적인 통찰력을 주기보다는 내러티브 간의 유사성을 제시하는 데에만 유용할 뿐이라고 할 수도 있을 것이다. 내 견해를 밝히자면 이렇다. 토도로프와 프로프는 모두 아주 일반적이고 관습화된 내러티브 구조를 기술했을 뿐이지만, 프로프의 아이디어를 특정한 내러티브에 적용해보면 가끔은 아주 새로운 점을 발견하게 될 수도 있다는 것이다. 다음에 나오는 몇 가지 예는 텍스트의 의미를 조명하는 데 내러티브 분석이 어떤 도움을 줄 수 있는지 보여준다.

3) 내러티브 이론의 적용

〈이미지와 재현〉의 5장은 〈블루 스틸〉(1990), 〈델마와 루이스(Thelma and Louise)〉(1991)에서, 6장은 〈터미네이터〉 영화들에서 젠더가 어떻게 재현되었는지를 살펴보았다. (비록 〈터미네이터 2: 심판의 날, 1991〉에 대해서는 유보적인 견해가 표명되긴 했지만), 이 영화들은 여성을 적극적이고 역동적인 모습으로 재현했다는 점에서 호평을 받았다. 하지만 내러티브의 관점에서 이 영화들을 분석해보면, (터미네이터 2편을 제외하면) 여성은 주인공의 '행동 영역'을 담당하긴 하지만 '희생자 주인공' 형태로 그려진다. 〈에일리언(Aliens)〉의 리플리나 〈카피켓〉의 MJ 모나한(이는 이 장 후반에서 다룰 것이다)처럼 여성이 '추적자 주인공' 역할을 하는 사례가 있기는 하지만, 여성을 내러티브 중심에 놓았다고 찬사를 받는 영화조차도 이들을 희생자로 그렸다는 점은 의미심장한 현상일 수도 있다. 남성 역시 '희생자 주인공'이 될 수는 있지만, 수많은 텍스트를 통틀어서 여성이 '희생자 주인공'인 비율에 비해 '추적자 주인공'에서 남성의 비율이 어느 정도인지 비교해보면 흥미로울 것이다.

이 장 앞부분에서는 연속극의 속성을 그 자체로도 인기 있는 주제인 연쇄 살인과 관련지어 설명했다.

1. 헬런 미런이 주연을 맡은 그라나다 텔레비전의 〈프라임 서스펙트(Prime Suspect)〉에서 연쇄 살인이 비중 있게 다뤄졌는데, 이 드라마는 각 내러티브가 수많은 에피소드로 구성된다는 점에서 연속극이자, 동시에 (다섯 차례에 걸쳐 별도로 제작되었다는 점에서) 시리즈물이도 하다.
2. 가공의 연쇄 살인자가 무수하게 등장한다(예를 들면, 토마스 해리스Thomas Harris의 한니발 렉터 소설이나, 필립 커Philip Kerr의 〈철학적 탐구A Philosophical Investigation〉—이 장의 7절을 보라).
3. 텔레비전 다큐멘터리, 책, 분책(매주 간격으로 나누어 출판되는 간행물)은 종종 연쇄 살인자에 대한 병적인 애착을 드러낸다(특히 '리퍼스Rippers', 책, 요크셔).
4. 연쇄 살인은 영화에서도 많이 등장했다(Withall, 1996을 보라).

다이어가 주장하듯이, 이러한 애착은 한 마디로 연속극이라는 속성에 대한 인간의 집착을 반영하는 것일 수도 있다. 이는 또한 20세기의 **시대정신**을 반영하는 특히 병적인 감수성을 보여주는 것일 수도 있다. 최근 예상을 가장 뛰어 넘은 흥행작 중의 하나로는 1995년작 〈세븐〉이 있다. 이 영화나 〈카피켓〉을 보지 않은 사람은 다음 절을 생략하는 게 좋다. 다음 절은 주로 예시 자료로 되어 있을 뿐 아니라 나중에 영화를 보려고 할 경우 흥미를 반감시킬 것이기 때문이다. 물론 내가 생각하기에 가장 좋은 행동 경로는 영화를 보고 나서 다음 내용을 읽는 것이다.

4) <세븐>의 사례분석

▩ 연습문제 1.15 ▩

〈세븐〉을 본 적이 있다면 힘 닿는 데까지 프로프의 31가지 기능을 영화에 적용해보자. 만일 (지적 능력 부족이든 무기력 때문이든) 여의치 않으면 내러티브 기능을 수행한다고 판단한 등장인물을 찾아서 토도로프의 구조를 영화에 적용해보자.

등장인물	배우	내러티브 기능?
밀스	브래드 피트	
소머셋	모건 프리먼	
트레이시	기네스 펠트로	
존 도	케빈 스페이시	
경찰 반장	존 C. 맥긴리	

데이비드 핀처(David Fincher)가 감독한 〈세븐〉은 한마디로 매우 암울한 영화다. 심지어 반동적이라고 주장하는 사람이 있을 정도로(Taubin, 1996) 황량한 시각에서 인간성을 바라보는 네오 느와르 영화다. 북미에서는 수많은 비평가에게 악평을 받았음에도 불구하고 5주 동안 개봉영화 흥행 1위를 기록하고(1~2주 이상 흥행에서 정상을 유지하는 영화는 드물다), 1억 달러 이상의 수입을 올렸다. 이 영화는 유럽에서도 비슷하게 성공을 거두었다.

〈세븐〉이 어떤 방식으로 수용자에게 충격을 주려 하는지 내러티브 분석만으로는 완전하게 파악하기 어렵다. 예를 들면 이러한 형태의 분석은 죽음을 단지 '살인'으로 분류할 뿐 이 죽음이 얼마나 다양한 방식으로 기괴한 양상을 띠는지 고려하지 않는다. 이러한 한계에도 불구하고, 내러티브 분석은 영화가 어떻게 해서 관객을 당혹스럽게 하는 효과를 조성하는지 보여주는 데 유용하다.

1. 원래의 균형 상태 — 범죄로 찌든 도시에 은퇴하는 경찰을 대신해 신참 경찰이 도착한다.
2. 어떤 행동에 의한 균형 상태 파괴 — 첫 번째 살인이 발생한다.
3. 문제 발생에 대한 인지 — 이 살인이 연쇄 살인범의 소행이라는 사실이 알려진다. 일반적으로, 살인 자체는 균형 파괴가 아니다. 크레딧 시퀀스 이전 장면은 살인이 일상적 삶의 일부임을 보여주려는 듯이 소머셋이 살인 현장에 나가 있는 모습을 비춰준다. '글러터니' 살해가 균형의 파괴로 이어지는 것은 바로 연쇄성(일곱 차례 살인의 첫 번째 사례) 때문이다.
4. 파괴된 균형을 회복하려는 시도 — 경찰이 살인범을 추적한다.
5. 균형 상태의 회복 — 살인범이 살해되고 주인공은 저주를 받는다.

프로프의 31가지 기능을 적용해보면 이 영화가 언뜻 보기에 매우 전통적인 구조를 갖추고 있음을 알 수 있다.

기능	설명
α 도입 상황	가족 구성원을 소개한다. 주인공을 소개한다.

밀스('희생자 주인공')가 범죄 현장에서 소머셋(증여자이자 조력자)과 합류한다.

1. β 부재	가족 구성원 한 명이 사라진다.

엄격히 말해 소머셋이 사라지지는 않지만, 우리는 그가 은퇴할 것임을 알고 있다(이는 보드웰이 '왜곡'이라고 비판하는 한 가지 사례다).

2. γ 금지	주인공에게 금지가 부여된다(금지가 피기될 수도 있다).

소머셋은 밀스에게 자신이 시킨 대로 하라고 지시한다.

5. ζ 정보	악당이 희생자에 관한 정보를 얻는다.

타이틀 시퀀스: 도는 이미 여러 살인 계획을 세웠고, 그중 하나를 저질렀다.

8. A 가해	악당이 가족 구성원에게 해를 입힌다.

첫 번째 살인(글러트니)이 발생한다. 여기서 우리는 모두 잠재적 희생자이기 때문에 가족은 (밀스와 소머셋이 구성원으로 속한) '도시 사회'이다. 살인자는 '다시 범행을 저지르기' 전에 체포해야 한다. 대다수의 연쇄 살인범과 달리, 도의 희생자는 여성만이 아니다. 그는 사회적 지위와 상관없이 '죄를 지은 사람'을 선택한다. 부자와 가난뱅이가 모두 희생자가 된다.

결정적인 장면은 타이틀 시퀀스 이후의 신인데 (최후의 '무고한' 두 희생자인), 밀스 부부가 도시로 이사 온 이유는 밀스가 '잘 헤쳐나갈 수 있다고' 자신했기 때문임을 보여준다. 하지만 학교 교사인 트레이시는 도심 빈민가의 가난과 처절함만 목격한다. 기차가 지나갈 때마다 이들의 집은 끊임없이 요동을 친다. 이들은 부동산 업자에게 속은 것이다.

기능	설명
9. B 매개	불행이 알려지고 주인공이 파견된다.

밀스는 호출을 받고 어쩔 수 없이 부인을 두고 나와, 첫 번째 살인 현장에 도착한다. 범죄 현장인 침실 신의 다음 컷은 밀스가 쏟아지는 빗속에서 커피 두 잔을 들고 처량하게 서 있는 모습을 비춰준다. 그는 전혀 영웅처럼 보이지 않는다.

10. C 대응행위 주인공(추적자)이 대응행위에 동의한다.

소머셋은 이 수사를 그의 마지막 임무로 내켜하지 않지만 밀스는 이 사건을 꼭 맡고 싶어 한다. (비록 우리가 아는 한 할리우드가 스타를 활용하는 방식에서 그럴 가능성은 없지만) 이 지점에서 소머셋은 마치 '추적자 주인공'인 것처럼 보인다.

11. ↑ 출발 주인공이 집을 떠난다.

밀스가 살인범 추적을 시작한다. 하지만 그의 첫 번째 '도착지'는 두 번째 살인 (그리드) 현장인데 여기서 제복 경찰관들이 그의 서투른 일처리에 관해 수군거리는 장면은 그의 무능함을 강조한다.

12. D 첫 번째 증여자 기능 주인공이 시련을 겪고 마법적 도구나 조력자를 얻는다.

밀스는 소머셋이 칠죄종(Seven Dealy Sins)*에 관해 찾은 조사 결과에서 정보를 얻는다.

---

* 칠죄종은 기독교(특히 가톨릭)의 용어로서 그 자체로도 큰 죄가 될 뿐 아니라 다른 죄의 근원이자 악습이 된다는 의미에서 '죄종(罪宗)'이라 부른다. 가톨릭 교리에서는 교만, 인색, 시기, 분노, 음욕, 탐욕, 나태를 칠죄종으로 분류한다. 영화에서 첫 번째 희생자인 '글러터니(Gluttony)'는 탐욕을, 두 번째인 '그리드(Greed)'는 인색을 의미한다는 점에서 희생자의 이름은 칠죄종과 연계되어 있으면서 사건을 푸는 단서 구실을 한다. —역주

기능　　　　　　　설명

13. E　주인공의 반응　주인공이 도구나 조력자에 반응한다.

밀스는 칠죄종을 다룬 문헌을 이해하려 노력한다(단테의 <신곡> 요약본을 읽는다).

14. F　마법적 도구의 수락　주인공이 마법적 도구의 사용법을 익힌다.

밀스가 무심코 던진 제안을 토대로, 소머셋은 FBI가 불법적으로 감청한 도서관 이용내역을 활용해 더 많은 정보를 얻고, 이를 통해 존 도가 사는 곳을 찾아낸다.

15. G　공간 이동　주인공이 추적 대상에 도달한다.

밀스와 소머셋은 도의 아파트를 찾아낸다.

16. H　싸움　주인공과 악당이 맞붙어 싸운다.

밀스가 도를 추격한다.

17. J　낙인　주인공에게 낙인이 찍힌다.

밀스는 폭행을 당해 무의식 상태가 된다. 그의 얼굴에는 피가 철철 흐른다.

18. I　승리　악당을 격퇴시킨다.

도가 항복한다.

지금까지 살펴보았듯이, 여기까지 <세븐>의 내러티브 구조는 매우 관습적이다. 그러나 주인공이 승리를 거둘 것이라고 수용자가 기대하는 순간 악당이 항복한다는 설정은 반전을 일으킨다. 이는 악당이 왜 항복했을까 하는 수수께끼를 던져준다 (1장 7절을 보라). (만일 항복하지 않았다면) 결코 체포되지 않았을 것이라고 도가 기고만장하게 소리칠 때, '어쨌든 결국 그렇게 했을 것이며 거의 그렇게 했다'며 밀스는 어색하게 대꾸할 뿐이었다.

기능	설명
19. K 소멸	도입 상황의 피해나 결핍이 해소된다.

비록 '도입 상황의 피해(연쇄 살인)'가 해소된 것처럼 보이지만, 도는 감금당한 사람을 어떻게 살해할 수 있을 것인가? 아직 드러나지 않고 완수되지 않은 여섯 번째와 일곱 번째 살인이 남아 있다.

20. ↓ 귀향	주인공이 고향에 돌아온다.

밀스는 자신의 집에서 파견되었지만 집으로 돌아가지 못한다. 부인이 살해되었기 때문에 돌아갈 '집'이 없다는 사실을 그는 아직 모른다.

25. M 어려운 과제	어려운 과제가 주인공에게 주어진다.

밀스가 받은 제안은 도의 지침을 따르는 것이다. 그렇지 않을 경우 도는 정신이상을 주장하고 '손쉽게 풀려날' 것이다.

26. N 해결	과제를 해결한다.

지침을 따르긴 했지만, 해결해야 하는 악당의 과제는 주인공이 도를 일곱 번째 희생자로 만들어야 한다는 것이었다. (질투라는 죄목을 범한) 도를 살해하면 (분노라는 죄를 지은) 밀스는 저주를 받게 된다(이 저주는 성서적 관점에서는 지옥이고, 세속적 관점으로는 최악의 경우 투옥되거나 잘 풀려야 경찰에서 쫓겨나는 것이다).

27. R 인정	주인공이 인정을 받는다.

밀스의 처지는 결코 인정을 받을 수 없다. ('세상 물정에 밝은' 냉소주의자인 소머셋과 달리) 밀스는 '자신은 다르게 살 수 있다'고 믿는 이상주의자이기 때문에 상황은 매우 비극적이다. 그는 자기 믿음대로 살지 못했다.

기능	설명
30. U 처벌	악당이 처벌을 받는다.

악당은 죽음으로 처벌을 받았다. 하지만 이는 그가 간절히 바라던 바이기 때문에 처벌이라고 부를 수도 없었다. 이 지점에서 우리는 혼란에 빠진다. 감독은 총격 장면을 클로즈업으로 찍은 후, 상공을 선회하는 헬리콥터에서 극단적인 롱샷으로 그 신을 보여주면서 우리에게 안도감을 준다. 모니터링 중이던 경찰 특공대원이 다급히 외치는 소리가 들린다. '누구든 도움 요청해주세요. 누구든 도움 요청해주세요…', 이 밖에도 틀에 맞지 않는 게 하나 더 있다.

31. W 결혼	주인공이 결혼하고, 왕위에 오른다.

주인공에게 결혼은 이루어지지 않으며, 그는 (지옥의 나락으로) 떨어진다. 가까운 가족과 경찰은 그에게 도움을 제안한다. '뭐든 필요한 게 있으면,' 하고 소머셋은 말한다.

이처럼 프로프식의 분석을 해보면, 〈세븐〉의 당혹스런 특성은 적어도 부분적으로는 내러티브의 기대치를 뒤집어놓는다는 데서 발생한다. 비록 악당이 내러티브 해결에서 핵심적인 측면인 처벌을 받긴 하지만, 이 처벌은 악당이 오히려 바라는 바이다. 도가 저지른 범죄의 성격을 감안하면 '극형'이 적절해 보일지 모르지만, 동정적이고 지적이며 도덕적인 소머셋을 통해 영화는 이것이 잘못된 일임을 분명히 한다. 집행자는 사회이든 밀스이든 그 행위에 의해 저주를 받는다. 클라이맥스 신에서 소머셋은 안절부절못하는 상태에서 처음으로 밀스의 이름을 부르면서, 주인공에게 행동에 나서지 말라고 설득한다(이 남성들이 서로 성으로만 호칭하는 습관이 있다는 사실은 이전에 소머셋이 저녁 초대를 받았을 때 트레이시가 지적했다). 그러나 주인공은 행동하는 사람이지 사색하는 사람이 아니다(소머셋이 증여자 기능의 일부로 문학적 출처를 알려주었을 때 밀스는 이해하느라 애를 먹고는, '빌어먹을 시'라고 불렀다). 결말은 암울하고 공포스러우며 혼란스러운데, 완벽한 허무주의에서 그나마 비켜서는 유일한 위안은 '현직에 계속 남을 것'이라는 (즉, 은퇴하지 않겠다는) 소머셋의 발언뿐이다.

'추적자 주인공'처럼 밀스는 추적에 나서지만 결국 (희생자) 주인공이 되고 만다. 여기서 공주는 현대 도시의 사회악을 대표하는 살인 희생자다. 공주는 사회이며 느와르 영화의 특징처럼 (4장을 보라) 영화 배경은 보기 드물 정도로 황량하다. 끊임없이 비가 내리는 가운데, 필름의 갈색 색조와 더불어 어두운 조명은 숨 막힐 듯한 미장센을 조성하는 효과를 낳는다.

> 인화는 은 보존 방식이라는 좀체 사용되지 않는 기법으로 이루어졌는데, 이는 전통적인 현상 과정 동안 배출되는 은을 다시 고착시키는 기법이다. 은 보존 방식은 밝은 색조를 더 밝게 하고, 어두운 부분은 더 진하게 만든다(Taubin, 1996, p.24).

하지만 비록 연쇄 살인이 흔히 현대 사회의 범죄로 간주되긴 하나, 이는 단지 현대 미국의 사회악에 관한 텍스트는 아니다(도시를 밝히지는 않지만, 노란 택시는 뉴욕이 촬영 장소일 가능성을 시사한다). 소머셋이 조사한 '칠죄종'은 단테의 〈신곡〉에 나오는 섬뜩한 장면을 예시해주는데, 이 장면은 밀스가 첫 번째 살인 현장 사진을 살펴보는 모습과 교차된다. 이 장면의 편집은 또한 밀스와 소머셋이 (누가 살인자인지에 관한) 지식을 추구하는 과정이 서로 유사함을 강조하는데, 이는 사용되는 음악에 의해 더욱 부각된다. 소머셋이 웅장한 고딕풍의 도서관에 들어설 때 카드놀이 하는 경비원 외에는 아무도 없는데, 그렇게 풍부한 문화로 둘러싸인 곳에서 할 수 있는 일이라곤 도박밖에 없다는 데에 소머셋은 놀라워한다. 경비원 중 한 명이 "문화가 뭔지 보여드리죠"라고 말하면서 바흐의 오케스트라 모음곡 3번 음반을 틀어준다. 이 지점에서 음악은 분명히 디에게시스적이다. 하지만 다음 장면은 소머셋의 (추정컨대 여러 시간에 걸친) 조사 장면을 보여주는 몽타주이다. 디졸브 기법이 상징하듯 시간이 경과한 후에는 음악이 디에게시스 외적으로 바뀐다(음악이 끊김 없이 연주되고 있기 때문이다). 이와 비슷하게, 소머셋의 조사 장면이 밀스의 사진 검토 장면과 교차될 때, 밀스의 아파트에서 바흐의 조곡이 등장하는 것 역시 표면적으로 보면 디에게시스 외적이다(그가 작업하는 동안 동시에 그 곡을 연주하는 게 아니라면 그렇다). 비록 캐릭터는 (각기 사색하는 사람과 행동하는 사람으로) 매우 다르지만 의도치 않게 러스트를 살해한 용의자를 혹독하게 심문하는 장면 이후 술집에서 중요한 대화를 나누는 신과 앞의 신은 밀스 역시 소머셋의 젊은 시절 판박이임을 시사한다.

폭력은 인간 사회의 떼놓을 수 없는 일부임이 암시되는데, 즉 인간성 자체가 공주에 해당하는 셈이다. 수용자인 우리 역시 구출을 필요로 하는 공주이다. 밀스는 도를 살해하면서 단지 우리를 더 큰 고통으로 몰아넣을 뿐이다. 어떤 속죄도 주어지지 않고, 단지 '사색하는 사람'이 계속 현장을 지키면서 우리를 도와줄 수 있을 것이라는 희망만 남을 뿐이다. 소머셋은 보이스오버로 헤밍웨이의 다음 구절을 인용한다(이처럼 전형적인 느와르 영화 기법이 영화에서는 이때 유일하게 사용된다): "세상은 좋은 곳이며 싸워 지

킬 만한 가치가 있다 … 나는 뒷부분에만 동의한다." 사실 이러한 희망은:

> 미국 영화답지 않게 엄청날 정도로 비관적인 영화에서 약간의 할리우드식 위안의 조각이라도 부여하려는 의도로 제작사가 원한 부분이었다(Dyer, 1999, p.77).

다른 사람보다도 특히 움베르트 에코는 탐정물 장르가 단연코 내러티브 형식이 두드러진다고 주장했다. 〈그림 1.7〉처럼 보드웰과 톰슨의 장르 분석을 〈세븐〉에 적용해보면, 추적의 내러티브 구조가 얼마나 뚜렷한지 알 수 있다:

스토리
- a) 범죄를 구상한다 - 도가 '복수의 천사'가 되기로 결심한다.
- b) 범죄를 계획한다 - 도가 1년 좀 넘는 기간 동안 적어도 다섯 번의 살인 계획을 꾸민다.
- c) 범죄를 저지른다 - 첫 번째 살인
- d) 범죄가 밝혀진다 - 두 번째 살인

플롯
- e) 탐정이 수사를 한다: 밀스가 수사를 한다
- f) 탐정이 a, b, c를 밝혀낸다: 탐문과 함께 도의 아파트를 찾아낸 후 밀스와 소머셋은 도의 행동에 관한 정보를 모아서 끼워 맞춘다.

〈그림 1.7〉 〈세븐〉의 스토리와 플롯

탐정은 도의 전모를 파악하는 데 많은 진전을 이루기는 하지만 질서를 회복할 기회는 박탈당한다. 이는 탐정의 승리로 '법과 질서' 담론이 대변되는 일반 픽션 탐정물의 결말과 대비를 이룬다. '그리고는 행복하게 잘 살았다'는 결말 대신 '그리고는 지옥이 계속되었다'는 식으로 끝나는 영화가 왜 흥행에서 그만큼 성공을 거두었는지 상상해보면 흥미롭다. 만일 도의 처형이 해피엔딩이자 밀스를 저주에 빠뜨리는 행위가 아니라고 관객이 인식했기 때문이라면 이 사회는 진짜로 문제가 많은 것이다. (라신느식으로) 내러티브 구조가 고전적 순수성을 갖추면 비록 공포는 유발하더라도 엄청나게 만족스런 결말을 부여한다고 리처드 다이어(Dyer, 1999a)는 주장했다.

비록 관습적 해결책이 등장하지 않는 것은 분명하지만, 프로프의 구조를 이용해 〈세븐〉을 분석해보면 우리는 (전형성에서의) 일탈 지점이 어디인지(기능 18번), 그 후 대다수 내러티브에서 보이는 구조의 뒤집기가 어떻게 전개되는지를 정확히 지목할 수 있게 된다. 이 영화에 전복적 힘을 부여하는 것은 바로 이 뒤집기라고 나는 추정해본다. 형태는 다양하지만 고예산 영화는 보통 대안적 '현실보기 방식'과 연계되지 않는데, 바로 이 부류의 영화에서 뒤집기가 등장한다는 점은 주목해야 한다.

〈세븐〉의 분석에서는 중요한 순간들이 텍스트 앞부분에서 어떻게 '장치로 설정'되었는지를 여러 차례에 걸쳐 지적했다. 예를 들면, 클라이맥스에서 소머셋이 밀스의 (성 대신에) 이름을 부르는 장면이 나오는데, 전형적으로 남성적인 호칭 방식에서는 성으로 부른다는 점을 트레이시가 지적하면서, 이 장면의 의미심장함이 뚜렷하게 부각된다. 이는 내러티브의 경제성이 작동하는 한 사례이다. 즉 불필요한 요소는 아예 혹은 거의 없으며, 사실상 모든 것이 내러티브 전개에 기여한다.

5) <카피캣>에 나타난 내러티브의 경제성

연쇄 살인의 주제에 이어 〈세븐〉처럼 1995년 개봉작 〈카피캣〉에 나타난 내러티브의 경제성을 살펴보자. 관습적 텍스트는 대개 내러티브적 군더더기를 최소한으로 축소하려 한다. 이 점은 특히 피처 영화에 적용되는데, 이 영화의 내러티브는 두 시간 이하의 상영시간에 맞춰 보통 밀도 있게 압축된다. 따라서 보여주는 모든 것이 어떤 방식으로든 내러티브 전개에 기여하도록 하는 것이 중요하다.

이는 심지어 등장인물의 전개에도 해당된다. 예를 들면, 주인공(홀리 헌터가 연기한 경찰 MJ 모나한 역)을 소개하는 신에서 여자 주인공이 남성 파트너이자 부하인 루벤과 훈련하는 모습이 나온다. 루벤은 잔혹한 킬러로 통하는데, 주인공은 이 점을 바로 잡으려 한다. 이후 모나한은 루벤을 공격하려는 남성 명사수를 제압하는데, 이 남성은 곧 정신을 차려 루벤에게 치명상을 입힌다. 모나한은 용의자를 무력화하는 데 성공했지만 그가 그렇게 재빨리 되살아날 가능성에 대비하지 못했기 때문에 파트너가 살해당했다는 사실을 깨닫는다. 클라이맥스 신에서 모나한은 '악당'을 또 다시 제압하는데 이번에는 그가 깨어날 가능성에 대비하고 있었고, 다시 총격을 가해 이번에는 그를 살해한다.

플롯 초기의 신이 어떻게 클라이맥스 순간을 예고하는지를 보여주는 또 다른 예는 연쇄 살인 전문가인 헬렌 허드슨(시고니 위버)이 현관에서 몇 미터 떨어진 신문을 집으러 아파트를 나서는 장면이다. 이 신에서는 그녀가 스트레스를 받거나 아파트를 나서려 할 때마다, 겉으로 보기에 현기증으로 고통을 겪는 것을 볼 수 있다. 이는 허드슨에게 행동장애가 있음을 보여줄 뿐 아니라 후반에서는 그녀가 왜 범인의 공격을 피하지 못하는지 설명해준다. 이러한 전개의 경제성은 액션에 근거하며, 액션보다는 심리적 전개 과정을 높이 평가하는 일부 평론가가 대중적 영화를 경멸하는 이유 중의 하나가 된다.

1996년 흥행작인 〈더 록(The Rock)〉의 초기 신에서 중심인물은 스스로 심장에 주사를 놓아야 한다는 이유 때문에 해독제 사용을 꺼리는 모습으로 나온다. 영화의 클라이맥스에서 물론 그는 이를 해야만 한다. "내러티브가 … 제시하는 요소를 압축해 담으려 애쓰는 것은 이것들이 **명시적으로** 드러나도록 하기 위함"(Heath, 1981, p.134)이라고 스티븐 히드는 이 점의 의미를 설명한다. 모든 것은 **사용할** 의도를 갖고 제시된다.

하지만 그렇다고 해서 관습적 텍스트에서 **모든 것**이 늘 내러티브 진전에 기여한다는 뜻은 아니다. 〈카피캣〉 초반에는 자신이 연쇄 살인범이라고 주장하는 '정신 이상자'를 경찰이 면담하는 신이 나온다. 이는 내러티브를 진전시키는 요소가 아니라, 하나의 농담처럼 다루어진다. 물론 실제 살인범이—아마도 인터뷰 섭외가 오길 기다리면서—배경에 숨어 있다는 것은 경찰의 무능을 나타낼 가능성은 있다. 히드가 주장하듯이:

> 내러티브는 모든 것을 담을 수 없다 … 내러티브 영화는 단지 현실의 재생산으로서의 사진 이미지와 그 현실에 대한 감각, 이해가능성으로서의 내러티브 간에 팽팽한 균형을 유지하려 시도할 수 있을 뿐

이다(Heath, 1981, pp.134-5).

이 밖에도 고예산 영화 스타일은 매끄러운 이미지를 많이 사용하는데, 이는 보기에는 좋긴 하지만 실제로 플롯의 전개에는 아무런 기여도 하지 못해 내러티브의 흐름에 방해가 될 수도 있다.

〈카피캣〉을 선택한 이유는 〈세븐〉처럼 최근 나온 '연쇄 살인'/느와르 영화일 뿐 아니라 젠더 문제를 비전통적이고 흥미로운 방식으로 다루기 때문이다. 〈카피캣〉에서는 '주인공'과 '조력자'가 모두 여성이라는 점이 특히 흥미롭다. 이전의 전형을 따라 여성은 공주역으로도 나온다:

> <카피캣>의 시작 부분 강연 장면에서 헬렌은 연쇄 살인자 중에는 압도적으로 남성과 백인이 많다는 사실을 강조한다. 이 장면은 연쇄 살인 영화의 두 가지 단골 메뉴를 부정한다. 첫째, 살인범은 (모든 다른 측면에서) 전형적인 백인 남성이며, 예외적인 괴물이 아니라고 주장한다. 둘째, 전문가의 모든 권위를 동원해 이 점을 보여주는 이는 여성이라는 것이다(Dyer, 1996, p.17).

영화의 클라이맥스에서 살인범은 허드슨을 노리고 점차 좁혀온다. 그녀는 지붕 위에 갇혀 빠져나갈 수가 없다. 허드슨의 반응은 웃음이었다. 그녀는 '현기증'을 극복해 이제 겨우 자신의 삶을 되찾았는데 곧 살해될 운명으로 보이기에, 이 역설적 상황에 웃음을 터뜨린 것이다. 이 밖에도, 그녀를 '병들게' 한 것도 연쇄 살인범이고 치유해준 것도 다른 연쇄 살인범이었다. 그녀의 웃음은 킬러의 남성성을 무력화하는 "여성에 의한 조롱"이라고 다이어는 말하는데, 이 웃음이 살인자를 너무나 혼란스럽게 만드는 바람에 MJ는 최후의 일격을 가할 기회를 얻게 된다.

> 헬렌은 왜 웃을까? 아마 일종의 히스테리거나 이제 자신의 불안한 삶이 끝날 것이라는 데 대한 안도감 때문일 수도 있다. 그러나 또한 아마 남성들이 연쇄 살인을 너무나 심각하게 여기는 것 자체가 근본적으로 부조리하다고 보기 때문일지도 모른다(Dyer, 1996, p.17).

이 짤막한 분석은 내러티브 이론—여성 주인공과 조력자—에 근거하긴 하지만 내러티브만으로는 텍스트를 분석하는 데 충분하지 않다는 사실도 보여준다. 이 영화에서 젠더 문제를 살펴보는 동안 우리는 뜻하지 않게 '재현' 개념에 관한 논의로 접어들고 있음은 분명하다.

5장에서 우리는 왜 특정한 시점에 어떤 장르가 인기를 끄는지 살펴볼 것이다. 1990년대에는 수많은 '연쇄 살인자' 영화가 등장해 인기를 얻었다. 흥행작으로는 〈세븐〉을 비롯해 〈양들의 침묵(The Silence of the Lambs)〉(1991), 〈원초적 본능(Basic Instinct)〉(1992) 등이 있다. 드림웍스 마케팅 책임자는 다음과 같이 말했다:

> 어딜 가든 사람들은 [그런 영화에] 흥미진진해 했다. 잇달아 살인을 저지르는 사람에 대한 병적인 열광이 넘쳐나고 있다. 이는 무섭다는 느낌 이상의 문제다. '왜 그럴까?' 하는 심리학적 문제로 접어들게 된다(Broeske, 1998, p.12).

프로프의 책 〈러시아 민담 형태론〉의 제목은 우리가 그의 아이디어를 적용할 때 독선적이어서는 안 된다는 사실을 시사한다. 따지고 보면 '형태'는 '모양'을 의미한다. 우리가 어떤 대상이나 아이디어의 모양을 기술할 때에는 보통 일반성을 다루게 된다. 정확성을 기하려 한다면 아마 요리조리 측정을 시도할 것이다. 만일 프로프는 '내러티브의 모양'을 제시하려 한 데 불과하다는 식으로 그의 주장을 정리한다면, 그의 이론을 이용할 때 종종 뒤따르게 되는 도식적이라는 느낌은 희석될 것이다. 과연 모든 텍스트가 특정한 패턴에 들어맞는지 판단해야 한다는 부담감을 느끼지 않으면서도 그의 이론을 융통성 있게 적용해, 그것이 텍스트에 관해 무엇을 말해줄 것인지 탐색해볼 수도 있다.

아서 아사 버거는 프로프, 그리고 실로 토도로프까지도 '대중문화 장르'에 적용 가능하다고 주장하면서 이 문제점에서 깔끔하게 비켜선다.

> 오늘날의 대중문화 장르는 프로프가 [민담]이라 부른 것의 변형, 수정, 은폐된 버전 등등을 포함하는 것으로 간주할 수 있다. 프로프가 러시아 민담에서 발견한 수많은 기능은 오늘날 스파이 스토리, SF, 솝 오페라, 웨스턴 등에서도 발견할 수 있다(Berger, 1992, pp.21-2).

우리는 이처럼 대중문화 텍스트에서 존재하는 것처럼 보이는 내러티브의 '보편성'이 갖는 함의를 제3장에서 살펴볼 것이다. 하지만 대중문화 장르 텍스트가 관습화된 내러티브 패턴을 항상 따를 것이라고 단정할 이유는 전혀 없다. 실제로 그런지 평가해보는 한 가지 방법은 이론을 아무 대중적 텔레비전 프로그램이나 흥행

대작 영화, 베스트셀러 책에다 적용해보는 것이다.

6. 레비스토로스와 이항대립

앞서 살펴보았듯이, 내러티브에 관한 토도로프와 프로프의 아이디어는 갈등 해결을 강조한다. 이들의 모델은 둘 다 구조주의에서 파생되는데, 이는 "어떤 문화적 행동이나 구성물에서든 의미를 가능하게 해주는 체제, 관계, 형태, 즉 구조"(O'Sullivan et al., 1984, p.302)를 살펴보는 담론이다. 가장 영향력 있는 구조주의자 중 한 사람이 바로 페르디낭 드 소쉬르(Ferdinand de Saussure)인데, 그는 단어이든 이미지이든 기호란 자의적 속성을 띠기 때문에 그 자체로는 아무런 고유의 의미를 갖고 있지 않다고 설명했다. 이는 기호의 의미는 그 맥락(통합체적syntagmatic 차원)과 소속 집단(계열체paradigm)에서 파생된다는 뜻이다. 트웨이츠 등은 이를 다음과 같이 표현했다:

> 기호는 … (그 자체의) 정체성의 체제 보다는 차이(그것이 의미하지 않는 것)의 체제를 통해 작동한다. 그것이 어떤 의미를 갖게 되는 것은 어떤 고정된 정체성을 갖기 때문이 아니라 다른 기호와 차이가 있기 때문이다. 간결하면서도 역설적인 형식이긴 하지만, 어떤 기호의 의미는 그 의미가 아닌 것 때문에 정해진다고 표현할 수도 있겠다(Thwaites et al., 1994, p.32).

간단히 말해, 여기서 발생하는 결과는 우리는 대립의 체제를 통해 언어를 이해하게 된다는 것인데, 그중 가장 극단적인 형태는 '이항대립(binary opposition)'이다. 예를 들면, '악'을 이해하지 못하면 '선'도 파악할 수 없으며, '흰색'과 '검은 색'의 관계 등도 이와 비슷하다(이 점에 관한 자세한 설명은 〈이미지와 재현〉의 2장을 보라). 이항대립은 신화의 창조를 통해 현실을 이해하려는 인간의 시도에서 토대가 된다는 이론을 프랑스 구조주의 인류학자 레비스트로스는 제시했다. 그는 이 점을 다음과 같이 설명했다:

> 경험에서의 모순을 다루고, 겉으로 보기에 설명할 수 없는 것을 설명하며, 불가피한 현상을 정당화하는 데 … 신화가 사용되었다. 현실 세계에서 해결할 수 없는 모순과 불공정일지라도 신화 내에서는 상징적으로 해결되었다(Turner, 1993, p.72).

따라서 신화란 "어떤 문화에서 해결할 수 없는 모순을 처리하고 그것들과 함께 살아가는 상상적 방식을 제공하여 불안을 감소시키는 메커니즘이다"(Fiske, 1987, pp.131-2). 내러티브 역시 이항대립으로 구성되는 심층 구조를 갖고 있는데, 이 책의 맥락에서 우리는 내러티브에 의해 이 대립이 어떻게 표현되는지에 관심을 둔다. 갈등은 주인공과 악당 사이의 대립으로 나타나는데, 스토리는 바로 이 갈등을 해결하려는 시도를 중심으로 구조화되어 있기 때문에 이항대립이 내러티브에도 적용될 수 있음은 분명하다. 이항대립을 고려하면 프로프의 '행동 영역'을 어떻게 각색할 수 있는지 버거는 예를 들어 설명했다.

〈표 1.6〉

선	악
주인공	악당
조력자	악당의 부하
공주 (사랑의 대상)	요정 (성적 대상)
마술사 (선한 마술)	마법사 (악한 마술)
마법적 도구의 증여자	증여자의 방해자
주인공의 파견자	주인공의 체포자
추적자	은폐자
악당처럼 보이는 선한 인물	실제로는 악한 가짜 주인공/여주인공

출처: Berger, 1997, p.44.

이처럼 반대되는 항목을 비교해보면 내러티브에 등장하는 인물의 기본적 행동 역시 대립항으로 분류할 수 있음을 알 수 있다.

〈표 1.7〉

선	악
협력하다	경쟁하다
도움을 주다	방해하다
탈출하다	투옥하다
방어하다	공격하다
시작하다	반응하다
폭로하다	숨기다
드러내다	위장하다
사랑하다	증오하다/욕망하다
풀어내다	신비화하다
추적하다	도망가다

찾다	피하다
진실을 이야기하다	거짓말하다
허용하다	금지하다
질문하다	대답하다
구출하다	위험에 빠뜨리다
보호하다	위협하다
처벌하다	고통을 입다
파견하다	소환하다
허용하다	금지하다
보유하다	잃어버리다

출처: Berger, 1997, p.43을 각색함.

주: 비록 버거가 명시적으로 밝히지는 않았지만, 이 범주들을 느슨하나마 '선'과 '악'으로 정의할 수 있다. 그러므로 나는 '폭로하다', '드러내다', '처벌하다' 등을 뒤집어 분류했는데, 이는 주인공의 행동일 가능성이 더 크기 때문이다.

수용자가 보기에 내러티브를 선형적이고 원인-효과의 연쇄식으로 파악하는 방식은 익숙한 반면, 이러한 대립항은 그다지 자명해 보이지 않는다. 버거가 이러한 대립항을 제시한 이유는 다음과 같은 점을 설명하기 위한 것이다:

> 등장인물의 행적을 따라가다 보면, (대체로 독자는 깨닫거나 의식하지 못할 수 있으나) 모든 행동에 의미를 부여하는 이항대립의 틀 속에서 우리는 이들이 하는 모든 행위를 파악하고 해석하게 된다 (Berger, 1997, p.43).

이 대립항이 드러나는 방식 중의 하나는 주인공과 악당의 외모를 통해서이다. 즉, 주인공은 늘 변함없이 잘 생겼고, 악당은 흔히 흉측한 모습을 하고 있다. 이러한 대립항의 구현은 내러티브가 신화 만들기에 기여할 잠재력이 있다는 점과 어떻게 들어맞을까? 이에 대한 해답은 대립항 간의 **관계**에서 발견할 수 있다.

> 이항대립에서 한 가지 요소는 흔히 다른 요소에 비해 **우월한 지위를 누린다.** 이항대립은 또한 한쪽 절반이 다른 절반을 지배하는 **위계구조**로 되어 있다는 뜻이다. 흔히 두 번째 항목은 단순히 첫 번째 것의 부재를 나타내게 될 뿐이다. 이 때문에 두 번째 요소의 가치를 평가절하하는 효과가 발생한다(Moon, 1992, p.3).

내러티브에서는 주인공이 늘 변함없이 결말에서 악당을 제압한다. 이항대립에서 한쪽 부분이 다른 쪽에 비해 우월하게 제시되는 것이다. 따라서 신화적 측면에서 보면 주인공은 사회가 (이데올로기적으로) 선하다고 여기는 가치의 승리를 나타낸다. '현실 세계'에서는 선이 항상 승리하지도 않거나, 심지어 선의 승리가 일반적인 것도 아닐 텐데도 그렇다. 관습화된 내러티브는 반대편 세력에 맞선 투쟁이 성공하는 것을 보여준다. 실제 삶에서 (우리가 욕망하는 어떤 사람에게 구애를 하든, 아니면 시험 합격을 위해서든) 우리의 투쟁에는 결말이 따르긴 하지만, 항상 불확실성이 남아 있다. 이러한 성공을 보장해주는 것이 오락 기능의 일부가 된다.

어떤 텍스트에서 이항대립을 찾아내는 방법 중의 하나는 어떤 주제가 표현되고 있는지 고려하는 것이다. 예를 들어 펭귄 출판사에서 수험생용으로 나온 윌리엄 골딩의 〈파리대왕〉에서 '주제' 관련 섹션은 다음과 같이 시작한다:

이 스토리에서 영국의 학생 집단은 점차적으로 '야만인' 부족으로 바뀌어간다. 문명의 포장이 서서히 벗겨지고 마침내 인간의 가장 원시적인 에너지—공포와 폭력, 혹은 골딩이 악의 잠재력이라 부르는 것—만이 남게 되는 과정을 우리는 목격하게 된다(Hanscombe, 1986, p.61).

이 소설은 악당 잭과 주인공 랠프로 대변되는 자연 대 문화, 혹은 야만 대 문명의 이항대립을 표현한다. 〈파리대왕〉은 주인공이 승리를 거둔다는 관습화된 결말로 마무리된다. 텍스트에서 선호되는 해독(preferred reading)은 야만이 나쁘다는 것이다. 하지만 잭의 '악'에 해당하는 속성 중 상당 부분은 랠프에게도 존재하며, 이 책이 갖는 설득력은 이처럼 '해결되지 않은 해결'이라 부를 수 있는 부분에서 상당 부분 유래한다는 점은 분명하다.

픽션 텍스트에서 주인공과 악당의 정의는 흔히 간단명료하다. 하지만 이 과정이 그렇게 명료하지 않은 텍스트도 있다.

1) 뉴스에서의 이항대립

▨ 연습문제 1.16 ▨

똑같은 뉴스 기사의 다음 여러 버전에서 악당을 찾아보자.

혈액 감염에 대한 공포 때문에 수혈용 혈액의 전국 재고 중 10분의 1 이상이 폐기된 직후인 어제 수혈센터들은 긴급 헌혈을 호소했다. 호주에서 수입한 혈액 봉지에서 결함이 발견된 후인 어제 여러 수술이 취소되었고 수천 봉지의 혈액 팩도 폐기될 예정이다(<더 타임

스>, 1995년 7월 1일 자).

히드 내각 관리들은 호주산 혈액 팩을 수입해 비용 절감을 시도했으나, 혈액에서 발견된 결함 때문에 전국적으로 혈액 공급량의 10분의 1 이상이 폐기된 것으로 어젯밤 밝혀졌다(<가디언The Guardian>, 1995년 7월 1일 자).

〈가디언〉 기사에서 내러티브적 문제는 오염된 혈액 팩에 의해 초래되었지만, 이는 비용 절감 정책의 결과로 발생한 것이다. 하지만 〈더 타임스〉에서는 단순히 오류 자체만 강조한다. 이러한 강조점 차이는 머리기사 제목에서도 드러난다:

비용 절감책으로 혈액 비상사태 발생(<가디언>)

혈액 폐기로 5천 명의 헌혈자 긴급 필요(<더 타임스>)

내러티브상의 악당을 찾아내면 어떤 텍스트의 이데올로기적 토대도 확인할 수 있다. 모든 뉴스 기사가 그렇듯이 이 두 기사 역시 모두 사실적인 것처럼 제시된다. 하지만 정치적으로 진보적인 〈가디언〉은 비용 절감 조치가 공공 서비스에 미친 폐해를 악당으로 규정한다. 보수적인 〈더 타임스〉는 공공 서비스에서 비용 절감을 지지하는 입장이었기에 이러한 시각을 강조하지 않기로 선택한다. 그다지 놀랄 만한 일은 아니지만, 이 신문들은 자신의 의제를 퍼뜨릴 수 있도록 내러티브를 활용해 기사를 제시한다.

1991년의 걸프전 기간과 그 후 여러 해 동안 서구 미디어는 사담 후세인을 끊임없이 악당의 '행동 영역'에 배치했다. 하지만 일부 아랍 국가의 보도는 이 이라크 지도자가 주인공의 기능을 수행하도록 했다. 이와 비슷하게, 1999년의 '세르비아 전쟁'에서 나토 국가에게는 세르비아 대통령 밀로셰비치가 악당이었지만, '해당 국가에서는' 주인공이었다. 어떤 독자든 '상대편'의 보도를 편향적이라고 조롱하기 전에, '우리 측의' 보도 역시 편향의 여지는 없는지 생각해보라.

이러한 이항대립은 앞서 언급한 사건이 보도되는 방식 전체를 구조화한다. 예를 들면, 걸프전 기간 동안 〈가디언〉은 영국 언론에서 전쟁이 보도되는 방식을 열거했다.

〈표 1.8〉

서구	이라크
우리의 속성	**저들의 속성**
보도 지침	검열
언론 브리핑	선전
우리 군대는 …	**저쪽 군대는 …**
전문적임	세뇌당함
사자의 심장	종이호랑이
조심성	겁쟁이
자신감	발악

출처: 〈가디언〉 1991년 1월 23일 자.

'충성심'(우리 편) 같은 개념은 '맹목적 복종'(저쪽 편)과 대립되게 설정되었다. 하지만 이런 것은 전혀 대립항이 아니라고도 할 수 있다. 미국 대통령 조지 부시와 이라크의 사담 후세인으로 의인화되듯이, 서구를 선으로 규정하고 이라크를 악으로 정의하는 방식은 사실상 모든 전쟁 보도를 다음과 같이 당혹스런 대립항으로 묘사하게 하는 틀로 이어졌다.

〈표 1.9〉

우리	그들
우리 미사일은 불가피한 피해를 입힌다	**그들의 미사일은** 민간인 사상자를 초래한다.
우리는 … 정밀 타격을 한다.	**그들은 …** 하늘 위의 모든 것에 무차별 사격을 가한다
조지 부시는 … 평정을 유지한다 단호하다 정치가답다 자신감 있다	**사담 후세인은 …** 미쳤다 교만하다 악한 독재자다 정신 나간 괴물이다

출처: 〈가디언〉, 1991년 1월 23일 자.

전쟁의 실제 사건이 이러한 이항대립에 깔끔하게 맞아 떨어질 가능성은 거의 없다. 현실은 결코 그리 간단명료하지 않다. 이항대립은 사건 내러티브의 틀을 규정하고 이를 통해 서구를 이라크보다 우월하게 묘사하기 위해 사용되었다. 그렇지만 영국의 방송 뉴스는 '불편부당하고 균형 잡힌' 것처럼 통한다.

똑같은 이항대립이 1999년에 다시 등장했다. 나토의 폭탄과 미사일은 실수로 민간인을 살해했는데도 '불가피한 피해를 입힌' 데 비해, 세르비아인은 '잔학 행위'를 저지른 것으로 묘사되었다.

앞서 살펴보았듯이, 내러티브 갈등이 없으면 스토리가 성립할 수 없고 무엇인가는 악당으로 규정되어야 한다. 예를 들면, 자연재해에 관한 기사에서는 아무런 문제가 없다. 그러나 다른 기사에서는 누가 악당인지 뉴스 편집자가 어떻게 판단하는가?

1970년대에 글래스고 미디어 그룹(Glasgow Media Group)은 영국 방송사들의 중립성 정도를 분석해서 특히 노동조합원과 그린햄 커먼(Greenham Common)* 참여 여성(반핵무기 시위자)에게 명백하게 부정적인 편향을 발견했다. 이 그룹의 사례 연구 중의 하나는 1975년 글래스고에서 쓰레기 차량 기사의 파업 보도를 분석한 것이다. 이 파업은 일반 대형 트럭에 비해 쓰레기 차량 기사의 임금이 형편없이 낮았기 때문에 발생했는데, 일반 대형 트럭 기사가 도로 운송 작업으로 주당 최소 37파운드를 받은 데 비해 쓰레기 차량 기사는 32.5파운드만 받았다. 이 파업은 다음과 같이 보도되었다:

> 뉴스는 글래스고 쓰레기 기사에 관한 스토리를 다음과 같이 보도했다. 즉 수거되지 않은 쓰레기가 산더미처럼 쌓이고, 결국 건강상 위험을 경고하는 공식적 선언이 나오고, 파업을 진압하고 썩어가는 쓰레기를 치우기 위해 군대가 투입된다는 내용이었다(Eldridge, 1993, p.284).

그렇다면 내러티브 측면에서 발생한 문제는 쓰레기 차량 기사 파업으로 수거되지 않은 쓰레기가 산더미처럼 쌓였다는 점이었으

* 그린햄 커먼 여성 평화 캠프를 지칭한다. 1981년 웨일즈 출신 여성단체가 크루즈 미사일 설치에 반대하기 위해 영국 버크셔의 그린햄 커먼 공군기지에 농성 캠프를 설치한 데서 시작된 운동인데, 무려 19년 동안이나 점거 농성을 전개하다가 2000년에 해산했다. —역주

며, 그러므로 이들은 기사에서는 악당이었던 셈이다:

> 이 보도에서 가장 놀랄 만한 특징은 언뜻 보기에 이 모든 사태를 초래한 노동자들이 자신의 행동을 해명하러 텔레비전에 전혀 등장하지 않았다는 점이다(Eldridge, 1993, p.284).

방송 뉴스는 스스로 불편부당성을 입증해야 한다는 사실에도 불구하고, 이 스토리의 '악당'은 자신들의 입장을 공중 일반에게 전할 기회를 결코 얻지 못할 것이다. 이 그룹의 연구결과는 이러한 편파성(partiality)이 만연해 있음을 보여주었다. 이 노동자들이 제시하는 스토리 버전에서라면 문제 발생은 시 정부가 낮은 임금을 지급하는 바람에 초래되었으므로 고용자(글래스고 시)를 악당으로 묘사했을 것이다. 그리고 이 시나리오에서는 쓰레기 차량 기사가 이 공주 역할이 될 것이다. 하지만 뉴스 보도에서는 일반 공중이 이 기능을 수행하고 군대(파업 진압자)가 주인공이 될 것이다.

▩ 연습문제 1.17 ▩

방송 뉴스에서 제일 처음 나오는 세 기사의 내러티브 구조를 분석해보자. 주인공과 악당을 달리 설정할 수 있는 방법은 없는지 생각해보자. 이러한 대안은 실제 보도에서 어떤 편향이 나타나는지를 보여주는가?

누가 악당 역할을 맡아야 하는가 하는 판단은 이데올로기적이다. 즉, 이는 어떤 가치를 반영한다. 글래스고 미디어 그룹이 내린 결론 중의 하나는 이른바 편향 없는 방송 뉴스 보도가 일관되게 기득권 체제 편을 들었다는 것이다. 냉전 시기 동안 러시아인(그리고 공산주의자 전체)은 픽션이든 뉴스, 다큐멘터리든 시사 문제든 서구의 텍스트에서 고정된 악당이었다. 제임스 본드 영화의 악당들을 분석해보면 그 시기의 정치적 기득권 체제가 어떤 것인지 짐작할 수 있다.

1930년대와 40년대에는 동양인 유형들(oriental types)이 종종 악당 역할을 맡았다. 예를 들면, 〈플래시 고든〉 연속극에서 밍 황제는 극동에 대해 서구가 느낀 위협을 반영해준다. 적어도 1930년대에는 '악당으로서의 나치'를 묘사하는 사례가 잘 보이지 않는데, 이는 파시즘에 대해 양가적 태도를 시사하는 것이어서 지금 보면 의아스럽게 다가온다. 1920년대에 제정된 '헤이즈(Hays)' 영화 검열규칙은 악당이 처벌받아야 한다고 뚜렷이 명시했는데, 여기서 '가치 보상 법칙(law of compensating value)'이란 죄를 짓는 사람들 항상 대가를 치러야 한다는 것이었다.

이와 비슷하게, 주인공 기능을 누가 맡는가 하는 문제도 똑같이 이데올로기적이다. 남성 주인공이 압도적으로 많은 것은 가부장적 사회의 지표라는 사실을 우리는 이미 살펴보았다. 종족성(ethnicity) 역시 중요하다. 북미 영화의 주인공은 늘 변함없이 백인에 앵글로 색슨이며 프로테스탄트(WASP)로 나온다.

▨ 연습문제 1.18 ▨

가능한 한 많은 영화배우를 열거하고, 이들을 인종과 장르별로 범주화해보자. 어떤 결론이 나오는가?

아드리안 틸리(Adrian Tilley, 1991)는 내러티브의 과정이 어떤 결과를 낳았는지 판단하는 데 도움이 되는 몇 가지 유용한 이정표적

질문을 제시한다. 그는 우리에게 도입부와 결말을 비교해보고 다음과 같은 질문을 던져보라고 제안한다:

1. 스토리의 세계에서 어떤 변화가 일어났는가?
2. 변화된 것은 무엇인가?
3. 이 과정에서 어떤 점이 추가되거나 상실되었는가?
4. 권력과 지위 측면에서 등장인물의 상대적 위치가 어떻게 바뀌었는가?

이 질문들에 대해 대답을 찾다보면 내러티브의 이데올로기적 토대에 관해 더 잘 이해하게 될 가능성이 크다.

7. 바르트의 내러티브 약호

롤랑 바르트는 리얼리즘 텍스트란 자신이 생산되었다는 사실 자체를 지워버리는 텍스트라고 정의하면서(이 점은 〈이미지와 재현〉 6장에서 논의한다), 어떻게 해서 다음과 같은 점이 가능해지는지 설명했다:

> 리얼리즘 텍스트의 '결(texture)'은 … 다양한 약호의 상호 교차에 의해 창조되며, 각 약호는 본질적으로 그렇다기보다는 서로 결합되는 방식 때문에 중요성을 띠게 된다(Cook, 1985, p.238c).

여기서는 현실이라는 인상을 만들어내는 이러한 결합에서 내러티브 약호가 수행하는 역할에 구체적으로 초점을 맞출 것이다. 어떤 리얼리즘 텍스트는 형식적으로는 '실제 세계'에 대한 지칭을 통해 증명될 **수 없기** 때문에, 리얼리즘은 텍스트 자신의 내적 논리, 다른 텍스트의 지칭, 그 텍스트의 상호텍스트성(intertextuality) 사이의 상호작용에서 도출되어야 한다. 어떤 기호의 **지칭 대상**(referent)은 '실제 세계'가 아니기 때문에, '상호텍스트성'은 텍스트가 다른 텍스트를 지칭하는 것을 의미한다.

바르트는 발자크의 단편소설 〈사라진느〉 분석에서 '내적 논리'가 내러티브에 의해 어떻게 구조화되는지에 초점을 맞추었다. 바르트의 약호(codes)는 수용자가 결과적으로 내러티브를 (재)창조한다는 점에서 어떻게 작가이자 독자로 되는지를 설명해준다. 수용자는 다음과 같은 내러티브 약호를 이해함으로써 텍스트의 '내적 논리'를 부호화/부호해독 한다.

- 해석학적(hermeneutic) 혹은 수수께끼 약호(enigma code): "하나의 질문, 그것에 대한 대답, 그리고 질문을 준비시키거나 대답을 지연시킬 수 있는 각종의 작은 사건들을 다양한 방식으로 분절시키거나, 혹은 어떤 수수께끼를 표명하고 그것의 해독을 가져오는 기능을 하는 단위들 전체"*(Barthes, 1990, p.17)를 말한다(확실히 바르트는 **자신의** 수용자의 삶을 편하게 해주는 데는 관심이 없어 보인다).

내러티브는 다음에 어떤 일이 일어날지 수용자가 알고 싶어 하

* 롤랑 바르트, 김웅권 옮김, 〈S/Z〉, 연암서가, 2015, 93쪽.

게 해 이들을 '사로잡는다'. 이 약호는 수수께끼를 부여하면서 동시에 이를 해결해준다. 텍스트 내에 설정된 모든 수수께끼에 대한 해답이 제시되지 않는 내러티브 결말을 상상해보라. 그러한 내러티브는 대다수 사람에게 만족스럽지 못할 가능성이 크다(하지만 〈지난해 마리앙바드에서Last Year in Marienbad, 1961〉 같은 일부 텍스트는 의도적으로 해결되지 않는 내러티브 약호로 구성되는 것처럼 보인다). 수용자에게 '해독'을 계속하도록 동기부여 하는 것은 약호의 제시와 해결 사이의 지연이다. 이는 '내러티브의 동력'인 셈이다. 하지만 여기서 해석학은 다음과 같이 바르트적인 의미에서의 철학적 해석 전통을 말한다:

> 해석학적 약호의 기능은 장애, 저지, 우회 장치를 설정하고 … 마지막 순간까지 최종적 노출을 유보해 공개를 지연시키고, 진실의 순간을 회피하는 것이다(Stam et al., 1993, p.192).

〈세븐〉에서 제시된 수수께끼 중의 하나는 연쇄 살인자의 동기이고, 〈카피캣〉에서는 한동안 우리에게 '누가 범인인가?' 하는 일반적 수수께끼가 주어진다. 제목도 흔히 수수께끼 약호가 된다. '일곱 가지' 뭐? 무엇을 '카피'한다고? '카피캣'은 아이들이 사용하는 구절이기 때문에 후자는 특히 불길하다.

- 기호적 약호(semic code): 등장인물, 대상, 배경이 특정한 의미를 갖게 되는 방식을 말한다. 예를 들면, 프로프의 '행동 영역'은 (물론 스테레오타입일 수는 있지만) 각자의 스피치, 옷차림, 몸동작 약호에 따라 하나의 개릭디로 개인화된다. 〈세븐〉에서 소

머셋은 '전통적인' 탐정 복장인 트렌치 코트와 중절모 차림으로 나온다. 〈카피캣〉 시작 부분에서 연쇄 살인자 전문 범죄심리학자 헬렌 허드슨이 입은 빨간 드레스는 그녀의 자신감과 더불어, 프로이드적 측면에서는 성적 적극성을 상징한다. 이것들은 내러티브 기능보다는 내러티브가 생산되는 맥락인 문화의 요구에 따라서 결정된다. 서구 사회에서는 중심적 등장인물은 신체적으로 완벽하고, 흔히 악당은 (퇴화를 상징해) 물리적으로 그다지 완벽하지 못해야 한다는 요구가 작용하는 것처럼 보인다. 도상학(iconography)은 기호적 약호로 작용할 수 있는데, '광선총'은 'SF'를 함축하고 트랜실바니아 배경은 뱀파이어를 시사할 가능성이 있다.

- 상징적 약호(symbolic code): 레비스트로스의 이항대립(선 대 악, 남성 대 여성, 미성년자 대 성인), 그리고/혹은 프로이트적 상징을 나타내는 약호이다.

상징적 약호는 반대명제의 장에 관한 지도를 그려줄 수도 있는데, 여기서는 대립항이 자연적이고 불가피하며 비언어적인 것처럼 보이도록 상징적 정체성의 차별적 재현을 통해 문화가 의미를 구체적으로 표현하게 된다(Stam et al., 1992, p.196).

가장 흔히 표현되는 대립항 중의 하나가 바로 젠더이다. 예를 들면, 〈전사의 후예(Once Were Warriors)(1994)의 도입부 시퀀스에서는 남성들이 보디빌딩을 하고 한 여성이 아이들에게 이야기책을 읽어주는 이미지로 이 대립항이 분명하게 제시된다. 젠더 역할은 늘 관습적으로 표현되지는 않지만 내러티브에서 매우 중요한 부분을 이룬다. 시퀀스는 또한 한 여성이 남자처럼 맥주를 벌컥벌컥 들이키는 장면도 보여준다.

〈세븐〉에서는 느와르 영화에 일반적이듯이 황량하고 무시무시한 도시 거리가 시골과 대립항을 설정한다. 하지만 〈세븐〉은 영화 결말에서 사막처럼 황량하고 고압 송전탑이 지나가는 시골 풍경을 제시해 이 대립항을 희석시킨다. 따라서 영화에서 처음으로 태양이 빛나고 있다는 사실에도 불구하고, 이 환경은 결말에서 무시무시한 액션이 전개되기에 적합한 지형이다. 상징적 약호는 내러티브가 표현할 이항대립을 수용자가 이해하는 데 도움을 준다.

- 행동 약호(proairetic/action code): '실제 세계'에서의 행위와 관련해서가 아니라 다른 내러티브의 경험을 통해 우리가 이해하는 행위 약호를 말한다. 이는 행동을 진전시키는 지름길로도 종종 사용된다. 총을 장전하는 경찰은 골치 아픈 문제가 곧 발생할 것임을 의미한다. 소머셋은 트레이시와 대화 중 호출을 받고 떠나기 위해 일어선다. 이는 소머셋이 목적지를 향해 간다는 행위 약호다.

행위 약호는 또한 어떤 행동을 보여주는 게 적절한지도 결정한다. 예를 들면, 어떤 등장인물이 잠을 자러 가면 그가 '잠드는' 것을 보여줄 필요가 없다. 준비 행동만으로도 충분한 것이다. 이러한 약호는 검열과도 관련되어 있다. 비성인용 콘텐츠에서는 커플이 잠자리에 드는 것으로 성적 교섭의 의미를 표현할 수도 있다.

성인용에서는 '가능한 모든 내용'을 보여주어도 된다. 이와 비슷하게 등장인물 간의 섹스는, 예를 들면 로맨스와 포르노 등 장르에 따라 차별적으로 묘사될 가능성이 크다.

- 문화적(cultural) 혹은 지칭적(referential) 약호: 이 약호는 텍스트의 내러티브가 아니라 텍스트 외부를 지칭한다. 하지만 여기서 외부란 현실이 아니라 "도덕, 정치, 예술, 역사, 심리 등에 관해 '이미 성문화된' 지식으로 표현되는, 우리가 공통적으로 보유한 문화"(Fiske, 1987, p.143)이다. "실제로는 바르트의 … 문화적 약호와 기호적 약호를 분리하기는 대개 어렵다"라고 스탬은 주장한다(Stam et al., 1992, p.195).

〈세븐〉에서 느와르 영화의 '예술'에 관한 문화적 지칭은 텍스트를 이해하는 데 중요한 부분이다. 소머셋은 칠죄종에 관해 조사하다가 문화적으로 매우 높게 평가받는 초서와 단테의 저작에 이르게 된다. 이 약호는 대안적 텍스트 해독에서 절대적으로 중요한 부분을 차지할 수도 있다. 예를 들면, 쿠바 혁명의 역사를 언급해야만 (토마스 구티에레스 알레아Tomas Gutierez Alea 감독 작품인) 〈저발전의 기억(Memorias de subdesarrolle)〉(1968)을 이해할 수가 있다. 문화적 약호가 유발한 연상작용은 '기호적' 약호의 함축적 의미와 비슷한 방식으로 기능한다.

1) 바르트의 내러티브 약호의 활용

이 절 시작 부분 바르트의 인용문에서 우리는 그의 글을 읽고 이해하기가 매우 어려울 수도 있음을 알게 되었다. 대다수의 미디어 연구 교과서가 약호를 언급하긴 하지만, 이를 텍스트에 실제 적용한 사례는 그 숫자가 매우 적다(Lesage, 1985를 보라). 그렇다면 이것은 어떤 용도로 사용되는가? 〈S/Z〉에서 바르트는 33쪽 길이의 스토리를 분석하는 데 대략 170쪽을 할애한다. (작업이나 분석 측면에서) 이는 인상적이면서도 미친 짓이다. 거의 한 문장도 약호가 등장하지 않은 채로 지나가지 않는다. 물론 이는 텍스트를 구성할 때 내러티브가 얼마나 중요한지 보여주지만, 디테일의 무게는 텍스트의 경험을 마비시키는 것으로 끝날 수도 있다. 하지만 약호는 텍스트가 어떻게 작동하는지 설명하는 지름길로 유용하다고 나는 주장한다. 예컨대, 필립 커의 소설 〈철학적 탐구〉의 도입부에서는:

> 불운한 희생자인 25살의 메어리 울노스는 리셉션 담당자로 3년간 근무해온 제레미가의 밀라에 화물운송 회사 사무실 지하에서 발견되었다. 발견 당시 그녀는 나체 상태로 얼굴이 노루발 장도리에 맞아 뭉개져 있었다(Kerr, 1993, p.1).

〈철학적 탐구〉는 대다수의 책 제목처럼 수수께끼 같다. '탐구' 부분은 범죄 소설임을 시사하지만, '철학적'이라고? 학술 세계를 암시하는 함축적 의미는 대학을 배경으로 하는 범죄소설임을 시사한다(실제로는 그렇지 않다).

"불운한 희생자 …"는 선과 악이라는 이항대립을 상기시키는 상징적 약호다. 희생자가 존재하려면 주인공이 극복해야만 하는 악당이 필요하다.

"25살의 메어리 울노스가 … 나체 상태로 발견되었다"는 기호적 약호로, 젊은 여성이자 나체 상태의 여성이 성적 폭행을 당했을 가능성을 시사한다. 그녀는 관습화된 희생자이다.

"제레미 가의 밀라에 화물운송 회사 사무실 지하에서 …"는 희생자와 회사의 이름이 다음과 같이 T. S. 엘리엇의 〈황무지〉를 지칭하기 때문에 문화적 약호이다:

> 성 메어리 울노스 성당이 죽은 소리로
> 드디어 아홉시를 알리는 곳으로
> 거기서 나는 낯익은 자를 만나
> 소리쳐서 그를 세웠다. '스테슨
> 자네 밀라에 해전 때 나와 같은 배에 탔었지!
> 작년 뜰에 심은 시체에 [싹이 트기 시작했나?]'*(Eliot, 1974, p.65).

이러한 지칭 부분은 미래를 황량하게 전망하는 소설의 기조를 설정하는 데 도움이 된다.

" … 이곳에서 그녀는 리셉션 담당자로 3년간 근무해왔는데, … 그녀의 얼굴은 노루발 장도리로 맞아 뭉개져 있었다"는 행동 약호이자 수수께끼 약호이다. 그녀가 폭력적으로 살해당했다는 사실은 악당이 사이코패스임을 시사한다. 책 제목과 도입부 문장은 이 책이 범죄 장르에 속할 것이라고 추정할 수 있게 해주면서 (또 다른 문화적 약호) 과연 살인자가 누구이며 주인공이 과연 그를(살인자는 보통 남성이다) 찾아낼 것인가 하는 중심적인 수수께끼를 설

* T. S. 엘리어트, 황동규 옮김, 〈황무지〉, 민음사, 2011, 57-8쪽.

정한다. 이 문장은 또한 특정한 의미 단위 내에 하나 이상의 약호가 존재할 수 있음을 예시해준다.

어떤 분석에서든 약호를 참조하는 것은 텍스트가 의미를 창조하는 방식을 간결하게 설명하는 데 어떻게 도움이 되는지 위의 사례는 보여준다고 생각한다. 약호를 확인한다는 것은 곧 텍스트가 구성된 존재임을 지적하게 된다는 것으로, 이는 미디어 연구에서도 핵심적인 사항이다. 또한 (바르트가 lexias라고 부르는) 의미 단위에 어떤 약호가 존재하는지 살펴보면, 우리는 텍스트의 내러티브 요소에 주의를 기울이게 된다. 이렇게 하면 (토도로프, 프로프, 레비스트로스처럼) 내러티브를 거시적 시각에서만 다루는 위험을 피할 수 있다. 바르트의 약호는 다음과 같은 점을 적시해 준다는 점에서 중요한 기능을 수행한다:

> 내러티브에서 리얼리즘의 환상은 다섯 가지 약호 수준이 통합적으로 기능한다는 점에 근거한다. 이 모든 약호는 동시에 작동해 (흔히 결말에 의해 알려지는) 의미처럼 보이는 것을 시사하며, 약호 자체를 넘어 이전에 확립되어 있던 문화적 의미를 나타내기도 한다 (Lesage, 1984, p.479).

내러티브는 현실을 전혀 다루지 않지만, 다른 기호 체제를 참고해 현실이라는 환상을 조성하려 노력한다.

여러분은 내러티브가 우리의 삶에 어느 정도 중요하다고 생각하는가? 10점 만점의 척도에서라면 내러티브의 점수를 어디쯤에 매기겠는가? 매슬로(Maslow)는 '욕구의 위계'를 정리하면서 인간의 가장 기본적인 욕구는 생리적(음식, 물, 잠자리, 섹스 등등)이라고 주장했다. 그 위에 안전의 욕구(예를 들면, 자기방어)가 있고, 그 다음으로는 사랑의 욕구와 존경의 욕구(자존감과 타인의 존경이 다 포함된다)가 뒤따른다. 위계의 맨 꼭대기에는 자아실현의 욕구(자신의 삶에서 성취감)가 존재한다.

매슬로의 틀로 보면, (만일 자신의 야망과 자아실현 욕구가 내러티브를 창작하거나 읽는 게 아니라면) 내러티브가 특히 중요한 게 아니라는 것은 분명하다. 하지만 내러티브는 스토리를 듣거나 읽거나 시청할 때 경험하는 그 무엇일 뿐 아니라, 앞서 살펴보았듯이 인간의 존재를 이해하는 데 필수적인 현실 파악의 방식이기도 하다. 버거는 베텔하임(Bettelheim, 1976)과 루티(Luthi, 1984)의 저작에 근거해 동화는 다음과 같이 특정한 기능을 수행한다고 설명했다:

> 어린이는 특정한 스토리를 들을 때 불안해질 수도 있다. 그러나 일단 동화 일반에 친숙해지고 나면, 이 스토리에서 거슬리는 측면은 사라지고 위안을 주는 측면이 더 지배적으로 부상하는 경향이 있다. 어린이가 느끼던 원래의 불안감은 그 불안감과 직면하고 극복하는 경험에 근거한 즐거움으로 변한다 … 불안감이 생성되고는 뒤이어 완화되면서 극복의 느낌을 낳게 된다(Berger, 1997, p.91).

이 장에서 우리가 깨달았으면 하고 기대하는 부분은, 성인의 내러티브 역시 불안감을 감소시키는 장치라는 점이다. 대다수 사람의 삶에서는 안정된 준거점이 결여되어 있지만, 늘 변함없이 선이 악을 이긴다는 설정은, 이 점을 제공해 위안을 준다.

2

내러티브의 역사

A History of Narrative

2장 내러티브의 역사

이 장의 목표

▶ 다음 사항을 참고해 내러티브의 역사를 제시한다:

- <길가메시 서사시>
- 아리스토텔레스의 예술론
- 구전 전통
- <아서왕의 죽음>
- 셰익스피어
- 소설
- 낭만주의
- 모더니즘
- 포스트모더니즘

▶ 위의 작업을 통해 내러티브의 사회적 기능, 그리고 테크놀로지가 내러티브 텍스트 생산에 미치는 영향을 평가한다.

1. 시작하며

1장에서는 내러티브 구조가 모든 문화권에 공통되는 것처럼 보인다고 주장했다. 이 진술의 진실성을 평가하는 한 가지 방안은 과거에 생산된 텍스트의 내러티브가 내러티브 측면에서 오늘날의 텍스트처럼 구조화되어 있는지 평가해보는 것이다. 〈이미지와 재현〉의 4장에서 제시한 것처럼, 재현 양식은 이데올로기적으로 결정되기 때문에, 이미지 생산을 지배하는 관습은 역사를 통들어 다양한 모습을 띠었다. 만일 내러티브 구조도 이데올로기적으로 영향을 받는다면, 시기에 따라 모습이 다양할 것이기에, 이론가들은 보편적 구조를 추출했다고 주장할 수 없을 것이다.

하지만 내러티브 구조가 역사를 통틀어 상당히 일관성이 있었음을 알게 될 것이므로, 이 장의 주된 목적은 다음과 같은 사항을 살펴보는 것이다:

1. 내러티브의 다양한 사회적 기능
2. 테크놀로지가 내러티브 텍스트 생산에 미치는 영향

한 가지 단서를 붙이자면, 다음에 나오는 내용은 간단한 요약에 불과하다. 앞 장에서 〈세븐〉을 대상으로 수행한 것 같은 내러티브 분석은 이 텍스트의 범위를 벗어난다. 그보다 이 장은 부분적으로는 〈이미지와 재현〉에 나오는 '서구 이미지의 역사'를 보충하려는 취지로 썼다. 다시 말해 비서구의 내러티브에 관한 내 지식은 매우 제한적이기 때문에 나 자신은 문화적 '문맹' 상태임을 강조해야만 할 것 같다.

2. <길가메시 서사시>

내러티브가 리얼리즘에서처럼 사회적 구성물인가, 아니면 '보편적' 구조의 표현인가 하는 질문에 해답을 찾는 데는, 〈길가메시 서사시(Epic of Gilgamesh)〉를 살펴보는 것이 도움이 된다. 이것은 지금까지 알려진 바로는 세계에서 가장 오래된 내러티브다. 이 문헌은 기원전 2천 년경에 나온 것으로 알고 있다. 현재 남아 있는 가장 완벽한 텍스트 버전은 여전히 불완전하긴 하지만 한때 기원전 668년과 627년 사이에 아시리아를 통치한 아슈르바니팔왕의 도서관에 소장되어 있었다. 시에 서술된 사건이 실제임을 입증할 역사적 증거는 전혀 없지만, 길가메시는 기원전 3천 년대 초반 동안 우르크를 다스린 실존 인물이었다.

시의 전반부인 '엔디쿠의 도래'는 1장에서 살펴본 이론과 모순되는 것처럼 보인다. 우리가 주인공일 것으로 기대하는 길가메시는 독재자의 속성을 갖고 있다:

> 길가메시 왕은 사랑의 여왕과 결혼식을 할 예정인데, 여전히 자신이 신부의 첫 번째 [즉, 처음 '섹스를 하는'] 남자여야 한다고 고집한다. 왕이 먼저이고 그 다음에 남편 순이라는 것이다(<길가메시 서사시>, 1960, p.68).

하지만 이는 길가메시가 어떤 악당의 속성을 타고났기 때문이 아니라 반인, 반신의 존재이기 때문임이 곧 밝혀진다. 그의 과잉 행동을 억제하기 위해 신은 길가메시에게 엔디쿠를 보내 친구이자 조력자로 삼게 한다. 그 후 이들은 갈등으로 점철되는 일련의 모험을 시작한다. 비록 현대의 수용자가 보기에는 관습적이지 못한 방식이긴 하나, 주인공과 조력자는 이 갈등을 극복한다. 예컨대,

> 성난 황소처럼 … 숲을 지키던 파수꾼은 엄청나게 위협을 발산하는 존재로 변하면서 소리를 질렀다 … 그는 머리를 끄덕이고 좌우로 흔들면서 길가메시를 위협했다. 그리고 길가메시에게 그의 시선을, 즉 죽음의 시선을 고정시켰다. 그러자 길가메시는 큰소리로 샤마시를 불렀는데, 그의 눈에는 눈물이 흘러내리고 있었다(<길가메시 서사시>, 1960, p.81).

그러자 샤마시신은 온갖 바람을 불러내서 길가메시를 구해낸다. 그후 길가메시가 신과의 결혼을 거부하자, 바람맞은 신은 왕을 파멸시키려 신성한 황소를 보내지만, 두 친구는 그 '동물'을 죽여버린다. 이 갈등들 외에 묵시록적 홍수에 관한 언급도 나오는데, 이는 〈성서〉와 J. G. 발라드의 SF 소설 〈물에 잠긴 세계(The Drowned World)〉(1965)를 비롯해 다른 내러티브에서도 무수하게 등장한 사건이다. 서사의 거의 결말 부분에서 길가메시는 황소 살해에 대한 보복으로 죽음을 맞은 엔디쿠를 부활시키려고 죽음을 속일 방법을 찾아내려 한다. 이 사건은 수많은 그리스 신화와 공통요소를 갖고 있으며 '추적'과 '또 다른 세계로의 여행' 내러티브를 함께 보여주는 사례이기도 하다. '환상'의 여정이 끝난 후 그는 젊음을 되살리는 식물을 발견하지만, 즉시 잃어버리게 된다.

위에서 소개한 줄거리 발췌문은 내러티브 문제 해소를 달성하기 위해 해결해야 하는 갈등을 다루는데, 이러한 갈등은 현대의 내러티브에서 늘 등장하는 것을 볼 수 있다. 즉 죽음을 극복하려는 마지막 갈등을 제외하면 모든 것이 이에 해당한다. 하지만 (아직은) 극복될 수 없는 삶의 한 가지 사실이 죽음이기 때문에, 우리는 이것이 해결되리라고 기대하지는 않을 것이다. 엄청나게 오래 전의 것이고 현대적 형식과는 아주 뚜렷한 차이가 있음에도 불구하고, 내러티브 구조에 관한 토도로프의 기술은 이 바빌론 내러티브의 구성도 설명해주며, 포르프식의 기능도 여기서 확인할 수 있다. 〈길가메시 서사시〉는 아주 오래되었기 때문에, 관습적 내러티브는 이데올로기적 구조라기보다는 보편적 구조라는 주장을 뒷받침하는 강력한 증거가 된다. 하지만 이는 단지 이 구조가 그냥 **극도로** 오래 지속된 사례라는 뜻일 뿐이다. 백년이 지난 후에도 우리의 내러티브가 여전히 똑같은 모습일지는 확신할 수 없다.

과거를 돌이켜보면, 관습적 내러티브 구조는 역사를 통틀어 거의 바뀌지 않지만, 다만 이와 반대로 내러티브 **형식**이 표현되는 방식은 급격하게 진화하고 있음을 볼 수 있을 것이다.

3. 아리스토텔레스의 예술 이론

아리스토텔레스의 〈시학〉은 미학에 관해 가장 영향력 있는 텍스트 중의 하나로 남아 있다. 아리스토텔레스는 시와 역사를 대비시켰는데, 시는 역사의 구체적 사항보다는 플라톤식의 전형을 다룬다는 점에서 시를 더 높이 평가했다. 그는 연극 장르를 '희극'과 '비극'으로 정의하고 시적 장르를 '서사'와 '발라드'로 규정했다. 우리의 용도에는, 비극에 초점을 맞추는 것이 가장 생산적이다. 아리스토텔레스의 결론에 따르면, 비극의 기능은 수용자의 정서를 '정화'하는 것이기 때문이다. 이러한 정화는 어떤 연극, 영화나 다른 텍스트의 결밀에서 문제 해결을 통해 생성되는 만족감을 지칭하는데, 이는 수많은 사람에게 이미 익숙한 경험일 것이다. 이러한 정서의 정화는 '카타르시스'라 불렸다.

카타르시스가 생성되는 방법 중의 하나는 자신을 텍스트 속의 캐릭터와 동일시하는 것이다. 물론 다른 '행동 영역'과 동일시할 수도 있지만, 대다수는 아마 주인공과 동일시하려 할 것이다. 우리는 현실 삶에서는 성공을 위한 투쟁에서 가끔 패배를 경험하지만, 주인공과 동일시를 통해 잠시나마 성공의 경험에 '참여'할 수 있다. 이는 우리가 일상적 좌절에서 벗어나는 데 도움을 주어 부분적으로나마 아리스토텔레스가 말한 카타르시스를 낳게 된다.

관습적 내러티브의 기능, 그리고 그것이 유발하는 카타르시스에 관한 아리스토텔레스의 정의는 결코 시대에 뒤떨어진 개념이 아니다. 수많은 '영화 각본 작성법'에 관한 책 중 하나에서, 류 헌터는 할리우드 역시 '카타르시스'를 추구하고 있음을 보여준다:

> 아리스토텔레스는 스토리 전달자의 직업적 기법을 처음으로 글로 표현한 사람이다. 오늘날의 제1막, 시작부분은 **상황 설정**이다. 아이디어다. 사람들을 가까운 멀티플렉스 영화관으로 오게 하는 이유다. 제2막은 중간으로 **복잡한 상황 전개**다. 플롯은 풍부해져야 한다. 이는 원인과 효과이자 밀고 나가기다. 제3막은 결말로서 결론이다. 클라이맥스. 카타르시스. 총정리다(Hunter, 1994, p.20).

아리스토텔레스는 관습적 내러티브 패턴을 뒤집어놓은 형식(전통적 문학 비평 측면에서는 장르)으로 비극을 설명했다.

> 완벽한 [비극의] 플롯은 … 단일한 … 이슈를 다루어야 한다. 주인

공의 운명에서 일어난 변화는 불행에서 행복으로가 아니라, 반대로 행복에서 불행으로 이어져야 한다. 이 변화의 원인은 어떤 악행도 아니며 주인공이 저지른 어떤 중대한 실수에 있어야 한다(Bratchell, 1990, p.21).

아리스토텔레스식의 비극에서 내러티브 문제는 악당이 아니라 주인공의 행동에 의해 초래된다. 예컨대, 소포클레스의 〈오이디푸스 왕〉에서 오이디푸스는 자신도 알지 못한 채 아버지를 살해하고 어머니와 결혼하는 등의 몇 가지 실수를 저지른다. 사태를 파악한 뒤, 그는 어머니이자 아내의 침실로 쳐들어간다(다음 발췌문은 심장이 약한 사람에겐 권하지 않는다).

(코로스) 그곳에서 우리는 흔들리는 밧줄의
꼬인 고에 목을 맨 마님을 보았어요.
마님을 보자 그분께서는 큰 소리로 무섭게 울부짖으며
마님이 매달린 밧줄을 푸셨어요. 가련하신 마님이
바닥에 눕자, 이번에는 보기에도 끔찍한 일이 벌어졌어요.
그분께서 마님 옷에 꽂혀 있던 황금 브로치를 뽑아 들더니
자신의 두 눈알을 푹 찌르며 대략 이렇게 말씀하셨어요.
"이제 너희는 내가 겪고, 내가 저지른 끔찍한 일을
다시는 보지 못하리라. 너희는 보아서는 안 될
사람들을 충분히 오랫동안 보면서도
내가 알고자 한 사람들을 알아보지 못했으니,
앞으로는 어둠 속에서 보거라!"

(Sophocles. 1947, p.61)*

(프로이트의 관점으로 보면, '눈알을 뽑아내는 행위'는 거세를 의미한다).

그리스 비극에서는 신이 [유한한 존재인] 인간의 삶에 개입하기 때문에 주인공이 실수를 저지른다. 셰익스피어의 비극에서, 실수는 주인공의 성격 결함(햄릿의 우유부단함, 오셀로의 질투심)의 결과로 발생한다. 따라서 내러티브 문제는 직접 주인공에 의해 초래된다. 프로프의 관점으로 보면—즉 내러티브 기능 측면에서 보면—주인공은 어떤 면에서는 악당의 역할을 맡는다. 오이디푸스는 아버지를 살해한다. 햄릿은 아버지의 죽음으로 초래된 문제를 해결하기에 너무 늦을 때까지 연극 전체를 주인공답게 행동하지 않는 데 소모한다. 주인공은 '희생자' 주인공, 즉 자신에 의한 희생자이다. 그렇다고 해서 악당 캐릭터('행동 영역'이 아니라)가 존재할 수도 없고 사건에 영향을 미칠 수도 없다는 뜻은 아니다. 예컨대, 〈오셀로〉에서 이아고는 오셀로에게 부인의 불륜을 의심하도록 부추긴다. 남성 주인공은 (비극의 주인공은 대개 남성이다) 결국 자기 행동에 대한 대가로 변함없이 죽음으로 처벌받아야 하지만 악당은 아니다. 선한 사람의 불필요한 죽음, 이것이 비극의 본질이다. 하지만 텍스트 결말에서 토도로프의 '균형상태'는 회복된다.

* 소포클레스, 천병희 옮김, 〈오이디푸스 왕/콜로노스의 오이디푸스〉, 도서출판숲, 2017, 92-93쪽.

4. 구전 전통

문자를 읽는 능력은 우리 사회에서 엄청난 중요성을 지니는 것으로 간주되며, 내러티브가 오직 구전으로만 전승되던 시절은 상상하기조차 어렵다. 구전 전통은 글쓰기가 발명된 한참 후에까지도 존속했지만, 지금은 현실과 거의 관련이 없어 보인다.

> 우리는 다른 사람(스토리 전달자, 성직자, 현인, 혹은 노인)과의 직접적 접촉을 암시하는 구전 전통을 통해서가 아니라 도서관에 수집된 책을 통해 과거와 연계되어 있다. 우리는 이 책을 통해 대단히 어렵긴 하지만 그 저자에 관한 그림을 그려보려 노력한다(Levi-Strauss, 1968, p.366).

3장에서 살펴보겠지만, 우리는 텍스트에서 화자를 해독해 텍스트의 저자에 관한 그림을 그려볼 수 있다. 하지만 구전 전통에서 화자는 아마 텍스트와 바드(bard)의 결합물이 될 것이다. 즉, 화자는 구어와 실제 수행 행위의 결합물이 될 것이다. 송신자는 바드 역할을 '수행하는' 실제 개인이 될 것이다.

구전 전통은 분명히 '라이브' 수행 행위를 포함한다. 수용자가 테크놀로지(문자 텍스트, 텔레비전, 영화 등)에 의해 전달자와 거리를 두지 않고 수행 행위 현장에 존재한다면, 이들이 텍스트와 맺는 관계도 달라진다. 예컨대, 라이브 이벤트에서 수용자는 때로는 절제된 방식으로(팬터마임에서 '당신 뒤에!'라고 외치는 것처럼) 때로는 덜 조직화된 방식으로(마음에 들지 않는다고 토마토를 던지는 것처럼), 수행 행위에 참여할 수 있다. 하지만 비록 바드는 죽었지만, 바드의 기능은 여전히 남아 있을 수도 있다. 피스크와 하틀리(Fiske & Hartley, 1978)에 따르면, 미디어로서 텔레비전은 구전 양식을 이용해 수용자에게 커뮤니케이션을 하기 때문에 '바드' 기능을 수행하려 한다. 다른 논평가도 다음과 같이 주장하면서 비슷한 시각을 취했다:

> 텔레비전은 그 자체로 산업적, 비개인적 매스 미디어라는 사실을 보상하고 싶어 하는 것처럼 보인다고 [코스로프Kosloff는] 지적한다. 텔레비전은 그 담론에서, 스크린상의 전달자를 이용해 혹은 스크린 바깥에 있는 연속적인 전파자를 활용해 '비개인적인 것을 개인화'하려 한다고 그녀는 주장한다(Tolson, 1996, p.42).

20세기 동안 가장 영향력 있는 미디어가 그처럼 고대의 재현 양식과 밀접하게 연관되어 있다고 생각해보면 매우 흥미롭다.

1) <베오울프>

▨ 연습문제 2.1 ▨

앵글로 색슨 시인 〈베오울프〉를 읽어보자.

영국 문학에서 남아 있는 가장 오래된 작품은 〈베오울프(Beowulf)〉로, 이는 구전 전통의 일부를 이룬다. 하지만 〈베오울프〉를 읽지 않아도 여러분은 이미 이 시에 익숙할 수도 있다. 어린이용 각색본(예컨대, Sutcliff, 1961; Keeping & Crossly-Holland, 1982)도 있고, 영화 버전으로도 나왔기 때문이다. 〈베오울프〉는 원래 구전 시로서 수용자에게 연기, 노래, 혹은 구어로 전달된다. 호머의 그리스 서사시처럼 구어의 힘은 내러티브 아이디어를 전달하는 데 도움이 된다. 다음과 같이 시작 부분에 나오는 두운체의 힘을 예로 들 수 있다.

자, 보라! 우린 들었노라.
옛적 덴마크 백성의 왕들의 영광에 대해,
그 군주들이 얼마나 용맹을 떨쳤는지!
쉴드 셰빙은 종종 적군의 무리,
수많은 부족으로부터 연회석을 빼앗았고,
전사들을 두렵게 했도다. 처음엔 버려진 채
발견되었지만, 후에는 위로받았으며,
하늘 아래 번성했고, 영화를 누렸으며,
마침내 인근 지역 백성들이 모두
고래-길 건너 그에게 순종하고
공물을 바쳤나니, 그는 훌륭한 왕이었도다!
(Michiael Alexander 역, 1973, p.51)*

이 구절은 마치 연설 스타일로 암송되길 갈구하는 것처럼 보인다. 하지만 다른 구어 방식으로 전달해서는 안 되는 이유는 없다. 바꿔보기 테스트를 사용해보면 완전히 다른 방식으로, 예컨대 [영국 코미디언] 줄리언 클레어리 식의 약간 저질스런 익살풍으로나 [미국 코미디언] 데니스 리어리 식의 신랄한 풍자조로 구연했을

* 김승희 옮김, 〈베오울프〉, 맵씨터, 2017, 1-2쪽.

때 나타나는 효과를 확인할 수도 있을지 모르겠다. 이러한 테스트는 또한 구연된 〈베오울프〉의 청자가 어느 정도로 바드의 공연 스타일에 의존하는지도 보여준다.

바드의 구전 전통을 따르는 텍스트는 흔히 연기자가 텍스트를 암송하는 데 도움이 되도록 운율을 사용했다. 일관성 있는 운율 사용은 기억을 되살리는 데도 도움이 된다. 그리스와 라틴 서사시에 나오는 강약약 6보격(dactylic hexameter, 하나의 강음절 후에 두 개의 무강조 음절이 나오는 방식으로 이것이 한 줄에 여섯 번 나온다)처럼, 구체적인 보격(metres)의 필요성은 서사시에서 직유와 은유가 표준으로 사용되는 이유를 설명해준다. 이것은 각 행에 필요한 숫자만큼 음절을 채우는 데 도움이 되기 때문이다.

〈베오울프〉는 베오울프라는 이름의 주인공이 벌이는 싸움 이야기를 들려주는데, 주인공은 처음에는 그렌델과 그렌델의 어머니, 그리고 기츠의 왕이 된 후에는 용과 싸움을 벌인다. 이 시는 관습적 내러티브 구조에 손쉽게 맞아 떨어진다. 즉 괴물은 악당이고, 위그라프는 베오울프가 마지막으로 용과 위험한 싸움을 벌여 승리하는 데 도움을 주는 유일하게 용감한 기츠인이라는 점에서 조력자이다. 하지만 〈베오울프〉는 다음과 같은 점에서 현대의 내러티브와 차이점도 있다:

> 내러티브의 모든 것이 이미 발생했고 그 결과는 너무나 잘 알려진 사실인 것처럼 간주하는 습관은 전통적 시대에 전형적인 모습이다. 세 차례 괴물과 벌인 싸움의 결과를 우리는 전해 들어서 알고 있을 뿐 아니라 이후에도 여러 차례 듣게 된다(Alexander, 1973, p.43).

이처럼 내러티브를 반복해서 사용하는 관행을 오늘날의 할리우드 제작자가 보면 아마 미친 짓이라고 여길 것이다. 새뮤얼 골드윈(Samuel Goldwyn)의 말을 빌리자면, 이들은 대혼란으로 영화를 시작하고 점차 클라이맥스로 유도하려 할 것이다. 구전 전통에서는 반복이 흔한 일이며 이는 내러티브 초반에 일어난 일을 수용자가 기억하도록 하는 데 도움이 된다. 구전으로 전개되는 라이브 공연에서는 수용자가 지난 사건을 상기하기 위해 '휙 날아서' 되돌아갈 수 없고, (영화의 이미지나 연극의 행동처럼) 도움이 될 만한 시각적 기억에도 의존할 수가 없다. 오늘날의 관습적 내러티브는 그러한 과잉정보를 피하는 경제성을 특징으로 하지만, 구전 양식에서는 반복이 필요하다. 이 밖에도 구전 문학이 공연된다는 사실은, 과잉일지라도 화려한 구절의 창작을 장려할 가능성이 크다. 가령 〈베오울프〉에서 울프가와 해안경비대가 나눈 대화가 그 예인데 시인은 수용자가 이를 즐길 것으로 기대했다. 글로 쓰는 문학에서라면 밋밋하고 무관해 보일 수도 있는 내용이라도 재주꾼 공연자의 입을 거치면 흥미진진하고 명작 수준의 구절로 바뀌게 된다.

내러티브에서 악당이 인간일 경우, 플롯은 대개 개인과 공동체 간의 갈등을 포함하게 될 것이다. 〈베오울프〉에서 악당의 기능은 괴물이 맡는데, 이 덕분에 내러티브는 공동체의 속성에 좀 더 집중할 수 있게 된다. 늙은 왕이 용을 상대할 때 기츠인들은 그를 도우러 오지 못했기 때문에 지도자를 잃게 된다. 베오울프가 죽고 나자, 메신저는 위대한 지도자가 죽었으므로 기츠족은 종말을 맞을 것이라고 예언한다. 만일 이들이 지도자를 도왔다면 만사가 잘 풀렸을 것이다. 이야기에 담긴 도덕률은 '다음에 지도자가 도움을

청하거든 그를 도우라'라고 하는 것처럼 보인다. 늘 그렇듯이 여기엔 이데올로기적 함의가 따른다. 지시받은 대로 하라, 권위에 복종하라는 것이다.

피스크와 하틀리는 구전과 문자적 설명 양식에 관해 다음과 같은 대립항을 제안했다 (표 2.1을 보라).

하지만 이 대립항은 내러티브 구조가 이 양식과 똑같을 수 없다는 것을 의미하지는 않는다. 내러티브가 구어이든, 문자이든, 혹은 연기로 이루어지든 '상황/문제 발생/해결'의 패턴에는 변화가 없다.

〈표 2.1〉

구전 양식	문자 양식
극적이다	내러티브적이다
일화적	시퀀스적
모자이크	선형적
동적	정적
행동적	정태적 구성물
구체적	추상적
일시적	영구적
사회적	개인적
은유적	환유적
수사적	논리적
변증법적	단일한 뜻의/'일관된'

출처: Fiske & Hartley, 1978, pp.124-5.

현대 사회에서 구전 양식은 사실상 소멸했다. 하지만 비록 오늘날의 할리우드 영화가 내레이터에 의한 명작 수준의 전달을 포함할 것 같지는 않지만, 많은 영화가 '스타의 전달체'로 만들어졌다. 이러한 영화에서는 스타의 연기가 내러티브보다 더 중요하다는 것이다. 예컨대, 엘비스 프레슬리의 영화는 단지 노래 공연을 위한 핑곗거리에 불과하다.* 초창기 할리우드 뮤지컬 역시 대개 보드빌 스타를 자주 출연시켰는데, 이는 명인 중심의 추세에 기여했다. 영화 〈언터처블 가이(Private Parts)〉(1997)는 하워드 스턴(Howard Stern)**의 재능에 초점을 두고 제작되었다.

5. <아서왕의 죽음>

〈베오울프〉는 공동체의 신화에 관한 것인데, 이 공동체는 이후에 종종 '국가'로 정의되었다. 영국 민족주의의 가장 강력한 신화 중 하나는 아서왕의 이야기이다. 현대 독자에게는 아서의 전설 중 토마스 말로리 경의 일화적인, '산문체 로맨스' 버전이 읽기에 아주 까다롭다. 언어가 익숙하지 않은 것도 한 이유지만 우리에게 더 중요한 이유는 다른 데 있다. [오늘날의] 시민계급층이 [제

---

* 엘비스 프레슬리(Elvis Presley)는 1950년대에서 1970년대까지 활동한 미국의 가수이자 배우이다. '로큰롤의 왕'이라 불릴 정도로 인기가 있었으며 록, 블루스, 가스펠 등 폭넓은 장르에서 활동했다. 〈러브 미 텐더(Love Me Tender)〉, 〈러빙 유(Loving You)〉, 〈지아이 블루스(G. I. Blues)〉, 〈블루 하와이(Blue Hawaii)〉 등의 영화에도 자주 출연했는데, 주로 그의 음악을 사운드트랙으로 삽입한 뮤지컬이 주류를 이루었고 영화 제목 역시 그의 히트곡에서 따온 사례가 많았다. ―역주

** 하워드 스턴은 미국의 유명 라디오 진행자이자 제작자이며 작가와 사진가로서도 성공할 정도로 다재다능한 연예인이다. 그는 특히 〈하워드 스턴 쇼(The Howard Stern Show)〉 진행자로 명성을 떨쳤는데, 이 라디오 프로그램은 1986년부터 2005년까지 전국에 방영되었다. ―역주

대로 이해하려면] 장면을 내러티브적 시공간 속에 분명하게 위치시킬 필요가 있는데, 말로리는 이 점을 무시한다는 것이다.

> 이 말을 듣고 울피우스는 기뻤다. 그는 사력을 다해 말을 몰아 우서 왕에게 도착해 멀린을 만난 일을 보고했다.
> '마법사는 어디에 있소?' 왕이 물었다.
> '곧 도착할 것입니다.' 울피우스 경이 대답했다.
> 이때 울피우스 경은 대형 천막 입구에 멀린이 서있는 것을 보았다. 멀린은 왕을 향해 걸어갔다. 멀린을 본 우서 왕은 환영한다고 말했다(Malory, 1969, Book 1, chapter 2, p.11).*

여기서 나타나는 유일한 설명은 스토리에 필요한 사항뿐이다. (우리의 관점에서) 설득력 있는 디에게시스의 창작은 불필요한 것으로 간주된다. 소설 형식을 사용해 그 전설을 좀 더 현대적으로 전달한 아래 글과 위의 것을 비교해보라:

> 이들이 신장 부위를 먹으려 했을 때 "겨자를 좀 치시오."라고 마법사는 말했다.
> 겨자통은 일어나서, 올빼미 다리 같은 은제 다리로 어기적거리면서 그의 접시 위로 걸어갔다. 그리고는 손잡이들을 곧게 폈고, 한 손잡이로 [지나칠 정도로] 과장된 공손한 자세로 뚜껑을 열고 다른 손잡이로 그에게 넘칠 정도로 한 숟갈 넉넉히 퍼주었다.
> "오, 나는 겨자통이 너무 좋아!"라고 아서는 외쳤다. '도대체 어디서

---

* 토마스 말로리, 이현주 옮김, 〈아서 왕의 죽음 1〉, 나남, 2009, 17쪽.

구한 거야?'
이 말에 겨자통은 온 얼굴이 환하게 빛나면서 약간 으스대며 걷기 시작했지만, 멀린은 겨자통이 입 다물고 앉아 있도록 티스푼으로 겨자통의 머리를 두드렸다(White, 1962, p.31).

화이트의 기술("어기적거리면서 그의 접시 위로 걸어갔다")은 내러티브의 사건이 발생하는 공간과 시간을 개념화할 수 있도록 해준다. 앞으로 소설의 검토 부분에서 살펴보겠지만 '리얼리즘'은 [소설이라는] 형식을 규정하는 특징이다.

말로리의 묘사 스타일은 T. H. 화이트보다 훨씬 더 고색창연하지만, 그는 다음과 같은 점에서 사실 그 당시 기준으로는 정교하고도 현대적인 프로젝트를 수행하고 있었다:

> 중세 취향에는 먹히던 복잡한 주기를 개별 이야기로 해체하고, 상징적 패턴 대신에 감정과 동기를 강조하고, 성배 등장의 신화적 위력을 강조하기 위해 (원 자료의) 신학적 정교함을 희생하는 방식을 통해, 그는 아서 이야기가 현대 취향에도 계속해서 통용될 수 있도록 만들었다(Daiches, 1971, p.345).

우리는 바르트의 내러티브 약호를 살펴보면서 텍스트의 '내적 논리'를 해독하는 수용자에 의해 설득력 있는 디에게시스가 어떻게 조성되는지 이미 목격했다. 분명히, 말로리가 사용한 약호는 오늘날의 약호와 다르다. 예컨대, 르네상스 이전의 텍스트는 호기심을 통해 수용자에게 동기부여하는 데 전혀 '관심'이 없었기 때문에 '수수께끼' 약호는 존재하지 않았다. 이와 비슷하게 다른 약호들도 특정 문화에만 적용되고, 이 때문에 수백 년이 지나는 동안 그 의미도 바뀔 수밖에 없다.

현대의 내러티브와의 차이에도 불구하고 토도로프의 구조는 뚜렷이 나타난다. 말로리는 아서 이야기를 번역하고 각색했는데, 아서 이야기는 전설적 왕이 문제를 일으키고 침략해온 색슨족과 아일랜드인 무리와 어떻게 싸워 물리쳐, 하나의 국가로서 영국의 존재를 지켜냈는가 하는—아마 꾸며냈으면서 실제이기도 할—이야기를 들려준다.

특정 시대의 내러티브 표현 양식에 우리가 친숙한 정도는 과거의 텍스트가 어느 정도 오늘날 문화의 일부로 남아 있는지에 의해 결정된다. 영어권 사회에서는 먼 과거 유산 중 엘리자베스 여왕 시대의 약호가 가장 잘 알려져 있는데, 이는 주로 윌리엄 셰익스피어의 저작에 익숙한 덕분이라는 점은 의심의 여지가 없다.

6. 셰익스피어

셰익스피어는 어김없이 영어권에서는 가장 훌륭한 작가로 묘사된다. 그의 저작은 독특하다고 평가받으면서도 다루는 주제는 보편성을 띠는 것으로 간주된다. 이는 사실일 수도 있겠지만, 셰익스피어는 또한 당대의 산물이기도 하다. 동시대인이나 그 이전 인물과 공통적으로 그는 기존의 내러티브를 소재로 많이 활용했다. 셰익스피어 시기에 참신성과 새로움을 기피한 주된 이유는 봉건적 세계관이 여전히 지배하고 있었기 때문이다.

그리스와 로마의 작가처럼 예컨대 초서, 스펜서, 셰익스피어, 밀턴은 … 습관적으로 전통적 플롯을 활용했다. 그리고 앞에서 분석했듯이 이들이 그렇게 한 이유는 당시의 일반적인 전제를 수긍했기 때문인데, 바로 자연은 본질적으로 완벽하고 불변의 존재이므로 문서든, 전설이든, 역사든 그 기록은 인간 경험의 유한한 레퍼토리를 이룬다고 본 것이다(Watt, 1972, p.15).

예를 들면, 〈오셀로〉의 주 원전은 "1566년 베니스에서 출판된 지랄디 친티오(Giraldi Cinthio)의 〈에카토미티(Jecatommithi)〉 제30권 제7화"(Ridley, 1989, p.xv)였다. 당시의 관행대로, 셰익스피어는 그의 연극을 5막 구조로 짰는데, 이는 내러티브 관점에서 보면 '상황, 문제 발생, 해결'의 패턴에 들어맞았다. 〈오셀로〉에서 내러티브 구조는 관습적이며, 다음과 같은 특징을 갖는다고 할 수 있다:

1. 원래의 균형 상태: 베네치아 상류사회는 오셀로와 데스데모나의 인종 간 결혼을 승인한다.
2. 어떤 행동에 의해 균형 상태의 붕괴: 이아고는 오셀로에게 부인이 부정을 저질렀다고 믿도록 설득하려 한다.
3. 문제 발생에 대한 인지: 오셀로가 이아고의 말을 믿는다.
4. 문제 발생을 해소하려는 시도: 오셀로는 부인을 살해하려고 결심한다.
5. 균형 상태의 회복: 오셀로는 데스데모나를 살해하고 나서 자살한다.

〈오셀로〉는 비극이기 때문에 '동화' 같은 결말이 따르지 않는다. 이 모든 음모가 진행되는 동안 오셀로는 베네치아에서 키프로스로 가서 반란을 진압했다. … 모두 3일 만에! 우리가 이해하는 바로는 시간, 공간과 관련된 세부적인 현실 묘사는 현재의 이데올로기적 세계관에 해당하는데, 셰익스피어의 희곡에서 이 점은 전혀 중요하지 않았다. "존재의 진실은 단 하루 동안에도 평생에 걸친 기간에서만큼이나 완벽하게 전개될 수 있다"(Watt, 1972, pp.24-5)라고 믿었던 것이다. 그 결과 현대 수용자는 셰익스피어의 희곡에서 시간틀을 접할 때 혼란을 느끼게 된다.

현대적 의미에서의 시간이 존재하지 않는다는 사실은 셰익스피어의 역사 관념에서도 드러난다. 즉, 그는 우리가 이해하는 그러한 역사관을 갖고 있지 않았다. 당시에는 역사가 과거에서 현재로 선형적으로 전개된다고 보지 않았다. 모든 역사는 말하자면 단지 '한 덩어리로' 존재했다. 와트가 지적하듯이, '시대착오성(anachronism)'이라는 용어는 셰익스피어가 사망한 지 30년이 지났을 때까지도 등장하지 않았다.

7. 소설

셰익스피어 시대의 텍스트는 과거의 텍스트를 재활용했다. 새로운 것이란 존재할 수 없다고 믿었기 때문이다. 그리고 나서 소설이 등장했다. 〈이미지와 재현〉의 6장은 자본주의와 개인주의 부르주아 이데올로기의 등장을 다루면서 이것들이 소설의 탄생에 어떻게 반영되었는지를 살펴보았다. 소설의 등장과 더불어, 봉건 이데올로기의 보편성은 거부되고 그 대신 다음과 같이 다른 속성

이 중시되었다:

> [봉건적 이데올로기의 보편성 대신] 플롯이 자서전적 [기술의] 패턴에 완전히 종속되는 [방식이 부상했는데], 이 점은 마치 철학에서 '나는 생각한다. 그러므로 존재한다'가 그랬던 것만큼이나, 소설에서 개인적 경험의 우위성을 강조한 도발적인 주장이다(Watt, 1972, p.15).

최초의 소설 중 하나인 다니엘 디포의 〈로빈슨 크루소〉(1719)는 자서전을 지향한다. 실제로 이 책에는 다음과 같은 구절이 서문에 붙어 있다.

> 편집자는 사물이 그냥 사실의 역사에 불과하다고 믿는다. 거기엔 픽션의 모습은 전혀 보이지 않는다(Defoe, 1985, p.25).

이러한 주장이 나온 한 가지 이유는 17세기 당시 세력이 강성했던 청교도들은 극장을 폐쇄할 정도로 픽션을 싫어했다는 점이다. 텍스트를 '실제'로 제시하는 것은 이들의 완고함에 희생되는 것을 피하는 한 가지 방안이었다.

소설은 곧 서구 문명에서 가장 영향력 있는 형식 중의 하나가 되었고, 이는 지금도 여전히 그렇다. 20세기에는 텔레비전이 지배적인 커뮤니케이션 매체라고 주장할 만하기는 하지만, 우리는 여전히 아이들에게 (미디어 연구의 핵심 과업인) 시각적, 청각적 이미지 읽는 법을 가르치는 것보다는 인쇄된 픽션 내러티브 읽는 법을 가르치는 일을 더 중요하게 여긴다.

진실의 탐구란 곧 개인에 대한 추구라고 주장한다는 점에서 소설은 부르주아의 리얼리즘 미학을 집약한 것이다. 내러티브에서 갈등은 개인 행동에 의해 초래되고 그에 의해 해결된다. 형식으로서의 소설은 대단히 신축성을 띠고 있어 비관습적 내러티브까지 포괄한다. 소설이 주관성을 강조하는 경향은 낭만주의가 등장하면서 더욱 더 강화되었다.

8. 낭만주의

오, 이 산들바람에 축복이 있구나,
푸른 초원, 하늘과 구름에서 불어오는
이 바람은, 내 뺨을 가볍게 쳐서 불어 주는,
이 기쁨을 제자신은 별로 의식하고 있지도 않는 바람.
오, 어서 오시오, 사자여! 다정한 벗이여!
(Wordsworth, 1970, p.1)*

위의 발췌문은 워즈워스의 방대한 시이자 '시인 정신의 성장'이라는 부제가 붙은 〈서곡〉의 시작 부분이다. 이 시에 나타나는 자아 중심성은 주관성을 강조하는 낭만주의자의 경향에서 특징적인 부분이다. 내러티브 측면에서 이 시는 어린 소년이 자연과 상호작용하면서 처음에는 공포를 느끼는(문제 발생) 이야기를 다룬다. 하지만 삶의 후반에 가서 그는 시골의 종교적 중요성을 이해하게 된

* 윌리암 워즈워스, 권의무 옮김, 〈서시〉, 계명대학교출판부, 1988, 27쪽의 일부.

다(문제 해결).

모든 낭만주의 시인이 자연에 철저하게 사로잡혀 '진짜' 세계의 현실을 망각하게 되는 것은 아니다. 바이런 경은 정치적으로도 적극적인 인물이었고 퍼시 셸리(〈프랑켄슈타인〉의 저자 메리 셸리Mary Shelley의 남편. 4장을 보라)는 '피털루 대학살'* 사건에 관해 글을 썼다. 이는 당시 의회 개혁을 요구하기 위해 6만 명이 모였는데 후사르 제15기병대가 해산시키는 와중에 11명이 죽고 400명이 부상을 입은 사건이다.

당시 영국에서는 '경제적 가치'가 없는 것은 무가치하다고 보는 이데올로기적 시각이 지배적이었는데, 낭만주의는 이에 대한 반발로 생겨났다. 예술은 그 속성상 실생활에서 유용성을 갖기 어려운 경향이 있었기에, 예술가들은 새로운 미학, 즉 '시적인' 미학에서 도피처를 찾았다.

> '예술'로 알려진 불변의 대상, 혹은 '아름다움'이나 '미학'으로 불리는 독립된 경험이 존재한다는 가정은 주로 예술이 사회적 삶에서 유리된 데서 … 생겨난 산물이었다(Eagleton, 1983, p.21).

낭만주의자들은 예술을 아름다움의 대상으로 정의했고, 실제로 또 다른 낭만파 시인인 키츠는 미학의 특징을 '진실과 아름다움'으로 규정했다.

---

* 피털루 대학살(Peterloo Massacre)은 1819년 8월 16일 영국 랭커스터에서 일어난 대학살 사건을 지칭한다. 나폴레옹 전쟁 직후의 경제난으로 대중의 불만이 높아가던 와중 의회 개혁과 선거권 확대를 주장하기 위해 군중이 모였는데, 후사르 제15기병대가 이를 폭력으로 진압하는 바람에 벌어진 큰 참사를 말한다. —역주

> 아름다움이 진리이며, 진리가 아름다움이니, 그게 전부다
> 여러분이 이 세상에서 알고 있고, 알아야 할 것은
> ('그리스 항아리에 붙이는 노래', Keats, 1966, p.129).

예술(적어도 '고급 예술')에 대한 이러한 정의가 지금은 관습화되었지만, 처음에는 지배적 이데올로기를 거부했다는 점에서 급진성을 띠었다. '낭만파의' 급진주의를 출범시킨 사회적 조건에 관해 테리 이글턴은 다음과 같이 기술했다:

> 영국에서는 터무니없이 속물적인 공리주의가 사실을 물신화하고 인간관계를 시장 교환으로 환원시키며 예술을 이익이 안 되는 장식품 정도로 치부하면서, 빠르게 산업 중산계급의 지배 이데올로기로 자리 잡아 가고 있었다. 초기 산업 자본주의의 냉혹한 규율은 공동체 전체를 뿌리째 흔들어놓았고, 인간의 삶을 임금 노예로 전락시켰고, 새로 형성된 노동계급에게 소외된 노동과정을 강제하였으며, 공개 시장에서 상품으로 전환될 수 없는 것은 없다고 [이해했다]. 노동계급이 이러한 억압에 전투적인 저항으로 [반응하자] … 국가는 잔혹한 정치적 억압으로 대응해 낭만주의 시기 일부 기간 동안 온나라를 사실상 경찰국가로 바꿔놓았다(Eagleton, 1983, p.19).

이러한 부류의 착취를 배경으로 농업주의적 과거에 대한 향수가 일어났는데, 이는 낭만주의 시인들이 왜 자연을 신봉하게 되었는지를 부분적으로 설명해준다. 낭만주의 시기는 주로 시와 연관되긴 하지만, 그 시기를 대표하는 중요한 소설가도 있었다. 월터 스콧(Walter Scott)은 과거 봉건 시대를 소재로 많은 역사 소설

을 썼다. 비록 그는 워즈워스와 다른 '호반 시인'(Lake Poets)을 싫어한다고 밝혔지만, 그의 저작에는 낭만주의의 요소가 뚜렷하게 존재한다. 예를 들면, 그는 〈미들로디언의 심장부(The Heart of Midlothian)〉(1818)에서:

> 자연에 가까이 있으면서 좀 더 자발적인 삶의 양식의 상징으로서 농민에 대한 관심을 [보였다](Phelps, 1979, p.187).

스콧이 활동할 시기에 이를 무렵 소설 형식은 '성숙한' 발전 단계, 즉 관습화된 내러티브 구조를 활용하는 단계에 도달했다. 그 다음 발전 단계인 모더니즘은 명제/반대명제/종합명제라는 패턴의 토대를 '흔들어놓기' 시작하게 된다.

9. 모더니즘

모더니즘은 흔히 제1차 세계대전과 아인슈타인의 양자역학 공식과 같은 주요 과학 발전으로 초래된 사회 균열에 대한 대응으로 간주된다. 모더니즘은 자기성찰적 형식인데, 이렇게 불리는 이유는 텍스트가 **텍스트**로서의 자기 자신에 주목하게 유도하기 때문이다. 관습적 내러티브에서 우리는 사건에 뒤이어 논리적 방식으로 어떤 사건이 발생하고 이에 따라 결말이 나올 것이라고 기대한다. 모더니즘 소설에서는 비사건도 등장할 수 있다. 예컨대 카프카의 〈심판〉(1925)이라는 소설 시작 문장에서는 요제프 K가 체포되는데 이는 분명히 문제 발생으로 보인다.

> 누군가 요제프 K에 관해 헛소문을 퍼뜨린 게 틀림없다. 아무 잘못도 없는데 어느 날 아침 그가 체포되었기 때문이다(Kafka, 1977, p.17).

소설 내내 K는 자신에게 부과된 혐의가 무엇인지 알아내려 애쓰지만, 미로와 같은 관료제와 직면하게 된다. 결과적으로 그는 문제 발생을 해소하려 시도하고 있는 셈이다. 하지만 우리는 내러티브 갈등의 해결, 즉 심판의 기미를 보이는 사건에 결코 도달하지 못한다.

또한 역설적이게도 모더니스트는 흔히 내레이터와 등장인물 간의 거리를 유지한다. 〈베니스에서의 죽음〉(1912)에서 토마스 만은 디오니소스적이고 아폴로적인 상반된 충동(쾌락 추구와 지성의 중시)을 교훈적으로 표현하면서, 수용자가 중심인물과 동일시할 여지를 주지 않는다. 〈율리시스〉(1922)에서 제임스 조이스는 다중적 목소리를 제시해 단지 불안정한 현실을 보여주는 데 그친다.

내러티브적 시각에서 보면, 모더니즘은 또한 리얼리즘적 배경의 필요성을 회피한다. 사무엘 베케트의 영향력 있는 작품 〈고도를 기다리며〉(1955)에서 두 명의 주인공인 에스트라곤과 블라디미르는 희곡 내내 '나무가 있는 시골길'을 기다린다. 시간은 달의 등장과 소멸로 표현된다. 디에게시스가 사실적이지 않기 때문에 배경은 중요하지 않고 심리적 동기도 뚜렷하게 드러나지 않는다. 고도의 도착이라는 약속된 문제 해결은 결코 이루어지지 않고, 이에 따라 내러티브 관습이 깨지게 된다. 물론 수용자는 고도가 나타날 것이라고 기대하기 때문에 내러티브적 긴장은 여전히 생성된다. 희곡은 다의미적이고 수많은 해독을 유도하는데, 이러한 다원성은 부분적으로는 내러티브적 마감(narrative colsure)이 존재하지 않기 때문에 조성된다. 내러티브적 마감은 선호된 해독을 고정시키는 한 방안인데, 〈고도를 기다리며〉에서 수용자는 선호된 해독을 찾아내기 위해 열심히 노력해야 한다. 실제로는 아마 그러한 해독이 없을 수도 있다. 많은 사람에게 이 희곡은 삶이 의미 없음을 시사해준다. 하지만 이는 내러티브적 마감이 없는 텍스트에는 의미가 없음을 표현하는 또 다른 방안에 불과할지도 모른다. 우리는 관습적 내러티브 구조에 너무나 익숙하기 때문에 마감에 의해 의미가 생성되길 기대한다. 대다수의 텍스트에서 내러티브는 관습성을 갖추려고 애쓰지만, 흔히 모더니스트는 수용자의 기대를 뒤집어놓는 것을 목표로 삼는다는 점에서 내러티브는 오히려 이 목적에 완벽한 형식인 셈이다.

영화에서 최초의 모더니스트는, 세르게이 에이젠슈테인(Sergei Eisenstein)과 지가 베르토프(Dziga Vertov) 같은 1920년대 소비에트 영화 제작자였다. 서구에서는 1960년대 말에 이르러 장 뤽 고다르의 실험(3장 5절의 〈미치광이 피에로〉를 보라)으로, 모더니스트 영화는 상당히 대규모의 관객을 확보했다.

10. 포스트모더니즘

포스트모더니즘에서 주된 문제점 중의 하나는 정의하기 어렵다는 점이다. 포스트모더니즘의 다음과 같은 특성을 감안할 때 이는 놀랄 만한 일은 아니다:

> [포스트모더니즘은] 지적 체계에서 건축에 이르기까지 주어진 대상의 파편화, 불연속성, 비교 불가능한 측면을 강조하는 사고와 재현 양식을 추구한다(O'Sullivan et al., 1994, p.234).

스트리나티(Strinati, 1997)는 다음 다섯 가지 특징을 기술하면서, 이 개념을 좀 더 구체적으로 살펴볼 수 있는 방안을 제시했다:

문화와 사회 간의 구분 소멸

한때 우리는 예술이 현실을 반영하며 이 현실을 참고해 문화적 구성물을 이해할 수 있을 것이라고 믿은 적이 있다. 하지만 포스트모던 사회에서는 이와 정반대가 옳다. 우리는 미디어 텍스트를 참고해 **현실**을 이해한다. 예를 들면, 신문에서 사실적 기사에 영화 스틸컷을 덧붙이는 경향이 점차 강화되고 있다. 〈가디언〉은 영국 정부가 폐쇄된 탄광 지역 재생사업을 가속화한다는 보도에 영화 〈브래스드 오프(Brassed Off)〉*의 스틸컷을 일러스트레이션용으로 덧붙였다. 문화적인(매개된) 것과 현실 간의 구분 소멸은 스포츠 이벤트에서 두드러지는데, 여기서는 대형 비디오 스크린이 중요한 이벤트를 슬로모션으로 관객에게 즉시 다시 보여준다. 마치 미디어 개입이 없이는 '라이브' 경험이 더 이상 완벽할 수 없다는 것처럼 보인다.

이 밖에도, 대중문화와 소비주의, 그리고 이에 따라 경제 간의

---

* 〈브래스드 오프〉(마크 허만 감독)는 1996년 영국에서 처음 개봉된 코메디 드라마 영화로, 탄광이 폐쇄되면서 탄광촌 브래스 밴드가 겪게 된 곤경을 다루었다. 이 영화는 1980년대 중반 영국 탄광촌의 상황과 갈등을 배경으로 삼아 사회적 문제의식을 안고 있었으나, 미국 개봉 시에는 단지 로맨틱 코미디로서의 성격만 부각되었다. —역주

관계도 점차 모호해지고 있다. 광고는 우리의 '구매 선택'에 강력하게 영향을 미치고, 특히 젊은층에게는 개인적 정체성을 조성하는 데 브랜딩이 중요하다(올바른 트레이너 유형, 플레이스테이션 소유 등등).

실체와 내용 대신 스타일을 강조

포스트모더니즘은 텍스트 혹은 인공구성물이 현실을 지칭하는 방식을 다루지 않기 때문에, 포스트모던 텍스트는 오직 표면에만 관여할 수 있다. 따라서 예컨대 우리는 구매 선택 시 브랜딩에 강하게 영향을 받기 때문에 제품보다 상표가 더 중요하고, 패키지가 내용물보다 더 중요해진다. 미디어 텍스트에서 이는 상호텍스트성에서, 즉 텍스트가 다른 텍스트의 지칭을 통해 의미를 갖게 되는 현상으로 나타날 수 있다. [만화 영화] 〈심슨(The Simpsons)〉에서 '케이프 피어' 에피소드를 예로 들어보자. 학생들은 한편의 짧은 발췌물로 이 프로그램을 검토한 후 다음과 같은 작품을 언급한 부분을 찾아냈다. 즉 쿠엔틴 타란티노(바트가 서핑할 때 나오는 라디오 음악), 〈가위손(Edward Scissorshands)〉과 〈나이트메어(Nightmare on Elm Street)〉(플랜더스가 가위질하는 장면과 그의 '장갑'), 감옥 영화('사이드쇼' 밥과 그의 동료 수감자), 〈택시 드라이버(Taxi Driver)〉('사이드쇼' 밥이 거울을 보고 독백하는 장면), 〈사냥꾼의 밤(Night of the Hunter)〉(밥이 주먹에 '증오'라고 써놓은 장면) 등이다. 이 모든 것이 무슨 의미를 지니는지 학생들에게 질문해보니 이들은 (당연한 현상이지만) 아무런 대답도 하지 못했다. 포스트모더니즘은 내용이 아니라, 그 자신의 절충주의적 이용에만 관심을 둔다.

흔히 팝 비디오는 단연코 포스트모던 형식의 특징을 두드러지게 지닌 사례로 규정된다. 대개 우리가 보는 이미지가 중요한 게 아니라 중요한 것은 좋게 **보여야 한다는** 사실뿐이기 때문이다.

고급문화(예술)와 대중문화 간의 구분 소멸

문화를 각기 '고급예술'과 '대중문화'로 정의해 그 지위를 인위적으로 구분하는 방식은 전통주의자에게만 통할 뿐 더 이상 타당하지 않다. 해럴드 블룸(Harold Bloom) 같은 비평가는 여전히 격렬하게 반대하긴 하지만, 확립된 전범의 확실성은 사라졌다. 그 결과 모든 것이 '혼란 상태'이고 절충주의가 궁극적인 미학이 되었다. 어떤 절대적인 기준도 없고, 모든 것이 상대적이기 때문이다. 예컨대 이 책은 솝 오페라뿐 아니라 '위대한 문학 작품'까지도 모두 참고한다.

공간과 시간의 혼란

1960년대에는 위성 통신의 성장과 더불어, '지구촌' 개념이 점차 생겨났다. 테크놀로지 발달로 정보 이동이 가속화할 것이며, 이에 따라 정보의 의미도 변화하게 될 것이라고 마샬 맥루한(Marshall McLuhan)은 주장했다. 이러한 가속화의 결과로 국가간 경계는 극복되고 세계 반대쪽의 (실로 다른 세상들의) 사건도 우리에게 '라이브'로 중계될 수 있게 되었다.

> 현대 매스 커뮤니케이션의 속도와 범위가 [확장되고], 사람과 정보의 이동이 상대적으로 쉬워지고 빨라졌기 때문에, 시간과 공간은 더 불안정해지고 이해하기 어렵게 되고, 더 혼란스럽고, 일관성은 더 떨어지고, 더 중구난방으로 바뀐다(Strinati, 1997, p.424).

예를 들면, 〈폭풍의 언덕〉(1847)에서 캐시의 부친이 요크셔에서 리버풀로 돌아오는 데에는 여러 날이 걸린다(지금은 고속도로로 세 시간도 채 걸리지 않을 것이다). 하지만 리버풀은 단지 폭풍의 언덕에서 70여 마일 떨어진 장소에 불과하지 않으며, 이국적인 공간이기도 했다. 당시의 리버풀은 번창하는 항구이자, 따라서 다른 세상으로 가는 관문이었기에, 불길한 느낌을 주는 (타자) 히스클리프를 발견하기에 이상적인 장소였다. 포스트모던 사회에서는 매스 미디어, 특히 텔레비전이 우리에게 세계의 다른 곳(그렇게 보이는 곳)과 접할 수 있게 해주었기 때문에 이국적 장소를 조성하기가 이전보다 어려워졌다. 이는 마치 우리가 거의 언제든 집에서 편안하게 모든 곳을 볼 수 있게 된 것과 같다.

그렇다면 포스트모던 사회는 '즉시성'을 특징으로 하는데, 이 때문에 개개인은 사건을 그 맥락에서 파악하기 어렵게 된다. 마치 모든 것이 '지금 여기' 전개되는 것처럼 보인다.

메타 내러티브의 쇠퇴

포스트모더니즘은 문화에서 독립된 현실이라는 개념을 인정하지 않기 때문에 현실을 설명해주는 절대적 방안('메타 내러티브')이 존재한다고 믿지 않는다. 이 메타 내러티브는 필연적으로 문화적 성격을 띨 수밖에 없기 때문에 우리 현실의 일부가 된다. 그러므로 이것들은 '한걸음 뒤로 물러나' 현실을 설명할 수 없다. 따라서 기독교의 〈성서〉든, 마르크스주의자의 〈자본론〉이든, 물리학자의 '만물이론(theory of everything)'이든 메타 내러티브는 **절대적** 지식을 제공할 수 없다.

1) 포스트모던 텍스트

포스트모던적인 '파편화'를 강조하는 방안 중의 하나는 어떤 특정한 시간과 공간에 근거하지 않고 온갖 참고물을 섞어 쓰는 것이다. 〈로미오와 줄리엣(Romeo and Juliet)〉(1996)의 1990년대 영화 버전(바즈 루어만Baz Luhrmann 감독 작품)은 셰익스피어의 16세기 운문을 사용하지만 현대를 배경으로 설정한다. 하지만 이 배경은 딱히 우리가 아는 현실은 아니다. SF 용어를 쓰자면 대안적 세계로 기술할 수도 있을 것 같다.

> <로미오와 줄리엣>은 '구성된' 세계를 배경으로 하는데, 이는 다양한 존재와 지식의 방안이 허용될 정도로 '현실' 세계와 다르면서도, 이해가 가능할 정도로 유사성을 지닌 세계이다(Arroyo, 1997, p.6).

비정상적인 것은 배경만이 아니며, 루어만의 스타일도 분명히 포스트모던하다. 예를 들면, 영화 시작 부분에서 캐플릿과 몬테규 집안의 싸움 장면은 완벽하게 '스파게티 웨스턴'처럼 촬영된다. 이상한 카메라 앵글, 잘난 체하는 총잡이들, 슬로모션, 스펙터클처럼 찍은 지붕 화재 장면 등이 그 예다. 다른 신에서 레이디 캐플릿은 빠른 속도로 돌아가는 '무성' 영화 장면의 인물처럼 움직이고, 로렌스 수도사는 마치 어떤 뉴 에이지 종교 행사를 주관하는 것처럼 보인다. 이처럼 중구난방식 요소를 모아놓은 것이 포스트모더니즘의 특징이며, '사건의 진전'이 때때로 비역사적이라고 비판받는 이유 중의 하나가 된다.

현실과 상상, 과거와 현재를 결합한 세계의 구축은 준신화적인 시공간 감각의 묘사를 초래하게 된다.
이는 포스트모던 문화의 탈역사화 효과에 전형적인 것이라고 프레드릭 제임슨은 주장했다. 그러나 그가 탈역사화라고 부르는 것은 과거의 스토리텔링 관습을 현재의 맥락에서 이해할 수 있게 해주는 수단이 될 수 있다는 반론도 가능할 것이다(Arroyo, 1997, p.8).

아로요의 주장은 흥미를 자아낸다. 즉 루어만이 각색한 셰익스피어의 희곡은 비교적 큰 흥행 성공작이었고(북미 박스 오피스에서 4천5백만 달러를 기록했다), 따라서 현대 관객, 특히 16세에서 25세 사이의 핵심 영화 관객층에게 '호소력을 발휘한' 게 분명하다. 루어만의 절충주의는 수용자가 시를 이해하는 데 도움이 되었을 수도 있다. 예를 들면,

- 프롤로그에는 스피치 억양이 완벽하게 갖춰진 전형적인 앵커의 텔레비전 뉴스 보도가 나온다.
- 몬테규가와 캐플릿가의 옷차림은 이들을 오늘날의 갱처럼 보이게 해준다.
- 두 적대 집단의 종족성(특히 히스패닉계인 캐플릿)을 강조한 것은 가족에 대한 충성심이 뚜렷하게 [관객의] 공감을 얻을 수 있게 해준다.
- 머큐시오는 여장 남자이자 1970년대 디스코 대가수로 나오는데, 이러한 설정은 이 캐릭터의 화려하면서도 특이한 특성의 맥락을 제공한다.

이 밖에도 여러 가지가 있다.

루어만의 〈로미오와 줄리엣〉은 예외적일 정도로 풍부하고 시네마틱한 텍스트이기 때문에 충분히 볼 만한 가치가 있다. 하지만 이 영화는 포스트모던한 내러티브를 갖추지는 않았다.

내러티브에서 포스트모더니즘은 텍스트의 디에게시스뿐 아니라 '현실 세계'에서의 스토리텔링 행위와도 관련되는 구조로 구현될 수 있다고 주장해도 좋다. 폴 오스터(Paul Auster)의 첫 번째 소설인 뉴욕 3부작 중 〈유리의 도시(City of Glass)〉(1985)는 다음과 같은 질문을 던지면서 첫 단락을 시작한다:

> 태초에는 단지 사건과 그 결과만이 있었다. 설혹 결과가 달리 나왔다 할지라도, 혹은 이방인의 입에서 첫 단어가 나올 때 이미 모든 것이 예정되어 있었다 할지라도, 아무런 문제가 없다. 문제는 스토리 자체이며, 거기에 어떤 의미가 있냐 하는 것은 전할 만한 이야깃거리가 아니다(Auster, 1987, p.3).

텍스트의 지위와 그것이 현실과 맺는 관계에 대한 포스트모더니즘의 집착이 즉시 전면에 부각된다. 결말이 가까워질 때 다음과 같이 또 다른 질문이 제기된다:

> 붉은 노트북의 마지막 문장은 다음과 같다: "붉은 노트북에 지면이 더 이상 남아 있지 않으면 무슨 일이 발생할까?"(Auster, 1987, p.131)

텍스트가 끝나면 내러티브도 끝나야 하는 것은 분명하다. 마지막 페이지는 결론의 존재를 보장해주는 물질적 방법이다. 하지만 관습적 텍스트는 텍스트가 끝나기 전에 수용자에게 내러티브적 마감을 제공해야 한다. 포스트모던 텍스트는 마치 장르를 유희적 방식으로 다루듯이, 이러한 기대치를 자의식적으로 다룰 수도 있다. 오스터의 소설은 도시라는 전형적인 배경으로 전개되므로 (4장에서 정의한) '하드보일드 탐정 이야기'로 규정된다.

> 뉴욕은 무한한 공간이자, 끝없는 계단으로 된 미로이며, 아무리 멀리 걸어가도, 아무리 주변 지역과 길거리를 잘 알게 되어도 늘 길을 잃었다는 느낌을 남겨주었다. 도시에서 길을 잃을 뿐 아니라 자기 내부적으로도 길을 잃게 된다는 것이다(Auster, 1987, pp.3-4).

내러티브는 폴 오스터라는 사립 탐정으로 오인받는 탐정소설가 퀸에 초점을 맞춘다(오스터는 책의 저자로 커리어 초기에 폴 퀸이라는 가명을 사용했는데, 텍스트는 헷갈리게도 이 현실을 지칭한다). 이러한 혼동에도 불구하고 퀸은 오스터 사건을 맡는데, 이 사건은 부친의 협박을 받고 있는(스틸먼의 부인은 그렇게 믿고 있다) 정신질환자 피터 스틸먼이 연루된 것이다. 스틸먼의 부친은 방금 감옥에서 출소했다. 이 책은 시나리오상으로는 하드보일드물임을 확인할 수 있지만(스틸먼의 부인은 퀸도 유혹한다), 내러티브 전개과정은 관습적 측면에서는 이해가 안 된다. 소설에서 등장하는 '수수께끼' 약호 중의 하나는 부친이 (만일 부친이 맞다고 해도, 그의 정체는 확실하지 않다) 도시 전역을 무작위적으로 배회한다는 점이다. (오스터로서의) 퀸은 이러한 배회가 바벨탑의 철자(THE TOWER OF BABEL)를 나타낸다는 것을 발견한다. 바벨탑이 건설되기 전 인간에겐 한 가지 언어밖에 없었고, 또한 당시에는:

> 노아의 후손들은 방랑 끝에 시나르(바빌로니아) 평원에 이르렀다 … 이들은 거대한 벽돌 건축 기술을 완성했고 유명한 바벨탑을 건설했다. 이 탑을 건설한 것은 오만한 행동으로 해석되었고, 신이 내려와 인간의 언어를 뒤섞어놓고 사람들을 이 땅 전역으로 흩어버리게 됨에 따라 인간의 역사는 이제 공통된 흐름에서 수많은 갈래로 돌이킬 수 없이 전환한 것으로 파악된다(Metzger & Logan, 1993, p.71).

그렇다면 수사는 피터 스틸먼에게 가해질지 모르는 어떤 위협보다도 언어에 주력하는 것처럼 보인다. 소설의 단어는 단어, 그러니까 의미의 탐색에 관한 것이다(바벨탑의 전설은 기호학의 은유로 볼 수 있다. 〈이미지와 재현〉의 2장을 보라). 탐정 픽션은 전통적으로 플롯에 의해 스토리를 드러내는 일을 다룬다. 하지만 만일 희생자가 단어라면 폭로할 게 아무것도 없게 된다. 왜냐하면 기호학에서 주장하듯 단어의 의미는 자의적이고, 언어 '저변에는' 아무 것도 없기 때문이다.

포스트모더니즘은 또한 독자를 자신이 경험하는 텍스트의 (재)창조자로서 스스로 의식하도록 위치를 설정한다. 이와 비슷하게, 포스트모더니스트 미디어 텍스트의 중심적인 관심사는 '앎'(인식론)이라는 전통적 목표보다는 '존재'(존재론)와 더 관련이 있다. 독자는 단지 텍스트를 창조하기 위해 정보를 활용하는 데 그치지 않고, 그것이 마치 퀴즈인 양 '참고물 찾기'식으로 텍스트와 상호작용한다.

〈유리의 도시〉의 내러티브에서 무엇을 알아낼 수 있을까? 아마도 '아무것도 없을' 것이다. 커뮤니케이션은 언어에 근거하기 때문에 세상에는 어떤 절대적인 의미도 없다. 만일 그렇다면 소설도 단어를 사용하기 때문에, 소설에는 어떤 의미도 존재할 수 없다는 이야기가 된다. 대다수의 내러티브는 이를테면 선과 악에 관한 신화적 관념을 표현하는 반면, 포스트모던 내러티브는 그 자체가 주제가 된다.

우리에겐 현실의 우선성이 사라졌기 때문에 '역사의 종말'이 도래했다고 일부 포스트모던주의자는 주장했다. 우리의 현실은 이제 오로지 문화의 준거틀을 통해서만 이해된다. 이러한 시각은 포스트모더니즘도 단지 또 하나의 '보는 방식'에 불과하며 다른 것에 의해 대체될 것이라는 점을 깨닫지 못한 것이라고 나는 생각한다. 포스트모더니즘은 역사의 종말이 아니라 역사의 종말에 **관한** 것일 가능성이 더 크다. 포스트모더니즘은 미래를 내다보지 못하고 단지 과거를 돌이켜볼 뿐이다. 따라서 만일 예술 표현에서 그 다음의 '패러다임 전환'이 발생한다 해도 포스트모더니즘은 그것을 깨닫지 못할 것이다.

이 절은 단지 미학적 구성물로서의 포스트모더니즘만을 다루었다. 이는 또한 다음과 같이 현재 자본주의의 상태와 직접 연결지을 수도 있다:

> 리얼리즘이 자본제 산업주의적 발전이라는 첫 번째 상태에서 특권화된 예술 형식이었고, 모더니즘은 제국주의와 독점 자본주의의 경제적 계기에 대응하는 [양식인] 것처럼, 포스트모더니즘은 후기 자본주의의 현재 계기의 문화적 형식이다(MacCabe, 1992, p.xii).

(자본주의적) 미디어 제도와 포스트모더니스트 미디어 텍스트 간의 연관성은 〈미디어 제도와 수용자〉에서 탐구할 것이다.

3

내러티브 이론 2

Theory of Narrative 2

3장 내러티브 이론 2

이 장의 목표

- ▶ 내러티브를 기호학적 구조에 비유해, 수용자가 텍스트를 이해하는 데 내러티브를 어떻게 활용하는지 설명한다.
- ▶ 채트먼의 스토리와 담론 구분을 간단히 살펴본다.
- ▶ 내러티브 보이스의 다양한 유형(드라마 내부적, 드라마 외부적, 관찰자, 내러티브 행위자, 이야기식 대 보여주기식)을 고찰한다.
- ▶ <수색자(The Searchers)>를 예로 들면서 이데올로기적 내러티브 개념을 고찰한다.
- ▶ <미치광이 피에로>와 다큐멘터리를 사례로 삼아 대안적 내러티브 체제 개념을 검토한다.

1. 시작하며

서론에서 대략 설명했듯이, 이 책은 [주제를] 세분화해서 서술했다. 즉 핵심 개념을 한 번 이상 다루되 난이도 수준에 따라 구분한다는 뜻이다. 1장은 고급 수준의 미디어 연구에 필수적인 모든 내러티브 이론을 제시했는데, 이 중 상당 부분은 학부 수준이다. 이 장은 흥미를 갖게 된 사람들을 위해 지적으로 훨씬 더 어려운 내러티브 연구 영역을 간략하게 설명한다. 하지만 이 텍스트의 취지는 좀 더 난해한 내러티브 이론을 깊이 파고드는 데 있지 않다. 예를 들면 토도로프가 자신의 이론을 설명한 부분은 수학 공식에 더 가까워 보인다. 그는 [내러티브에] 필수적인 최소한의 내러티브 시퀀스는 다음과 같다고 서술한다.

X-A+	(X)OPTY 〉	Ya〉	XA
도입 상황	욕망	변형	결말

많은 다른 구조주의자를 비롯해 토도로프는 문학에서, 그리고 당연한 귀결로 언어에서 보편적인 구조를 추출하려고 시도했다. 이는 다음과 같은 점에서 유용하다:

> 지금까지 사회 구성원들이 너무나 오랫동안 '문학적'인 지각 양식을 중시해왔다는 점을 감안하면, 그러한 분석의 이점은 우리가 픽션에 대해 갖고 있던 마취제처럼 숨 막히는 구속력을 상당 부분 완화해 준다는 데 있다. 그 덕분에 필연적으로 우리는 스토리를 다시 보게 되고, 그것을 있는 그대로 파악하게 된다: 바로 언어의 구체적인 사용방식, 혹은 언어의 바로 그 파생물인 글쓰기 사용방식에 눈을 돌리게 된다는 것이다(Hawkes, 1977, p.99).

내러티브 이론을 둘러싸고 제기되는 비판 중 상당수는 내러티브 이론이 내용에는 무관심하다는 데 집중된다. 구조주의자에게는, 흔히 내러티브에서 악당이나 주인공이 누구인지, 어떤 사건이 발생하는지는 그다지 중요하지 않다. 구조주의자가 시도하려는 것은 내러티브의 보편성을 예시하기 위해 내러티브를 문법적으로 분석하는 데 있다. 하지만 미디어 연구에서 학생들은 오로지 형식에만 집중하지 말고 반드시 내용에도 관심을 기울여야 한다.

2. 더 심화된 내러티브 이론

1장에서 보았듯이, 내러티브는 다음과 같은 점에서 다른 지식 형태와 구분된다. 즉 정보를 연결된 사건 간의 시퀀스로 제시한다는 점, 이에 따라 적어도 서로 연결된 두 개의 사건이 필요하다는 점이다. 기호학적 시각에서 볼 때(〈이미지와 재현〉의 2장을 보라), 내러티브는 시간상에 존재해야만 하므로 통시적 (수평적) 차원에서 발견할 수 있다. 우연하게도 장르에도 똑같은 원칙이 적용된다. 구조로서의 내러티브는 시간을 전면배치한다. 내러티브의 **흐름**을 공시적으로 다룬다는 것은 말이 안 되며, 내러티브는 통시적으로만 성립한다. 내러티브의 움직임은 사건들의 통합체적 결합이다. 메뉴(전체-주요리-디저트)와 마찬가지로 **스토리**로서 내러티브의 구조는 매우 엄격하며, 대개 그 자체로 토도로프가 다음과 같이 제시한 다섯 가지 사항을 따른다:

1. 원래의 균형 상태
2. 어떤 행동에 의해 균형 상태의 붕괴
3. 문제 발생에 대한 인지
4. 문제 발생을 해소하려는 시도
5. 균형 상태의 회복

프로프 역시 내러티브의 통합체적 요소를 강조했다. 반면에 레비스트로스는 계열체로서의 내러티브에 초점을 맞추었다.

> 가상의 계열체 매트릭스에서는 삶/죽음, 남성/여성 같은 대립항이 매개되는 것이 전형적이다(Dundes, 1968, p.xii).

내러티브가 선형적 흐름으로 되어 있다는 것은 분명하지만, 레비스트로스의 요지는 '드러난' 것보다는 '잠재된' 내용이 더 중요하다는 것이다.

스토리의 구조는 엄격하게 정해져 있지만, 내러티브 **플롯**의 구조는 그렇지 않다. 스토리의 진행 순서를 '뒤섞어 놓을 수' 있다는 것이다. 트웨이츠 등(Thwaites et al., 1994)은 플롯과 스토리가 (기호학적) 기호의 구성요소와 얼마나 유사한지를 다음과 같이 설명했다:

> **플롯**은 첫 단어나 이미지에서 마지막까지 우리가 읽거나 보거나 듣는 대로 파악한 내러티브다.
>
> **스토리**는 시간적 순서대로의 내러티브, 순차적으로 일어나는 그대로 파악한 사건들의 추상적 순서이다. 즉 기의와 마찬가지로, 스토리는 독자가 파악하거나 이해한 것이다(Thwaites et al., 1994, p.121).

내러티브 전개는 반드시 통시적으로 이루어지지만, 그렇다고 해서 공시적 텍스트에서 내러티브를 구성할 수 없다는 뜻은 아니다. 예를 들면, 그림 속의 단서에 근거해 우리 나름대로 통시적 차원을 덧붙인다면, 대개 영화의 스틸 이미지를 활용해서도 내러티브를 창조할 수 있다. 이와 비슷하게, 흔히 광고의 스틸 이미지 역시 어떤 내러티브를 함축하는데, 전달자는 수용자가 이러한 내러티브를 이해해 선호된 해독을 취할 것이라고 기대한다. 이 사례에서 내러티브는 텍스트에 내재하는 기호 체계를 세 가지 방식으로 조율해, 광고 속의 의미규칙이 '활성화'되도록 한다.

1. [내러티브는] 의미작용된 함축적 의미와 신화가 작동하게 해주는 **시간 틀**을 제시한다.
2. 사건을 **등장인물**에 의해 수행되는 행동으로 변형시켜 사회적 의미의 연결망을 강화한다.
3. 등장인물의 활용과 그들의 행동 예측을 통해 텍스트의 기호에 스토리의 즐거움을 더해준다(Thwaites et al., 1994, pp.114-15).

우리는 공시적 이미지에 통시적 차원을 덧붙이기 위해 내러티브를 사용한다. 이 덕분에 내러티브 텍스트를 **이해**할 수 있게 되고, 우리가 경험한 세상을 이해하는 데도 도움을 얻을 수 있다. 1장 시작 부분에서 살펴보았듯이, 우리는 또한 경험을 **재현**하는 데에도 내러티브를 이용한다. 이 때문에 다음과 같이 더 복잡한 문제가 생긴다:

좀 더 구체적으로 내러티브는 공간적, 시간적 데이터를 시작, 중간, 결말로 된 사건들의 원인-효과의 연쇄로 조직화하는 한 가지 방법이다. 이는 사건을 파악하고, 그러므로 그에 관한 이야기를 구성하는 방법을 보여줄 뿐 아니라 사건의 속성에 관한 판단을 구체화해준다(Branigan, 1992, p.3).

이 점은 1장에서 이미 설명했다(1장 6절). 즉 내러티브는 누가 '주인공'이고 누가 '악당'인지에 관한 결정('판단')을 통해 이데올로기적으로 구성된다.

내러티브는 텍스트에만 존재하는 것은 아니며, 이것을 (재)창조하는 데는 독자가 필요하다. 내러티브 텍스트는 시간상으로 존재하기 때문에, 독자는 원인-효과 구조를 활용해 두 가지 예측 형태에 관여하고, 이를 통해 텍스트의 의미를 파악한다:

> [하나는] 어떤 것의 존재를 주장하는 **존재자**(existents)이고 … [다른 하나는] 인과적 공식에 따라 변화나 과정을 규정하는 **과정**(process)이다. 인물의 행동과 자연의 힘이 전형적인 과정이라면, 전형적인 존재자는 등장인물과 배경이다(Branigan, 1992, p.5).

류 헌터(Lew Hunter)는 할리우드의 영화 대본 관련 발표 행사에서 비슷한 '수직적이고 선형적인 스토리' 개념(공시성, 통시성과 혼동하지 말 것)이 어떻게 사용되는지 설명한다. 즉 수직적 내러티브는 등장인물에 초점을 맞추고, 선형적 내러티브는 플롯에 초점을 둔다(물론 **행동 영역**으로서의 등장인물은 여전히 플롯을 이끌어가는 동기로 작용할 가능성이 크다). 액션 영화에는 예컨대 캐릭터의 변화, 전개가 흔히 제한적인 반면, 지난 25년 동안 나온 우디 앨런(Woody Allen)의 영화는 등장인물을 강조한다(멜로드라마도 그렇다. 4장을 보라). 어떤 텍스트가 '수직적'이든 '수평적'이든, '존재자'를 강조하든 '과정'을 강조하든, 내러티브 구조에는 영향을 전혀 미치지 않는다. 내러티브 구조는 대개 토도로프의 통합체적 패턴을 지키기 때문이다.

1) 스틸 광고에 내러티브를 적용해보기

히타치 광고(그림 3.1을 보라)는 히타치 VT-FX770이라는 제품

출처: Cliff Keys, Hidachi Europe.

〈그림 3.1〉 히타치 광고

을 판매하기 위해 내러티브를 사용한다. 하지만 부분적으로는 이미지가 스틸이라는 점 때문에, 텍스트에서 두드러진 내러티브는 보이지 않는다. 공시적 이미지에 불과한 내용에 독자가 통시적 차원을 덧붙이고 난 후에야 비로소 내러티브는 존재할 수 있다.

▨ 연습문제 3.1 ▨

위에서 열거한 세 가지 방식을 적용해 스틸 광고가 어떻게 '활성화'되는지 보자. 또한 원인-효과 연쇄와 브래니건의 존재자와 과정 구분도 적용을 시도해보자.

이 광고는 독특한 관측 명제를 통해 히타치 VT-FX770을 판매하려고 시도하는데, 이 명제의 내용은 비디오테이프에 녹화되는 내용을 '기억'할 수 있는 기계의 성능이다. 광고 속의 등장인물은 이 제품을 갖고 있지 않아서 기억에 의존해야 하는데, 식별표시가 되지 않은 비디오테이프 더미를 놓고 곤혹스러워 하고 있다. 그의 얼굴 표정과 관자놀이에 손가락을 올린 동작이라는 기호는 이처럼 기억의 한계를 의미한다. 그러니까 그의 내러티브적 문제점은 시청하고 싶은 테이프가 어느 것인지 알 수 없다는 점이다. 여기서 문제는 당연히 VT-FX770의 구입으로 해결될 수 있다.

이상은 광고를 간단하게 분석해본 것이다. 하지만 위의 분석이 살펴보지 않은 부분은 독자가 광고의 내러티브를 **어떻게** 만들어냈는가 하는 점이다. 내러티브는 (원인-효과의 연쇄로 이루어지기 때문에) 시간 틀을 필요로 하며, 따라서 통시적 차원을 추가해보면 등장인물이 비디오를 찾으려 하지만 아마 찾지 못한 것 같다고 추론할 수 있다. 광고에 포착된 공시적 계기는 실패를 유도하게(초래하게) 되고 이 때문에 그가 히타치 VCR을 구입하도록 한다.

이미지 속에서 등장인물의 모습은 중요하다. 그는 시청할 비디오테이프를 선택하려 하는 내러티브 행위자다. 캡처된 장면에서 그는 이를 해내지 못하며, 도움이 필요하다. 이 시나리오에서는 VT-FX770이 '조력자'가 된다. 그리고 남자는 비디오테이프를 선택하고 (제품을 구입하는) (잠재적인) '주인공'이 된다. 남자와 배경은 내러티브의 **존재자**를 구성한다. 이 역할에 젊은 남성을 선택한 것도 중요한 사항이다. 젊음은 '최신'(제품은 새것이다)을 추구하는 행위와 연관되고, 스테레오타입에 따르면 남성은 여성보다 (부엌 테크놀로지와 구분되는) 오락 테크놀로지에 관심이 더 많다. 또한 '잘생긴' 남자처럼 보이는 이 사람은 말 걸기의 대상이자 새로운 비디오테이프 녹화기의 타깃 수용자라는 점을 광고는 시사한다.

광고의 배경은 다소 모호하다. 나무로 된 바닥은 세련됨을 함축하고, 따라서 비싼 가격(제품과 연관되는 바람직한 자질)을 의미하며, 비디오테이프의 존재와 함께 남자의 거실을 시사한다. 하지만 미장센은 자연주의적이지 않다. 비디오테이프는 보통 그렇게 쌓아두지 않으며, 극단적인 하이 앵글 샷은 광고에 표현주의적 느낌을 준다. 마치 지배적이면서 불안정한 테이프 더미가 남성의 혼란스런 정신상태(관자놀이에 손가락을 대는 동작)를 표현한 것처럼 보인다. 그렇다면 배경은 혼란스러운 환경을 조성하고, 이는 제품 구입을 통해 해결될 것임을 텍스트는 시사한다.

내가 보기에, 세 번째 사항('즐거움')은 이 광고에 적용할 수가 없다. 물론 이는 아마 나의 독특한 해석에서 나온 결과일 수도 있을 것이다. 〈이미지와 재현〉에서 다룬 노키아(Nokia) 광고에서는 매력적인 여성이 휴대폰을 사용하는 장면을 보여주는데, 여기서는 그 여자가 누구와 통화하면서—적어도 이성애적 남성의 눈으로 보기엔—자신의 아름다운 외모로 추파를 던지는지 상상하는 과정에 즐거움이 적용될 수 있다.

화자가 희망하건대 이제 남은 것은 원인-효과 연쇄를 완성하는 일뿐인데, 바로 VT-FX770을 구입하는 **과정**이다. 여기서 선호되는 해독은, 제품 구입이 우리의 문제점을 해결해줄 것이므로 올바른 행위라는 것이다. 이 외에도, 이 해독은 진짜 내러티브에서 구매자에게 주인공 기능을 부여할 것이다. 일단 제품을 구입하고 나면, 비디오테이프를 관리하는 문제점은 이후에도 (행복하게) 영원히 사라질 것이다. 아니면 적어도 다음에 올 제품 혁신 때까지는 그렇다.

내러티브를 파악하는 또 다른 방안은 채트먼(Chatman, 1978)의 스토리와 담론 구분을 따르는 것이다.

2) 스토리와 담론

이 모델에서 내러티브는 플롯에 의해 정교화되는 **스토리**(story), 그리고 스토리를 전달하는 방식, 즉 **담론**(discourse)으로 구성된다. 여기서 담론에는 수용자에 대한 메시지(address to the audience)와, 이들이 갖고 있을 것이라고 추정할 수 있는 모든 배경정보가 포함된다.

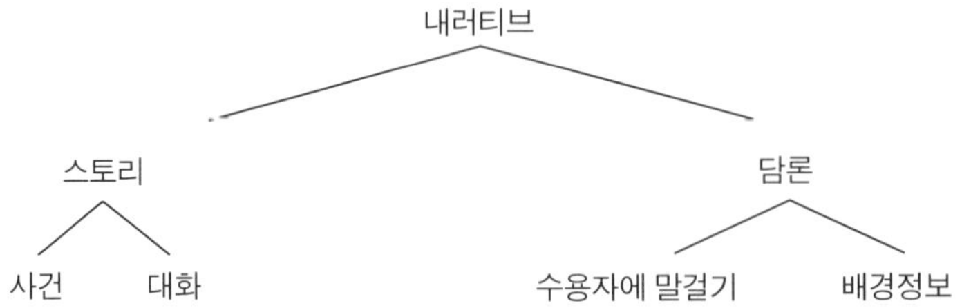

〈그림 3.2〉 채트먼의 스토리와 담론

분명히 다양한 미디어가 똑같은 스토리를 전달할 수도 있지만, 스토리를 전달하는 방식은 미디어 형태에 영향을 받을 것이다. 채트먼의 도식은 어떤 텍스트가 다른 미디어용으로 어떻게 각색되는지 고찰할 때 유용하다. 〈이미지와 재현〉의 1장에서, 화자(addresser)와 청자(addressee) 간의 '접촉(contact)'에 관한 고찰은 다양한 미디어의 형태적 특징에 초점을 맞추었다. 예컨대, 라디오의 청각과 텔레비전의 시청각이 이에 해당한다.

이 밖에도 각 미디어는 '담론'에 영향을 미칠 제도적 측면도 갖고 있다. 예컨대, 영화관이라는 제도(혹은 때로는 '시네마 장치 cinematic apparatus'라고도 불린다)는 [이용자가] 공유된 배경에서 영화 스토리를 경험하게 된다는 것을 뜻하는데, 이는 코미디와 같은 특정 장르에서는 매우 중요할 수도 있다. 그리고 〈록키 호러 픽쳐 쇼(The Rocky Horror Picture Show)〉(1975) 같은 컬트 영화에서는 시청자가 어떻게 언제 참여해야 할지에 관해 '배경 정보'를 갖고 있을 때 좀 더 풍부한 경험을 할 수 있게 될 것이다. 또한 영화관에서는 어둡고, 희망컨대 따뜻하고 안락한 환경에서 영화를 경험하게 된다. 이러한 환경은 수용자에게 감수성이 극도로 높은 상태를 조성하게 된다. 이는 흔히 중간중간 끊김도 많고, 화질도 나쁘고,

다른 조명으로 방해를 받는 상태에서 텔레비전을 시청하는 것과 상반된 특징이다. 매우 폐쇄적인 내러티브를 제공하는 영화와 달리, 텔레비전은 다음과 같은 특징을 지닌다:

> [텔레비전은] 좀 더 산만한 내러티브 형식을 갖고 있다. 이는 시퀀스적이라기보다는 방만하다. 이에 특징적인 양식은 최종적 마감이나 시각의 총체화가 아니다. 그보다는 사건의 모습을 끊임없이 새롭게 구성한다(Ellis, 1992, p.147).

이는 마치 텔레비전에는 토도로프식의 결말이 존재하지 않는다는 주장처럼 들릴지 모르나, 여기서 엘리스는 특정한 텍스트가 아니라 미디어 전반을 지칭하고 있다. 1장에서 살펴보았듯이, 텔레비전에는 연속극의 속성이 매우 중요하다. 시리즈물에서는 상황이 해결되지만 다음 에피소드에서 또다시 문제발생으로 흐트러질 뿐이다. 텔레비전은 매우 다양한 다수의 내러티브 보이스를 제공하는데, 영화는 대개 주요 특징에 해당하는 하나만 제공할 뿐이다.

다양한 미디어의 형태적 변인은 또한 내러티브 보이스의 구성을 통해 내러티브가 전달되는 **방식**에도 많은 영향을 미친다.

3. 내러티브 보이스

모든 내러티브 텍스트에는 내레이터가 있다. 즉 수용자가 '들을' 수 있도록 '누군가'가 '말을 해야' 한다. 가장 기본적 수준에서는 이 내레이터가 텍스트의 저자라고 할 수 있다. 하지만 〈이미지와 재현〉의 3장에서 밝혔듯이, 텍스트의 저자(송신자)는 텍스트의 화자와 반드시 똑같지는 않다.

> 화자와 청자는 **커뮤니케이션에 의해 구조화된 메시지**의 송신자와 수신자이다. 텍스트는 비록 드러나지는 않더라도 청자를 가정하고 있다. 예를 들면 이 책은 분명히 미디어 연구 전공생을 표적 수용자로 삼고 있으며, 여러분은 화자인 내가 그러한 텍스트를 집필할 자격을 갖춘 사람일 것이라고 간주한다.
> 하지만 텍스트의 실제 **수용자**와 **송신자**는 완전히 다를 수도 있다. 한 살짜리 아이가 이 책을 집어서 책 여기저기에 침을 흘려도 막을 방법은 없으며, 내가 [저자이긴 해도] 집필한 책 내용을 잘 모를 수도 있다. 이 밖에도, 이 책의 청자가 한 사람(미디어 연구에 관심이 있고/있거나 공부하려는 사람)만 있다고 할지라도, 희망컨대 이 책을 구입했거나 증정받은 수용자는 수천 명에 달할 수도 있다. 물론 기본적으로 송신자는 한 명뿐이다(Lacey, 1998, p.79).

따라서 저자는 분명히 내레이션할 내용을 창작할 수는 있지만, 내레이터는 아니다. 비록 저자인 존 파울즈(John Fowles)는 〈프랑스 중위의 여자〉(1977)에서 내레이터로 등장했지만, 그(송신자)는 소설(화자)에서는 존재하지 않기 때문에 픽션에서의 자아와 구분되어야 한다. 어쨌든, 미디어 연구에서 우리는 인간으로서의 저자에 특별히 관심을 두지 않는다. 만일 그렇게 접근한다면 몇몇 문학, 음악 비평가가 선호하는 '자서전으로서의 예술'식의 비평 유형으로 흐를 수도 있다. 미디어 연구가 회지에 관심을 두는 것은 실용적 이유 때문일 수도 있다. 우리가 저자를 알게 될 가능성은 전혀 없지만 청자는 텍스트 속에 내재해 있기 때문에 그가 누구인지 해독해낼 수 있다. 하지만 이는 텍스트 창작에서 제도의 역할을 깎아내리려는 것은 아니다. 예를 들면, 노엘 버치(Noel Burch, 1980/81)가 제도적 재현양식이라 부른 것이 존재하는데, 이는 고전 할리우드 영화에서는 다음 요소로 구성되어 있다:

> 미장센, 프레이밍, 그리고 특히 편집 관습 [등이 그 구성요소인데], 이러한 수단을 통해 [이 구성요소들이] 관객에게 흡인력을 발휘하면서도 이들이 깨닫지 못하도록 일관된 내러티브 공간과 시간이 설정되고 가공의 인물이 개인화된다(Kuhn, 1985, p.208).

하지만 여기서 우리의 초점은 내러티브에 있기 때문에, 오로지 화자(어쨌든 화자는 제작 기관에서 영향을 받을 것이다)에게만 초점을 맞출 것이다. 제도 관련 이슈는 〈미디어 제도와 수용자〉에서 다룰 것이다.

웨인 C. 부스는 문학 비평 담론을 활용해 송신자와 화자의 차이를 다음과 같이 설명한다:

> 심지어 드라마 내부적 내레이터가 설정되지 않는 소설 역시 장면 배후에 존재하는 저자의 모습을 함축적으로 만들어내는데, 이는 무대의 매니저일 수도 있고, 인형극에서 인형 조종자일 수도 있으며, 혹은 무관심한 신의 형태일 수도 있다. … 이처럼 함축된 저자는 항상 '진짜 사람'과 구분된다(Booth, 1961, p.151).

그러니까 당연히 똑같은 저자(송신자)는 내레이터(화자)를 바꿔가면서 많은 책을 쓸 수도 있다. 송신자는 화자를 **함축**하지만, 수용자로서 우리는 단지 그가 누구일까 하고 **추정**할 수 있을 뿐이다. 선호되는 해독을 독자가 받아들이는 텍스트에서라면, 함축된 화자와 추정된 화자가, 비록 똑같지는 않더라도 매우 유사할 가능성도 있다. 텍스트의 **전반적인** 내레이터는 화자이지만, 대개 다른 내레이터가 적어도 한 명은 존재한다. 이들은 다양한 형태로 등장하는데, 이에 관해서는 부스가 설명한 바 있다. 그는 문학에 초점을 맞추었지만, 그의 결론은 픽션이든 논픽션이든 어떤 내러티브 텍스트에도 쉽사리 적용될 수 있다. 예컨대, 흔히 사용되는 1인칭(나)과 3인칭(그) 내러티브 보이스 간의 구분은 그다지 유용하지 않다고 부스는 주장한다. **드라마 내부적**(dramatised) 내레이터와 **드라마 외부적**(undramatised) 내레이터 간의 차이가 더 생산적인 시각이라고 그는 믿는다. 그렇지만 '내러티브 보이스'라는 개념은 필연적으로 은유에 불과할 수밖에 없다는 점을 유념해야 한다.

1) 드라마 내부적 내레이터

드라마 내부적 내레이터는 어떤 인물을 통해 내레이션이 전개될 때 그 인물을 말한다. 이는 1인칭으로 처리될 수도 있지만 특정한 캐릭터의 시각을 제시하는 '3인칭' 반영자를 통해서 이루어질 수도 있다. 영화(특히 느와르 영화)와 텔레비전 드라마에서 대개 주인공의 말로 나오는 보이스오버 내레이션을 채택해 적용할 수도 있기는 하지만, 드라마 내부적 내레이터는 시청각 텍스트에서는 상대적으로 드물다. 아니면 시청각 텍스트에서 내레이터는 미장센과 편집의 결합으로도 조성된다(아마 이는 흔히 감독이 저자로 간주되는 이유 중의 하나일 것이다. 감독은 이 요소들을 책임진다고 여겨지기 때문이다). 심지어 중심인물의 시각에서 전체를 촬영하는 영화도 있는데, 예컨대, 출연배우 조지 몽고메리(George Montgomery)가 감독까지 맡은 느와르 영화인 〈호반의 여인(The Lady in the Lake)〉(1947)이 이에 해당한다(영화에서 그는 두 장면에서만 등장한다).

포스트모던주의 텍스트는 흔히 내레이터의 역할을 자의식적인 방식으로 다룬다. 자크 오디아르(Jacques Audiard)가 감독한 프랑스 영화 〈위선적 영웅(Un héros très discret)〉(1995)은 드라마 내부적 내레이터이자 중심인물인 엘베르 드우스가 카메라를 쳐다보면서 수용자에게 전할 이야기가 있다고 선언하는 장면으로 시작한다. 이는 자신의 삶에 관한 이야기로, 그가 레지스탕스 영웅 이야기를 어떻게 날조했는지에 관한 이야기이다. 결말에서는 시작 부분과 똑같은 샷에서, 그는 수용자에게 '어떻게 내가 그리 했냐고?'라고 묻는다. 이야기 날조에 관한 내러티브로서 이는 다소 도발적이다. 이는 심지어 영화의 스토리 역시 꾸며낸 것임을 시사하기 때문인데, 물론 이것은 사실이다. 이처럼 텍스트가 구성된 속성을 띤다는 점에 대한 집착은 〈유주얼 서스펙트(The Usual Suspects)〉(1995)(부록을 보라)에서는 '어처구니없는' 결론에 이르기도 했다. 이 포스트모던 텍스트가 주장하는 것처럼 보이는 요지는, 2장에서 살펴보았듯이, 진실은 존재하지 않으며 모든 것이 내러티브에 불과하다는 것이다.

드라마 내부적 내레이터가 존재한다고 하더라도, 우리는 그

너머에 있는 내레이터, 즉 화자의 존재를 의식해야 한다. 일부 텍스트에서 드라마 내부적 내레이터는 눈에 띌 정도로 신뢰성이 떨어진다. 예컨대, 느와르 영화 〈디투어(Detour)〉의 의미는 "앨은 행동을 불편부당하게 설명할 자질이 없다는 사실에 의존하는데, 이는 1인칭 내러티브에서는 당연히 그러할 것이라는 기대를 조성하는 관습 때문이다"(Britton, 1994, p.174). 따라서 비록 앨은 〈디투어〉에서 보이스오버 내레이터이지만, 그의 '너머'에는 화자, 즉 그가 제시한 사건 설명의 설득력을 미장센으로 갉아먹는 '전반적인 내레이터'가 존재한다(〈원초적 본능, 1992〉에 관해서는 부록을 보고, 느와르 영화에 관한 고찰로는 4장을 보라). 그러한 상황에서는 디에게시스적 내레이터(이 경우 앨)와 비디에게시스적 내레이터를 구분하는 것이 유용할 것이다. 에밀리 브론테의 〈폭풍의 언덕〉(1847년 출판)을 예로 들자면, 시작 부분만 보아도 명확하게 드러난다:

> 1801. - 집주인을 찾아갔다가 막 돌아오는 길이다. 이제부터 사귀어가야 할 그 외로운 이웃 친구들(Brontë, 1978, p.3).*

소설은 그리고는 1777년으로 '플래시백' 했다가 다시 1801년으로 돌아오며, 그 후에도 과거와 이후의 시점을 오간다. 소설은 결말 전까지는 1801년 이후로 넘어가지 않는다. 발췌문에서 '나'는 록우드인데, 그는 수많은 다른 내러티브 보이스에서 중심인물인 캐시와 히스클리프의 과거사를 찾아낸다. 이러한 내러티브 보이

* 에밀리 브론테, 김종길 옮김, 〈폭풍의 언덕〉, 민음사, 2005, 7쪽.

스에는 캐시(그녀의 일기에서), 넬리 딘(가정부), 히스클리프, 이사벨라(편지에서) 등이 포함된다. 하지만 오프닝 시퀀스가 시사하듯 록우드는 인간 혐오주의자인데 모든 경쟁적 보이스는 그를 통해 걸러진다(그림 3.3).

이처럼 드라마상의 내레이터와 실제 내레이터, 혹은 청자 간에 잠재적으로 거리가 존재할 수도 있다는 점은 모든 내러티브 텍스트에 적용된다. 〈폭풍의 언덕〉에서는 록우드의 불유쾌한 캐릭터 때문에 이러한 거리가 뚜렷하게 드러난다. 그래서 우리가 그와 동일시해야 할 이유는 전혀 없다.

> 록우드(그의 이름은 차단, 규제, 억압을 상징한다)는 차마 히스클리프와 캐시를 자신의 세계 속에, 즉 (그는 내레이터이기 때문에) 소설의 세계 속으로 받아들이지 못한다(Jackson, 1981, p.129).

록우드는 폭풍의 언덕에서 분출되는 열정을 감당할 수가 없으며, 중심인물들이 나타내는 것들을 두려워한다. 하지만 청자로서 우리가 그의 권유대로 히스클리프와 캐시를 비난하는 데 동참하는 것은 말도 안 된다. 사건들은 비극으로 묘사되는데, 내레이션은 (록우드의) 의식을 통해 걸러지지만 내레이터는 적어도 록우드의 의식보다는 더 우호적이라는 뜻이다. 이 경우 화자는 '에밀리 브론테'로 규정될 수가 있는데, 이 화자는 픽션 속의 인물처럼 텍스트의 창조물이지만, 피와 살을 갖춘 인간이자 소설을 쓴 송신자 에밀리 브론테는 아니다.

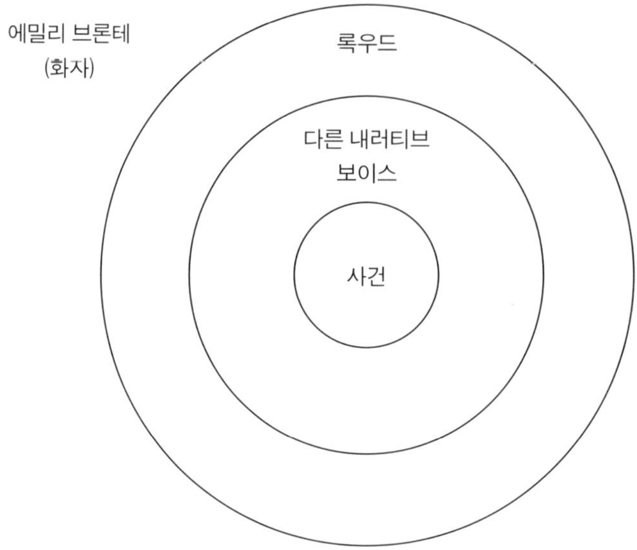

〈그림 3.3〉〈폭풍의 언덕〉에서의 내러티브 보이스

이처럼 히스클리프와 캐시에 우호적인 선호된 해독이 어떻게 조성되는지 지적하는 일은 이 책의 범위를 벗어난다. 하지만 넬리 딘은 주인공의 곤경을 어느 정도는 이해하는 모습을 드러냈기 때문에, 그녀의 내레이션은 여기서 큰 역할을 할 가능성이 크다.

소설에서 내러티브 보이스가 다변화된 것은 중심인물들을 감도는 '딴 세상에 속한 듯한' 느낌을 조성하는 데에도 기여한다. 소설 결말에서 캐시와 히스클리프는 "자신들 간의 뱀파이어적 관계에 (국한됨으로써) 악몽에서 벗어난다. 이들은 하이츠의 버려진 작은 구역을 떠도는 갈 곳 잃은 영혼들에 불과하다"(Jackson, 1981, p.129). 또한 '현실 세계'와 디에게시스 간의 거리를 조성할 수 있는 것은 바로 다변화된 보이스에 뒤따르게 되는 주관성이다. 〈폭풍의 언덕〉은 겉으로 보기에 초자연적인 현상을 합리성으로 설명할 수 있는 (토도로프가 말한) '판타지'의 한 사례이다. 예컨대, 캐시의 유령에 관한 록우드의 설명은 '모두 꿈'에 불과할 수도 있다 (Brontë, 1978, p.22).

> 판타지 내러티브는 … 자신이 전해주는 모든 내용이 현실이라고 주장하고—이는 그러한 효과를 내기 위해 리얼리즘 픽션의 모든 관습을 동원해 이루어진다—그러고 나서는 그 리얼리즘의 관점에서는 명백하게 비현실적일 수밖에 없는 것을 도입해 그것이 지니는 리얼리즘의 겉모습을 깨버린다. 이 내러티브들은 이미 알려진 것과 일상세계의 익숙해 보이는 것과 안정성으로부터 독자를 떼내서 더 기이한 그 무엇으로, 있을 성싶지 않음 때문에 보통 경이로움과 연관되는 영역에 더 가까운 세계로 인도하게 된다(Jackson, 1981, p.34).

1인칭 내러티브 사용은 '판타지' 내러티브에 편리한 장치이다. 어떤 기이한 사건은 주관성 때문에 발생했다고 설명하면 편하기 때문이다. 마크 내시(Mark Nash, 1976)는 영화가 이러한 주관성을 재현해내기 얼마나 어려운지 설명했는데, 이 점은 모든 시청각 텍스트에도 마찬가지로 적용된다. 물론 칼 테오도르 드레이어(Carl Theodor Dreyer)는 〈뱀파이어(Vampyr)〉(1932)에서 이러한 방식을 시도하는데, 가령 관 속의 시신의 관점에서 본 시점 샷(point-of-view shot)*처럼 불안정한 장치를 사용한 것이다. 이처럼 모더니즘

* 시점 샷은 주인공이나 등장인물의 시점에서 보이는 장면을 촬영하는 기법이다. 사건을 객관적으로 조망하는 관점이 아니라 참여자의 눈에 비치는 장면을 그대로 촬영한다는 점에서, 시청자는 마치 사건 현장에 있는 듯한 느낌을 받게 된다. —역주

적인 기법은 윌리엄 포크너가 〈내가 죽어 누워 있을 때〉(Faulkner, 1930/1963)에서도 적용했는데, 여기서 여러 가족 구성원은 모친의 시신을 집으로 운구하면서 자신이 받은 인상을 1인칭으로 하나하나 이야기한다. 모친인 애디 역시 내레이터 중의 한 명이다.

판타지적인 사건이 시청각 텍스트에서 이미지로 제시될 때는 구체적으로 보일 수 있음은 의문의 여지가 없다. 하지만 테리 길리엄(Terry Gilliam)이 1995년에 감독한 〈12 몽키즈(Twelve Monkeys)〉를 보면, 제임스 콜(브루스 윌리스가 연기)이 시간 여행자인지, 아니면 환상에 사로잡힌 정신병자인지 우리는 확신할 수 없다. 따라서 판타지의 본질, 즉 우리가 경험한 것이 '자연'인지 '초자연'인지 알 수 없는 불확실성이 영화 전편을 지배한다.

19세기 중반 북미의 작가인 에드거 앨런 포는 판타지의 대가로서, 내레이터의 주관성을 활용해 독자를 인간성의 궁극적인 극단까지 이끌고 가 체험케 하는 데 뛰어났다. 예를 들면 〈리게이어〉의 시작 부분을 보자:

> 내가 어떻게, 언제, 심지어 정확히 어디서 리게이어 부인을 처음 알게 되었는지는 아무리 해도 기억이 나지 않는다. 그 후 오랜 세월이 지났고, 수많은 고통을 겪어오는 동안 나의 기억력은 미약해졌다(Poe, 1967, p.110).

내레이터의 신뢰성을 둘러싸고 이처럼 의심의 요소를 남겨두기 때문에, 죽음에서 살아 돌아온 리게이어에 관한 그의 이야기는 정신이 혼미한 사람이 유령을 본 것으로 설명할 수 있게 된다. 이러한 기법은 초기 소설가들이 자신의 이야기가 진짜임을 독자에게 수사적으로 확신시키려 사용한 기법과 거의 차이가 없다(2장을 보라).

일부 작가들은 주관성을 강조하기 위해 '의식의 흐름' 기법을 사용하며, 동시에 '심리적 리얼리즘'을 더 확대해야 한다고 주장한다. 사고는 문장처럼 문법적으로 구조화되어 있지 않으며 다소 무작위적인 흐름처럼 작동한다는 전제에 이 주장은 근거하고 있었다. 예컨대, 존 더스 패서스(John Dos Passos)의 〈북위 42도(The 42th Parallel)〉(1930년 출판)에서 다음 부분을 보자:

> 길거리를 걸어갈 때는 환하게 빛나면서도 불안한 풀잎을 밟지 않도록 늘 조심스럽게 자갈 포장길로 다녀야 하는데, 엄마 손을 잡고 꼭 붙들고 있으면 발가락에 차이기는 해도 빨리 걸으면 너무 많은 풀잎을 밟고 가게 되는데, 가여운 상처 입은 녹색 혓바닥이 발밑에 오그라들고, 아마 그래서 사람들이 그리 화를 내면서 우리를 따라와 주먹을 흔들어대는가 본데, 돌을 던지고 있어 다 큰 어른이 돌을 던져댄단 말이야(Dos Passos, 1966, p.21).

전쟁 영화인 〈씬 레드 라인〉(1998)에서는 일종의 '의식의 흐름'을 보여주는 보이스오버를 통해 수용자가 주 등장인물의 생각을 들여다볼 수 있다. 이 기법은 이들이 겪은 삶을 예시해주며, 비록 너무 진부하다는 비판도 있지만(MacCabe, 1999를 보라), 등장인물이 경험한 극단적 폭력에 대한 철학적 대위법을 제시한다.

2) 드라마 외부적 내레이터

드라마 외부적 내레이터란 흔히 전지전능한 '외부' 행위자가 사건에 관한 설명을 제공하고, 이 때문에 모든 등장인물의 생각과 모든 사건을 수용자가 파악할 수 있게 되는 구조를 지칭한다. 다큐멘터리에서 보이스오버는 사건의 전말을 완벽하게 설명하는 것처럼 보인다는 점에서 흔히 '신의 목소리'로 특징지을 수 있다. 이 방식은 '해설적' 다큐멘터리에서 흔히 사용되는 장치다. 이러한 텍스트에서 카메라는 현실의 사건에 연루되지 않으면서 그것들을 단순히 보여주는 것처럼 의미 작용한다. 하지만 이러한 명제는 흔히 카메라의 존재가 실제로 관찰되는 내용에도 영향을 미친다는 사실을 무시한다. 카메라가 켜져 있을 때 '자연스럽게 행동'하는 사람은 극히 드물다. 물론 편집과 프레이밍의 매개효과는 말할 필요도 없다. 드라마 외부적 내레이터는 영화처럼 비문학적 텍스트에서 가장 흔히 나타나는데, 그러한 텍스트에서는 단지 카메라 시선이 내레이션을 시각적으로 전달하기만 하는 것처럼 보인다.

3) 관찰자

일부 내레이터는 드라마 속에 등장하긴 하지만 관찰자(observers)로서만 존재하는데, 헨리 필딩의 〈톰 존스〉가 한 예다. 하지만 관찰자 방식은 상대적으로 드물다. 이보다 더 흔한 것은 관찰자-내레이터인데, 이는 내레이터가 관찰 대상인 행동에 약간 영향을 미치는 방식이다. 예를 들면 어니스트 헤밍웨이의 수많은 단편 소설(〈살인자들〉과 〈무엇인가의 종말〉을 포함해)에 나오는 닉 애덤스, F. 스콧 피츠제럴드의 〈위대한 개츠비〉에 등장하는 닉 캐러웨이 등의 캐릭터가 이에 해당한다. 이 방식에서 내레이터는 사건과 스스로 거리를 유지할 수 있고, 이에 따라 좀 더 객관적으로 사건에 관해 논평하는 것처럼 보이도록 할 수 있다. 이 관찰자는 잠재적으로는 내러티브 기능을 수행할 수도 있다. 물론 이는 주인공이나 악당의 기능이 아니라 증여자나 조력자의 기능이 될 가능성이 크다.

만일 보이스오버를 행하는 사람이 카메라에 등장한다면(데이비드 아텐버러David Attenborough의 야생 프로그램에서처럼), 내레이터는 관찰자이자 **드라마 내부적** 내레이터이다. 이 보이스오버 내레이터의 캐릭터는 화자의 발언과(이는 다른 사람이 써준 대본일 수도 있다), 보이스(비언어적 특징 측면에서), 그리고 수용자에게 익숙한 개인의 캐릭터와 관련된 모든 속성 간의 결합으로 결정된다. 보이스오버 내레이터를 이렇게 파악하면, 이 내레이터가 사람이 아니라 화자이며, 그 개인에 관한 텍스트 외적 지식을 제외하면, 완전히 텍스트에 의해 구성되는 존재일 수 있음을 명확히 이해하는 데 도움이 된다.

내레이터는 픽션의 등장인물처럼 취급할 수 있고, 또한 그렇게 해야만 한다는 사실은, 1950년대 뉴스 영화(newsreels)에서처럼 익숙지 않은 관습을 사용하는 텍스트를 시청해보면 잘 알 수 있다. 이 텍스트의 보이스오버에서 나타나는 지나칠 정도로 씩씩하고 들뜬 태도와 표준 영국식 발음은 현대인의 귀에는 대개 불편하게 들릴 것이다. 내레이터가 사건에 대해—흔히 결코 행복하지 않는 사건에 대해서조차—보이는 끊임없이 긍정적인 태도는 오늘날의 수용자에게는 내레이터가 너무 잘난체 하는 것처럼 보일 수도 있다. 이는 뉴스 영화가 오늘날에는 뉴스보다는 선전에 가깝게 (결과적으로도 그랬다) 들릴 수 있는 이유 중의 하나다. 내레이터는 세상의 사건을 긍정적 관점으로 굴절시키는 기득권 체제의 목소리다. 오늘날 우리들의 좀 더 세련된 태도는 그렇게 잘난 체하면서 세상을 우리에게 설명하려는 보이스를 허용하지 않는다는 점에서 우리 스스로 자화자찬하기 전에, 방송뉴스도 뉴스 영화와 똑같은 기능을 수행하고 있다는 점을 깨달아야 한다. [뉴스에서] 타이틀 시퀀스, 스튜디오, 앵커[등의 장치]는 '세상에서 일어나는 일을 당신들에게 편견없이 보여주마'라는 식의 제도적 의제를 분명하게 드러낸다. 물론 실제로는 뉴스가 그러한 일을 하지 않는다(〈이미지와 재현〉의 5장을 보라).

▨ 연습문제 3.2 ▨

보이스오버를 채택한 다큐멘터리 중 아무거나 선택해 일부를 시청하고 내레이터의 '캐릭터'를 분석해보자.

4) 내러티브 행위자

이는 내러티브 전개의 핵심적 부분으로, 프로프가 말한 주인공이나 악당의 기능을 수행할 가능성이 매우 큰 행위자다. 예를 들면, 로렌스 스턴(Laurence Sterne)이 18세기를 배경으로 쓴 기이한 소설 〈신사 트리스트럼 샌디의 인생과 생각 이야기(The Life and Opinions of Tristram Shandy)〉는 매우 자기 몰입적인 '자서전'으로서 서두는 그의 생각으로 시작한다:

> 내가 잉태되던 순간에, 아버지든 어머니든, 아니 사실상 이 일에는 두 분이 똑같이 책임이 있으니, 두 분 모두 그때 하시던 일에 제대로 마음을 쓰셨더라면 얼마나 좋았을까 싶다. 당신들께서 그때 하시던 일이 얼마나 중요한 일이고, 얼마나 많은 것들이 그 일에 달려 있는지 충분히 생각해 보셨어야 했다는 말이다(Sterne, 1967, p.35).*

트리스트럼 샌디라는 캐릭터가 없다면 텍스트도 존재하지 않을 것이니, 그의 캐릭터는 완전히 중심적인 역할을 한다. 스턴의 샌디는 또한 자기 의식적인 내레이터의 한 사례로서, 비록 다음과 같은 플롯이긴 해도 자신이 플롯과 관련되어 있음을 의식하는 내레이터이기도 하다:

> 보통의 스토리텔링 기준에 비추어 판단하자면 <트리스트럼 샌디>는 비상식적이다. 독자는 제3권에서 주인공이 태어날 때까지 기다려야 하고, 심지어 그러고 나서도 그의 미래는 여전히 정해지지 않은 채로 남아 있다. 내러티브는 일화, 대화, 끊임없는 곁가지 이야기, 시행착오로 이루어지고, 미완성 문장, 다른 문장 끼워넣기, 공백, 공상적 구문, 언어유희, 외설, 감성으로 넘쳐난다(Evans, 1976, p.228).

프로프의 공주 기능은 너무 수동적이기에 내러티브 행위자가 그러한 기능을 수행할 것 같지는 않다.

---

* 로렌스 스턴, 김정희 옮김, 〈신사 트리스트럼 샌디의 인생과 생각 이야기〉, 을유문화사, 2012, 11쪽.

5) 이야기하기와 보여주기

내러티브에서는 내러티브 사건에 관해 명시적으로 **이야기하기**(telling)와 **보여주기**(showing) 간에 근본적인 긴장이 작동한다. 이 중 아마 전자가 더 쉬울 것이다. 후자에서는 내레이터가 오직 외면적 요소만 다루면서 지식(예컨대 등장인물의 동기에 관한 지식)을 암시하고, 수용자가 정확하게 추론하기만 희망해야 하기 때문이다. 물론 실제로는 **우리가** 세상에 관해 확실히 아는 유일한 것은 우리가 생각하고 인식하고 있다는 점뿐이다. 우리는 다른 사람이 보여주는 것, 즉 그들이 하는 말과 말하는 방식(비언어적 커뮤니케이션)을 통해 그들의 생각을 평가할 수 있을 뿐이다. 플로베르의 〈마담 보바리〉의 예에서 볼 수 있듯이, 19세기 리얼리즘 소설가들에게 '보여주기'는 더 뛰어난 미학이었다. 그렇지만 플로베르가 단순히 내러티브 사건을 보여주기만 한 것은 아니었다. 아우어바흐는 소설의 9장 1부의 서술을 살펴보면서 플로베르가 어떤 방식을 취했는지 예시해준다.

> 단락 자체는 남자와 부인이 식사시간에 함께 있다는 식의 그림을 보여준다. 그러나 이 그림은 본질적으로, 그리고 그 자체로만 제시되지는 않으며, 지배적인 주제인 엠마의 절망에 종속된다. 그러므로 [이 그림은] 독자에게 직접적으로 주어지지 않는다 … 상황은 … 단지 그림으로만 제시되지 않는다 … 우리는 먼저 엠마를 접하고 그녀를 통해 상황을 접한다. 하지만 이는 단순히 엠마의 의식 내용의 재현 … 문제는 아니다. … 플로베르는 자신이 다루는 자료에 대해 완벽히 주관적 형대로 성숙된 표현력을 구사할 뿐이다(Auerbach,

1968, pp.483-4).

플로베르는 단순히 표면을 보여주는 데 그치지 않는다. 예컨대, "그녀는 더 이상 견딜 수가 없었다 … 연기가 솟아오르는 난로, 삐걱거리는 문, 습기 찬 벽, 축축한 바닥 타일. 마치 그녀의 접시 위에 삶의 모든 씁쓸함이 차려지는 것처럼 보였다 …" (Auerbach, 1968, p.483). 형용사 선택("습기 찬")과 세부장면 묘사(축축함)는 배경의 부정적 측면에 초점을 맞춘다. 아마 이와 다른 방식으로 장면을 보여줄 수도 있었을 것이다. 따라서 심지어 '보여주기'에서도 내러티브 보이스를 확인할 수 있다. 그림은 부분적인 것일 뿐이다.

'보여주기'는 관찰적 다큐멘터리의 존재 이유에 해당한다 [관찰 다큐멘터리라는] 형식의 수사학에 의하면 카메라는 단지 관찰자로 존재할 뿐이며 사건에 영향을 미치지 않는다고 한다. 이 형식은 '[벽에 붙은 파리처럼] 티나지 않는 관찰자(fly-on-the-wall)' 다큐멘터리로도 알려져 있는데, 이 은유는 내레이터를 마치 파리처럼, 즉 주목받지 않은 채 관찰할 수 있는 존재로 특징화한다는 점에서 유용하다. '티나지 않는 관찰자'라는 용어는 최근에 와서 '다큐숍(docu-soaps)*'의 묘사 기법으로 점차 자주 활용되면서 '악용' 되었다. 이 다큐숍은 등장인물이 보이지 않는 '리포터'에게 말을 건다든지, 이미지의 의미를 고착화하기 위해 보이스오버가 '보여주기'보다는 '이야기하기'에 치중한다든지 하는 식의 비관찰적 기법을 사용한다.

* 다큐숍은 다큐멘터리 스타일로 제작되는 리얼리티 프로그램의 한 형태이다. 여기서는 솝 오페라와 유사하게 의도적인 구성이나 편집을 통해 뚜렷한 플롯을 부각시키는 것이 특징이다. —역주

저자가 '이야기'하기를 원한다면 소설이 자명한 매체인 반면, '보여주기'는 (연극을 포함해) 시청각 픽션 텍스트에서 보편적인 양식이다. 작가는 원하는 어떤 등장인물의 생각이든 자유롭게 서로 관련지을 수 있다. 많은 독자에게 이러한 '비현실성'은 문제가 되지 않는다. 하지만 리얼리즘 미학은 서구 세계에서 엄청나게 큰 힘을 발휘하고 있다. 그래서 비평계에서 진지하게 수용되고 싶어 하는 소설과 공식화된 소설을 구분하는 한 가지 방안은 이것들이 '이야기하기'와 '보여주기'를 각기 어떻게 사용하는지 살펴보는 것이다. 전자는 미학적 입장을 '진지하게' 받아들이지만, 후자는 훨씬 더 '실용적'인 접근방식을 취한다.

물론 미디어 텍스트는 철저하게 구성된 것이며, 시청각 텍스트의 미장센, 혹은 소설의 배경은 흔히 내레이터가 등장인물의 상황에 관해 진술하는 내용을 나타내는 데 사용된다. 예컨대, 알프레드 히치콕의 호러 걸작 〈싸이코〉(1960)에서 마리온 크레인의 속옷 색깔은 내레이터가 그녀의 행동을 보는 시각을 지칭한다. 혼전 섹스(그래도 이는 눈감아줄 만한 일이니까)를 할 때는 흰색이지만 훔친 돈을 갖고 달아날 준비를 할 때는 검은색이다(부록1을 참고하라). 이와 비슷하게, 등장인물이 무슨 행동이나 말을 하든 관계없이 하이 앵글 샷의 사용은 이들의 힘을 위축시키고, 로 앵글 샷은 반대 효과를 낳을 수 있다.

구로사와 아키라의 고전 영화 〈라쇼몽(Rashomon)〉(1950)은 강간과 살인을 목격한 네 사람의 진술을 자세히 묘사하는데, 모든 이야기 버전이 다르다. 하지만 마지막 진술의 시작 부분은 다른 진술과 달리 시점 샷이 아니라 설정 샷(establishing shot)으로 되어 있다. 마지막 것이 객관적 진술이라는 뜻이며, 다른 진술의 주관적 성격은 진술자가 거짓말하고 있음을 시사한다.

지금까지 설명한 부분은 수많은 내러티브 보이스 유형을 빠짐없이 다루려고 시도한 것은 아니며, 다만 텍스트의 보이스를 어떻게 설명할 수 있는지, 또한 거기서 어떤 다양한 형식을 사용하는지를 제시했을 뿐이다. 내레이터가 어떤 보이스를 사용하는지에 따라 스토리가 플롯에 의해 구조화되는 방식이 결정된다. 무슨 내용을 언제 전할지는 보이스가 결정한다. 하지만 보이스는 또한 우리에게 스토리를 파악할 수 있게 해준다(즉, 플롯 이전에 존재하는 부분을 지칭할 수도 있다)는 점에서 플롯과 똑같지는 않다. 내러티브 보이스는 송신자가 주로 사용하는 수사적 장치이며, 그것이 어떻게 작동하는지 분석해보면 독자는 텍스트가 구성되는 방식에 대한 통찰력을 얻을 수 있다.

4. 이데올로기적 내러티브 분석: <수색자>

내러티브 분석이 어떻게 해서 어떤 텍스트의 이데올로기적 해독을 손쉽게 해줄 수 있는지를 브라이언 헨더슨(Brian Henderson, 1985)은 입증했다. 그의 〈수색자〉(1956) 분석은 그 영화가 왜 그렇게 큰 영향력을 미쳤는지를 설명하려 시도한다. 예컨대, 이 영화는 수많은 다른 영화에서도 참고가 된다. 감독 중심주의(auteur) 이론적 비평은 이 영화의 신화적 영향력을 존 포드(John Ford) 감독의 저작 행위(authorship)라는 관점에서 설명하는데, 어쨌든 그는 가장 위대한 할리우드 감독 중 한 사람임에는 분명하다. 하지만 헨더슨이 지적하듯이:

만일 신화를 사회 현상으로 본다면, 신화의 힘은 거기에 반응하는 공동체라는 측면에서만 설명할 수 있다(Henderson, 1985, p.433).

따라서 영화의 힘은 오로지 감독의 재능 내에만 존재할 수는 없다. 다른 모든 사람과 마찬가지로 감독은 사회에서 영향을 받는다. 이러한 시각은 〈수색자〉를 영화의 배경인 1868~73년에 관한 영화가 아니라, 그것이 제작된 1956년에 관한 영화로 간주한다. 헨더슨의 지적에 따르면, 1954년과 1955년에 미국 버지니아에서는 흑백 교실 분리 정책을 둘러싸고 투쟁이 벌어지고 있었는데, 당시 '브라운 판결'* 이후 백인 전용 학교는 불법화되고 새로 도입된 통학버스 정책에 따라 흑인과 백인 학생이 함께 학교에 다니게 되었다. 남부 버지니아 주는 중앙 정부의 지시를 거부했고, 이 때문에 남북전쟁 이후 가장 심각한 헌법적 위기가 발생했다. 나아가 헨더슨은 다음과 같이 구조화된 〈수색자〉의 내러티브에 이 투쟁이 어떻게 표현되는지 보여준다.

1. 원래의 균형 상태: 에단 에드워즈가 가족을 만나러 돌아온다.
2. 어떤 행동에 의해 균형 상태의 붕괴: 코만치 인디언에 의해 가족이 학살된다.

---

* 브라운 판결(Brown v. Board of Education of Topeka, 347 U.S. 483, 1954)은 미국 공립학교에서 인종 분리정책을 규정한 모든 주법을 위헌으로 본 미국 대법원 판결로서 인종평등의 방향으로 전환을 알린 이정표적 사건이다. 이 사건은 캔자스 주 토피카의 한 흑인 가정이 집에서 가까운 백인 학교 대신에 버스 통학이 필요한, 먼 흑인 학교에 자신의 딸을 배정한 토피카 교육위원회를 대상으로 소송을 제기하면서 시작되었다. —역주

3. 문제 발생에 대한 인지: 에드워즈는 조카 데비가 포로로 잡혀갔음을 알게 된다.
4. 문제 발생을 해소하려는 시도: 에드워즈와 마틴 폴리가 데비를 찾아다닌다.
5. 균형 상태의 회복: 오랜 세월이 흐른 후 데비가 발견되고 인디언 남편인 스카는 살해된다.

프로프의 행동 영역이라는 관점에서 보면 영화는 다음과 같이 되어 있다고 할 수 있다: 에드워즈는 주인공으로 스타(존 웨인)가 연기하며, 경험이 풍부하고 역동적인 인물이다. 폴리는 조력자이다. 데비는 공주이고 악당은 스카 추장이 이끄는 인디언이다. 인디언은 내러티브 시작부분에서 문제를 발생시킨다.

> 처음에는 코만치 부족의 잔혹한 범죄로 시작해, 그 다음에는 백인들의 외면과 무차별적인 폭력의 반복이 나오고, 중간 단계를 거쳐 진행되다가, 결말에서는 백인이 이들을 처벌하는 것으로 끝난다(Henderson, 1985, p.436).

에드워즈 가족의 학살을 전혀 정당화하지 않는다는 점에서, 내러티브는 인디언의 폭력이 단지 그들의 '야만성'의 산물임을 시사한다. 하지만 이는 백인이 북미 원주민 인디언에 대해 저지른 대학살의 역사를 외면한다. 인디언의 폭력은 사실 백인의 폭력에 대한 대응이었다.

[이 내러티브 부분은] 그래도 지금까지는 너무나 관습적이었다. 하지만 〈수색자〉에서 흥미로운 부분은, 에드워즈가 데비를 구

출하려는 게 아니라 살해하고자 한다는 점이 곧 분명해진다는 데 있다. 에드워즈는 인종 차별주의자이며, 인디언이 자기 친척을 인디언 종족으로 입양해 섹스를 했다는 생각에 참을 수가 없다. 이러한 인종주의적 요소는 폴리를 체로키 혼혈로 묘사한 데서 더 강화된다. 원작 소설에서 폴리는 완벽하게 '백인'이었다. 영화 대본 작가가 이러한 변경을 가한 것은 의식적으로 인종 문제를 다루려고 시도했음을 시사한다. 에드워즈의 형이 폴리를 입양했는데, 나중에 스카를 죽이고 데비를 에드워즈로부터 보호하며, 이에 따라 결말에 이를 때까지 주인공의 기능을 맡게 된 것도 폴리다. 에드워즈와 폴리가 스카 추장을 만나는 장면은 이 점에서 매우 중요하다. 폴리는 처음으로 에드워즈의 조언을 거부하고 자신의 결정으로 모임에 참석한다. 이후 데비가 살해될 위험이 있다는 사실을 무시하고 텍사스 수색대가 인디언 부락을 급습하려고 계획한다는 사실이 분명해졌을 때, 폴리는 스스로 책임지고 나서 몰래 부락에 들어가 '여동생'을 구하고 스카를 죽인다(부록을 보라). 영화의 결말에서 마틴 폴리는 백인 여성인 로리와의 결혼으로 자신의 영웅적인 행동에 대한 '보상'을 받는다.

> 영화의 결말은 이렇게 하여 마틴의 위치를 구체적으로 보여준다. 입양된 존재가 결혼을 하고 성인 남성으로서 공동체에 진입한다. 그는 친족 구성원으로서 완전한 권리를 누리게 된다(Henderson, 1985, p.447).

1956년의 관점으로 보면, 인디언은 '브라운 판결'에 반대하는 인종 차별주의자 남부 백인이 진정한 미국인으로 간주하지 않는 흑인을 나타낸다. 하지만 체로키 혼혈인 폴리가 '시민으로서 완전한 권리'를 부여받는 것과 마찬가지로, 판결은 인종 차별주의자 미국인들이 흑인을 미국인으로 **수용하도록** 헌법적으로 강제했다. '브라운 판결'이 내려진 후, 순수한 혈통이 아니라 입양에 의한 친족 관계의 가능성을 반대하는 행위는 불법화되었다. 따라서 인종 차별주의자인 에드워즈는 떠나야 한다. 영화의 오프닝과 클로징 샷은 모든 영화 중에서도 가장 유명한 장면에 속한다. 둘 다 프레임은 똑같지만, 시작 부분에서는 문이 열리면서 에드워즈가 다가오는 모습을 보여주고, 결말에서는 집을 떠나는 인물 뒤로 문이 닫히는 장면이 나온다. 헨더슨은 다음과 같이 지적한다:

> 백인 남부인이라는 인물은 흔히 인종 문제에서 속죄양 기능을 한다. 우리의 인종적 편견과 그에 따른 **우리의** 죄는 그의 어깨에 전가되고 … [이는] 신화적으로 **우리의** 죄를 씻어준다. 따라서 <수색자>에서 에단은 우리의 죄 때문에 추방된다. 그 장면이 그렇게 감동적인 것은 바로 이 때문이다(Henderson, 1985, p.447. 강조점 추가).

〈수색자〉는 흑인을 '백인 인종'에 수용하게 된 것을 표현하지만, 스카와 그의 민족이 **진정한** 미국인이라는 사실을 다루지는 못한다. 이 밖에도 다음과 같은 측면에서 이러한 수용 자체가 잘난 체하기에 불과할 수도 있다.

> 이 점은 (프로프의 방식대로) 다음과 같이 통시적으로 해석할 수도 있다. 즉 마틴은 로리와 결혼할 수 없지만 성인으로 사회에 진입

출처: 〈수색자〉(1956)의 스틸컷.

〈그림 3.4〉 에단은 우리의 죄 때문에 추방된다

한 후 마침내 믿을 수 없을 정도로 수많은 업적을 달성해, 스스로 완벽한 백인, 백인보다 더 백인 같은 인물임을 입증했다는 것이다 (Henderson, 1985, p.448).

그는 스카를 살해해 백인종에 대한 충성심을 확실하게 입증했다. 따라서 폴리는 체로키 혼혈 신분으로 공동체에 영입되지 않는다. 이것은 1956년 인종 분리 철폐가 인종 간의 평등에 관한 것이 아니라 백인과 평등한 조건의 권리를 흑인에게 허락하는 조치와 더 관련이 있음을 시사할 수도 있다. 즉 "너희들은 우리 학교에 다닐 수 있지만, '백인'의 역사를 배울 거야."라는 식이다.

〈수색자〉에 관한 이러한 고찰은 헨더슨이 제시한 몇몇 아이디어만 끌어다 쓴 것이다. 어떻게 해서 어떤 텍스트의 내러티브가 관습화된 내러티브 구조를 활용해 이데올로기적 긴장을 표현할 수 있는지를 그의 분석은 보여준다. 하지만 많은 실천가가 기성 체제에 도전하는 데에는 대안적 내러티브 구조의 활용을 선택한다.

5. 대안적 내러티브 체제

2장에서 살펴보았듯이, 역사를 통틀어 다양한 내러티브 양식이 존재했지만, 기본 구조는 변함없이 유지되었다. 애넷 쿤은 20세기의 관습적, 혹은 '고전적' 내러티브 양식을 다음과 같이 요약했다.

1. 수수께끼 해결의 전반적 궤도 안에서 원인과 효과의 선형적 관계가 존재한다.
2. 내러티브적 마감이 강하게 작용한다.
3. 공간적, 시간적 유사성이 적용되는 가상의 세계를 배경으로 한다.
4. 심리적으로 균형 잡힌 캐릭터인 내러티브 행위자를 중심으로 한다(Kuhn, 1985, p.216a).

대다수의, 그리고 아마도 정의상으로는 모든 주류 텍스트는 이 관습 중 적어도 첫 세 가지는 지킨다. 네 번째 항은 예외인데, 왜냐하면 [내러티브 행위자에는] 스테레오타입이 흔히 적용되며, 이들은 '심리적으로 균형잡힌 캐릭터'는 아닐지라도 '심리적으로 식별이 가능한' 인물이기 때문이다. 대안성을 추구하는 텍스트라면 어떤 방식으로든 이 '규칙'을 깨뜨려야 하며, 이 때문에 주류 바깥에 존재하는 경향이 있다. 그 결과 이것들은 '비상업적' 성격을 띠고, 대다수의 수용자가 주류 텍스트를 선호하기 때문에 대다수의 미디어 기관은 이러한 텍스트 생산에는 관심이 없다. 어느 정도 규칙적으로 생산되는 대안적 내러티브 텍스트 형식은 문학, 연극과 영화다. 텔레비전은 아마 너무 상업적인 미디어라서 실험을 그다지 많이 허용하지 않을 가능성이 있으며, 음악이 사용하는 내러티브는 다소 난해하다. 연극과 소설은 2장에서 어느 정도 다루었기 때문에, 이 절에서는 장 뤽 고다르가 감독한 영화 〈미치광이 피에로〉를 간단히 살펴볼 것이다.

1) '예술' 영화: <미치광이 피에로>(1965)

젊은 여성인 마리안(안나 카리나)이 테니스를 치고, 남자인 페르디낭(장 폴 벨몽도)은 욕조 안에서 화가 벨라스케스에 관한 글을 큰 소리로 읽고 있다. 그는 어린 딸에게 자신이 읽고 있는 글에 대해 의견을 묻는다. 페르디낭의 아내는 그에게 서둘러 파티에 갈 준비를 하라고 말한다. 그는 가고 싶지 않다고 대답한다. 아내는 그가 가야 하며, 제안받은 일자리를 감사하게 수락해야 한다고 말한다. 페르디낭은 준비를 마치고 베이비시터인 프랭크의 조카(마리안)와 인사를 나눈다.

파티장에서 남자들은 독백으로 자동차 이야기를 하고 여자들은 방향제 이야기를 한다. 페르디낭은 영화 감독 사무엘 풀러(본인이 직접 출연)에게 영화 관련 이야기를 꺼내고는 정나미가 떨어져 파티장을 떠난다. 그는 집에 돌아오고, 그와 마리안이 한때 연인이었음이 밝혀진다. 두 사람은 베트남 전쟁에 관한 보도를 들으면서 차를 타고 마리안의 아파트로 가고, 서로 상대를 위해 무엇이든 할 것이라고 말한다. 아파트에는 침대 위에 시체가 누워 있지만, 아무도 이를 언급하지 않는다. 아침에는 마리안의 연인인 프랭크가 나타나지만, 페르디낭(마리안은 영화 내내 그를 피에로라고 불러야 한다고 고집을 부린다)과 마리안은 도망을 친다. 이들이 떠나는 장면이 여러 번 비친다.

"다음 장 … 절망, 기억 … 과거 시간의 추구."라는 보이스오버가 나온다. 페르디낭과 마리안은 (로렐과 하디가 한 방식대로) 익살스럽게 석유를 훔친 후 남쪽으로 차를 몰고 간다. 이들은 어느 카페에 들르는데 거기서 사람들은 자기 소개를 한다. 한 사람은 영화 단역이라고 말한다. 페르디낭과 마리안은 멜로드라마식으로 이야기를 들려준다.

이들은 여정을 계속하다가 현장 여기저기에 시체가 널린 교통사고 현장을 만나게 된다. 이들은 차를 파괴하는데 자신의 돈까지도 날려버린다. 이들은 강과 들판을 가로질러 걸어가다 또 다른 차를 훔친다. "[마리안이] 원하는 것은 재미뿐이야"라고 페르디낭은 말한다. 마리안은 그가 누구에게 이야기하는지 묻는데, 그는 "수용자"라고 대답하고, 마리안은 카메라를 쳐다본다.

페르디낭은 물속으로 차를 몰고 가고, 이들은 '신비의 섬'(쥘 베른의 소설 제목)에서 삶을 시작한다. 이들은 사랑을 나눈다. 그는 일기를 쓰기로 한다. 마리안은 팝음악 레코드를 구입하고 그것이 피에로의 문학만큼 좋다고 그에게 이야기한다. 마리안이 싫증을 내자, 이들은 베른식의 모험을 끝내고 스릴러로 되돌아가기로 결정한다.

두 사람은 베트남 전쟁 장면으로 북미 선원들을 즐겁게 한다. 마리안은 페르디낭을 떠나 춤추러 간다. 그 후 그녀는 난쟁이에게 '잡히는데' 난쟁이는 돈을 어디 뒀는지 밝히라고 추궁한다. 페르디낭은 마리안의 '오빠'이자 프레드라 불리는 총기 밀수업자가 주위에 있다는 것을 깨닫고, 그녀를 찾으러 다닌다. 페르디낭은 가위가 목에 꽂힌 난쟁이를 발견하고, 곧 프레드가 거느린 '건달들'에게 잡혀 고문을 당하는데, 이들은 마리안의 소재를 캐고 싶어 한다. 페르디낭은 이들에게 소재를 알려준다.

페르디낭은 마리안을 배신하는, 언뜻 자살에 가까운 실수를 범한 후 철로에 앉아 있는데, 기차가 다가오자 비껴선다. 그리고 난 후 그가 영화관에 앉아 베트남 전쟁 뉴스 영화를 보는 장면이 나온다. 그 다음 그는 자칭 '리비아의 여왕' 밑에서 일하는 것처럼 보인다. 마리안이 그를 찾아낸다. 이때까지 시간이 어느 정도 흘렀는지는 분명하지 않다. 마리안은 해변에서 댄스 공연단을 운영하는 것처럼 보이는 프레드에게 피에로를 데려간다. 프레드는 페르디낭에게 임무를 주는데, 이후 마치 갱 영화 장면처럼 보이는 혼란스런 장면에서, 마리안은 유방 달린 사람이라고 해서 살인을 할 수 없다는 뜻은 아니라고 말한다. 그녀는 두 남자를 총으로 쏘아버린다.

페르디낭은 계략에 빠진 것 같다고 느끼지만, 둘이 함께 달아날 수 있도록 마리안의 말을 믿고 그를 만난다. 그 후 그녀는 페르디낭을 배신하고 프레드와 떠난다. 페르디낭은 섬까지 쫓아가 둘을 다 쏘아서 죽인다. 그리고 나서 그는 자신의 머리 주위에 다이너마이트를 두르고 도화선에 불을 붙이지만, 어리석은 짓을 했다고 판단하고는 불을 끄려고 한다. 그리나 너무 늦었다.

이러한 개요를 작성하면서 내가 많은 분량을 배제했음은 알고 있으며, 실제로 내 요약이 영화보다는 얼마나 더 일관성 있어 보이는지도 안다. 사건 진행이 거의 이루어지지 않고 대화가 생략되어 시간이 오래 경과한 듯해 보이는 신이 무수하게 등장하는데, 이 신은 느와르 영화를 포함해 다른 텍스트와 장르를 지칭하고 있다.

> 마리안은 페르디낭에게만큼 관객에게도 신비로운 인물이다. 그녀는 할리우드 느와르 영화의 '여주인공'을 꼭 닮았다. 즉 주인공은 집과 가족을 떠나 그녀를 따라 폭력과 미친 듯한 사랑의 세계로 들어간다. 영화는 끊임없이 느와르 영화의 전통을 [연상시키는 부분을] 언급한다. 마리안이 집요하게 돈을 좇아다니는 부분은 <이중배상(Double Indemnity)>(와일더)으로 되돌아가는 듯하고, 그녀의 배신은 <상하이에서 온 여인(The Lady from Shanghai)>(웰스)을, 그녀가 보여주는 파괴와 자기 파멸의 자세는 <과거로부터(Out of the Past)>(투르뇌르 Tourneur)로 돌아가는 듯하다(MacCabe, 1980, p.90).

〈미치광이 피에로〉의 의미를 파악하려면 이러한 언급 부분을 고려해야 한다. 하지만 나는 명쾌한 설명을 위해 요약에서 이 중 상당 부분을 생략했다. 〈미치광이 피에로〉는 또한 위에서 쿤이 설명한 주류 내러티브 관습을 의식적으로 활용해 유희의 효과도 낸다:

1. 수수께끼 해결의 전반적 궤도 안에서 원인과 효과의 선형적 관계가 존재한다: 영화는 마리안이 테니스를 치는 장면으로

시작하는데, 이 신의 사용은 그녀의 캐릭터를 소개하는 데 활용되지 못하며, 후속 내용도 나오지 않는다. '리비아 여왕'에 관한 이야기를 비롯해 이해할 수 없는 내용이 이어진다.

2. 내러티브적 마감이 강하게 작용한다: 내러티브는 주인공들의 죽음으로 끝나지만, 많은 세부사항은 해결되지 않는 채로 남아 있다. 프레드가 어떤 부정에 연루되었는지, 마리안의 아파트에 있던 시신이 누구 것인지도 밝혀지지 않는다.
3. 공간적, 시간적 유사성이 적용되는 가상의 세계를 배경으로 한다: 헷갈리는 순간이 있기는 하지만, 영화의 상당 부분은 관습적으로 촬영된다. 하지만 영화는 관습적 디에게시스를 깨뜨린다. 가령, 스토리에서는 [주인공들이] 마리안의 아파트를 한 번만 떠나지만 플롯에서는 이 장면을 여러 번 보여준다든지, 보이스오버의 사용이라든지, 등장인물이 가끔씩 카메라를 바로 쳐다보며 이야기한다든지 하는 부분이 이에 해당한다.
4. 심리적으로 균형잡힌 캐릭터인 내러티브 행위자를 중심으로 한다: 영화 전편에 걸쳐 등장인물의 동기가 다소 모호한 상태로 남아 있으며, 비록 나의 요약판에서는 페르디낭이 주인공이라고 했지만 이것 역시 논란의 여지가 있다.

<미치광이 피에로>는 … 마리안의 적극적인 원칙과 페르디낭의 소극적인 원칙에 의해 움직인다. 만일 페르디낭이 사랑하는 이 여인에게 자기 이름을 똑바로 부르도록 할 정도로 의사소통조차 충분히 할 수 없는 상태라면, 마리안이 그에게 이야기하듯이, "당신은 나에게 말로 이야기하고 나는 당신을 감정으로 바라보고 있어."라는 지

적도 이와 마찬가지로 사실이다(Monaco, 1976, p.164).

주인공들의 동기는 어떤 뚜렷이 규정된 심리적 욕구보다는 젠더 역할의 역전에 의해 지배되는 것처럼 보인다. 〈미치광이 피에로〉는 장르 기반의 할리우드 제작물과 정반대로 감독(이 경우엔 장뤽 고다르)의 개인적 표현성이 가장 중요하게 여겨지는 '예술 영화'의 한 사례다. '예술 영화'는 주로 상업적 산물이 아니라 개인적 비전, 저자의 산물로 간주되기 때문에, 관습적인 내러티브 구조를 '정당하게' 생략할 수 있다.

> <미치광이 피에로>는 일련의 매우 개인적인 감정에서 탄생했기 때문에, 영화의 자의적 성격은 [고다르에게] 매우 중요하다. 그는 자신의 커리어에서 영화의 전체 활동 자체를 의문시하기 시작하는 지점에 도달했다(Monaco, 1976, p.161).

> <미치광이 피에로>에서 1968년까지 이러한 위기는 점점 더 첨예해졌다. 고전적 예술의 문화적 전통과 대중 영화를 접합하려는 고다르의 시도는 베트남 전쟁이라는 좀 더 시급한 압력 때문에 무너져 내리고 있었다(MacCabe, 1980, p.94).

이러한 위기의 결과 중의 하나는 이 장에서 간단히 소개한 대항 영화의 발전이었다. 베르히만의 〈제7의 봉인(The Seventh Seal)〉(1957), 바이다(Wajda)의 〈재와 다이아몬드(Ashes and Diamonds)〉(1958), 레네(Renais)의 〈지난 해 마리앙바드에서〉(1961)의 예에서 볼 수 있듯이, 1950년대와 1960년대의 '유럽 예술 영화'

는 관습적 형식을 사용하기는 해도 장르에 의존해 의미를 전달하지는 않았다(물론 역설적이긴 하지만, 예술 영화 **역시** 장르라고 주장할 수는 있다. 5장을 보라). 장르에 속하지 않는다는 사실은 공식화된 할리우드 생산물과 대조적으로 이 영화들이 예술로 칭송받는 이유 중의 하나였다. 양자는 제도적으로도 구분할 수 있다.

> 유럽 예술 영화는 … 또한 영화 소비용으로 자신만의 제도적 구조를 갖추고 있는데, 가장 두드러진 사례로는 지배적인 영화관과 구분되고 특정 부류의 영화 비평계의 지원을 받는 배포와 상영 경로가 이에 해당한다. 수용자들은 대개 아트 하우스 영화관과 영화 단체와 같은 특수한 장소에서 영화를 시청한다(MacCabe, 1980, p.216ab).

이 시기에 영국 문화는 영화를 하나의 예술 형식으로 인정하지 않으려 했기 때문에 영국의 예술 영화란 존재하지 않았다고 단언해도 좋다. 최근에 와서는 영국의 감독인 피터 그리너웨이(Peter Greenaway)의 영화, 가령 〈요리사, 도둑, 그의 아내, 그리고 그녀의 정부(The Cook, The Thief, His Wife and Her Lover)〉(1989)는 '예술 영화'로 인정받았다. 1990년대에 이르러 고(故) 크쥐시토프 키에슬로프스키(Krzystof Kieslowki)는 특히 〈세 가지 색(Three Colours)〉 3부작 덕분에 '예술 영화' 저자로 가장 많은 칭송을 받은 감독이다.

> 자신의 3부작 중 마지막 작품에 관해 키에슬로프스키는 다음과 같이 말했다:

"<레드>는 나에게 가장 사적인 영화라고 생각한다. 이는 삶에 관한 나의 사고방식을 반영할 뿐 아니라, 영화에 관해서도 그렇다. 즉 영화는 우리가 상상하는 것보다는 아주 조금 더 문학에 가까이 갈 수 있다는 것이다"(Andrew, 1998, p.52).

(여기서 키에슬로프스키는 어떤 점에서 문학이 [예술] 형식으로서 영화보다 약간 더 우월하다고 시사하는 것처럼 보이는지에 주목하라). '예술 영화'를 이해하려면 흔히 수용자는 의미를 찾아내려고 열심히 노력을 기울여야 한다. 그런데 〈미치광이 피에로〉는 비관습적 성격을 띠긴 하지만, 여전히 다음과 같이 토도로프의 내러티브 구조와 관련지어 볼 수 있다:

1. 원래의 균형 상태: 페르디낭이 부르주아적 삶을 영위하고 있다.
2. 어떤 행동에 의한 균형 상태의 붕괴: 페르디낭이 실직하지만, 부인이 주선한 일자리는 원치 않는다.
3. 문제 발생에 대한 인지: 페르디낭이 마리안과 '달아나기로' 결심한다.
4. 문제 발생을 해소하려는 시도: 마리안과 새로운 삶을 시작하려 한다.
5. 균형 상태의 회복: 이 시도는 실패하고 두 사람은 죽음을 맞이한다.

결말을 제외하자면, 이는 아주 관습적인 것처럼 보인다. 하지만 영화의 다양한 세부사항을 토도로프의 '플롯'에 욱여넣는다는 것은 상당 부분이 생략되었음을 의미한다. 예를 들면, 베트남 전쟁에 관한 언급이 여러 차례 나오지만 이는 내러티브 전개에서 아무런 역할을 하지 못하며, 단순히 액션의 배경에 불과한 것처럼 보인다. 이와 비슷하게, 보이스오버(개요에서는 딱 한 번만 언급했다)도 무수하게 나오지만 내러티브 분석에서 보이스오버와 이미지 간의 관계는 살펴보지 않았다. '고전적' 영화에서는 내러티브에서 불필요한 부분은 거의, 혹은 전혀 나오지 않는다. 하지만 〈미치광이 피에로〉에서 수많은 기표는 내러티브 구조의 제약을 넘어 '넘쳐흐른다'.

여기서 〈미치광이 피에로〉를 자세하게 해독할 여유는 없지만, 모나코(Monaco, 1976)는 다음과 같이 주장한 바 있다:

> 만일 <미치광이 피에로>가 두려움을 자아낸다면(실제로도 자주 그렇다고 나는 생각한다), 이는 영화가 공허함으로 가득 차 있기 때문이다. [여기서는] 등장인물 사이에서 공간이 압도적으로 부각된다. 사람들은 시간과 공간 측면에서 영화의 아주 주변부에 위치하며, 그 사이의 간격은 결코 좁혀지지 않는다(Monaco, 1976, p.166).

등장인물들은 서로 사랑한다고 고백하긴 했지만, 의사소통에 큰 어려움을 겪는다. 이들(지성인인 페르디낭, 쾌락주의자인 마리안) 사이의 공백은 너무 크다. 마리안은 끊임없이 페르디낭을 '피에로'로 부르는데, 이는 프랑스 무언극의 광대와 1930년대 프랑스의 갱을 모두 지칭한다. 영화의 결말이 될 때쯤 페르디낭은 실제로 그러한 광대가 되었다. 갱이 되려고 한 어설픈 시도는 실패로 끝났고, 그는 얼굴에 페인트 칠을 한 채 우스꽝스런 피날레에서 자폭하고 만다. 등장인물들은 본질적으로 피카레스크*적인 모험물에 해당하는 일에 착수한다. 이들은 (남쪽이라는 것 외에는) 어디로 가는지도 모른다. 이처럼 방향감각의 실종은, 늘 문제 해결이라는 결말로의 전개 방향을 인지한 채 진행되는 관습화된 내러티브를 부정하게 된다. 고다르는 〈네 멋대로 해라(A bout de souffle)〉(1959)로 영화 커리어를 시작했는데, 이는 할리우드 'B급 영화'에 대한 오마주였다. 〈미치광이 피에로〉를 제작할 무렵에 이르러 그는 흔히 '무거운' 분위기인 유럽 예술 영화를 수용해서 현대적이고 재미있으며 컬트 색채를 띠는 영화로 변화시켰다. 하지만 1968년 5월 이후 그의 영화는 또 다른 방향으로 선회했다.

피터 월렌은 1968년 5월 이후의 브레히트식의 고다르 영화에 관한 연구에서 다음과 같은 대립항을 도출했는데, 이는 전통적(혹은 과거의) 영화를 고다르의 〈동풍(Vent d'est)〉(1970)에 나타난 혁신적 특징과 대비시켰다(이 점은 〈이미지와 재현〉의 4장 11절에서도 살펴보았다).

---

* '피카레스크(picaresque)' 장르는 원래 16세기 스페인에서 유래한 문학 장르의 하나로, 악인이 주역으로 등장하는 작품이나 악인적인 요소를 갖춘 작품을 의미한다. 전통적인 장르에서 주인공은 그 사회에서 바람직하게 여기는 특징과 가치를 구현하는 영웅적 존재였다. 하지만 피카레스크 장르에서는 주인공을 그 사회적 배경의 산물로 여기기 때문에 악인의 속성을 지닌 존재로도 묘사한다. 작품 속의 악인은 사회의 문제점을 묘사하는 수단으로 사용되기도 하고, 이들을 통해 그 사회 구성원의 욕망과 사회적 문제점을 부각한다는 점에서 이 장르는 리얼리즘의 성격을 좀 더 강하게 지닌다는 평가도 있다. —역주

〈표 3.1〉

과거의 영화	**대항 영화**
내러티브의 타동성 (narrative transitivity)	내러티브의 자동성 (narrative intransitivity)
동일시	소외
투명성	전면배치
단일 디에게시스	복수의 디에게시스
폐쇄성	개방성
즐거움	불쾌함
허구	현실

내러티브의 관점에서 보면 첫 번째와 두 번째 대립항이 흥미로운 부분이다. 1장 시작 부분에서 제시한 내러티브의 기본적 정의 중의 하나는 “[내러티브는] 정보를 연결된 사건들의 시퀀스로 제시한다”였다. 하지만 내러티브의 **타동성**(intransitivity)은 “허점과 단절, 일화적 구성, 이해가 가지 않는 [줄거리에서의] 이탈”(Wollen, 1985, p.501)을 특징으로 한다.

고다르는 내러티브의 연속성을 단절시키는 방안의 하나로 ‘피카레스크’(악인 캐릭터)를 사용하기도 하는데, 이는 “현실적 삶의 다양성과 부침을 재현하도록 꽉 짜인 플롯 구성 대신에 무작위적이고 연결성이 희박한 일련의 사건으로 대체하는 준 자서전적인 형식”(Wollen, 1985, p.501)을 말한다. 〈미치광이 피에로〉는 대항 영화라기보다는 예술 영화에 더 가깝지만, 페르디낭과 마리안의 목적 없는 남쪽행 여행에서 피카레스크의 요소를 활용한다. 〈피에로〉 역시 비록 따라잡기 어려울 수 있긴 하지만 전반적으로는 전통적 영화에 근접히는 연속성도 갖추었다. 그러나 〈네 멋대로 해

라〉가 나올 무렵엔 상황이 달라진다:

> 이전의 영화에서 내러티브의 단절을 나타내던 [줄거리] 이탈은 과도할 정도로 발달해 영화를 완전히 지배하는 수준에까지 이르렀다. 기본적 스토리가 … 어떤 파악 가능한 정도의 시퀀스도 갖추지 않고, 일련의 간헐적인 섬광에 더 가깝게 되어버렸다(Wollen, 1985, p.502).

관습적 내러티브는 필연적으로 단일한 디에게시스('통일되고 동질적인 세계')를 갖춘 일관된 내러티브 세계를 조성하려 노력하는 반면, 대항 영화는 복수의 디에게시스("이질적 세계. 다양한 의미규칙과 채널 간의 단절"[Wollen, 1985, p.504])를 제시한다. 캐릴 처칠(Caryl Churchill)의 희곡 〈톱 걸(Top girls)〉(1982)은 다양한 캐릭터가 함께 저녁식사를 하는 장면으로 시작한다. 여기엔 빅토리아 시대의 여행자인 이사벨라 버드, 13세기 일본 천황의 정부이자 불교 승려인 비조 부인, 브뤼겔의 회화 속 인물인 덜 그렛 등이 포함된다. 이처럼 역사를 뒤섞어 놓는 기법은 복수의 디에게시스를 조성한다.

〈미치광이 피에로〉는 다양한 장르를 무수하게 언급한다는 점에서 여러 디에게시스 간의 경계에서 오가는 것처럼 보인다. 하지만 이 점은 위의 영화에서 반복해서 등장하는 다섯 번째 사항인 개방성(aperture)('암시, 인용과 패러디')을 보여주는 사례다.

영화에서 대안적 내러티브는 1960년대와 1970년대에 상대적으로 번성했다. 비장르 소설에서는 사례가 비교적 풍부하다. 영화나 텔레비전과 마찬가지로 소설도 주로 이윤을 목적으로 기관에 의해 생산되지만, 필요한 투자 규모가 훨씬 작은 것은 분명하다. 소설에서 나타나는 일부 대안적 내러티브는 2장에서 살펴보았다.

인터넷의 영향이 점차 커지면서 내러티브의 진화에도 엄청난 영향을 미칠 수 있다. 월드와이드웹에 접속할 수 있다면 누구든지 비교적 저렴하게 나름대로 출판사가 될 수 있게 되었기 때문일 것이다. 하지만 내러티브 구조 측면에서는 '하이퍼텍스트'의 이용 역시 매우 중요한 사항일 수도 있다. 하이퍼텍스트는 기본적으로 웹페이지 내에서 독자가 원한다면 즉시 문서의 다른 부분, 혹은 웹에서 어떤 다른 페이지로든 데려다줄 수 있는 링크 기능이다. 링크는 밑줄 표시로 보이며 [마우스] 커서를 그 위에 올리면 손 모양으로 '바뀐다.' 이것이 내러티브에 미치는 결과는, 관습적 구조에서 선호하던 선형적 원인-효과를 하이퍼텍스트가 흔들어놓을 수 있다는 점이다. 이는 비디오테이프에서 즉각적인 '빨리 가기'(혹은 되감기)나 테이프 바꾸기에 맞먹는다. 독자는 링크를 클릭할 것인지를 선택할 수 있지만, 링크의 존재 여부는 웹페이지 저자에게 달려 있다.

이처럼 하나의 문서에서 정보를 서로 연결한다는 아이디어는 월드와이드웹 구조의 기본이 되는데, 이는 원래 1960년대 테드 넬슨(Ted Nelson)이 구상한 것이었다. 21세기 초의 경험으로 보면 이것이 우리의 내러티브 개념에 얼마나 큰 영향을 미칠 것인지 알 수 있을 것이다.

논픽션 텍스트 역시 대안적 내러티브를 활용할 수 있지만, 물론 이 경우 '준거틀'이 현실이 되기 때문에 이는 픽션 텍스트에서보다 더 논란이 된다고 할 만하다.

6. 대안적 내러티브와 다큐멘터리

다큐멘터리의 내러티브 구조는 흔히 픽션 텍스트와 똑같이 되어 있는데, 압도적으로 지배적인 유형인 설명적 다큐멘터리에서 특히 그렇다. 예컨대 〈우리가 왕이었을 때(When We Were Kings)〉(1996)를 살펴보자. 이것은 1974년 '정글 속의 천둥소리(Rumble in the Jungle)'라 불리며 무하마드 알리와 조지 포먼 간에 벌어진 복싱 경기를 다룬 다큐멘터리다. 이 다큐멘터리는 다양한 형태의 혼합물('티나지 않는 관찰자적' 필름, 인터뷰, 뉴스 자료 등을 포함한다)이긴 하나, 토도로프의 틀을 통해 살펴보기 상대적으로 쉽게 되어 있다.

1. 원래의 균형 상태: 무하마드 알리는 자신이 '가장 위대한 자'라고 믿으며 블랙 파워를 전파한다.
2. 어떤 행동에 의해 균형 상태의 붕괴: 조지 포먼은 세계 헤비급 복싱 챔피언이다.
3. 문제 발생에 대한 인지: 알리가 포먼에게 도전한다.
4. 문제 발생을 해소하려는 시도: 자이르의 킨샤샤에서 경기가 벌어진다.
5. 균형 상태의 회복: 알리가 승리한다.

픽션 영화와 마찬가지로 다큐멘터리는 프로프의 용어로 기능을 수행하는 행위자를 갖추고 있다. 알리가 주인공이고, 포먼은 악당, 알리의 프로모터인 돈 킹은 조력자이며, 자이르 대통령은 증여자다. 그렇지만 "알리의 영웅주의는 … 포먼의 악당역만큼이나 억지스럽다. 따지고 보면 어느 쪽도 주인공 혹은 악당도 아니었다” (Early, 1997, p.12). 그러나 다큐멘터리에는 대안적 내러티브 형태도 있다.

프레더릭 와이즈먼(Frederick Wiseman)은 관찰적 다큐멘터리로 유명했는데, 그의 다큐에서는 참여자가 의식하지 못하는 상태에서 카메라가 사건을 관찰하는 것처럼 보인다. 그의 영화는 흔히 한 기관, 예컨대 〈고등학교〉(‘1편’과 ‘2편’)와 〈병원〉에서 촬영한 시퀀스를 모아놓은 것이다. 이 시퀀스는 서로 시간적 순서대로 연결되지 않으며, 시작과 중간, 결말이 없다. 보여주는 사건은 계속 전개되고 우리는 단지 그중 일부를 선택해 관찰하는 것처럼 보인다. 이러한 특징에도 불구하고, 빌 니콜스는 와이즈먼 영화의 구조가 내러티브와 어떻게 유사한지 보여주었다.

> 와이즈먼의 영화에서 행위자는 내러티브 구조에 의해 결정된 기능보다는, 자신이 몸담고 있는 제도적 구조에 의해 결정된 기능을 수행한다(Nichols, 1981, p.213).

심지어 니콜스는 프로프의 ‘행동 영역’을 대신하는 11가지 ‘제도적’ 기능을 추출해냈다. 하지만 와이즈먼은 텍스트 전체를 내러티브적으로 조직화하지는 않으며, 그 대신에 니콜스가 ‘모자이크’라 부르는 것을 만들어낸다. 즉, 제도 내에서 촬영한 수많은 일화가 우리에게 제시되지만, 이 일화들이 서로 필연적으로 연결되어 수용자에게 전체적인 그림을 제시하지는 않는다.

> 와이즈먼 영화의 시퀀스는 이미 일관성을 갖추었다. 이것들은 서로

결합해 하나의 인상이나 내러티브 이야기로 만들어지기보다는 (각 시퀀스가 전반적인 설계에서 두드러진 측면을 전달함으로써) 서로 보충하는 관계로 이어진다(Nichols, 1981, p.211).

와이즈먼의 모자이크를 2장 4절에서 기술한 구전적 설명양식과 비교해보면 생산적인 연습이 될 것이다. 이 대립항에서도 '모자이크'는 존재하며, 이 양식에서 수많은 다른 사례도 와이즈먼의 전달 양식과 비슷하다고 주장할 수 있을 것이다.

이처럼 비내러티브적 구조가 낳는 효과 중의 하나는 텍스트 자체가 '현실'을 나타내는 기호 역할을 한다는 점이다. 그러니까 와이즈먼의 다큐멘터리는 보여주는 내용 때문이 아니라 주로 그 형태적 구조를 통해 현실을 반영하는 것처럼 보일 것이다. 삶은 모자이크이며, 하루, 한 주, 한 해, 궁극적으로는 삶을 구성하는 경험의 집합체라는 주장도 가능하다.

대다수의 다큐멘터리는 자료를 표현하는 데에 관습적인 내러티브 구조를 이용하는데, 가장 '리얼'한 형식은 이 구조를 부정하면서 작동하는 형태일 수도 있다는 점은 역설적이다(물론 와이즈먼의 다큐멘터리가 대중 수용자를 끌어들이지는 못했다는 점은 지적해야겠다). 사실 내러티브와 '일상적' 삶을 이항대립으로 파악할 수도 있다.

〈표 3.2〉

일상적 삶	**내러티브**
현실	매개됨*
모두 중간	시작, 중간, 결말
산만함	초점이 뚜렷함
갈등은 드러나지 않고 무작위적	갈등이 치열하고 빈번함
같은 행위의 반복	각 스토리가 다르다
모호한 목표	해결책에 대한 호기심
무사안일이 기본	다사다난이 기본
예술의 모방?	삶의 모방?

출처: Berger, 1997, p.162에서 각색함.

* 여기서 버거는 '매개됨'이란 용어를 사용하지 않고, 내러티브를 '허구적'으로 설명했다. 픽션과 비픽션 내러티브의 구분은 중요하기 때문에 이는 결정적 사항을 간과하는 것 같다. 하지만 현실은 … 리얼한 반면, **모든** 내러티브는 매개되어야 한다.

나는 버거의 마지막 대립항이 가장 흥미롭다고 생각한다. 일상적 삶과 (가장 폭넓은 의미에서 인공적 구성물로 정의된) 예술은 지금은 모두 예술을 모방하고 있다고 포스트모더니스트는 주장한다(2장을 보라). 만약 선택권이 주어진다면, 〈트레인스포팅〉의 렌턴이 말했듯이, 어떤 '삶을 선택'하겠는가? '초점이 뚜렷하고, 치열하고, 다양하며 다사다난한' 삶인가, 아니면 '산만하고, 침묵하고, 반복적이며, 무사안일한' 삶인가? 글쎄, 인간은 내러티브를 통해 삶을 흥미로운 경험으로 전환시킨다는 점을 제외하면 우리에겐 선택의 여지가 없다. 이것들이 우리 자신의 삶에 관한 내러티브이든, 도피주의와 유토피아의 느낌을 조장하기 위해 픽션 내러티브를 이용하는 허구의 삶에 관한 내러티브이든 상관없다. 아마 우리는 호모 사피엔스(homo sapiens, 즉 '지식의 주체로서의 인간')가 아니라 호모 나란스(homo narrans, 즉 '이야기 전달자')인지도 모르겠다.

4

장르 이론 1

Theory of Genre 1

4장 장르 이론 1

이 장의 목표

▶ 장르를 이론적 구성물로 고찰한다. 범죄물과 웨스턴 텍스트를 언급하면서 기본적 틀을 설명한다.

▶ 장르와 사회의 관계를 살펴보고, 장르를 특정한 방식으로 활용하는 수많은 사례 연구를 제시한다.

- 느와르 영화와 '하드보일드' 탐정 소설을 구성요소의 레퍼토리와 관련지어 논의한다.
- 텔레비전 경찰극 텍스트로 장르의 대립항을 예시한다.
- SF의 역사와 그 구성요소의 레퍼토리를 살펴본다.
- 장르와 스타일로서의 멜로드라마를 살펴본다.

▶ 라이프스타일 잡지를 사례로 삼아 장르와 '포맷'을 비교한다.

1. 시작하며

여러분은 학생 시절 어떤 시점에 장르를 이미 공부했을 가능성이 매우 크며, 비록 용어 자체는 주류의 담론이나 언어에 완전히 포함되지 않았을지 몰라도 유사한 텍스트를 함께 묶어서 본다는 발상에는 대부분 익숙할 것이다. 실제로 10대용으로 가장 성공한 도서 시리즈 중 하나는 포인트 호러(Point Horror)*라는 장르 이름이 붙어 있다. 그렇다면 표면상으로 보면 장르는 텍스트의 유형을

지칭하는 명쾌한 개념인 셈이다. 또한,*

> 장르는 개별적인 예술 작품을 초월해 존재하면서, 예술가의 작품 구성 뿐 아니라 수용자의 해독까지 총괄하는 패턴/형태/스타일/구조로 정의된다(Ryall, 1975, p.28).

이 장에서 우리는 특정 장르의 "패턴/형태/스타일/구조"를 정의하는 데 주력할 것이다. 이 작업은 '구성요소의 레퍼토리'를 고려해 진행될 예정인데, 이는 주로 어떤 텍스트의 등장인물, 배경, 도상학, 내러티브, 스타일로 이루어진다. 이 요소들은 장르의 기본 틀을 제공한다. 하지만 다양한 사례 연구에 들어가기 전에 장르 텍스트와 수용자, 그리고 그것들을 생산하는 아티스트와 제도 간의 관계를 살펴볼 필요가 있다.

위의 정의는 장르가 아티스트, 수용자와 텍스트 자체 사이의 공간에 존재한다는 점을 시사한다. 하지만 아마도 인터넷으로 배포되는 텍스트를 제외하면 모든 미디어 텍스트가 텍스트를 생산할 미디어 제도를 필요로 한다. 결과적으로 제도는 아티스트와 수용자 사이를 매개한다. 심지어 가장 독립성이 강한 아티스트에 속하는 소설가조차도 편집자를 거칠 가능성이 크며, 작품을 인쇄해서 배포할 출판사가 필요하다. 마찬가지로 화가는 작품을 전시할

* 포인트 호러는 1991년 스콜라스틱(Scholastic Inc.) 출판사가 이전에 나온 책을 '포인트 호러'라는 이름으로 묶어 재출간하면서 생겨난 용어다. 포인트 호러는 주로 청소년, 특히 10대 소녀 대상의 호러 픽션 서적을 지칭한다. 이 시리즈물은 젊은이들이 "자신의 삶 전반과 특히 학교에 대해 갖고 있는 공포와 불안감"(Roy Fisher)에 기반해 호응을 얻고 있다고 한다. 또한 길이가 짧기는 하지만 접근방식이나 설계에서 스티븐 킹의 호러 소설과 유사하다고 보는 견해도 있다. —역주

갤러리가 필요하다. 다른 텍스트 형태도 대부분 함께 작업하는 작업자 집단의 산물이다. 물론 특정한 개인들은 흔히 생산에서 주도적인 목소리를 내는 것이 사실인데, 예를 들면 영화나 공연의 감독과 대중음악 공연자가 그렇다.

라이얼이 위에서 언급하듯이 텍스트 생산자를 아티스트라기보다는 제도로 규정한다는 것은 또한 미디어 생산과 관련된 기술적 관행이 텍스트 창작에도 영향을 미친다는 뜻이다. 가령, 스튜디오 기반의 텔레비전 작업에서 하듯이 표준적으로 카메라 세 대를 배치하는 관행은 대다수의 시트콤이나 솝 오페라 작품에 독특한 시각적 특징을 부여하게 된다. 이밖에도 제도는 텍스트의 마케팅과 배포도 책임진다.

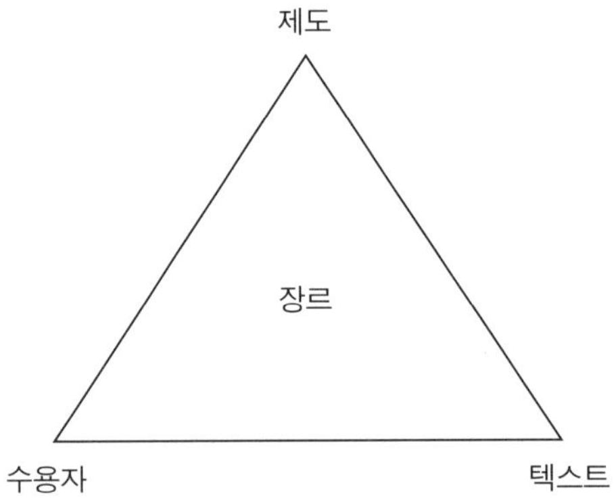

〈그림 4.1〉

〈이미지와 재현〉의 4장에서 우리는 전통적으로 예술 비평에서는 어떤 식으로 창작자의 의도에 초점을 맞추었는지 살펴보았는데, 달리 말하자면 비평의 목적은 창작자가 말하고자 하는 바를 찾아내 판단하는 데 있었다. 장르 비평은 초점이 더 넓으며 다음 세 가지 구성요소 중 어느 쪽을 특히 더 중시하지는 않는다. 대체로 장르 비평은 다음 세 가지 구분되는 영역을 살펴본다:

1. 아티스트는 제도적 맥락에서 작업하므로 그 장르의 규칙과 관습에 관한 지식을 갖고 있을 뿐 아니라, 수용자도 이 지식에 친숙할 것이라고 예상한 채 장르 미디어 텍스트를 생산한다는 점을 (이 비평은) 인지하고 있다.
2. 수용자는 텍스트를 범주화하는 데 장르를 활용한다.
3. 기관은 수용자에게 판매하기 쉽게 텍스트를 패키지화하는 데 장르를 활용한다.

비록 장르는 '독자적인' 핵심 개념이긴 하지만, 위에서 두 번째와 세 번째 사항은 이것이 〈미디어 제도와 수용자〉에서도 다룰 사항이라는 점을 시사한다. 이 책에서는 텍스트 구성요소를 '조직화하는 존재'로서의 장르에 초점을 둔다. 이러한 조직화는 해독이라는 역동적 과정에서 핵심적인 부분이다. 텍스트는 물질적 구현체로서 그 자체로도 존재하긴 하지만, 해독이라는 행위를 통해서만 '생명을 얻을' 수 있다. 수용자가 없다면 텍스트란 텍스트로서 무용지물이다. (물론 그래도 파리를 쫓는 데 유용하긴 하다). 텍스트란:

> 독자가 실현해야 하는 일군의 '스키마', 혹은 일반적 지침이다. 이를 위해 독자는 어떤 '사전 이해', 즉 작품의 다양한 특징을 평가할 때 기준이 되는 신념과 기대치의 대략적인 맥락을 작품에 적용할 것이다. 하지만 해독 과정이 전개됨에 따라, 우리가 학습하는 내용에 의

해 이 기대치 자체가 변화될 것이다(Eagleton, 1983, p.77).

1장에서 살펴보았듯이, 우리는 텍스트가 제공한 단서를 근거로 내러티브에서 예측 행위를 하며, 이 예측은 텍스트가 만들어낸 기대치에 근거한다. 이러한 기대 행위에서 장르는 가장 큰 영향력을 발휘하는 것 중 하나다. 이 장의 목적은 텍스트 **속의** 장르를 살펴보는 것이기 때문에, 이다음에는 우선 장르가 대단히 정적인 현상인 것처럼 가정하고 장르를 논의할 것이다. 하지만 장르란 "지속적으로 변화하고, 변신하며, 재규정된다"(Turner, 1993, p.38)는 점을 유념해야 한다. 5장에서는 장르가 시간 경과에 따라서나 '장르 주기'의 존재에 의해 어떻게 발전하는지 살펴볼 것이다. 한편, 장르 텍스트는 자신이 속한 장르를 구성하는 **모든 것**을 제공하지는 않는다. 이는 어떤 텍스트가 장르 원형과 어떻게 **같으면서도 다른지** 판단하는 잣대가 되는 패러다임이다.

하위장르(sub-genres)의 존재에도 주목할 필요가 있다. 브람 스토커(Bram Stoker)의 〈드라큘라(Dracula)〉(1897)는 호러 소설이지만 뱀파이어 소설로도 분류할 수 있다. 이 하위장르는 호러 장르 전체에 공통되는 많은 관습을 갖추었지만 그 자체의 독특한 관습도 갖고 있다. 뱀파이어가 마늘, 햇빛, 십자가를 싫어한다는 설정이 그 예다.

2. 장르 관행

대니는 복도가 교차하는 오른쪽 모서리를 응시하면서 방문에 등을

> 기댄 채 서 있었다. 나무망치로 벽을 두드리는 꾸준하면서도 불규칙한 소리는 점점 커졌다. 대니 뒤에 있는 무엇인가가 비명을 지르고, 으르릉거리며 그를 괴롭혔다. 꿈과 현실이 아무런 흔적도 없이 하나로 합쳐졌다.
>
> 모서리에서 그것은 모습을 드러냈다.
>
> 어떻게 보면 대니가 느낀 것은 안도감에 가까웠다. 그것은 그의 아버지가 아니었다. 얼굴 표면과 신체는 찢겨지고 난도질당해 고약한 장난 같은 모습으로 변했다. 아버지가 아니었고, 이처럼 돌아간 눈알과 구부정하고 커다란 어깨, 피투성이 셔츠가 등장하는 <토요일 밤 충격 쇼(Saturday Night Shock Show)> 같은 호러물에서라면 더더구나 아니었다. 그는 아버지가 아니었다(King, 1977, pp.396-7).

스티븐 킹의 소설은 어김없이 호러물을 연상시키기 때문에, '킹'을 언급한 것은 장르에 대한 뚜렷한 단서를 준다. 하지만 〈샤이닝(The Shining)〉에서 따온 이 예문 내에도 대다수의 독자가 장르를 확인하기에는 충분한 단서가 등장한다("대니 뒤에 있는 무엇인가가 비명을 지르고, 으르릉거리며 그를 괴롭혔다. 꿈과 현실이 아무런 흔적도 없이 하나로 합쳐졌다").

"무엇인가(thing)"라는 단어를 사용한 것은 대니 뒤에 있는 게 무엇이든 그것은 인간이 아닐 뿐 아니라 단어로써 가능한 어떤 명확한 설명도 거부한다는 점을 함축한다. '찢겨지고 난도질당한' 얼굴은 극단적인 폭력을 시사한다. 꿈과 현실이 하나로 합쳐진다는 사실은 정상적인 법칙이 적용되지 않는 내러티브 세계를 지칭한다. 비명을 지르고 으르릉거린다는 표현은 호러 장르의 청각적 기호를 제공한다.

독자는 이러한 정보를 어떻게 활용하는가? 일단 어떤 텍스트가 특정한 장르에 속하는 것으로 확인되고 나면, 독자는 그다음에 무슨 일이 일어날 것이며, 이 특정한 내러티브 세계(디에게시스)에서 어떤 법칙이 적용되는지에 대해 일정한 기대치를 갖게 된다.

▨ 연습문제 4.1 ▨

호러 장르와 관련해 연상되는 모든 요소의 목록을 작성해보자.

물론 개별 호러 텍스트가 여러분의 모든 기대치를 따라야 할 필요는 없지만, 그래도 충분한 정도로 이를 충족하지 않을 경우 더 이상 호러 텍스트로 간주되지 못할 것이다. 만일 어떤 텍스트가 장르 관습을 너무 많이 깨뜨린다면, 그 장르에 속할 것이라고 기대하고 텍스트를 읽는 일부 수용자를 소외시킬 우려가 있다.

이 책에서 전반부 세 장은 내러티브가 어떻게 해서 기본적으로 텍스트와 세계를 이해하기 위해 사람들이 활용하는 틀(schema)이 되는지를 보여주었다. 장르 역시 틀이지만 오로지 텍스트를 이해하는 데에만 사용된다. 삶은 아주 이례적인 사례에서만 장르의 특성을 지닌다고 규정할 수 있다. 대중적 텍스트 분석에 도움을 주는 도구로 아리스토텔레스가 만든 장르 개념을 각색했는데, 초창기의 고전적인 장르 비평으로는 짐 키치스(Jim Kitses, 1969), 로버트 워쇼(Robert Warshow, 1970), 콜린 맥아서(Colin McArthur, 1972) 등의 저작이 있다. 이 장은 장르에 관한 설명을 지향해 사례 연구에 적합한 여러 장르의 관습을 확인하는 데 주력할 것이다. 이러한 장르로는 느와르 영화, '하드보일드(hard-boiled)' 탐정 소설, 텔레비전 경찰 시리즈물(〈뉴욕 경찰 24시NYPD Blue〉), SF, 멜로드라마

등이 있다. 이와 함께 게임 쇼와 타블로이드 신문처럼 장르의 특성을 지닌다고 볼 수 있지만, 그보다는 포맷으로 정의해야 마땅한 텍스트도 살펴볼 예정이다.

하지만 개념으로서의 장르에서 핵심적인 문제점 중의 하나는, 장르와 텍스트 중 어느 것이 먼저 생겼는가 하는 당혹스런 질문이다. 한편으로 보면 장르는 텍스트에 의해 규정된다고 말할 수도 있다. 그러나 다른 한편으로 보면 우리는 어떤 텍스트를 특정한 장르로 분류하기 때문에 그 텍스트의 등장인물, 배경, 도상학, 내러티브와 스타일을 이해하게 된다.

3. 장르의 기본 틀

어떤 텍스트가 특정 장르에 속하는지 확인하려 할 때 가장 좋은 방법은 우선 다음과 같이 텍스트 등장인물의 유형, 배경, 도상학, 내러티브와 스타일 등의 목록을 정리하는 데서 시작하고, 그 다음에 이 텍스트가 어떤 장르에 들어맞는지 살펴보는 것이다. 이 작업을 표 4.1처럼 교차표로 만들어보면 도움이 된다.

하지만 모든 장르 텍스트를 이런 식으로 해서 적절하게 범주화할 수는 없다. 예를 들자면 음악에는 (공연을 잠시 무시하자면) 배경이 없으며, 모든 장르가 자주 등장하는 스타를 갖고 있는 것도 아니다. 이 밖에도 일부 장르 텍스트는 하나 이상의 장르가 혼합된 것이다. 이 절은 범죄물과 웨스턴 장르의 사례를 들며 장르의 기본 틀을 구성하는 요소를 설명할 것이다.

▨ 연습문제 4.2 ▨

표 4.1의 교차표를 활용해 여러분이 알고 있는 장르의 속성을 메모해보자.

〈표 4.1〉

장르	배경	등장인물	내러티브	도상학	스타일	스타
TV 범죄 시리즈물						
느와르 영화						
'하드보일드' 탐정 소설						
SF						
멜로드라마						

1) 등장인물

1장에서 보았듯이, 등장인물은 '행동 영역'으로 간주하는 게 유용한 방법이 될 수 있다. 하지만 장르 관점에서 볼 때 우리의 관심사는 주인공, 여주인공, 악당 등의 **유형**(type)에 있다. 많은 장르에서 등장인물은 장르적 유형으로 분류할 수 있는데, 이들은 스테레오타입을 반영하거나 장르 고유의 특성을 지닌다. 예를 들면, 어떤 스테레오타입적인 매춘부는 텍스트의 등장인물이기도 하고 현실의 실제 사람을 지칭할 수도 있다. 다른 한편으로는, 경찰 영화와 텔레비전 시리즈물에서 (보통 남성인) 경감이나 경위라는 등장인물은 장르적인 캐릭터다. 이 장르적 캐릭터는 중심역인 주인공의 상관(4장 4절에서 설명한 '조직인')이며 보통 범인을 쫓는 주인공의 행동을 '억세'하려 한다. 우리는 이러한 캐릭터를 '실제 삶'에서 만나지 못하거나, 아니면 적어도 논픽션 텍스트에서조차도 그다지 자주 보지는 못하기 때문에, 이 캐릭터는 스테레오타입이 아니다. 요약하자면, 스테레오타입은 장르적 유형일 수도 있고 현실에 존재할 수도 있지만, 장르적 유형은 오로지 텍스트에서만 존재한다.

오늘날의 범죄 장르 텍스트에서 주인공(프로프가 말한 주인공)은 보통 경찰이나 사립 탐정이고, 웨스턴에서는 〈40정의 총(Forty Guns)〉(1957)과 〈쟈니 기타(Johnny Guitar)〉(1954) 같은 예외도 있기 하지만 대개 남성인 선한 카우보이다. 범죄물 텍스트에서 여주인공은 흔히 악당의 위협에 노출된다. 웨스턴에서는 대부분 여성이 주변화되므로 여주인공은 흔히 집에 머물며 문명을 가꾸는 역할로 축소된다. 악당은 범죄물 텍스트에서는 보통 범죄자이거나, 웨스턴에서는 '붉은 피부색의 인디언(북미 원주민)'이 아니면 나쁜 카우보이(예를 들면, 가축 털이범)다.

2) 배경

배경은 장소(공간)와 시간 측면에서 정해지는 위치를 지칭한다. 범죄물 텍스트는 보통 현대의 도시를 배경으로 하고, 고전적인 영화에서는 금주령(the Prohibition)* 시절의 시카고가 배경이 된다. 웨

* 금주령 시대는 1920년에서 1933년 사이 미국에서 수정헌법 제8조에 의해 술의 생산, 수입, 유통이 금지되던 시절을 말한다. 19세기 말 알코올 중독과 가정 폭력, 정치적 부패 등 온갖 사회악의 원인으로 술이 지목되면서 이를 법으로 금지하려는 사회운동이 여성단체나 기독교 세력을 중심으로 일어났고, 실제로 일부 주에서는 술 금지가 입법화되었다. 이러한 배경에서 전국적인 차원에서 술을 금지하는 제도가 도입되었다. 하지만 금주령이 실제 술 소비를 줄이지도 못했고 오히려 다양한 범죄를 증가시키는 배경이 되었다. 특히 술을 불법적으로 조달하는 범죄조

스턴의 배경이 되는 장소(미국 서부 변방)와 시간(1865~1890년 사이)은 매우 구체적이다. 웨스턴은 야생과 문명(이항대립) 간의 갈등, 즉 남북 전쟁기에서 시작해 북미의 동서부가 대륙횡단 철도로 '통합'될 때까지 서부 변방에서 일어난 갈등을 다룬다.

3) 도상학

도상학은 어떤 장르와 연관된 대상이나 소리를 지칭한다. 도상학이라는 용어는 에르빈 파노프스키(Erwin Panofsky, 1955)의 예술비평에서 유래해 시각적 기호만을 지칭했다. 하지만 우리는 또한 청각 기호도 특정한 장르와 연관짓기 때문에, 우리의 목적상으로는 도상학이 '시각과 소리'를 모두 다룬다는 점은 자명하다. 우리는 총과 쇠락한 도시 거리를 범죄물 장르와 연관짓는다. 웨스턴의 도상학은 카우보이 모자, 6연발 권총, 말 등으로 아주 정확하게 정해져 있는데, 이는 아마도 시간적 시점이 아주 좁게 설정되기 때문일 것이다.

도상학적 소리는 디에게시스적 기호와 디에게시스 외적 기호를 모두 지칭한다. 웨스턴의 테마 음악(디에게시스 외적)으로는 생생한 현악기, 스타카토로 연주되는 금관악기, 베이스 드럼 소리로

직이 빠르게 성장했는데, 대표적인 사례가 시카고를 중심으로 한 알 카포네의 조직이었다. 알 카포네는 일명 '스카페이스(scarface)'나 '공적 1호(public enemy no.1)'로 악명을 떨치면서 소설이나 문학, 드라마의 소재로도 다루어졌다. 알 카포네를 다룬 할리우드 영화로는 〈리틀 시저(Little Caesar)〉(1931), 〈스카페이스(Scarface)〉(1932), 〈알 카포네(Al Copone)〉(1959), 〈발렌타인 데이의 대학살(The St. Valentine's Massacre)〉(1967), 〈언터처블(Untouchables)〉(1987), 〈로드 투 퍼디션(Road to Perdition)〉(2002) 등이 있다. —역주

강조되는 빠른 리듬 등이 등장할 가능성이 큰 것과 마찬가지로, 범죄물 텍스트에서는 대개 경찰차 사이렌 소리(디에게시스적 사운드)가 빠짐없이 나온다. 갱 영화에서 청각적 도상학은:

> 갱 영화의 물리적 효과를 엄청나게 증가시켰다. 기관총이 발사되는 무서운 소리, 급 브레이크를 밟는 소리, 자동차 타이어가 미끄러지며 급정지할 때 나는 소리 등이 그 예다(Griffith, 1976, p.112).

또한 도상학은 대상과 소리 이상을 지칭한다고 주장해도 좋다. 예를 들면, 액션 영화는 흔히 '농담 같은 진담'이나 '과장된' 연기 스타일로 유명하다. 도상학은 퍼스(Peirce)가 말한 도상(icon)과 똑같지 **않음**에 유의하라(2장 3절과 5장 8절을 보라).

4) 내러티브와 주제

만일 앞에 나오는 세 장을 읽었다면, 내러티브란 용어가 여러분에게 (그다지) 문제가 되지는 않을 것 같다. 사실상 모든, 아마 실제로는 **모든** 장르 텍스트가 토도로프와 프로프가 설명한 관습화된 내러티브 구조를 따르기는 하지만, 이것들은 각기 자신의 **스토리**를 다양한 방식으로 전해준다. 1장에서 살펴보았듯이, 전형적인 범죄 스토리는 주인공이 악당을 잡아서 범죄를 해결한다는 내용으로 되어 있다. 에드거 앨런 포는 〈도둑맞은 편지〉, 〈모르그가의 살인사건〉*이라는 탐정 스토리를 발명한 사람으로서, 장르를 다

---

* 에드거 앨런 포는 〈모르그가의 살인사건〉(1841), 〈마리 로제의 수수께끼〉(1842), 〈도둑맞은 편지〉(1845) 등 뒤팽이라는 가공인물이 등장하는 세 편의 단편 소설을

음과 같이 정의했다:

> 탐정 스토리의 공식은 탐정이 범죄를 수사하고 해결한다는 내용을 중심으로 한다. <모르그가>와 <도둑 맞은 편지>는 모두 이 패턴의 다음 여섯 가지 주요 단계를 예시해준다. 즉 이 단계들은 (a) 탐정의 소개, (b) 범죄와 단서, (c) 수사, (d) 해결 선언, (e) 해결책 설명, (f) 결말 등으로 이루어진다(Cawelti, 1976, pp.81-2).

▨ 연습문제 4.3 ▨

포의 공식을 1장에 나오는 토도로프의 공식과 연관지어 보자.

우리는 탐정 이야기가 고전적 내러티브 구조를 얼마나 정확하게 따르고 있는지 볼 수 있다. 웨스턴 역시 토도로프의 패턴을 따르기는 하지만, 전형적인 웨스턴 스토리는 내러티브 구조를 그다지 뚜렷하게 반영하지는 않는다. 대본 작가인 프랭크 그루버(Frank Gruber)는 이러한 스토리를 다음과 같이 설명했다:

- 사업 시작에 필요한 요소를 확보하려고 싸우는 유니언 퍼시픽/포니 익스프레스 회사
- 정착민(목축업자 대 농민)
- 헌신적인 법 집행인
- 제2세대가 건설하고 파괴하는 제국(대목장)
- 선한 무법자

발표했는데, 이 작품들은 현대 탐정물의 선구작으로 불린다. —역주

- 복수
- 기병대 대 인디언

위의 스토리를 1장의 예문에 적용해보면 웨스턴 영화가 어떻게 다음과 같이 기본적인 스토리 구조를 구현하는지 알 수 있다:

- 사업 시작에 필요한 요소를 확보하려고 싸우는 유니언 퍼시픽/포니 익스프레스 회사 — '추적' 유형, 즉 황야에서 사업을 시작하려는 시도(예를 들면, 〈철마The Iron Horse, 1924〉)
- 정착민 (목축업자 대 농민) — '피억압자의 저항'물로서 농부들은 결국 목축업자의 속박을 벗어던진다. 농부들이 어떤 방식으로 목축업자를 격퇴하는지(대개 성공한다)에 따라서 '속죄'나 '이방인 구원자' 유형도 될 수 있다(〈위대한 서부인The Westerner, 1940〉)
- 헌신적인 법 집행인 — '추적', '속죄', '이방인 구원자' 유형(〈하이눈High Noon, 1952〉)
- 제2세대가 건설하고 파괴하는 제국 (대목장) — '흥망사'(〈40정의 총, 1957〉)
- 선한 무법자 — '속죄'와 '이방인 구원자' 유형(〈내일을 향해 쏴라Butch Cassidy and the Sundance Kid, 1969〉)
- 복수 — '추적', '피억압자의 저항', '이방인 구원자' 유형(클린트 이스트우드의 수많은 웨스턴 영화)
- 기병대 대 인디언 — 인디언을 괴멸시키기 위한 '추적'(〈아파치 요새Fort Apache, 1948〉)

그루버가 제시한 스토리 외에도 원주인이 되는 '백인' 이야기도 있는데, 이는 '미지의 세계로의 여정'으로 특징지을 수 있다(〈화살의 질주Run of the Arrow, 1957〉).

장르를 활용할 수 있는 방법 중의 하나로는 특정 시점에 어떤 스토리가 지배적인지 살펴보는 것이다. 그루버의 일곱 가지 유형과 달리 윌 라이트(Will Wright, 1975)는 영화에 나타나는 웨스턴 내러티브를 네 가지로 유형화해서 제시했는데, 이는 장르가 시간 경과에 따라 어떻게 발전했는지 설명하는 데 도움이 된다(여기서 연도는 내러티브가 '지배적인 시점'을 가리킨다).

• 고전적(classical) 유형	1930~55	외로운 총잡이가 마을이나 농부들을 구한다(가령 〈셰인Shane, 1953〉).
• 이행기적(transitional) 유형	1950~53	주인공과 여주인공이 정의를 수호하지만 사회에서 배척을 당한다(가령 〈하이눈, 1952〉).
• 복수극(vengeance) 유형	1950~60	학대받는 주인공이 악당에게 복수를 노린다(가령 〈랜초 노토리어스Rancho Notorious, 1952〉).
• 전문직(professional) 유형	1958~70	전문 총잡이가 돈을 받고 일을 맡는다(가령 〈리오 브라보Rio Bravo, 1950〉).

여기에 다음과 같은 범주도 하나 더 추가하고 싶다:

● 수정주의 유형 유형	1970~?	'미국의 노선'이 학살에 연루되어 있어 주인공은 거기에 환멸을 느낀다(가령 〈리틀 빅 맨Little Big Man, 1970〉).

위의 시기 중에 제작된 웨스턴 영화라고 해서 **모두** 반드시 라이트의 범주를 반영하지는 않았다는 것은 분명하다. 하지만 이 범주들은 특정 시점에 장르의 어떤 변형된 형태가 지배적인지 설명하는 데 유용하다. 물론 이 내러티브도 이항대립에 의해 구조화되어 있고 그루버가 제시한 스토리의 '겉모습'을 하고 있을 것이다. 범죄 장르에서는 보통 '법과 질서' 대 '무법과 무질서' 간의 갈등에 의해 긴장이 조성되는데, 이는 선 대 악이라는 깊숙이 자리잡은 신화적 대립항을 표현한 것이다. 수많은 다양한 장르 유형에서 '선'과 '악'의 개념이 환기되지만, 이것들이 어떻게 **표현**되는지는 장르에 달려 있다.

어떤 대립항이 동원되고 어떤 장르가 인기를 끄는지는 한 사회가 특정한 시점에 갖고 있는 관심사에 대한 단서를 제공한다(제3장의 〈수색자〉 분석과 함께 4장 7절에서 SF 픽션이 역사적으로 어떻게 발전했는지를 보라).

5) 스타일

장르는 흔히 특정한 스타일과 연관되는데, 가령 팝 비디오는 역동적 편집, '요란한' 비주얼, 독특한 카메라 움직임 등을 특징으로 한다. 특히 북미의 경찰 시리즈물은 빠른 속도의 편집과 카메라 동작과 함께 빠른 템포의 음악이 따르는 등 액션 영화의 약호를 사용한다(이는 약간 팝 비디오를 연상시킨다). 밀스와 분 출판사에서 나온 대중 시장용 로맨스 소설은 다음과 같이 '화려한 수식이 많은 산문체(purple prose)'를 구사한다:

> 그는 천천히 일어섰고, 그의 손은 그녀의 몸을 더듬어 올라가면서 욕망의 거대한 파도가 그녀의 몸 전체로 퍼져나가게 했고, 그녀가 나지막하면서도 짐승 같은 고통스러운 좌절의 소리를 뱉어내도록 만들었다(Wentworth, 1994, p.90).

물론 이처럼 특정한 스타일이 반드시 장르에 고유한 특징은 아니지만, 해당 장르의 '장르 스타일'을 사용하지 않는 텍스트는 관습을 깨뜨리고 있을 가능성이 크다. 예를 들면, 밀스와 분 출판사 소설의 산문체는 다른 장르에서도 등장할 수 있지만, 이들의 독특한 산문 브랜드를 쓰지 않는다면 대중 시장용 로맨스 소설로 인식되지도 못할 것이다.

4. 장르와 사회

장르는 '똑같으면서도 다르다'는 특징을 갖기 때문에 끊임없이 진화한다. 사회 역시 끊임없이 변화하고, '구성요소의 레퍼토리'가 존재한다는 사실 덕분에 우리는 특정 시기에 특정한 장르 형태가 인기를 끄는 것은, 변종을 생산하고 소비하는 사회 상황과 관련이 있을 것이라고 어렴풋이 서로 연결지어 이해할 수 있게 된다. 장르 텍스트는 상업성을 띤다는 특성 때문에 여기서 아주 유용하다. 만일 특정한 장르 변종이 수용자를 찾지 못할 경우 수많은 비슷한 텍스트도 만들어지지 못할 가능성이 크기 때문이다. 예를 들면, 웨스턴은 북미 영화 산업의 초창기부터 1960년대까지 할리우드의 주력 장르였지만, 그 이후에는 극소수만이 제작되었다. 왜 장르가 더 이상 유행하지 않게 되는지 상상해보는 것은 흥미로운 일인데, 이 점은 5장 6절에서 더 자세히 다룰 것이다.

장르는 오로지 사회의 변화 때문에 바뀌어가는 것은 아니며, 독자적 실체로서도 진화한다. 바르트의 내러티브 약호에 관한 절에서도 살펴보았듯이, 내러티브는 다른 내러티브를 참조하기 때문에 의미가 통한다. 이 점은 장르에서도 적용된다. 따라서 장르 텍스트 제작자는 해당 장르에 관해 잘 알고 있어야 한다. 이들이 만일 기존 관습을 상당 부분 변형시키는 작업을 성공적으로 수행할 경우(즉 인기를 끌 경우)—우연이든 아니든—'이 단서를 통해' 특정한 시대정신에 도달할 가능성이 있다. 만일 이들이 제대로 '주파수를 맞추지' 못한다면 제공된 변형본에 수용자가 호응할 가능성은 낮아진다.

우리는 제작자와 수용자 (물론 이 두 집단은 똑같은 사회의 구성원일 가능성이 크다) 사이의 이러한 상호작용이 다음과 같은 특징을 갖는다고 정리할 수 있다:

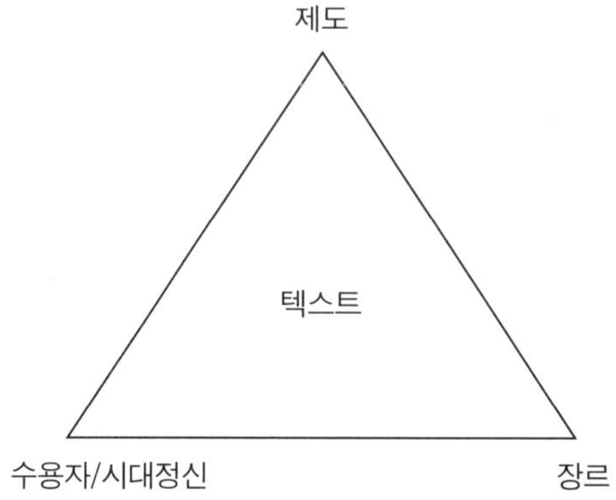

그림 4.2

개별 장르 텍스트는—기관과 수용자 기대치에 의해 표현되는—사회의 산물이자 장르 역사의 산물이다. 이 점은 왜 특정한 내러티브와 주제가 특정 시점에 인기를 끄는지 설명하는 데 도움을 준다. 예를 들면 영국의 텔레비전 범죄 시리즈물에서 다음 두 작품을 비교해보면 일반 공중이 경찰에 대한 환상에서 점차 벗어나게 되었음을 확인할 수 있다. 즉 1950년대의 〈도크 그린의 경찰 딕슨(Dixon of Dock Green)〉*에서는 친절한 딕슨이 악당을 체포한 후 악당의 옷깃을 가리키면서 훈계를 늘어놓는 데 비해, 1990년대에 나온 〈수사선의 이면(Between the Lines)〉**에서는 경찰 내부 비리 수

* 이는 1955년부터 1976년 사이에 영국 BBC에서 432회에 걸쳐 방영된 경찰 드라마로, 런던의 한 경찰서를 배경으로 벌어지는 사건을 다루었다. 여기서 주인공 조지 딕슨은 어른스럽고 동정심 많으며 주민을 따뜻하게 보살피는 영국 경찰('bobby') 이미지를 구현한 인물로 그려진다. —역주

** 이는 영국 BBC 1에서 1992년부터 1994년 사이에 방영된 텔레비전 경찰 드라마 제목이다. 이 드라마에서 주인공인 토니 클라크 형사반장은 경찰 내부의 비리 수사를 담당하는 비리수사국(Complaints Investigation Bureau) 소속으로 나온다.

사를 다루었다(5장 6절도 보라).

수정주의 웨스턴—〈솔저 블루(Soldier Blue)〉(1970)와 〈늑대와 춤을(Dances with Wolves)〉(1990)—의 시기는 '개척시대 서부'와 평행을 이루며 비교되는 베트남 전쟁을 계기로 촉발되었을 수도 있다. 베트남인들은 상징적으로 인디언으로 비유되며, '전통적' 웨스턴에서처럼 야만인으로 묘사되기보다는 학살의 희생자로 비춰진다. 북미 원주민 대학살은 예를 들면 1968년 미군이 베트남 미라이에서 저지른 부락민 학살과 평행을 이루면서 제시되었다.

이 장의 남은 부분에서 수많은 사례 연구를 살펴볼 것이다. 이는 장르를 보는 다양한 방식을 제시하는 데 목적이 있다. 첫째, 구성요소의 레퍼토리를 활용해 '하드보일드' 탐정 픽션물과 느와르 영화를 살펴볼 것이다. 그 후에는 '텔레비전 경찰' 장르를 채택해, 대립항이 어떻게 장르 텍스트를 구조화할 수 있는지 설명할 것이다. SF 역시 구성요소의 레퍼토리를 활용해 살펴볼 것이며, 해당 장르의 간단한 역사를 통해 장르가 시간 경과에 따라 어떻게 진화할 수 있는지 보여주려 시도할 것이다. 또한 〈블레이드 러너-감독판(Blade Runner-the Director's Cut)〉의 검토를 통해 텍스트 한 편의 장르 분석을 제시할 것이다. 멜로드라마를 살펴보면서 이것이 어떻게 장르이자 스타일로서 존재하는지도 보여줄 예정이다.

1970년대까지 경찰의 비리나 직권 남용 사례는 경찰 내부적으로만 처리되었다. 그러나 제기된 사안의 사후처리에 대해 점차 비판의 목소리가 높아지면서 1976년 처음으로 경찰법에 따라 독립된 수사기구가 설치되었다. 이 드라마는 당시의 이러한 시대 배경하에서 만들어졌다. —역주

5. 느와르 영화와 '하드보일드' 범죄 소설 — 구성요소의 레퍼토리

장르는 텔레비전, 문학과 영화 등 수많은 다양한 형식으로 구현되는 개념이다. 이 때문에 장르는 미디어 자체의 분석에서도 유용한 개념이 된다. 예를 들면, SF 문학이 SF 영화와 차이가 있다면, 이 차이는 미디어, 그리고/혹은 그 제도적 맥락에 의해 초래되었다는 것이다. 따라서 장르가 구현되는 방식의 차이를 고찰해 특정한 미디어와 그 생산 수단의 본질적 특성을 찾아낼 수도 있다. 그러므로 느와르 영화와 '하드보일드' 탐정물은 보통 동일한 장르로 간주되지 않지만, (앞으로 살펴보겠지만) 본질에서는 똑같기 때문에 이들 간의 차이는 영화와 문학이라는 미디어의 결과에 불과하다.

1) 역사

느와르 영화의 영화사적 기원은 독일 표현주의 영화에서 유래하며, 그 문학적 씨앗은 제임스 M. 케인(James M. Cain), 대실 해밋(Dashiel Hammett), 짐 톰슨(Jim Thompson), 체스터 하임스(Chester Himes), 레이먼드 챈들러(Raymond Chandler) 등 1930년대 북미 작가들의 '하드보일드' 펄프 소설에서 뿌려졌다. 또한 이 장르를 활용한 현대 작가로는 월터 모슬리(Walter Mosley), 사라 파레츠키(Sara Paretsky), 엘모어 레너드(Elmore Leonard), 제임스 엘로이(James Ellroy) 등이 있다. '하드보일드' 범죄 내러티브는 원래 〈블랙 마스크(Black Mask)〉* 펄프 잡지를 계기로 부상했다. 펄프 문학은 장르 중심적이었고 특히 SF, 전쟁 이야기, 웨스턴과 스포츠 스토리 등을 소재로 다루었다. 아마도 가장 영향력 있는 '하드보일드' 작가라 할 수 있는 해밋은 1923년 첫 번째 '콘티넨털 옵(Continental Op)'** 스토리를 〈블랙 마스크〉 잡지에 발표했다. "해밋은 간결하고 적나라한 스타일을 사실주의적으로 구사하고 섹스와 폭력, 삶의 이면을 '거리낌 없이 다루었다'는 점 때문에 찬사를 받았다" (Krutnik, 1991, p.35).

크루트닉은 새로운 '하드보일드' 스타일을 당시의 관습화된 범죄 픽션물과 비교했다. 관습화된 텍스트는 귀납적 추리 능력에 의존했는데 비해, '하드보일드' 텍스트에서는 추리력이 다음과 같은 요소로 대체되었다:

> [추리력은] 액션이 [대체했고], 미스터리의 요소는 서스펜스로 대체되었다. 총질, 불법적이거나 이국적인 섹슈얼리티, 사회적으로 법을 집행하는 세력의 부패, 주인공에게 닥친 개인적 위험 등이 전면에 배치되었다 … '하드보일드'의 주인공은 범죄자의 지하세계와 정상적 사회의 세계 사이의 매개자 역할을 한다. 그는 정말로 어느 세계에도 속하지 않으면서, 이 두 세계 사이를 자유롭게 오간다 (Krutnik, 1991, p.39).

---

* 〈블랙 마스크〉는 1920년 H. L. 멩켄(H. L. Mencken)과 비평가 조지 네이선(George Nathan)에 의해 창간된 펄프 잡지다. 이 잡지는 모험담, 미스터리, 탐정 스토리, 로맨스 등 다양한 대중적 장르의 내용을 다루었다. —역주

** 콘티넨털 옵은 대실 해밋의 소설에 등장하는 가공인물로서, 콘티넨털 탐정 사무소 샌프란시스코 지점에 고용된 사립 탐정으로 나온다. 1923년 〈블랙 마스크〉 잡지에 처음 선보인 이래, 수십 차례에 걸쳐 해밋 소설의 단골인물로 활약했다. —역주

할리우드는 '하드보일드' 문학에 비해 약 20년 정도 뒤처져 있었다. 헤이즈 검열국(Hays Office)이 시행하는 자율적 검열 체제는 그러한 내러티브를 그리 우호적으로 보지 않았기 때문이다. 1941년 존 휴스턴 감독이 영화화한 〈말타의 매(Maltese Falcon)〉가 첫 돌파구를 마련했음에도 불구하고, 느와르 영화의 주기가 시작한 것은 2년이 더 지나서였다(휴스턴의 〈말타의 매〉는 흔히 최초의 느와르 영화로 인용되고 있지만, 프랭크 크루트닉은 1940년대의 첫 느와르 영화는 〈3층의 이방인The Stranger on the Third Floor〉이라고 주장한다). 이처럼 시차가 발생한 것은 제2차 세계대전이 발발하고 전쟁 관련 이슈를 다루라는 압력이 할리우드에 가해졌기 때문이라고 크루트닉은 설명한다.

1940년대 미국에서는 또한 페이퍼백 대중 시장이 정착되었고 '펄프' 잡지의 수많은 기사는 다시 책으로 나온 후에 영화로도 만들어졌다.

> 이 책들의 표지 일러스트레이션은 중요한 판매 소구점이었으며, … 많은 표지는 섹스와 폭력을 암시해 상당히 선정적이었다. 즐겨 다뤄지는 주제는 총을 들고 남성을 위협하는 여성이었다. 이 이미지는 … 아마도 느와르의 도상학이라고 주장할 수도 있을 것이다(Walker, 1994, p.31).

1929년 당시 수많은 유력 영화 제작자는 모두 그다지 알려지지 않은 독일 다큐멘터리인 〈일요일의 사람들(Menschen am Sonntag)〉에 매달려 있었다고 마놀라 다지스(Manohla Dargis, 1997)는 지적했다. 감독을 맡은 로버트 시오드맥(Robert Siodmak)은 그 후 고전 느와르인 〈살인자들(The Killers)〉(1946)을 제작했고, 극작가 빌리 와일더(Billy Wilder)와 커트 시오드맥(Curt Siodmak)은 각기 〈선셋 거리(Sunset Boulevard)〉(1950)의 감독을 맡고 〈나는 좀비와 함께 걸었다(I Walked with a Zombie)〉(1943)의 대본을 썼다. 조감독인 에드거 G. 울머(Edgar G. Ulmer)는 〈디투어〉(1945)를 감독했고, 카메라맨 에드거 슈프탄(Edgar Schufftan)은 〈검은 거울(The Dark Mirror)〉(로버트 시오드맥 감독, 1946)의 자문을 맡았으며, 보조 카메라맨인 프레드 진네만(Fred Zinneman)은 〈폭력행위(Act of Violence)〉(1948)를 감독했다. 이 아티스트들이 느와르 장르의 '탄생'을 전적으로 책임진 것은 아니지만, 독일 출신이라는 점이 중요하다. 프리츠 랑(Fritz Lang)은 느와르 영화의 발전에서 중요한 역할을 한 또 다른 독일 이주민이었다. 이들은 모두 나치를 피해 1930년대와 40년대에 미국에 건너와 있었다.

〈세븐〉과 〈카피캣〉(모두 1995년작) 같은 영화로, 느와르는 현재 장르로서 부활 비슷한 현상을 맞고 있기는 하지만, 느와르의 고전적 시기는 1941년과 1958년 사이였다. 느와르 영화가 장르인지, 아니면 시각적 스타일인지를 놓고 다소 논란이 일고 있는데, 이 문제는 이 장 후반에서 살펴볼 것이다.

2) 등장인물

(1) 주인공

'하드보일드' 텍스트의 중심인물은 보통 남성이긴 하지만 (최근 나온 예외적 작품으로는 영화 〈라스트 시덕션The Last Seduction, 1994〉, 그리고 소설가 사라 파레츠키의 사립 탐정 V. I. 워쇼스키가 처음 등장한

〈제한보상Indemnity Only, 1982〉이 있다), 이들은 전통적인 '선명한' 주인공과 차이가 있다. 폴 슈레이더(Paul Schrader, 1972)는 고전적인 느와르 시기에 등장하는 세 가지 유형의 남성 주인공을 기술했는데, 이들은 시기는 다르지만 '하드보일드' 문학에도 적용할 수 있다.

사립 탐정/외로운 늑대 (1941~1946)

이 시기에 느와르 영화는 펄프 탐정 픽션물에 등장하는 '하드보일드' 주인공을 가장 충실하게 재현했다. 중심적 역할을 하는 주인공은 흔히 (그의 남성성을 강조해) 거친 사립 탐정이거나, 그렇지 않으면 이와 비슷하게 '외로운 늑대' 캐릭터였는데, 이 둘은 모두 가족도 없고 범죄 세계와 법의 영역 사이에서 활동하는 사례가 많았다. 이 캐릭터는 또한 모든 사회 계급과 접촉하는데, 직업상 '지하세계'의 하급 인생을 상대하지만 종종 대저택에 사는 (그리고 협박을 당하기도 하는) 부유층을 위해 일하기도 한다. 〈말타의 매〉에는 대실 해밋의 캐릭터 샘 스페이드(험프리 보가트가 배역을 맡음)가 등장하는데, 그는 제목에 나오는 새를 찾아내려 고용된 사립 탐정이다.

레이먼드 챈들러의 소설은 수없이 각색되어 영화로 만들어졌는데 〈빅 슬립/명탐정 필립(The Big Sleep)〉(1946, 1978), 〈말로(Marlowe)〉(1969), 〈롱 굿바이(The Long Goodbye)〉(1973) 등이 그 예다. 그는 '외로운 늑대'형 주인공의 전형적 예를 보여주는 사립 탐정 필립 말로라는 캐릭터를 창조했다. 저자는 이렇게 묘사했다:

> 이 험악한 거리에서는 스스로 험악하지 않은 인물, 타락하지 않았거나 두려움을 모르는 사람은 버티지 못한다. 이 부류의 스토리에서 탐정은 그러한 인물이어야 한다. 그는 주인공이자 소설의 모든 것이다. 그는 완벽한 인간이자, 평범한 인간이며, 그러면서도 비상한 인물이어야 한다. 다소 진부한 구절을 사용하자면, 그는 명예를 아는 사람이어야 한다(Cawelti, 1976, pp.150-1).

대다수 내러티브의 주인공과 마찬가지로 이 캐릭터는 본질적으로 선하지만, 세상을 낙천적으로 보지 않는다. 그는 법의 양측에서 가해지는 협박과 매수, 수사를 중단하라는 정치적 압력을 거부해야 할 수도 있다. 유죄 여부를 밝히려는 시도보다는 종종 정의 구현의 욕망이 앞서기도 하는데, 그는 개인적 선택을 통해 이를 달성하려 할 것이다(흔히 법은 정의를 달성하기에는 너무 무력하거나 부패한 것으로 묘사된다). 따라서 이들은 어김없이 정의 추구에 성공하지만, 추적의 결과는 종종 다음과 같이 원래 추구하던 것과 다른 모습으로 나타난다:

> 고전적인 탐정물에서 전형적인 수사의 모습은 다양한 용의자를 하나씩 배제해가면서 마침내 가장 가능성이 낮아 보이던 사람을 지목하게 되는 데 비해, 하드보일드의 주인공은 (수사결과의) 함의 변화라는 복잡한 과정에 정서적으로 연루된다. 모든 것의 의미가 바뀐다. 원래 임무는 또 다른 더 교묘한 플롯의 은폐막에 불과한 것으로 밝혀진다. 희생자라고 생각했던 사람이 악당이고, 연인은 살인자, 믿었던 친구는 부패한 배신자로 드러난다. 경찰과 담당 검사, 그리고 종종 의뢰인까지도 수사를 중단시키려 하고, 겉으로 보기에 점잖

고 성공한 사람이 갱 단원임이 밝혀진다(Cawelti, 1976, p.146).

그러한 '하드보일드' 텍스트의 가장 큰 매력 중의 하나는 잠재적으로 반전의 가능성이 있다는 것이다. 이 장르에서 우리는 '그리고 영원히 행복하게 살았다'는 식의 동화 세계와 작별한다. 대개 악당이 처벌을 받는다는 점은 분명하지만, 〈세븐〉의 결말이 보여주듯이, 세상은 여전히 병든 곳으로 남아 있게 된다.

덜 낭만적인 주인공 (1945~1949)

여기서는 주인공의 도덕성이 좀 더 모호해지고, 내러티브는 길거리 범죄와 정치적 부패에 초점을 둔다. 제임스 M. 케인이 쓴 〈포스트맨은 벨을 두 번 울린다(The Postman Always Rings Twice)〉(1934)에서 부랑자 프랭크 챔버스는 살인자가 되고, 영화 〈노라 프렌티스(Nora Prentis)〉(1947)에서는 점잖고 가정적인 남자인 리처드 탤봇 박사(켄트 스미스가 배역을 맡음)가 흉측한 상처를 입은 후, 결국에는 **자기 자신**을 살해했다는 죄목으로 처형되면서 삶을 마감한다. 이 중 〈포스트맨은 벨을 두 번 울린다〉는 1942년 〈강박관념(Ossessione)〉이라는 제목으로 이탈리아에서 영화화되었고, 할리우드에서도 이름을 바꿔 1946년과 1981년에 영화로 만들어졌다.

케인은 탐정 스토리를 집필하지는 않았지만, 그의 책에서 등장하는 캐릭터는 분명 '하드보일드'에 속한다. 〈포스트맨은 벨을 두 번 울린다〉에서 1인칭 화자인 체임버스와 코라는 살인을 은폐하기 위해 가짜 사고를 꾸며낸다:

팔을 뒤로 빼서 될 수 있는 한 세게 코라의 눈을 때렸다. 그녀가 주저앉았다. 그녀가 바로 내 발밑에 있었다. 그녀의 눈이 반짝였고, 떨고 있던 가슴은 바싹 추켜올려져 나를 향하고 있었다. 그녀가 저기 아래에 있었다. 나는 마치 짐승인 양 목구멍 뒤에서 거친 숨소리를 냈다. 혀는 입안에서 온통 말려 올라갔고 그 안에서 피가 쿵쾅거렸다(Cain, 1985, pp.34-5).*

여기서 화자가 자신의 행동을 긍정적으로 해석하려고 하는 것은 말이 안 된다는 점은 분명하다. 오늘날의 관습을 따르자면 아마도 케인은 '부풀어오른 성기' 대체용으로 '부풀어오른 혀'를 사용했다는 뜻일 것이다.

자살 충돌을 느끼는 정신병적 주인공 (1949~1953)

여기서 주인공은 흔히 킬러이고 내러티브는 절망과 자기분열을 다룬다. 이 단계의 느와르 영화는 아마도 홀로코스트, 히로시마와 나가사키 원폭 투하로 초래된 도덕적 혼란과 혐오를 반영하고 있을 것이다. 〈키스 미 데들리(Kiss Me Deadly)〉(1955)는 사립 탐정 마이크 해머(랠프 미커 분)를 등장시키는데, 그는 정보를 얻어내기 위해 약자의 손을 서랍으로 내리치는 행위를 즐기는 인물이다.

해머는 미키 스필레인(Mikey Sillane)이 만들어낸 캐릭터인데, 카웰티가 보여주듯이, 이 작가는 다음과 같이 본질적으로 우익의 세계관을 갖고 있어 챈들러의 자유주의와 대비를 이룬다:

* 제임스 M. 케인, 이만식 옮김, 〈포스트맨은 벨을 두 번 울린다〉, 민음사, 2007, 70쪽.

> 사람들을 희생자로 노리는 부류의 인간성에 해당하는 일부 쥐새끼를 잡는 일에 나는 거의 안달이 날 지경이었다. 사람들 말이다. 가끔씩 이들은 믿을 수 없을 정도로 어찌 그리 어리석을 수가 있는지. 살인자에겐 법의 심판을. (법의) 조항에는 살인자가 기어 나와 도망칠 수 있게 해주는 허점이 있다. 그러나 결국 사람들은 정의가 실현되는 것을 본다. 이들은 가끔씩 나같은 사람 덕분에 이를 얻는다. 이들은 사회에 타격을 가하고, 나는 이들에게 타격을 가한다. 나는 이들을 미친 개처럼 보고 총으로 쏴버리고 사회는 나를 법정으로 끌고가 그들을 처형한 이유와 목적을 설명하라고 윽박지른다(출처: <나는 심판한다I, the Jury>. Cawelti, 1976, pp.151-2 재인용).

키치스는 다음과 같이 지적했다:

> [갱단원과 마찬가지로] 느와르 주인공의 욕구는 … 하찮은 수준을 넘어서 '거물'이 되는 것인데, [이 점이] 미국인의 심리에 반향을 일으킨다. 미국 사회에서는 행복 추구와 자기실현, 개인주의를 강조하는 것이 소수 견해에 불과하고 세상과 대부분 잘 맞지 않는다는 것을 대다수 미국인은 깨닫지 못하고 있다(Kitses, 1996, p.32).

북미, 그리고 서구 전체가 경제적 성공에 대한 대가로 치르는 것은 세계의 다른 지역에 비해 더 높은 "범죄율, 살인, 자살, 이혼, 청소년 범죄, 알콜 중독, 아동 학대"(Kitses, 1996, p.32)다. 서구는 경제적으로는 더 부유할지 모르나 이는 더 낮은 삶의 질을 대가로 얻은 것이다. 느와르의 주인공은 내러티브에서 경험하는 모든 '성공'에 대해 대개 높은 대가를 치르면서 이러한 모순을 몸으로 체험하며 살아간다.

수많은 느와르 주인공은 참전 군인 출신, 즉 살인 기술을 익힌 후 공포스럽고 당혹스런 상황에서 수년간을 보낸 사람이다. 이 영화들은 흔히 그 결과로 나타난 외상 후 스트레스 장애를 다루었다. 이 주인공은 흔히 의심스런 도덕기준을 갖고 있는데, 과거의 관습에서 벗어나 성적으로 적극적인 여성상과 더불어 종종 전통적인 남성성과 여성성의 정의에 대해 의문을 제기했다는 사실은 놀랄 일도 아니다. 이 남성들은 관습화된 주인공처럼 '빛나는 갑옷' 입은 기사 유형이 아니었고 여성도 정확히 말해 공주가 아니었다.

(2) 여주인공

대다수의 장르 텍스트에서 중심적인 여성 캐릭터의 기능은 플롯의 결말에서 구출되고 주인공에게 (대개 섹스와 함께) 보상으로 주어지는 '공주' 역할이다. 성적 보상은 제임스 본드 영화에서 일종의 장르 고유의 조크가 되었는데, 이 영화 결말에서 흔히 본드는 악당을 해치운 후 상관의 눈을 피해 비현실적인 이름을 가진 공주, 가령 〈골드핑거(Goldfinger)〉(1964)에서 푸시 갈로(Pussy Galore)와 함께 홀연히 떠난다. 여주인공은 흔히 공주로서의 내러티브 기능을 수행하기 때문에 주된 여성 캐릭터는 주로 수동적 섹슈얼리티로 재현되어야 한다. 하지만 느와르 영화와 '하드보일드' 소설은 흔히 팜므 파탈(femme fatale)의 캐릭터를 통해 이러한 재현을 뒤집어놓는다.

> 여성들은 정태적인 상징이 아니라, 파괴적일 정도로 적극적이고 영리하고, 권력을 갖고 있으며, 자신의 섹슈얼리티에서 나약함이 아니

라 권력을 이끌어낸다(Place, 1980, p.35).

팜므 파탈은 남성의 판타지로 계속 남아 있기는 하지만, 적어도 남성 주인공에게 유혹당하기보다는 그를 유혹하는 보상을 받으며, 흔히 그를 파멸에 빠뜨린다. 그녀의 문제점은 자신 역시 대개 파국을 맞게 된다는 것이다. 팜므 파탈은 '하드보일드' 소설에 의해 진공에서 창조된 것은 아니며, 이미 요부(the Vamp)*라는 멜로드라마적 캐릭터의 선례를 갖고 있다.

하지만 팜므 파탈은 단지 성적 적극성 때문에 흥미로운 것은 아니며, 이들은 흔히 관습적으로는 남성의 영역에 속하는 욕망도 갖고 있다. 이는 〈건 크레이지(Gun Crazy)〉(1949)에서는 돈으로, 〈로라(Laura)〉(1944)에서는 독립으로, 〈빅 콤보(The Big Combo)〉(1955)에서는 자유로, 〈밤 그리고 도시(Night and the City)〉(1950)에서는 나이트클럽 소유로 나타난다.

제2차 세계대전으로 유발된 젠더 역할의 급격한 변화는 팜므 파탈의 특징을 촉진했을 가능성이 있다. 여성들은 공장에서 '남성의 일'을 하고 있었고 해외에서 싸우던 남성들은 고향의 부인이나 여자 친구가 무슨 짓을 하고 있을지 조바심을 내며 상상에 빠져 있었다. 남성들의 의심이 낳은 불안감은 팜므 파탈이라는 캐릭터로 의인화되었다. 이는 성적 욕구가 왕성한 캐릭터로서 수많은 관습적 장르에 넘쳐나던, 충실하고 일부일처제를 고수하며 순결을

* '요부(the Vamp)'는 뱀파이어(Vampire)의 약자로 서양 문학과 영화에서 오래전부터 악한 여성 캐릭터를 지칭하는 용어로 사용되었다. 특히 20세기 초반 무성영화 시절에 요부는 '착한 소녀(the Straight Girl)'라는 상반된 캐릭터와 더불어 여성을 묘사하는 전형적 인물상이었다. 오늘날의 팜므 파탈과 비슷한 의미로 사용되었다고 보면 된다. —역주

지키는 여성상과 정반대 모습이었다. 1990년대에 와서 이 장르의 부활 역시 당시 남성적 정체성의 위기에서 유래한다는 주장도 나왔다(Rich, 1995).

고전적인 팜므 파탈로는 필리스 디트리히슨(〈이중배상, 1944〉), 엘자 배니스터(〈상하이에서 온 여인, 1948〉), 매티 워커(〈보디 히트 Body Heat, 1981〉, 이는 〈이중배상〉의 리메이크작이다), 브리짓 그레고리(〈라스트 시덕션, 1994〉) 등이 있다.

팜므 파탈이 유혹적이라고 느끼는 것은 미디어 연구를 가르치는 남성 강사만이 아니다. 페미니스트 비평가 역시 할리우드 텍스트의 전복적 해독을 하는 데에 이 캐릭터를 활용했다(Kaplan, 1980을 보라). 비록 관습적 텍스트의 대다수 여성처럼 팜므 파탈 역시 섹슈얼리티로 정의되기는 하지만, 공주로서의 기능은 결정적일 정도로 훨씬 더 모호해진다. 〈과거로부터〉(영국 개봉작 제목은 〈내 교수대를 높이 지으라Build My Gallows High, 1947〉)에서 캐시 모팟은 언뜻 보기에 악당인 휘트 스털링(커크 더글러스)으로부터 구출돼야 하는 인물이다. 그러나 그녀는 구출하려는 어떤 남자이든 이용하려 한다는 사실이 곧 분명하게 드러난다. 캐시는 다음과 같이 착하고 순결한 앤과 대비를 이룬다:

> [앤은] 아주 뿌리 깊게 전원적인 환경 출신이고, 정태적이고, 까다롭지 않으며 다소 지루한 인물인 반면, 다른 여자(캐시)는 흥미롭고, 범죄적이고, 아주 적극적이며 섹시하다. 영화에서 안전한 여성이 제공하는 흥미 결여는 다른 여성의 감각적이고 열정적인 매력과 너무나 뚜렷한 대비를 이루기 때문에 탐정의 파멸은 불가피하다(Place, 1980, p.50).

팜므 파탈은 흔히 '하드보일드' 남성들이 어떤 대가를 치르더라도 충분히 수용할 만한 성적 흥분을 제공한다. 제임스 M. 케인의 또 다른 작품인 〈이중배상〉의 주인공은 너드링거 부인을 만나기 전까진 아주 안정된 직업인 보험 세일즈맨이었다.

> [이 여자는] 방 여기저기를 걸어서 왔다 갔다 하고 있었고, 나는 이전에는 깨닫지 못한 무엇인가를 보았다. 그 푸른색 잠옷 밑으로 남성을 자극하는 형체가 있었다. … 갑자기 그녀는 나를 응시했고, 나는 내 목뒤로 그리고 모근 깊숙이까지 냉기가 기어올라오는 것을 느꼈다. "사고 보험도 취급하세요?"(Cain, 1985, p.214)

섹시한 몸매는 살인으로 가는 보증수표다. 이 장르에서는 여주인공이 대부분 공주가 아니므로, 주인공은 대개 '희생자 주인공'이 되는 것도 그다지 놀랄 일은 아니다. 이 점은 〈포스트맨은 항상 벨을 두 번 울린다〉의 1946년도 영화에서 확실하게 작용된다. 여기서는 모범적이고 점잖은 남자 이미지의 존 가필드(John Garfield)를 캐스팅했는데, 이는 주인공 역에서 성격의 '변형'은 그 내면의 선한 부분이 타락하는 형태를 띨 것이라는 뜻이다. 하지만 1981년 영화 버전에서 도입부 신은, 잭 니콜슨을 캐스팅한 점과 결합해 이 프랭크 챔버스가 이미 부패한 인물이라는 점을 즉시 보여준다.

하지만 팜므 파탈도 가끔씩은 공주의 기능을 수행한다. 〈로라〉(1944), 〈길다(Gilda)〉(1946), 〈노라 프렌티스〉(1947)에서 여주인공은 남성 주인공을 유혹하고 파멸시킬 의도가 전혀 없다. 내러티브의 문제를 발생시키는 것은 남성이 그녀에게 푹 빠졌기 때문이다. '거의 알려지지 않은' 느와르 〈노라 프렌티스〉는 이 점을 매우 적절하게 예시해주는 사례인데, 여기서는 존경받는 의사가 노라와 '사랑에 빠진다'(부록 1을 보라).

충실하고 일부일처제를 고수하며 순결을 지키는 여성은 수많은 관습화된 장르에만 나올 뿐 아니라 느와르 영화와 '하드보일드' 소설에도 등장하면서 흔히 팜므 파탈과 대비를 이룬다. 〈과거로부터〉의 결말에서 주인공 제프 베일리(로버트 미첨)가 한때 사랑한 순결한 앤은 베일리가 자신을 배신하고 팜므 파탈(캐시 모팟)과 도망갔다는 말을 전해 듣는다. 관습화된 '그리고 영원히 행복하게 살았다'에 해당하는 양성애적 결합은 훌륭하고 다소 동정적인 경찰 조가 앤을 보호하는 것으로 마무리된다. 이는 매우 쓸쓸해 보이는 신이다.

착한 '하드보일드' 주인공은 '악한' 팜므 파탈을 구출하지 못한다. 〈말타의 매〉에서 샘 스페이드는 브리짓 오쇼네시를 사랑하는데, 그녀는 스페이드에게 자신을 버리지 말라고 간청한다.

> 그녀는 그와 거의 얼굴을 맞대었다. 그녀는 벌어진 입술 사이로 혀를 살짝 내밀고 있었다. 그녀는 속삭였다. "당신이 날 사랑했다면 그편을 위해 더 이상 아무 것도 하지 않겠죠."
> 스페이드는 아래 위 치아를 다문 채 그 틈새로 말을 뱉어냈다. "나는 당신을 위해 더 이상 바보짓 할 생각 없어."
> 그녀는 그에게 입술을 포개고 천천히 그의 뒤로 팔을 두르고는 품속에 안겼다. 그녀가 그에게 안겨 있을 때 도어벨이 울렸다(Hammett, 1982, pp.199-200).

스페이드는 그녀를 경찰에 넘긴다. 사라 파레츠키가 제시한 여성 사립 탐정, V. I. 워쇼스키는 요리처럼 전형적으로 '여성적인' 행동을 경찰과 권력 게임의 일부로 능숙하게 활용한다.

> 나는 치즈, 피망, 양파를 가지런하게 잘라 호밀빵에 넣은 다음 위에 빵을 덮지 않은 채로 오븐에 넣었다. 나는 바비와 경사에게서 등을 돌린 채 치즈가 녹기를 기다렸고, 그리고는 전체를 쟁반에 옮기고 손수 컵에 커피를 따랐다. 바비의 숨소리에서 그가 점차 흥분하고 있음을 알 수 있었다. 음식을 탁자에 올리고 건너편 의자에 걸터앉을 무렵이 되자 그는 얼굴이 빨개졌다(Paretsky, 1993, p.31).

실제로 바비를 흥분시킨 것은 의자에 걸터앉는 '남성적' 동작이었음은 의심의 여지가 없다. 하지만 크리스틴 글레드힐이 다음과 같이 지적하듯이, 팜므 파탈의 장르적 특성 규정은 분명히 남성의 환상에 근거한다:

> 느와르 영화에서는 불안정하고 믿을 수 없는 여성상을 일관되게 구현하기보다는 일련의 부분적인 특징이 동시에 공존하는 경향이 있다. … 따라서 예를 들자면 <포스트맨은 항상 벨을 두 번 울린다>에서 코라는 아무런 동기도 없이 잇따라 캐릭터를 전환해 다음과 같이 다양한 역할을 뚜렷이 드러낸다. 즉 1) 성적 매력덩어리, 2) 부지런하고 야망에 넘치는 여성, 3) 불륜관계에서 사랑의 상대역, 4) 두려움에 떨며 보호가 필요한 소녀, 5) 남성 권력의 희생자, 6) 무정하고 잔혹한 살인자, 7) 미래의 엄마, 8) 법의 희생자 등이 그 예다. 말할 필요도 없이 그러한 특징화 방식은 남성의 일관된 도덕적 궤도와 두

드러진 대조를 이룬다(Gledhill, 1980, p.18).

팜므 파탈의 특징을 규정하는 또 한 가지 방식은 다음과 같이 희생자를 포획하면서 동시에 스스로 함정에 빠지고 마는 '거미 여인'으로 보는 것이다:

> <선셋 대로>에서 노마 데스몬드는 다음과 같은 점에서 모든 느와르 영화 중 가장 고도로 스타일화된 '거미 여인'이다. 그녀는 젊은 희생자를 포획하고 마침내 파멸시키기 위해 거미집을 치지만, 비록 시각적으로는 그를 지배하게 된다 해도 스스로 포획되고 마는 것처럼 재현된다. … 거대한 저택에서 그녀는 카메라 움직임을 통제하고 끊임없이 중심적 틀을 차지하지만, 그 집은 또한 그녀에게 스타의 지위라는 신화를 유지하도록 강요하는 가증스런 올가미이기도 하다. 현실과 신화 사이의 모순은 그녀를 분열시키고 마침내 미치게 만들어버린다(Place, 1980, p.43).

느와르 영화에서 범죄를 둘러싼 미스터리는 흔히 여성을 둘러싼 미스터리에 압도당하며, 내러티브는 단지 "여성 문제를 완전히 극복하기란 … 불가능함"(Kuhn, 1982, p.35)을 보여줄 뿐이라는 주장은 주목할 만한 가치가 있다. 즉, 여성은 결국 알 수 없는 존재로 남아 있고, 내러티브 측면에서도 해결될 수가 없다.

(3) 악당

'하드보일드'의 주인공은 정신적 문제가 있는 인물일 수도 있고, 여주인공은 흔히 악한 인물로 등장하고 있음을 살펴보았다.

그렇다면 악당이 이보다 더 악할 수가 있을까? 동성애와 외국인에 대한 공포증세가 있는 할리우드는 휴스턴 감독의 〈말타의 매, 1941〉(소설을 세 번째로 영화화한 작품)의 악당인 조엘 카이로와 캐스퍼 거트맨을 서슴치 않고 동성애자이자 외국인으로 유형화했다. 카이로를 소개하는 미장센은 이 점을 탁월하게 보여주고 있다. 이 배역은 소름끼치는 독일인 피터 로어(Peter Lorre)가 뛰어나게 잘 소화했는데, 여기서 그는 남근의 상징인 그의 지팡이 윗부분을 끊임없이 문지르는 장면을 보여준다. 〈빅 히트(The Big Heat)〉에서 '악역'인 빈스 스톤은 아무런 거리낌없이 끓는 커피를 팜므파탈의 얼굴에 끼얹는다. 느와르의 악당은 부패했을 뿐 아니라 사악하기까지 하다.

(4) 배경

범죄 픽션 내러티브에서는 항상 도시가 등장했지만, '하드보일드' 소설과 그 이후에 나온 느와르 영화의 도시는 매우 달랐다. 19세기 픽션에서 도시는 흔히 이국적인 모험의 장소였다. 하지만:

> 고전적인 탐정 공식의 세계에서 벗어나 미국 하드보일드 스토리의 배경으로 발을 들여놓으면 도시의 모습은 거의 정반대로 바뀐다. 우리는 새로운 아라비안나이트 대신에 텅 빈 근대성, 부패와 죽음을 보게 된다(Cawelti, 1976, p.141).

19세기 멜로드라마(아래 논의를 볼 것)에서 도시는 특히 시골에 비해 위험한 공간으로 특징지어졌는데, '하드보일드' 장르의 도시는 바로 이 멜로드라마에서 단서를 얻는다. 갱 영화와 마찬가지로 (이 장르의) 배경은 허름한 술집과 나이트클럽, 싸구려 호텔방과 경찰서처럼 '하류인생'이 거주하는 장소다. 이 장르는 갱 영화와 관련이 있지만, 이언 캐머론(Ian Cameron)이 주장하듯이 차이점도 있다:

> 갱 영화는 사람들을 끌어들이는 뭔가를 포착할 수 있도록 [도시의] 사치와 전리품 따위를 강조하지만, 느와르 영화에서는 자본주의의 피해자나 굴곡과 같은 도시의 허름한 밑바닥에 초점을 둔다. 영광과 화려함이 비춰지는 곳에는 소외감도 존재하는 것이 전형적인 방식이다(Walker, 1994, p.30).

모든 느와르 영화가 도시를 배경으로 삼지는 않는다. 가령 〈포스트맨을 벨을 두 번 울린다〉는 '정체를 알 수 없는 곳'을 배경으로 삼는다. 니콜라스 레이(Nicholas Ray)의 야심작인 〈어둠 속에서(On Dangerous Ground)〉(1952)는 아주 전형적인 관행을 따라 도시에서 시작하지만, 로버트 라이언이 배역을 맡은 주인공은 살인 수사를 돕기 위해 시골로 파견될 때 도시의 모든 신경증적 증세를 갖고 간다. 레이는 영화 후반에서 눈 덮인 풍경을 배경으로 삼아 도시와 시골 간의 구분을 강조했는데, 이 점에서 이 영화는 (느와르와 반대되는, [즉 흰색을 의미하는]) 블랑 영화(film blanc)라고 할 수 있다!

또한 느와르 영화는 공적 배경을 선호하고 가정을 배경으로 하는 일을 피하는 경향이 있다. 따라서:

> 주인공에게는 식사처럼 기본적인 가정의례는 가정에서 공적인 식사

공간으로 이전된다. 실제로 점심용 간이식당은 이 형식의 진정한 도상 중의 하나에 가깝다(Dyer, 1993, p.57).

이러한 배경은 (3장에서 언급한) 〈디투어〉의 도입부에서 등장한다. 주인공은 가정의 행복을 결코 누릴 수 없는 존재로 이미 운명지어졌는데, 이 배경은 그러한 행복에 대한 주인공의 간절한 욕망을 강조한다.

월터 모슬리와 제임스 엘로이 같은 현대 '하드보일드' 작가들(이들의 소설은 각각 〈블루 데블Devil in a Blue Dress, 1995〉, 〈LA 컨피덴셜, 1997〉로 영화화되었다)은 내러티브의 배경을 과거로 설정했다. 모슬리는 이 장르의 '흑인판'을 시도했고, 엘로이는 1940년대와 50년대 미국의 이데올로기적 상황을 언급하기 위해 실제 범죄 사례를 활용한다.

19세기의 범죄 문학은 존 카웰티(John Cawelti, 1976)의 용어를 빌리자면 '고전적 탐정 스토리'로 특징지어지는데, 이는 에드거 엘런 포에 의해 규정되었다(이 장의 앞부분을 보라). 이 장르는 플롯에서 지성의 힘으로 스토리를 재구성해 폭로하는 남성(아가사 크리스티가 이 장르를 20세기식으로 확장한 미스 마플Miss Marple에서는 여성이다)인 탐정을 즐겨 등장시킨다. 1920년대에 범죄 장르가 '하드보일드'로 발전한 것은 '모더니즘'도 낳은 바 있는 당시의 사회적 급변에 대한 대응이었다(2장을 보라). 이러한 변화는 셜록 홈즈와 그 부류의 전통적 범죄 캐릭터보다는 웨스턴처럼 이미 존재하고 있던 남성적 형태와 공통점이 훨씬 더 많다고 데이비드 글러버는 설명했다:

> 여기서 남성다움은 액션, 속도, 전투, 대결, 추적과 동일시되었으며, 지성은 지성주의보다는 본질적으로 실용적인 정신적 조심성으로 간주되었다(Glover, 1989, p.73).

'하드보일드' 픽션은 특히 20세기적인 장르이며, 당연히 느와르 영화도 20세기 전에는 존재할 수 없는 것이었다는 뜻이다. 이는 현대 사회에서 소외를 다루는 현대적인 장르인 셈이다.

4) 도상학

모든 미디어가 장르 도상학을 활용할 수 있기는 하지만, 이는 이미지 기반의 텍스트에서 의미를 창조하는 데 더 큰 영향력을 발휘한다. '하드보일드' 탐정 소설은 비와 총, 그리고 다음과 같은 사항을 포함해 전통적 의미에서 도상학을 갖추고 있다:

> 도상학적으로 볼 때, 느와르에서 가장 시각적으로 두드러지는 인물은 다음 둘이다. 하나는 속이 비치는 가운을 육감적으로 차려입고 냉정할 정도로 신비로움을 풍기는 팜므 파탈이고, 다른 하나는 트렌치코트와 중절모를 대충 걸치고 있으며 비정하다고 해야 마땅한 사립 탐정이다(Cameron, 1994, p.32).

하지만 느와르 영화에서 가장 두드러진 고유의 시각적 특징은 표현주의 스타일인데, 이는 강렬한 명암 대비를 강조하는 조명(동일한 프레임에 극단적인 빛과 그림자를 담는 기법)과 독특한 카메라 앵글로 특징지어진다. 키 조명과 간접 조명, 배경 조명으로 이루어지는 관습화된 조명 스타일은 느와르 영화에서는 흔히 재조정되어 간접 조명을 생략해 짙은 그림자 구역을 조성하는데, 이를 일컬어 로 키(low-key) 조명이라 한다.

> [로 키 조명은] 흔히 불길하거나 정신이 이상한 인물의 얼굴에 독특하게 강한 하이라이트를 조성한다. 키 조명은 뒤로 옮겨 배우 한쪽으로 밀어내기도 하는데, 이는 '킥 조명(kick light)'으로도 불린다. 아니면 등장인물 밑이나 훨씬 위로 옮겨 부자연스러운 그림자와 기이한 얼굴 표정을 조성할 수도 있다(Place, 1976, p.328).

전통적 영화에서 여성 주역을 향한 조명은 필터를 사용해 빛을 희석시키고 '부드러운' 아름다움을 조성한다. 반대로 느와르식 조명은 딱딱하고 조각 같은 표면을 만들어내 더 관능적이지만 현실성이 떨어져 보이도록 한다. 어두운 그림자 구역의 조성은 배경을 모호하게 해 위협과 미스터리의 느낌을 낳는다.

느와르 영화는 또한 반전통적인 미장센을 특징으로 하는데, 이는 균형을 추구하기보다는 분열과 불안감의 느낌을 유도하려 한다. 문과 창문, 계단, 금속 침대 프레임, 그림자 등 프레임의 구도 장치들은 폐쇄공포증과 편집광의 효과를 만들어내는데, 이 효과를 통해 느와르 내러티브 세계의 허무주의와 절망감을 표현할 수 있다. 감독들은 종종 프레임 내에서 등장인물의 중압감을 강조하기 위해 극단적인 하이 앵글 샷을 사용하기도 한다. 흔히 관습화된 수평적 눈높이 샷을 피하고 그 대신 이상한 앵글과 틸트(tilt)를 선호하며, 수용자에게 방향감각 상실 효과를 높이기 위해 설정 샷을 자제하기도 한다. 불인한 구도를 조성하기 위해 거울도 사용한다

(이후 '내러티브와 주제' 부분에서 논의한다).

와이드 앵글 렌즈 역시 거슬리는 미장센을 만들어낸다:

> [이것들은] 어느 정도 왜곡을 조성하는 특징을 지닌다 … 얼굴이나 물건은 와이드 앵글 렌즈 가까이 오면 바깥쪽으로 부풀어 오르는 경향이 있다. … 이 효과는 느와르 영화에서 흔히 비열한 갱이나 정치인을 클로즈업할 때나, 아니면 운명의 힘이 서서히 압박하며 다가올 때 주인공의 얼굴에 나타나는 공포의 표정을 강화하는 데 사용된다(Place, 1976, p.331).

앞서 말했듯이, 이러한 표현주의의 영향 중 상당 부분은 나치즘을 피해 건너온 독일 감독들에게서 유래했다. 이들은 다른 이들과 함께 할리우드 관습의 규칙을 파괴할 수 있었는데, 이는 느와르 영화가 대개 'B'급 영화라서 제작자의 통제를 덜 받았기 때문이다(Kerr, 1979). 'B'급 지위의 또 다른 결과로 신속하게 촬영을 마쳐야 했기 때문에, 감독에게는 '예행 연습'을 반복할 기회가 거의 주어지지 않았고 흔히 롱테이크(long-take)는 필연적인 사항이었다. 하지만 이러한 한계 때문에 종종 새로운 실험, 특히 전면과 배경이 모두 뚜렷하게 보이는 딥포커스(deep focus) 촬영을 시도할 수 있게 되었다. 이와 반대로, 실제 촬영장소의 사용은 많은 느와르 영화에 다큐멘터리 같은 느낌을 주었는데, 이는 아마도 전시 기간 동안 많은 감독이 짧은 선전물을 촬영해본 경험의 결과가 아닌가 한다. 〈건 크레이지〉에서 은행을 터는 장면은 고도로 스타일화된 장르에서 리얼리즘 미학(이는 한 번의 신으로 '라이브'에다 즉흥적으로 촬영했다)을 사용한 고전적인 예이다.

현대의 느와르 영화는 어쩔 수 없이 컬러로 촬영된다. 그러나 느와르의 색깔은 무엇인가? 스콜세지는 〈택시 드라이버〉(1976)에서 빨간색을 제시했고, 캐서린 비글로우(Kethryn Bigelow)는 〈블루스틸〉(1989)에서 파란색을, 데이빗 핀처는 〈세븐〉에서 갈색을 사용했다.

몇몇 영화 평론가(예를 들면 Place, 1980)가 느와르 영화는 장르가 아니라 시각적 스타일이나 (소비에트의 사회적 리얼리즘과 이탈리아의 네오 리얼리즘처럼) 영화운동이라고 주장하게 된 것은 느와르의 시각적 스타일이 지배적이었기 때문이었다. 이 주장에 따르면, 다른 장르도 느와르의 시각적 스타일을 사용하기 때문에, 느와르 영화의 핵심적 특징은 그 영화만의 것이 아니고 느와르 영화도 장르가 아니라는 것이다. 느와르 영화 스타일을 구사하는 영화의 예를 들자면, 〈랜초 노토리어스〉(프리츠 랑 감독)와 〈쟈니기타〉(감독인 니콜라스 레이는 고전적인 느와르인 〈고독한 영혼In a Lonely Place, 1950〉도 만들었다)와 같은 웨스턴, 〈밀드레드 피어스(Mildred Pierce)〉(1945) 같은 '여성 영화' 혹은 멜로드라마가 있다. 플레이스의 또 다른 주장은 느와르가 장르가 아니라 '영화 운동'이라는 것인데, 그는 고전적 느와르의 시기인 1941~1958년을 지목하면서 "영화 운동은 특정한 역사적 시기에 발생하고 … 장르는 긴 시기에 걸쳐 존재"(Place, 1980, p.37)한다는 점을 근거로 든다. 하지만 최근 네오 느와르의 홍수로 느와르 운동의 생명이 다른 시대에까지 연장된 것처럼 보이게 되면서, 이 주장은 설득력을 상당히 잃었다.

느와르 영화가 시각적 스타일이냐 아니냐를 판별하는 흥미로운 실험적 사례는 〈빅 슬립〉(1946)이다. 이는 관행적으로 '고전적 느와르'로 분류된다. 이 영화는 '외로운 늑대'형 주인공인 필립 말로(험프리 보가트 분)를 등장시키고, 부패(협박, 살인, 포르노)를 다루며, 복합하게 엉킨 플롯을 갖추고 있고(심지어 작가인 레이먼드 챈들러조차 운전기사를 죽인 범인이 누구인지 모르는 것으로 알려졌다), 음란증이라는 팜므 파탈적 속성을 지닌 캐릭터(카르멘 스턴우드)가 등장한다. 하지만 주인공은 결코 팜므 파탈에 유혹당할 기미조차 보이지 않고, 결말은 (아마도) 정상적인 이성애적 질서가 회복되는 것으로 마무리되며(말로는 로렌 바콜Lauren Bacall이 분한 비비안 루틀리지란 여자를 차지하게 된다), 악당은 응분의 대가를 치른다. 하지만 가장 두드러진 특징은 이 영화가 감독인 하워드 혹스(Howard Hawks)에 전형적인 익명적 스타일로 촬영되었다는 점이다. 바로 "편집과 카메라 동작을 엄격하게 기능적으로 유지하는 냉정하고, 객관적이며 고전적 스타일"이 바로 그것이다(Wood, 1981, p.170). 조명은 단지 신을 밝히는 데만 사용되고 미장센과 카메라 동작은 주로 액션을 매개하며, 딱히 표현적 방식으로 사용되는 것은 없다. 그렇다면 이것도 느와르 영화인가?

내가 보기에 이 장르의 조명 스타일을 사용하지 않는 영화는 느와르가 아니다. 하지만 이는 느와르 영화를 단지 스타일이나 운동으로 국한시키려는 게 아니다. 위에서 언급한 웨스턴처럼 다른 장르에서 느와르의 표현주의 스타일을 사용하는 영화는 '느와르 스타일로 촬영한 영화'가 되며, 이 경우 계속 웨스턴일 뿐이다. 시각적 스타일은 느와르 영화의 일부이지만 그것을 정의하는 특징은 아니다. 내러티브, 배경과 등장인물의 유형도 중요하다. 그렇다면 멜로드라마처럼 느와르는 스타일이면서 장르로도 존재한다.

5) 내러티브와 주제

느와르 영화와 그 '하드보일드'한 원전들의 주제 중에는 현대 세계의 도덕적 불안정성이 있다는 점을 이미 '주인공'에 관한 고찰에서 살펴보았다. 주인공은 프로프가 말한 '주인공' 기능을 취할 수는 있으나 그렇다고 해서 이들이 '선하다'는 뜻은 아니다. 도회적 세계의 동화로서 그 장르는 단지 허무주의적 시각을 제공할 뿐이다. 뒤바뀐 정체성이라는 내러티브 장치가 사용되고 미장센에서는 거울이 흔히 사용되는데, 이를 통해 정체성의 모호함은 구체화된다. 〈빅 히트〉에서 어떻게 거울이 도상학적으로 사용되면서 팜므 파탈의 속임수를 나타내는 시각적 기호로 작동하는지에 콜린 맥아서는 주목한다:

> 빈스 스톤에 대한 데비의 애정은 배니온으로 옮아가기 시작한다. 그녀가 '이중성'을 띠고 있다는 사실은 이후 신에서 시각적으로, 또 소름끼치게 제시되는데, 이 신에서 스톤은 그녀에게 배니언과의 관계에 관해 심문하면서 끓는 커피를 그녀 얼굴에 끼얹는다(McArthur, 1992, p.69).

거울은 팜므 파탈의 이중성과 나르시시즘을 의미하는 기표이다. 오손 웰스(Orson Welles)의 〈상하이에서 온 여인〉에 나오는 '거울의 방' 총격 장면은 팜므 파탈인 엘사 배니스터의 몸과 함께 그녀에 대한 주인공의 환상이 모두 산산조각 나는 것을 구체화해서 보여준다.

수용자의 방향감각에 혼동을 주는 두 가지 원천은 플래시백과 보이스오버라는 내러티브 장치의 사용이다. 플래시백은 정도 차이는 있으나 플롯을 파편화하는 기능을 한다. 〈살인자들〉(1946)과 같은 일부 영화에서 여러 등장인물이 전해주는 수많은 플래시백(플래시백의 하나는 신문 기사가 '전해준다')은 미로와 같은 내러티브 구조를 조성한다. 이는 느와르가 자신의 트레이드마크인 뒤엉킨 내러티브를 만들어내는 방식의 하나다. 보이스오버는 내러티브의 의미를 고착화할 것이라는 기대를 낳을 수 있다. 하지만 이 내레이터의 신뢰성 자체에 대해 종종 의문이 제기된다.

> 보이스오버는 우리를 주인공의 경험과 연루시키는 것처럼 보일지 모르지만, 이는 회상된 경험이며 이 설명은 불가피하게 우리를 사건 자체로부터 분리시키게 된다. 사건에 대한 우리의 접근은 스토리텔링 행위를 통해 여과된다. … 플래시백은 더 나아가 사건과 우리 간의 거리를 강조한다. 또한 이 영화들에서는 과거 사건이 주인공에게 어떤 결과를 가져왔는지를 우리는 처음부터, 적어도 부분적으로는 미리 파악하고 시작하는 경향이 있다(Pye, 1994, p.99).

플롯의 시작부터 수용자가 주인공의 (흔히 나쁜) 결말에 대해 미리 갖고 있는 지식은 느와르의 세계에 늘 배어 있는 숙명론을 부추기게 된다. 극단적인 사례인 〈선셋 대로〉(1950)에서는 수영장에 얼굴을 처박고 죽은 시체가 주인공이라는 보이스오버로 시작한다! 이처럼 신뢰성이 떨어지는 보이스오버의 사용은 독일에서 유래했을 가능성이 있다.

<디투어>에서 앨의 내레이션이라는 구상은 '2차 개작(secondary

revision)'이라는 개념을 통해 도달된 … 것처럼 보인다. 지그문트 포로이트의 주장에 의하면, 과거에 대한 우리의 회상은 무의식적 검열에 의해 지배되기 때문에, 잠재적으로 트라우마가 될 수도 있는 요소를 제거하기 위해 우리가 인정하기엔 너무 부담스런 사건의 기억은 완전히 억압되거나 판타지에 의해 재가공된다(Britton, 1992, p.177).

출처: 〈상하이에서 온 여인〉(1947)의 스틸컷.

〈그림 4.3〉 주인공이 팜므 파탈에 갖고 있던 환상이 산산이 부서지는 장면

이 밖에도 다른 전형적인 내러티브로는 행방이 묘연한 대상을 추적하거나(〈말타의 매〉와 〈키스 미 데들리〉), 팜므 파탈의 행방에 초점을 두거나(〈로라〉, 〈길다〉, 〈과거로부터〉), 갱을 중심으로 전개하는(〈빅 히트〉와 〈빅 콤보, 1954〉) 이야기가 있다. 또 한 가지 특징은 플롯 전반에 수많은 희생자가 흩어져 있다는 것이다. 챈들러는 대실 해밋이 범죄물을 노동계급에게 되돌려주었다고 주장할 때 이 점을 언급했다.

> 그냥 시체를 만들어내기 위해서가 아니라 이유가 있어 살인을 저지르는 부류의 사람들에게 헤밋은 살인을 되돌려주었다. … 그는 이들을 실제 모습 그대로 지면에 기록했으며, 그들이 이러한 목적을 위해 습관적으로 사용하는 언어로 말하고 생각하도록 했다(Chandler; Cawelti, 1976, p.163에서 재인용).

이처럼 노동계급의 '세상 물정식' 미학은 '하드보일드' 소설의 스타일에 뚜렷하게 나타난다.

전형적인 장르 내러티브에 관한 이 같은 묘사에 덧붙이자면, 다음 두 가지는 구분해 다루어볼 만한 가치가 있다. 하나는 1장에서 내러티브 측면에서 기술한 것처럼 플롯이 스토리를 '폭로'하는 데 주력하는 '범인 추적물'이고, 다른 하나는 다음과 같은 특성을 지닌 '하드보일드' 탐정 내러티브이다:

> [하드보일드 내러티브에서는] 추측할 만한 스토리가 존재하지 않는다. 범인 추적물에 나타나는 것 같은 미스터리도 없다. 그러나 이 때문에 독자의 흥미가 줄어들지는 않는다. 여기서 우리는 완전히 다른 두 가지 형태의 흥미가 존재하는 것을 알 수 있다. 첫째는 호기심으로 부를 수 있다. 이는 결과에서 원인으로 진행된다. 어떤 결과(시체와 이떤 단서)에서 시작해 우리는 이것의 원인(범인과 그의 동기)을 찾아내야 한다. 두 번째 형태는 서스펜스인데, 여기서 전개는 원인에서 결과로 이어진다. 먼저 원인, 도입부의 전제(강도질을 모의하는 갱들)가 제시되고 그 후 벌어질 일, 즉 어떤 결과(시체, 범죄, 싸

움)에 대한 기대치로 흥미가 유지된다(Todorov, 1988, p.161).

우리가 앞서 제시한 내러티브의 정의는 '원인-결과'의 연쇄였고, 범인 추적물은 이 연쇄를 얼마나 뚜렷하게 보여주는지 살펴보았다. '하드보일드' 소설은 이러한 연쇄에서 양쪽 방향으로 다 움직인다고 토도로프는 설명했다.

6) 스타일

느와르 영화의 스타일은 도상학 항목에서 이미 살펴보았다. '하드보일드' 소설의 산문 스타일은 다양하지만, '세상물정식' 색깔이 다채로운 방식으로 구현된다는 공통점이 있다. 예컨대, 해밋은 다음과 같이 단순명료하고 '객관적'인 스타일을 구사한다:

> 녹색 주사위들은 초록색 테이블 위를 굴러가 모서리에 부딪힌 후 다시 튕겨 나왔다. 주사위 하나는 윗면에 두 줄로 흰 점 여섯 개를 드러낸 채 모서리 못 미쳐 멈추었다. 다른 하나는 굴러서 테이블 중앙으로 나와 맨 위에 점 하나를 보이며 정지했다(<유리 열쇠The Glass Key>, Hammett, 1982, p.11).

해밋이 다룬 주제에서는 '길거리'가 뚜렷하게 부각된다. 하찮은 주사위가 떨어지는 모습을 아주 자세하게 묘사한 것은 중요한 단계로 전개되는 과정을 고양시킨다. 단지 주사위가 구르는 데 그치지 않고 어디에 떨어지는 것 자체가 중요해진다. 카웰티가 지적했듯이:

수식적이고 정서적 언어에서가 아니라, 평면적이고 정서적으로 공허하지만 극도로 투명한 산문과, 그것이 묘사하는 충격적인 사건과 캐릭터 간의 충돌에서 글의 영향력은 발생한다(Cawelti, 1976, p.174).

이와 달리 챈들러는 다음에서 볼 수 있듯이 훨씬 더 '시적'이다:

한 남자도 표지판을 올려다보고 있었다. 자유의 여신상을 처음으로 본 얼뜨기 이민자처럼 일종의 희열에 도취된 표정으로 먼지 낀 창문을 쳐다보고 있었다. 그는 덩치가 컸지만, 키가 6피트 5인치를 넘지는 않았고 맥주 트럭보다 더 옆으로 벌어질 정도는 아니었다. 그는 나에게서 10피트 정도 떨어져 있었다(<안녕 내 사랑Farewell, My Lovely>; Chandler, 1975, p.145).

챈들러는 펄프 같은 장르의 제약에서 벗어나 지적 존경을 얻고 싶어했지만, 무스 말로이라는 캐릭터의 덩치를 지칭하기 위해 '맥주 트럭'이란 표현을 사용한 것은 여전히 '길거리'의 시각을 갖고 있음을 강하게 드러낸다. 그의 산문은 냉소적이고 비꼬는 듯하며 신랄한 말로이의 내러티브 보이스를 반영하며, 과장법의 독특한 사용은 그의 책을 읽기 즐겁게 만들어준다.

현대 '하드보일드' 작가들은 이러한 추세를 계속 유지하는데, 이는 예컨대 제임스 엘로이의 〈정체를 알 수 없는 어둠의 세계(The Big Nowhere)〉에서 잘 나타난다:

제복 경찰이 잘난 체하는 게 역겨워 대니는 일어섰다. 아무 말도 하지 않았더니 그 자식은 갑자기 펀치를 날렸다. 다리가 후들거리고 속이 뒤집혀 요동쳤다. 그는 남자의 시신 주변의 지면에 현장 표지판을 세웠는데, LA 경찰의 구두가 주변을 완전히 짓밟고 지나갔고 순찰차는 조금이나마 남아 있을지도 모르는 차바퀴 자국을 완전히 지워버린 것을 보았다(Ellroy, 1994, p.2).

경찰 속어("제복 경찰flunky harness bull", "무차별 구타sucker-punch", "현장 표지판five-cell" 등)의 사용은 내레이터가 세상물정에 밝은 사람임을 알려주는 표현이다. 또한 인용문에는 화자로서 챈들러의 냉소주의가 드러난다.

이 부분은 분명히 이 장르를 총괄적으로 살펴보려는 의도에서 서술한 것은 아니다. 분명 느와르 영화와 '하드보일드'가 비슷하긴 하지만, 이 둘을 동일시하는 게 타당한지도 논란의 여지가 있다. 한 가지 마지막으로 주목할 사항은 비평 담론에서 프랑스어 단어를 사용한 것과 관련이 있다. 물론 팜므 파탈이란 용어가 '치명적 여성(fatal female)'보다 듣기에 더 좋은 것은 분명하지만, 그보다 프랑스어 단어를 사용한 이유는 다른 데 있다. 프랑스 비평가들이 언뜻 별개의 것으로 보이는 수많은 1940년대 'B'급 영화가 어떻게 서로 공통된 요소를 갖고 있는지에 주목해 이 장르를 '발명'했기 때문이다. 제2차 세계대전 끝 무렵 파리에서 수많은 할리우드 영화가 상영되었을 때 이러한 인식이 싹텄다. 이 영화 간에 나타난 뚜렷한 유사성 중의 하나는 표현주의 시각 스타일과 더불어, 프랑스에서 느와르 시리즈라는 편리한 구호 아래 출판된 '하드보일드' 원전을 사용했다는 점에 있다.

6. TV 경찰 장르: <뉴욕 경찰 24시> — 장르의 대립항

경찰 장르는 텔레비전에서 가장 인기 있는 장르 중의 하나다. 보통 어떤 시점에든 이 유형의 프로그램은 무수히 방영되며 흔히 시청률도 좋다. (이 장르의) 확실한 매력은 부분적으로는 액션 시퀀스를 볼 기회를 준다는 데에 있으며, 앞서 살펴보았듯이 범죄 해결로 주어지는 내러티브의 즐거움도 작용한다. TV 경찰 프로그램은 특히 내러티브 세계 재현에서 리얼리즘 미학을 대단히 중시하기 때문에, 수용자 중 다수에게는 경찰이 실제로 작동하는 방식에 관한 정보 중 상당 부분의 출처가 된다. 오늘날 수많은, 특히 북미의 TV 경찰 프로그램에서 설정하는 허름하고 자연스런 배경은 이러한 리얼리즘을 부분적으로 표현하는 기호가 된다. 예를 들면, 〈뉴욕 경찰 24시〉의 타이틀 시퀀스는 '다운타운' 길거리, 즉 범죄가 들끓고 '법과 질서'의 집행자에게 특히 여건이 나쁜 전형적인 공간을 몽타주로 비춰준다.

이 절은 장르가 어떻게 대립항으로 구조화되어 있는지 살펴볼 것이다. 지오프리 허드(Geoffrey Hurd, 1981)는 텔레비전 범죄 시리즈의 틀을 구성하는 7가지 대립항을 기술했다. 비록 허드는 1970년대 영국 경찰 시리즈물인 〈스위니(The Sweeney)〉를 검토했지만, 그의 대립항은 〈뉴욕 경찰 24시〉와 같은 오늘날의 텔레비전 프로그램에도 적용할 수 있다. 따라서 이 절의 목적은 등장인물, 배경, 도상학과 내러티브를 살펴보는 게 아니라, 1993년 북미에서 방영된 〈뉴욕 경찰 24시〉 첫 번째 에피소드에 초점을 두고 여기서 대립항이 어떻게 구현되는지 다룬다(이 장르는 5장에서도 살펴본다).

1) 첫 번째 에피소드의 내러티브 개요

켈리와 시포위츠는 파트너인데 시포위츠가 음주 문제에다 삼류 갱인 알폰소 히아르데야에 집착하는 바람에 사이가 벌어진다. 이 에피소드는 판사가 히아르데야에 대한 시포위츠의 소송을 조작임에 분명하다며 기각하는 장면으로 시작한다. 켈리의 부인은 그와 이혼하고 켈리는 리칼시의 '유혹'을 받는다.

시포위츠는 히아르데야를 공격했다가 정직을 당한다. 시포위츠는 매춘부에게서 위안을 얻는 상태에서 갱의 총격을 받아 가사상태에 빠진다. 그는 위중한 상태다. 켈리는 이에 분노해 히아르데야를 '쓸어버리기' 위해 히아르데야의 두목인 메리노를 괴롭히기 시작한다. 해당 에피소드는 리칼시가 메리노 밑에서 일하고 켈리를 죽이라는 지시를 받은 사실이 폭로되는 것으로 끝난다.

2) 허드의 대립항

(1) 경찰 대 범죄

텔레비전 프로그램은 사회에서 경찰의 억압적 기능(예를 들면 그린피스와 지구의 벗Friends of the Earth* 같은 압력집단의 감시 역할)을 간과한 채 범죄자 체포 역할에만 초점을 맞추는 경향이 있다.

〈뉴욕 경찰 24시〉: 범죄 시리즈물에서 내러티브상의 문제는 거

---

* 데이비드 블로워가 1969년 미국 샌프란시스코에서 처음 설립한 환경단체다. 그린피스, 세계자연보호기금과 더불어 대표적인 환경운동 단체로 꼽힌다. —역주

의 늘 범죄자('악당')에 의해 초래된다. 단 한 가지 예외는 1990년대 초반 BBC의 연속극 〈수사선의 이면〉으로 경찰 비리에 대한 경찰 자체 수사에 초점을 두었다(Lacey, 1998a를 보라). 〈뉴욕 경찰 24시〉는 갱이라는 장르적 등장인물 덕분에 이 패턴에 들어맞는다(메리노는 허스키한 목소리에 '사업' 중심이란 특성을 갖춘 마피아 유형의 인물인데, 이는 〈대부The Godfather, 1971〉를 연상시킨다). 하지만 〈뉴욕 경찰 24시〉는 주요 등장인물 간의 팀워크 갈등으로 유발된 문제에 초점을 두었다는 점에서 시작 부분이 비관습적이다. 물론 이 시점에서는 시포위츠가 시리즈에서 주된 등장인물이 될 것인지가 명확하지 않다.

(2) 법과 규정

법은 자연적 정의의 압도적인 도덕적 구현체로 간주된다(말하자면 나쁜 '녀석들', 즉 악당은 대가를 치르고, 악은 처벌받아야 한다). 경찰의 정의 추구 과정을 지배하는 제약, 규칙은 위반할 수도 있다. 중요한 것은 최종 결과일 뿐이다. 잠시 다른 매체의 예를 들자면, 클린트 이스트우드의 〈더티 해리(Dirty Harry)〉는 '악당을 잡기 위해' 일상적으로 규칙을 깨뜨렸다.

〈뉴욕 경찰 24시〉: 유죄가 분명해 보이는 히아르데야를 얽어매려는 시포위츠의 시도로써 법의 실패를 보여주는 장면으로 에피소드는 시작한다(그는 '뚱뚱하고 눈매가 심술궂으며' 그의 변호사는 완전한 대머리로 나오는데, 이는 '악함'을 표현하는 편리한 기호 구실을 한다). 그렇지만 이러한 실패가 일시적이라는 것은 의심의 여지가 없으며, 방영 시간의 상당 부분 동안 켈리는 마리노의 영업에 개입하는 식으로 규칙을 깨뜨리는 데 열중한다.

(3) 전문직업주의 대 조직

주인공은 전문 직업인이지만 '조직인'이라는 점 때문에 업무 수행에서 더 큰 어려움을 겪는 것이 변함없는 특징으로 나온다. '조직인'은 범죄를 해결하는 일보다는 조직 위계에서 자기 지위를 지키는 데 더 관심을 기울인다.

〈뉴욕 경찰 24시〉: 늘 관습화되어 있듯이, (장르적 유형인) 경위는 시포위츠와 켈리가 규칙을 우회해 정의를 구현하려고 시도할 때 끊임없이 저지하려 한다. 하지만 경위가 옳은 선택을 하는 것으로 묘사되는 다음 두 가지 상황이 있다. (1) 경위가 시포위츠를 '현장에서 철수'시키고, 켈리는 '시포위츠를 길들이려' 노력해보겠다며 이것이 옳은 방향의 결정이라는 데 동의한다. (2) 켈리가 메리노를 만나러 들이닥칠 때 그는 실수로 조직 범죄 전담반의 도청 마이크를 못 쓰게 만든다.

(4) 권위 대 관료제

주인공의 권위는 조직위계 내에서의 지위가 아니라 전문직업주의에서 얻은 것이다. 수많은 범죄 텍스트에서 하급자는 상급자보다 더 뛰어난 인물로 묘사된다.

〈뉴욕 경찰 24시〉: 대다수의 범죄물은 형사에 초점을 맞춘다. 형사의 일은 제복 경찰처럼 일상적 업무가 아니고(적어도 텔레비전 세계에서는 오늘날의 경찰이 끊임없는 서류 작업에 메달린다는 사실은 외면한다), 조직 관리에 치중하는 행정직과도 다르다. 이와 비슷하게, 시포위츠가 히아르데야를 '난폭하게 다룬' 후 그를 조사하는 내사과 경찰 역시 '전 생애에 현장이라고는 나가본 적이 없는' 것으로 묘사된다.

(5) 직관 대 테크놀로지

'직감'이 과학 수사보다 더 효과가 있는 것처럼 그려진다. 비록 '과학수사'가 긴요한 단서를 제공할 수는 있지만, 주인공이 그 단서를 직관적 방식으로 잘 활용할 때 결국 악당 체포에 이를 수 있다.

〈뉴욕 경찰 24시〉: 경위가 켈리에게 용의자 명단을 요청할 때, 켈리는 그냥 한 사람 이름, 즉 히아르데야만 적어준다. 그는 히아르데야가 유죄라는 것을 알고 있으며, 절차가 필요하다고 생각하지 않는다. 과학수사는 절차로 특징지어진다.

(6) 대중 대 지식인

경찰관은 그다지 지적인 모습으로는 보이지 않지만 직관은 전문가, 가령 범죄심리학자보다 훨씬 탁월한 인물로 그려진다. 지미 맥거번(Jimmy McGovern)이 대본을 쓴 연속극 〈크래커(Cracker)〉(북미에서는 〈핏츠Fitz〉로 각색되었다)는 주인공이 지식인이라는 점에서 주목을 받았는데, 하지만 이러한 예외는 오히려 '규칙의 존재를 입증한다.'

〈뉴욕 경찰 24시〉: 이 대립항은 해당 에피소드에는 등장하지 않는다.

(7) 동료애 대 계급

위계 내에서 자신의 위치를 소중히 여기는 '조직인'과 달리, 주인공에게 계급은 중요하지 않으며 가장 중요한 관계는 상호 존경에 의해 규정된다.

〈뉴욕 경찰 24시〉: 켈리는 한동안 시포위츠를 '견뎌내고' 있었지만 그의 피격에 대한 켈리의 반응은 전형적이다: 복수를 위해서라면 무슨 짓이든 하겠다는 것이다.

이 대립항들을 적용해보면 〈뉴욕 경찰 24시〉는 경찰 프로그램임을 알 수 있다. 그러나 그것은 우리도 사전에 이미 파악하고 있었다. 하지만 허드의 대립항은 특정한 장르 텍스트가 얼마나 관습적인지 정의하고 평가하는 데 유용하다. 〈뉴욕 경찰 24시〉는 'TV 경찰' 프로그램이 확실하지만 대립항 중 두 가지에서 공식을 깨뜨린다. 즉 우선 도입부에서 시포위츠의 행동에 의해 내러티브적인 문제가 발생한다. 또한 규칙을 어기려던 그의 시도는 실패하고 이 때문에 두 등장인물은 관료제를 비난하지만, 내러티브상으로 보면 이들이 틀렸다는 사실이 밝혀진다.

이 밖에도, 〈뉴욕 경찰 24시〉는 허드의 대립항이 다루지 않은 영역, 즉 스타일에서 변형된 모습을 보여준다. 예를 들면, 동일한 신 내에서의 빠른 편집과 핸드헬드(handheld) 카메라와 망원렌즈 사용은 미장센에 '거친' 느낌을 준다. 첫 번째 에피소드는 누드도 선보였고 북미 네트워크 텔레비전용으로는 생생한 섹스 신도 등장시켰다. 제작자인 스티브 보치코(Steve Bochco)는 혁신적 텔레비전 프로그램으로 정평이 나 있고, 이전에 〈힐 스트리트 블루스(Hill Street Blues)〉와 〈회색 게임(Murder One)〉도 제작했기 때문에, 우리는 당연히 그가 장르 관습을 비틀어놓을 것이라 기대할 것이다. 허드의 대립항을 활용하면, 제작자가 (만일 그런 게 있다면) 어떤 혁신을 도입했는지 찾아낼 수 있다(물론 하나의 에피소드에서 너무 많은 결론을 이끌어내지 않도록 조심해야 하지만 말이다).

장르 전반을 살펴보자. 대립항에서 다른쪽에 비해 한쪽에 더 특권적 위치를 부여하면 어떤 효과가 발생하는가? 내러티브에서 살펴보았듯이, 대립항에서 한쪽을 옹호하는 행위는 이데올로기적 판단을 기반으로 한다. 이는 장르에도 똑같이 적용된다. 'TV 경찰 프로그램'에서 대립항의 위계화는 경찰, 법, 전문직업주의, 권위, 직관, 대중, 동료애를 찬양하는 것이다. 하지만 경찰은 범죄를 해결하고 예방하는 일에만 종사하는 기관이 아니며, 정부가 '전복적' 집단으로 규정하는 세력을 감시하는 억압적 역할도 수행한다. 미디어에서 이러한 행동이 재현되지 않는 것은 사회가 이 유형의 행동에 무지하게 만드는 데 기여한다. 이 밖에도 TV 경찰 시리즈물의 세계에서는 '악당으로 몰린 사람'이 체포되고 기소되는 일은 드물다. 물론 〈크래커〉의 한 에피소드에서는 주인공이 아동 살해범의 자백을 받아냈는데, 알고 보니 그 사람은 무고하고 진짜 살인범은 오리무중임이 밝혀지기는 했지만 말이다. 하지만 영국에서는 경찰이 규정을 어기고 무고한 사람을 기소했다가 수십 년 동안 투옥 후 풀어준 수많은 사례가 최근 밝혀졌는데(그리고 밝혀지지 않은 사례는 얼마나 될까?), IRA 폭파범 용의자인 버밍엄 6인방,* 길퍼드 4인방** 등이 그 사례다. 확실히 이 장르는 '규정'보다는 '법'

* '버밍엄 6인방(the Birmingham Six)'은 1974년 11월 21일 영국 버밍엄의 한 술집에서 발생한 제2차 세계대전 후 최악의 폭탄 테러사건의 범인으로 지목된 6인을 말하는데, 이들은 1975년부터 1991년까지 무고하게 감옥생활을 한 후에야 무죄가 밝혀져 석방되었다. —역주

** '길퍼드 4인방(Guildford Four)'은 1974년 10월 5일 영국 길퍼드의 술집에서 IRA 주도의 폭탄 테러 용의자로 체포된 4인을 지칭하며 이들은 1975년 유죄 판결을 받고 15년간 복역한 후 1989년에야 무죄판결을 받아 풀려났다. —역주

을 우선시한다는 점에서 '자연적 정의'를 강조하지만 규칙 위반이 초래하는 결과는 흔히 설명해주지 않는다. 만일 규칙 위반의 결과를 보여주었다면 이 시리즈의 모습은 얼마나 달라질까?

7. SF: 구성요소의 레퍼토리와 역사

1990년대 말의 SF는 장르로서 특이한 위치를 차지하고 있다. 이는 매우 인기 있는 장르이면서도 (수많은 할리우드 흥행작과 〈엑스파일〉, 그리고 그 파생작이 이를 입증한다.) '유별난 열성족'을 위한 장르로 주변화되기도 한다. SF는 '고급문화' 대 '저급문화' 논쟁의 교차점에 위치한다. 북미에서 SF는 수많은 학자들에게 정식 문학으로 인정받지만, 적어도 영국에서는 '기성' 문학 비평가들에게 여전히 경멸적 취급을 받는다. 작성된 지 20년도 넘었지만, 이 장르의 수용에 관한 테리 카의 다음 서술은 여전히 유효하다:

> SF 작가나 독자는 안목 높은 사람들에게는 늘 익숙한 경이로운 반응을 거의 불러일으키지 못하는데, 여기서 통하는 암묵적인 가정은 SF의 주제는 괴짜거나 엉뚱한 짓에 불과하다는 것이다. [그러나] 우리는 우주 여행, 원자력, 텔레비전과 수많은 다른 SF적 발상이 일상의 사실처럼 자리 잡은 세상에서 살고 있다. 시간이 경과하면서, 30년이나 40년 전이라면 공상적 작가에 불과하던 사람들이 옳았음이 입증되었다(Carr, 1977, p.9).

'안목 높은 사람들'은 문학에서 가장 역동적인 영역 중의 하나를 놓친 반면 (이들은 모든 대중 예술이 엘리트주의적이지 못하다는 사실에 불만을 갖기 때문에 그렇다.) 대중 수용자들은 책이나 컴퓨터 게임이든, 텔레비전 프로그램이든 영화이든 모두 받아들였다. SF 문학은 오랫동안 인기를 끌었지만, 텔레비전과 영화가 이 장르를 활용하려고 시도했을 때 성공 여부는 미지수였다. 특히 1990년대에 들어 '넥스트 제너레이션(Next Generation)' 파생작들이 성공한 것과 비교할 때, 컬트 TV 시리즈물인 〈스타 트렉〉이 1960년대에 등장한 것은 다소 시기가 성급한 것이었다. 〈스타 트렉 9〉가 1998년에 개봉되었지만 첫 번째 영화는 (텔레비전) 오리지널 시리즈가 끝난 후 10년이 지나고 〈스타워즈〉가 성공을 거둔 후인 1979년에야 만들어졌다. 1997년 '전세계' 박스 오피스 실적에서 흥행 상위 10개 작 중 다음 네 편, 상위 20개 작 중 여덟 편이 SF 요소를 적어도 일부는 포함하고 있었다(*Screen International*, 19~25 December 1997. 박스 오피스 집계 기간: 1996. 11. 29~1997. 11. 28).

1. 〈잃어버린 세계: 쥬라기 공원(The Lost World: Jurassic Park)〉 6억 5백만 달러
2. 〈맨 인 블랙〉 5억 3천5백만 달러
7. 〈스타워즈 재개봉작〉 2억 5천5백만 달러
8. 〈제5원소(The Fifth Element)〉 2억 3천5백만 달러

시청률이 가장 높은 텔레비전 프로그램 중에는 앞서 언급한 〈엑스 파일〉(영화판은 1998년에 개봉되었다)과 함께, 비록 북미 네트워크 방송사를 만족시킬 정도로 충분히 많은 수용자를 확보하지 못했지만 〈다크 스카이〉, 〈밀레니엄(Millenium)〉 같은 관련 '컬트'

텍스트가 있었다. 다음에 나올 SF 역사에서 살펴보겠지만, 시기마다 어떤 지배적인 주제가 달라지는 것처럼, 장르가 인기를 끈다는 사실은 이러한 인기 시점의 사회에 관해 뭔가 시사점을 줄 가능성이 있다. 미디어 텍스트와 사회의 관계를 평가할 때에는 진부한 결론이라는 함정에 빠지기 쉽다. 사실상 사회가 미디어 생산에 미치는 실제 효과를 판단하는 일은 대단히 어려우며, 불가능할 수도 있다. 이 점을 감안하더라도, 어떤 효과가 발생했는지 **상상해보는** 일은 흥미로울 것이다. 그렇다면 SF가 출판계에서의 게토화된 위치를 벗어나 인기를 끄는 비결은 무엇일까?

(비록 1995년의 액션 영화 〈크림슨 타이드Crimson Tide〉가 '핵전쟁 공포'를 부활시키긴 했지만) 냉전이 끝난 이후 '빨갱이' 집단은 더 이상 설득력 있는 악당 구실을 하지 못했다. 이 '행동 영역'을 대체한 악당 중의 하나는 테러리스트였는데, 〈트루 라이즈(True Lies)〉(1993)의 아랍인, 〈더 록〉(1995)에서 불만을 품은 군부가 그 예다. 하지만 SF에서는 제작자가 악당의 배경을 이루는 설득력 있는 시나리오를 만들어낼 필요성을 무시할 수도 있다. 가령 〈인디펜던스 데이〉(1996)에서는 세계 정복을 노리는 외계인이면 충분하다:

> "악당 역에 어떤 국가 출신을 쓰는 것은 정치적으로 옳지 않다"라고 [제작자] 에머리히는 설명했다. 그러므로 "외계인은 나치 이래로 영화에 가장 적합한 악당이다"(Rogin, 1998, p.15).

〈엑스 파일〉에서는 외계인이 등장하지만 '악당'으로 구성되지 않으며, 이 기능은 애초에는 '스모킹 맨'으로 설정되었다. 1장에서 논의했듯이, 음모 이론을 강조하는 이러한 유형의 프로그램은 현대 사회에서 의미를 찾지 못하는 소외 계층과 관련된 편집증을 활용한 것일 수도 있다. 이는 포스트모더니즘의 한 특징이라고 제임슨(Jameson, 1992)은 주장한다. 크리스 카터(Chris Carter)의 〈엑스파일〉 후속작인 〈밀레니엄〉에서 뚜렷하게 드러났듯이, 이는 세기말 증상의 한 표현일지도 모른다.

하지만 할리우드에서는 아마 더 평범한 이유도 있을 것이다. 에코가 주장했듯이(1장을 보라), 연속극은 문화 상품을 대량 생산할 수 있는 방안의 하나이기에 자본주의가 총애하는 속성이다. 1977년 〈스타워즈〉의 성공을 계기로 최근 '할리우드의 SF'가 본격적으로 시작됐다. 〈스타워즈〉는 두 편의 후속작으로 이어져 이전 시기를 다룬 작품 세 편 중 첫 편이 1999년에 등장했다. 하지만 할리우드와 자본제 미디어 일반은 후속작의 연속극적 성격을 활용하는 데에만 그치지 않는다. 장르 역시 종종 똑같은 방식으로 가동된다(마케팅 도구로서의 장르는 〈미디어 제도와 수용자〉에서 검토한다). 그래서 〈스타워즈〉가 성공을 거두자 〈미지와의 조우(Close Encounters of the Third Kind)〉(1978), 〈에일리언〉(1979), 〈E.T.〉(1982) 등이 뒤를 이었다. 1990년대 초반에 제작된 〈토탈 리콜(Total Recall)〉(1990)과 〈터미네이터 3편〉이라는 두 편의 고예산 SF물이 있기는 하지만, 현재 SF 관련 영화의 유행은 1994년 개봉작인 〈스타게이트(Stargate)〉의 예상치 못한 성공으로 시작된 것이다. 감독인 롤랜드 에머리히(Roland Emmerich)와 제작자 딘 데블린(Dean Devlin)은 〈인디펜던스 데이〉의 후속작도 만들었다. 할리우드에서 한 작품의 성공은 관련 장르 영화의 주기를 만들어내는데(5장을 보라), 늘 빠지지 않는 '액션' 영화와 더불어 SF가 우연히 현재 총애받는 장르가 된 것뿐이다(종종 이 둘이 결합되기도 한다).

비록 SF가 지금 영화관에서 인기를 끌긴 하지만 이는 아마 장르 자체와 관련이 있다기보다는 현재 할리우드가 특수효과/액션 영화에 집작하고 있다는 점과 더 관련이 있을 것이다. 다음에 나올 부분에서 살펴보겠지만, 이 영화 중 상당수는 '비장르 SF'로 볼 수 있다. 이 영화들의 인기는 단지 관객이 경이로운 최신 컴퓨터 특수효과를 보고 싶어 하기 때문이지, 이 영화들이 '장르 SF'의 중심적 관심사를 다루기 때문은 아니다. 이 용어들의 용례는 나중에 설명할 것이다.

할리우드는 SF 영화를 좀체 SF로 판촉하지 않는다. 예를 들면 〈저지 드레드(Judge Dredd)〉의 마케팅 전략은 액션 요소, 특수 효과와 실베스터 스탤론이라는 스타의 출연에 초점을 맞추었다. 이는 부분적으로는 현재 할리우드의 트렌드가 영화를 장르가 아니라 이벤트 측면에서 마케팅한다는 점을 보여주지만, SF 문학이 주류 바깥으로 간주된다는 점을 인정한 셈이기도 하다. 만일 고예산 할리우드 영화가 '유별난 열성족'이란 틈새 수용자를 대상으로 하는 것처럼 보이게 되면, 이는 상업적 대참사를 의미하게 될 것이다.

SF가 장르로서 주변화되는 이유는 브라이언 올디스(Brian Aldiss)의 역사책인 〈10억 년의 대잔치(Billion Year Spree)〉에 잘 정리해놓았다. 다음에 소개되는 것처럼 압축되고 부분적인 요약일지라도 어떤 장르의 역사에 관한 기술을 살펴보면 이 형식이 사회와 어떻게 관련되어 있는지에 관해 통찰력을 얻을 수 있을 것이다. 여기서 구성요소의 레퍼토리는 현대 장르 관습에 초점을 맞추고 있지만, 과거에는 양상이 달랐을 가능성도 있다. 그러므로 현재 모습을 이해하려면 장르가 어떻게 발전해왔는지에 관한 지식이 필요하다.

1) SF의 역사

물론 장르는 역사에 따라 변화한다. 말하자면 장르는 특정한 시점, 특정한 사회의 산물이다. SF는 이카루스의 신화 같은 그리스 신화나 셰익스피어의 〈템페스트〉 같은 작품으로 거슬러 올라간다고 주장하는 이도 있었다. 심지어 〈길가메시 서사시〉에도 '판타지성' 여정이 포함되어 있다. 하지만 SF가 언제 시작되었는지 판단하려면 우선 장르를 정의할 필요가 있다. 본질적으로 SF는 **현재**에 관한 것이다. 이는 '만약에 …' 라는 가상의 시나리오에 기반할 수도 있고, 인간이 된다는 것의 의미를 다루는 내러티브가 될 수도 있다. 브라이언 올디스는 다음과 같이 좀 더 학술적인 정의를 제시한다:

> SF는 인간의 정의나 우주 속에서 인간의 위상을 탐색하며, 고도로 발달했지만 혼동스러운 인간 지식(과학)의 상태를 나타낼 것이다 (Aldiss, 1973, p.8).

이 정의에서 올디스는 최초의 SF 소설이 1818년에 출간된 〈프랑켄슈타인〉(메리 셸리의 작품)이었다고 결론짓는다. 산업혁명에 따른 과학의 발전으로 그 시기가 SF의 잉태와 밀접한 관련을 맺게 되었다고 올디스는 주장한다. SF라고 주장할지도 모르는 이전의 텍스트와 달리, 셸리는 판타지보다는 과학을 강조했다. 생명을 창조하려는 프랑켄슈타인 남작의 시도는 불가능했고 지금도 그렇지만, 이는 마술 지팡이보다는 과학적 실험의 결과였다고 셸리는 주장했다.

인간성을 다룬다는 측면에서 보면, 〈프랑켄슈타인〉은 생명 대 죽음이라는 이항대립을 표현한다. 영화 〈자도즈(Zardoz)〉(1973)에서 주장했듯이, 죽음이 없으면 생명도 없다. 처음에 괴물은 다음과 같은 점에서 아담과 비교되었다:

> 이브가 없다는 결정적 부분만 제외하면 이 피조물의 커리어는 대략 아담과 평행을 이룬다. 우선 그는 창조되고 그다음에는 자신이 살고 있는 세상에 대한 지적 자각을 갖추게 된다. 이 단계에서는 "내 앞에 자비와 관용이 늘 넘쳐났다"(제5장). 그리고 그다음엔 자기 나름대로 탈락을 경험하고 "나의 가슴엔 복수의 정신이 다시 타올랐다"(제16장) (Aldiss, 1973, p.27).

프랑켄슈타인의 괴물은 인간의 행복을 결코 누릴 수 없음을 스스로 자각을 통해 깨닫는다는 점에서 진정으로 가엾은 피조물이다.

> 나는 당신의 피조물임을 기억하시오. 나는 당신의 아담이어야 하지만, 그보다는 아무런 잘못도 없이 당신이 즐거움에서 추방한 타락한 천사에 가깝소. 어디든 기쁨이 넘쳐나는 것 같은데, 오직 나만 거기에서 돌이킬 수 없이 배제되어 있소. 나는 자비롭고 선했지만, 불행이 나를 악마로 만들었소. 나를 행복하게 만들어준다면 난 다시 덕이 있는 존재가 될 것이오(Shelly, 1968, p.364).

프랑켄슈타인 박사는 생명을 창조해 신의 역할을 하며, 소설은 "인간의 권력 남용에 따르는 사회 해체"를 다룬다. "우리는 자연

질서의 왜곡이 또 다른 참사로 이어지는 것을 볼 수 있다"(Aldiss, 1973, p.27). 버거는 괴물이 어떻게 생명과 죽음을 모두 재현하는지를 보여주었는데, 이는 그가 성적 교섭이 아니라 시체의 산물이기 때문이다.

신과 달리 프랑켄슈타인은 자신의 창조물에 여성 반려자를 만들어주기를 거부하기 때문에, 괴물은 새로운 아담이 될 수 없고, 따라서 삶을 누릴 수도 없으며, 죽음으로 저항하는 또 다른 타락천사일 뿐이다. 이 장 후반에서 다루겠지만 150년 후 나온 영화 〈블레이드 러너〉에서 재연된 장면에서 그는 자신의 창조자를 살해한다.

〈프랑켄슈타인〉은 SF와 공통된 요소를 갖춘 장르인 고딕 소설이다. 3장에서 우리는 '판타지의 성격'을 조성하는 데 내러티브 보이스가 어떻게 사용될 수 있는지 살펴보았다. 이러한 텍스트에서는 내러티브 보이스가 우리와 거리를 둔 채 적용되기 때문에 경이로운 일이 발생하더라도 '자연세계'의 법칙을 깨뜨리지는 않는다. 에드거 앨런 포 역시 고딕을 활용해 인간성의 의미의 한계를 탐구했다. 해럴드 비버(Harold Beaver)가 지적했듯이:

> 배나 풍선으로 하든 아편이나 최면으로 하든 [포의] 모든 상상적 여행은 신체의 요구와, 따라서 정상적 지각의 제약에서도 영혼을 해방시키며, 이와 동시에 정신을 그 자신의 묘지, 끊임없이 안으로 파고들며 가지를 쳐나가는 신경 복합체의 감옥에서 분리시키는 것을 목적으로 삼았다(Poe, 1976, p.xx).

〈표 4.2〉

생명	죽음
창조(섹스)	파괴
자연적 출산	자연적 사망
성장	쇠퇴
변화	영구성
인간(사회적 동물)에 의해 통제	신(영혼)에 의해 통제
외부: 빛, 공기, 태양	내부: 어둠, 부패
일체적: 배아에서 생성	해체
느낌	무감각

출처: Berger, 1992, p.151.

정신과 신체의 이중성이라는 또 다른 이항대립에 의해 제기된 질문은 흔히 정신의 '내적 공간'을 다루는 포에게는 분명히 중요한 문제이다. 1900년 전후 세기 전환기에 인간 심리를 탐구한 지그문트 프로이트에 의하면, 인간 행동의 동기에서 많은 부분은 억압되며 리비도(libido, 성적 충동)에서 유래한다고 했다. 고딕 문학은 흔히 이러한 억압을 다루어, 빅토리아 사회에서 그 독특한 세계관에 공감하는 수용자층을 확보했다. '점잖은 모임'에서 성 이야기를 나눌 수 없던 시절에 드라큘라 백작(브램 스토커가 저자) 같은 인물이 '목의 피를 빠는' 이야기는 섹스를 노골적으로 다루지 않았기에 공개적으로 읽힐 수 있었다. '고딕 형태'는 아마도 SF와 호러가 만나는 접점일 것이며, 심지어 SF는 호러의 곁갈래라고 주장하는 비평가도 있다(Heyward, 1996). 이는 분명히 〈에일리언〉(1979) 같은 텍스트에는 적용된다. 그러나 두 장르 모두 인간의 의미를 다룰 수 있긴 하지만, 이 주장은 SF가 그 디에게시스의 근거를 형이상학이 아니라 과학에 둔다는 사실을 망각한다.

인간성에서 정신과 신체의 이중성은 사회에서 부자와 빈곤층이라는 이중성과 짝을 이루었고, 이는 지금도 그렇다. 19세기의 문학은, 당시 '현실의 실태'와 비교했을 때 세상은 사실상 디스토피아였다고 결론짓게 해주는 수많은 유토피아적인 비전에 사로잡혀 있었다. 새뮤얼 버틀러(Samuel Butler)는 (nowhere의 철자를 거꾸로 쓴) 〈에레혼(Erewhon)〉(1872)에서 기계가 인간을 통제하는 미래를 묘사했는데, 이는 빅토리아 시대 영국의 '극악무도한 공장'이나 미국 시카고의 가축 사육장에서 노동자들이 경험한 것과 아마 그다지 다르지 않은 느낌이었을 것이다.

H. G. 웰스는 프랑스인 쥘 베른과 더불어 흔히 '현대 SF 픽션의 아버지'로 인용된다. 그의 첫 책인 〈타임 머신(The Time Machine)〉은 1895년에 출판되었다. 이는 한때 사라졌던 1인칭 서술의 소설이었다. 디에게시스의 내레이터는 시간 여행자의 '환상적' 이야기를 들려주는데, 결말에 가서는 그것이 사실일 수도 있음을 암시한다. 주인공은 기계를 타고 미래로 여행하는데 거기서는 교양 있는 엘로이족을 야만적인 몰록족이 잡아먹는다. 웰스가 그린 미래는 만일 부자가 빈곤층을 계속 '벗겨먹는다면' 어떤 일이 벌어질지를 도착적인 다윈주의의 시각에서 본 것이다. 중산계급은 무력하고 쓸모없는 개인으로 변화한다. 노동자들은 낮의 빛을 견뎌내지 못하는 반인 괴물로 변신한다.

> 이 책의 태도는 복합적이다. 적어도 기계적인 문제점을 잘 해결하는 재능이 남아 있는 덕분에 몰록족은 인류가 자랑스럽게 여겨온 자립심을 더 많이 갖고 있다. 어떤 대안도 수용할 수 없는 것임은 분명하

> 다. 이 책은 점진적으로 기계화되는 영국 사회가 옹호하고 있던 기능적 파편화와 계급의 고립화에 경고를 날리면서, 전체 인류를 위한 강력한 탄원으로 바뀐다(Scholes & Rabkin, 1977, p.202).

웰스는 내레이터가 미래로 여행하도록 한다는 구상을 처음 사용한 사람은 아니었지만, 과학의 활용(**기계**가 필수적이다) 때문에 SF 작가로 규정된다. 이전의 작가 워싱턴 어빙(Washington Irving)이 구상한 내용에서는, [등장인물] 립 반 윙클이 기계 장치를 이용해 수면 중에 미래로 이동한다.

웰스는 사회주의자였기에 빅토리아 영국에서 번성하며 맹위를 떨치던 자본주의에 비판적이었다. 브라이언 올디스는 웰스와 베른 모두 인간의 조건을 분석하는 데 그 장르를 활용했다며 두 사람에게 우호적 평가를 내린다. 하지만 올디스는 웰스의 동시대인이던 에드거 라이스 버로스(Edgar Rice Burroughs)가 괜찮은 문학 장치인 이 장르를 폐기했다며 나쁘게 평가했다. 모두 1923년에 출판되었지만 웰스의 〈신과 같은 인간(Men Like Gods)〉은 버로스의 〈펠루시다(Pellucidar)〉와 비교된다. 둘 다 판타지물이고, 사람들을 상징으로 사용하며, 나름대로 흥미를 제공한다. 하지만 차이점도 많다.

> 아마 4차원은 속이 빈 지구만큼이나 현실성이 낮을 것이고, 반스테이플의 모험은 인즈의 모험만큼이나 설득력이 떨어진다. 하지만 웰스의 판타지 장치인 4차원은 단지 우리가 그의 유토피아로 이르도록 해주는 구실을 할 뿐이다. 유토피아는 너무나 중요하기 때문에, 다만 간결하고 흥미롭게 다루기만 한다면 거기에 도달하게 해주는

> 장치의 현실성은 그다지 중요하지 않다. 반면에, 버로스의 <지구 내부 세계(Inner World)>는 이야기의 전부를 차지하며, 내러티브는 대부분 거기서 날아다니는 돌과 화살, 거기서 키우는 맹수 이야기로 가득 차 있다(Aldiss, 1973, p.157).

'장르 SF'와 '비장르 SF'라 불리는 것들의 구분을 보여주는 훌륭한 사례는 다음과 같은데(Clute & Nichols, 1993), 전자는 인간성의 문제를 다루는 반면에, 후자는 단지 액션-모험 내러티브용으로 장르의 장치를 사용하는 것으로 정의된다. 비장르 SF도 SF 장르에 속한다고 서술하는 것은 혼란을 초래할 가능성이 있다. 아니면 대안으로 '장르 SF'를 '경성 SF'로 부르고, '비장르 SF'는 '연성 SF'로 부를 수도 있다. SF가 '문학계'에서 악명을 얻게 된 것은 버로스 같은 '펄프 픽션' 때문이었다. 심지어 1970년대 같은 최근까지도 펄프 잡지는 다음과 같이 정의될 수 있을 것이다:

> [이는] 값싸게 제작된 출판물이다 … 그 내용은 거의 전적으로 삼류 작가들이 지적으로 떨어지는 독자의 구미에 맞춰 사전에 정해진 편집 공식에 따라 작업해 만든다(Ward, 1975, p.432).

'하드보일드' 픽션에 관한 절에서 보았듯이, 펄프 문학에도 거장은 많이 존재한다. 하지만 버로스는 분명히 SF를 주변화하는 데 기여한 주범이었다. 20세기 초반에 버로스가 미친 영향력은 컸지만, '진지한' 작가들은 계속해서 '장르 SF'를 생산해냈다. 그중에서도 특히 카렐 차페크(Karel Capek)의 〈R.U.R.〉(1920), 올더스 헉슬리(Aldous Huxley)의 〈멋진 신세계〉(1932), 올라프 스테이플던

(Olaf Stapledon)의 〈스타 메이커(Star Maker)〉(1937) 등이 이에 속한다. 하지만 이 작가들보다 더 크게 영향을 미친 인물은 휴고 건즈백(Hugo Gernsback)인데, 그는 1926년부터 〈어메이징 스토리스(Amazing Stories)〉에 실린 특정한 펄프 브랜드를 정의하기 위해 '과학픽션(scientifiction)'이라는 구절을 고안해냈다. 버로스는 우주를 새로운 프런티어이자 단지 기본적으로 웨스턴이나 '주인공과 악당의 싸움'이란 내러티브에 불과한 작품의 배경으로만 보았는데, 건스백은 버로스의 그러한 유산을 계승했다. E. E. '닥' 스미스(E. E. 'Doc' Smith)의 모험담(예를 들면 그의 렌즈먼 시리즈)은 스페이스 오페라로 알려지게 되는 흐름의 전형을 보여준다.

> '스페이스 오페라(space opera)'라는 용어는 웨스턴 픽션을 지칭하는 비평 용어인 '기마 오페라(horse opera)'를 모델로 삼는다. 스페이스 오페라는 웨스턴에 전형적인 구조와 플롯을 취하면서 SF의 배경과 장치를 활용하는 작품을 지칭한다(Scholes & Rabkin, 1977, p.170).

수용자 수의 측면에서 역대 최대 규모의 스페이스 오페라는 아마 〈스타워즈〉(1977, 1997)일 것이다. 이 영화는 루크가 집에 돌아와 부모가 살해된 것을 발견하게 되는 장면이 1956년 영화 〈수색자〉를 연상시킨다는 점에서 '우주에서 전개되는 웨스턴'이라 할 수 있다고 조지 루카스 감독은 말했다.

올디스는 펄프 작가들이 이야기를 엮어내는 능력이 뛰어나다고 시인하면서도, 이들이 내놓은 '비장르 SF' 브랜드가 해당 장르의 문학적 신뢰도를 타락시켰다고 믿는다. 그래서 현재 비평계에서 조금이라도 나름대로 대접받는 유일한 SF 문학 텍스트는 기성 작가의 작품, 즉 주류 소설도 써낼 수 있음을 입증한 (J. G. 발라드와 이언 뱅크스Iain Banks 같은) 작가의 텍스트뿐이다. 펄프 작가가 어떻게 작업을 하며 장르는 이와 어떤 관련을 맺고 있는지에 관해 올디스는 다음과 같이 훌륭하게 설명하고 있다:

> 1930년대에 펄프 소설을 써내는 일은 고통스런 경험임에 틀림없다. 공식을 고수하든지 아니면 업계를 떠나야 했다. 참고할 만한 문화적 전통이나 선례 같은 것도 없었다. 낮은 보수 때문에 삼류 작품이 양산되었다(Aldiss, 1973, p.220).

올디스가 보기에, 1938년 J. W. 캠벨(J. W. Campbell)과 그가 발간한 〈어스타운딩(Astounding)〉은 돌파구가 되었다. A. E. 밴 보트(A. E. van Vogt), 로버트 하인라인(Robert Heinlein), 아이작 아시모프, 시어도어 스터전(Theodore Sturgeon) 등 캠벨이 고용한 작가들은 쓰레기 판타지물과 전혀 다른 작품을 내놓았다. 만일 캠벨에게 편집자로서 '총싸움질'과 '진흙탕 싸움' 내러티브를 싫어하는 것 외에 지배적인 직업 기질이 있었다면, 바로 자기 작가들이 기술적 발전 성과에 근거해 미래에 관해 상상하는 것을 좋아했다는 점이다.

아시모프의 '로봇' 이야기를 예로 들어보자. 그는 로봇이 사회의 떼놓을 수 없는 일부가 되는 미래 상황을 가정한다. 그가 쓴 여러 단편 소설은 단지 그러한 사회에서 삶이 어떤 모습일지 상상하는 데 그치지 않고, 전형적인 SF 방식으로 로봇을 이용해 인간이 된다는 것은 무슨 의미인가 하는 질문을 제기한다. 이 소설들에는 '2058년 발간된 로봇 공학 핸드북 56판'이라는 책자에서 따온 다

음 구절이 서문으로 붙어 있다:

> 로봇 공학의 3대 규칙
>
> 1. 로봇은 인간을 해칠 수 없다. 혹은 아무런 조치를 취하지 않아 인간이 해를 입도록 방치해서도 안 된다.
> 2. 인간의 명령이 첫 번째 규칙과 갈등을 일으키는 경우 이외에는, 로봇은 인간이 내리는 명령에 복종해야 한다.
> 3. 로봇은 자신을 방어해야 하는데, 그러한 방어가 첫 번째나 두 번째 규칙과 어긋나지 않는 한 그렇다(Asimov, 1968, p.8).

하인라인은 '미래 역사'에 관한 단편집을 집대성했는데, 이는 하나로 된 세계에서 가능한 다양한 이슈를 다루었다. 가령, 〈생명선(Lifeline)〉(1939)에서 인간의 사망시점을 기계가 예측할 수 있다면 어떤 일이 발생할 것인지 다룬 것이 한 예다. 비록 캠벨의 작가들은 대개 테크놀로지의 잠재적 혜택을 다루었지만, 제2차 세계대전 이후 시기에 많은 SF 작가는 과학과 정치적 발전에 환멸을 느끼게 된다. 단지 기술 발전이 히로시마와 나가사키 원폭 투하를 낳았다는 점뿐 아니라, 냉전으로 이어진 '동'과 '서' 간의 균열에 대한 인식도 작용했다.

홀로코스트 이후의 내러티브는 늘 SF에서도 중요하게 자리 잡고 있었지만(메리 셸리는 1826년 〈마지막 인간The Last Man〉을 썼다), 인간에 의해 인간의 파멸이 가능해진 것은 비로소 원자폭탄 사용 이후에 와서였다. 그러한 대참사 이후는 대개 소수의 생존자가 그나마 남은 인간성의 단편에 매달리는 지옥처럼 묘사된다. 비록 모호하긴 하지만 조지 R. 스튜어트(George R. Stewart)의 〈견디는 지구(Earth Abides)〉(1949)에서 보여주듯이, 과거의 실수에서 교훈을 얻을 수만 있다면 이는 더 나은 사회로 이르게 할 수도 있다. 아니면 월터 밀러 주니어(Walter Miller Jnr)의 〈레이보위츠를 위한 노래(A Canticle for Leibowitz)〉(1959)에서처럼 인간성이 또 다른 대참사로 맹목적으로 나아가는 것을 볼 수도 있다. 1장 시작 부분에서 간단히 살펴본 조지 오웰의 디스토피아 〈1984〉도 이 시점에 출판되었다.

철의 장막이 '내려와' 냉전의 시작을 예고했는데, 이리하여 대립된 두 정치 체제인 공산주의와 자본주의는 서로 자신의 국민 국가를 전복시키려 한다며 비난을 퍼부었다. 동유럽은 독일(그 자체도 동독과 서독으로 분할되었다)과 오스트리아-체코슬로바키아(당시에는 그랬다) 국경을 관통하는 선에 의해 서유럽과 분리되었다. 동유럽은 소비에트 (러시아) 블록의 일부로 간주되었다. 이 '경계'는 이른바 공산주의 국가와 서구의 자본제 국가 간의 분리를 나타냈기 때문에 (제2차 세계대전 동안 영국의 수상이던) 윈스터 처칠에 의해 '철의 장막'으로 불렸다. 핵 전쟁의 위협은 너무나 현실적이었으며, 이는 북미에서는 '적색 공포'와 매카시식의 청문회(하원 비미국적활동조사위원회House Un-American Activities Committee)로 구현되었다. '자유의 나라'인 미국에서는 무수한 사람들이 공산주의의 혐의를 쓰고 감옥에 갔다. 이러한 편집광은 SF에서는 로버트 하인라인의 〈꼭두각시 조종자(The Puppet Masters)〉(1951) 같은 '신체 강탈자(body snatcher)' 내러티브로 구현되었다.

단순한 '외계인 침입' 내러티브에서는 악당의 정체가 명백하다. '신체 강탈자' 변종에서는 인간은 '내부'로부터 '탈취'당한다. 공산주의는 사회를 은밀하게 집어삼키는 교활한 교의로 묘사되었는데, 이 변종은 공산주의에 대한 우파의 이러한 강박관념을 반영했다. '실제 사람들'이 공산주의를 포용할 수도 있을 것이라는 생각은 아예 가능성조차 없다고 여겨졌다. 보수주의자들이 곤혹스럽게 느낀 점은, 이를테면 흑인과 달리, 백인 공산주의자는 '다른 모든 사람'과 똑같아 보인다는 점이다. '신체 강탈자'는 '내부의 적'에 대한 이러한 공포를 깔끔하게 표현해주었다. 똑같은 이유로 동성애도 공산주의와 유사한 존재로 간주되었다.

〈신체 강탈자의 침입(Invasion of the Body Snatcher)〉은 아마 가장 유명한 '신체 강탈자' 영화일 것이다. 1956년에 제작된 첫 번째 버전은 1954년 나온 잭 피니(Jack Finney)의 소설에 근거했다. 당시에 공산주의는 모든 신봉자를 감정 없는 자동기계로 바꿔 국가에 봉사하게 하는 질병으로 묘사되었다. 〈신체 강탈자의 침입〉에서:

> 외계에서 온 씨앗 주머니는 하늘에서 휘날리며 떨어지면서 인간을 복제해 (그들이 자는 동안에) 완벽하고 무감정 상태의 식물성 복제인간으로 대체한다. 이렇게 해서 마침내 획일적으로 단세포적인 사회의 무성적이고 외향적인 자동기계로 지구를 식민화하는 데 성공한다(Hoberman, 1994, p.29).

영화 대본은 주인공인 마일즈 베넬 박사가 모든 사람에게 위협에 관해 설득시키려 하지만 뜻을 이루지 못하는 것으로 끝난다. 탈출은 불가능하다 … 낭비할 시간도 없다. 조치를 취하지 않으면 다음은 당신이 될 것이다! 전형적인 할리우드 방식으로 이러한 '비극적' 결말은 변경되고 FBI가 개입해 문제를 해결했다.

하지만 〈신체 강탈자의 침입〉은 특히 다의미적인 텍스트이다.

이는 '적색 공포'와 관련된 편집증을 풍자했다는 주장도 가능하다. '소도시 미국'의 숨 막힐 듯한 순응성을 조롱한 것일 수도 있다. 심지어 감독인 돈 시겔(Don Siegel)은 외계인은 개개인의 예술적 표현을 '장악'하려 하는 할리우드 제작자라고까지 주장했다! 하지만 당시 '인간처럼 보이는 외계인'에 관해 수많은 영화 텍스트가 나왔다는 사실은 이것들이 당대 수용자의 심금을 건드렸음을 시사한다.

그런데 '거대한 호수' 건너 영국은, 아마 꼭 그렇지는 않을 수도 있었겠지만, 제2차 세계대전 이전의 '세계 강국'이 더 이상 아니라는 사실을 체념한 채 받아들이고 있었다. 대영제국은 해체되고 있었고 미국이 지배적인 서구국가가 된 것은 분명했다. 영국인들이 참사를 소재로 하는 SF를 선호한 것은 전후 시기에 생겨난 환멸을 반영한 것일지도 모른다. 존 윈덤(John Wyndham), 그보다는 다소 덜하지만 존 크리스토퍼(John Christopher) 같은 작가는 브라이언 올디스가 '안락한 참사(cosy catastrophe)'라고 이름붙인 작품을 써냈다.

> 안락한 참사의 본질은 다른 모든 사람이 차례차례 죽어가는 동안 주인공은 제법 즐거운 시간(여자, 사보이 호텔의 공짜 스위트룸, 공짜 자동차)을 보내야 한다는 점이다(Aldiss, 1973, p.294).

윈덤의 '외계 침입자'는 '신체 강탈자'가 아니라 〈트리피드의 날(The Day of the Triffids)〉(1951)에서는 식물이었고, 〈크라켄의 각성(The Kraken Wakes)〉(1953)에서는 목성(혹은 토성)에서 온 바다 괴물이었다. 하지만 〈크라이솔리드(The Chrysalids)〉(1955)에서는 핵 대참사 이후가 등장했고, 〈미드위치의 뻐꾸기(The Midwich

Cuckoos)〉(1957)에서는 마을 여성이 외계인의 아이를 임신하기도 했다. J. G. 발라드가 다룬 참사 종류는 〈미지의 곳에서 불어온 바람(The Wind from Nowhere)〉(1962), 〈물에 잠긴 세계〉(1962), 〈가뭄(The Drought)〉(1965), 〈크리스털 세계(The Crystal World)〉(1966) 등의 제목만 봐도 명백했다.

1957년 이후 SF는 현실과 다른 방식으로 관계를 맺는다. 이 해에 소련 우주선 스푸트니크가 첫 인공위성으로서 지구 주위를 선회했다. 1961년에는 또한 소련인 유리 가가린이 우주에 나간 첫 인간이 되었다.

이처럼 요약된 역사에서는 편리하게도 [작품의] 추이가 시기와 잘 맞아 떨어지는 것처럼 보일 수 있다는 점에 양해를 구한다. 분명 실제로는 그렇지 않다. 하지만 세부사항이 '요약'에 맞아떨어져야 하니, 그렇게 보자면 1960년대는 뉴웨이브 SF가 발전하는 시기다. 이 용어는 영화, 즉 프랑스 누벨 바그에서 유래했다. 이는 전통적인 '장르 SF'와 결별을 의미했고 그 대신 내면의 세계와 가까운 미래와 연관되었다. 이 두 주제 다 새로운 것은 아니어서, 에드거 앨런 포는 19세기 전반에 내면의 세계를 이미 탐구했다(〈고자질하는 심장〉을 보라). 그러나 뉴 웨이브 SF는 또한 섹슈얼리티와 마약 문제를 취급하면서 1960년대의 자유주의(로버트 하인라인의 경우 자유지상주의libertarianism)를 반영했다. J. G. 발라드는 이 시기에 등장한 가장 뛰어난 작가 중의 한 사람이었는데, 그의 단편 '12번 트랙'에서는 불륜 중 키스 소리가 증폭된 사운드를 들으면서 어떤 남자의 정체성이 무너져 내리는 이야기를 다루었다. 뉴웨이브는 또한:

형태적 실험에 대한 거의 의무적인 헌신과 더불어 박식함과 문학적 세련됨을 도입했다. 환각제와 대안적 라이프스타일에서 톨킨식의 판타지 숭배, 존 바트(John Barth)와 리처드 브라우티건(Richard Brautigan), 토머스 핀천(Thomas Pynchon) 같은 소설가의 '포스트모더니스트' 픽션 양식에 이르기까지 1960년대의 널리 알려진 문화적 혁신은 모두 경험 전체가 '과학 픽션'화하고 있다는 인식에 기여했다(Parrinder, 1980, p.17).

당시의 인구 폭발은 존 브루너(John Brunner)의 〈잔지바르에 서다(Stand on Zanzibar)〉(1968)와 해리 해리슨(Harry Harrison)의 〈비켜! 비켜!(Make Room! Make Room!)〉(1966)에서 다루어졌다. 20세기의 가장 중요한 작가 중의 한 명인 필립 K. 딕(Philip K. Dick)도 1960년대에 등장했다. 그는 1950년대 중반 이래로 책을 내고 있었지만, 〈높은 성의 사나이(The Man in the High Castle)〉(1962)의 내용은 주축국(독일과 일본)이 제2차 세계대전에서 승리를 거두었다는 대안적 세계 내러티브였다. 〈안드로이드는 전기 양의 꿈을 꾸는가?(Do Androids Dream of Electric Sheep?)〉(1968)는 이후 〈블레이드 러너〉로 영화화되는데 디스토피아적인 악몽 이야기였다. 딕의 소설에서 전형적인 특징인데, 여기서 등장인물과 독자는 소설 내에서 현실로 설정된 것이 어느 쪽인지 확신하지 못하게 된다. 〈파머 엘드리치의 세 개의 성흔(The Three Stigmata of Palmer Eldrich)〉(1965)에서 화성 식민지 이주자들은 마약을 사용해 삶을 견뎌내지만, 파머 엘드리치의 약으로 대체하자 아예 현실 자체가 없어지게 된다.

1970년대에 이르러 SF는 영국 학계에서 어느 정도 대접을 받기 시작한다. 이안 왓슨(Ian Watson)은 버밍엄 폴리테크닉 대학에서 최초의 SF 강좌 중 하나를 가르쳤다. 또한 1970년대에 그는 예컨대 〈요나 키트(The Jonah Kit)〉(1975), 〈화성의 잉카(The Martian Inca)〉(1977), 〈끼워넣기(The Embedding)〉(1973) 같은 지적으로 도발적인 소설을 잇따라 써냈다.

> 3부로 된 복잡한 플롯을 통해 … [그는] 언어를 통한 커뮤니케이션의 속성에 관해 철저한 분석을 한다. 언어가 우리의 현실 지각을 형성한다는 워프의 가설은 … 적어도 두 개의 하위플롯에서 강렬하게 구현된다. 하나는 어린이에게 인공 언어만 가르치는 잔인한 실험을 묘사하고, 다른 하나는 외계인들이 우리의 커뮤니케이션 양식을 분석해 호모 사피엔스를 이해하려 시도하는 이야기를 보여준다 (Clute & Nichols, 1993, p.1302).

아마도 장르에서 최근 일어난 가장 철저한 혁신은 사이버펑크라는 하위 장르의 등장이었을 것이다.

> 사이버펑크 문학은 미래를 매우 비관적으로 보면서, 다국적 자본제 기업의 등장을 예측하고, 다가올 새로운 테크놀로지가 인간의 일상적인 삶에 미칠지도 모르는 부정적 효과를 보여준다. 사이버펑크 세계에서는 테크놀로지와 펑크가 충돌하고, 테크놀로지를 길거리 수준으로 끌어내린다(Patron-Saints/Gibson website, 1998).

이 하위 장르가 정보 테크놀로지를 강조한다는 점을 감안하면, 위의 정의를 인터넷에서 '다운로드' 했다는 사실도 적절한 일이다.

사이버펑크는 이 장 후반부에서 〈블레이드 러너〉와 함께 더 탐구할 것이다.

SF의 역사를 살펴보았기 때문에, 다음에는 현재 구성요소의 레퍼토리를 고찰할 것이다. 다음 사항은 SF를 장르로 규정하는 속성에 대한 지침으로 유용했으면 하는 취지에서 제시한 것이긴 하지만(올디스가 '고딕 혹은 포스트 고딕 형태로 특징 있게 표현된 것'이라고 말한 것), 너무 엄격하게 받아들여서는 안 된다. 프로프의 형태론과 마찬가지로, 이는 법률 문서가 아니라 그냥 하나의 틀로 사용하자는 취지로 제시되었다. 그런 식으로 [엄격한] 정의를 내리려는 시도는 실패할 수밖에 없다고 일부 비평가들은 주장한다:

> 공통된 텍스트 관습이나 도상학적 유형론의 발굴에 근거해 SF를 추상적으로 개념화하는 것은 헛된 일이거나 해괴한 끼워맞추기로 전락할 수밖에 없다(Longhurst, 1989a, p.193).

하지만 SF는 하나의 장르로서 존재하기 때문에 롱허스트가 말한 헛된 일에서 벗어난 약간의 공통 요소는 있음에 틀림없다.

2) 등장인물

SF에서 장르적 인간 유형은 소수에 불과한데, 아마 '미친 과학자'와 '실용적 공학자' 정도뿐일 것이다. 과학자의 광기는 의학적일 필요는 없고, 단지 그 사람이 어떤 성격의 꿈을 갖고 있는지를 표현할 수도 있다.

▨ 연습문제 4.4 ▨

여러분이 생각하는 '미친 과학자'는 어떤 것인지 설명하거나 그려보자.

이 과학자는 착한 사람일 수도 있고(〈백 투 더 퓨처Back to the Future, 1985〉의 에밋 박사), 잘못된 생각에 사로잡힌 사람일 수도 있고(메리 셸리의 프랑켄슈타인 남작), 악당일 수도 있다(커트 보네것Kurt Vonnegut의 〈고양이 요람Cat's Cradle, 1963〉에 나오는 펠릭스 호니커). '장르 SF'에서 등장인물은 혁신적 과학을 제공해서 내러티브 문제발생을 해결하거나 초래할 수 있는 내러티브 행위자(조력자, 주인공, 혹은 악당)이기 때문에 매우 중요하다.

과학자와 관련된 존재로는 '실용적 공학자'가 있다.

펄프 문학이 성숙해짐에 따라 과학자 주인공의 특징에서도 중요한 변화가 일어났다. 특히 <경이로운 SF(Astounding Science Fiction)>에서 이론적 천재의 역할은 실용적 성향의 공학자에 비해 상대적으로 덜 강조되었다. 이러한 부류의 원형적 사례는 조지 O. 스미스(George O. Smith)의 <등변의 비너스(Venus Equilateral)>(1947)에 등장하는 요원인데, 그는 조의 술집 테이블보에 끊임없이 수리 공식과 설계도를 긁적거린다(Clute & Nichols, 1993, p.1077) .

많은 장르에서처럼 SF에서도 (내러티브 갈등을 해소하는 역할을 하는) '행동형 인간'이 있다. 흔히 여성은 공주의 기능을 수행하지만 적어도 과학자 배역을 맡아 지적 신뢰성을 갖는 존재로 설정될 수는 있다. 때때로 여성은 '미친 과학자'의 딸 역으로 나온다.

만일 내러티브에 외계인이 등장한다면 그 텍스트는 분명히 적어도 SF의 요소를 지니기 때문에, 외계인 역시 등장인물로 볼 수 있다(아마 1970년대의 시트콤 〈모크와 민디Mork and Mindy〉는 예외라고 볼 수 있을 것이다). 하지만 외계인은 인간이 아니기 때문에 전통적인 의미에서 등장인물이 될 수는 없다. 그렇지만 이들은 흔히 억압된 인간의 욕망을 나타내는데, 이 억압은 정신분석학 담론에서 타자로 서술된다. 외계인의 시각은 인간과 근본적으로 다를 가능성이 있어 인간은 결코 진정하게 외계인을 이해할 수는 없을 수도 있다. 분명히 인간이 창작해낸 그 어떤 외계인도 단지 인간의 심리를 반영한 존재일 뿐이며, 그래서 그 결과 등장하는 것은 우리라는 존재에 대한 '타자'로 파악되는 그 무엇, 즉 정상적 탐론에서는 보통 억압되는 그 무엇일 뿐이다.

▨ 연습문제 4.5 ▨

어떤 형식이든 좋으니 여러분 나름대로 생각하는 외계인의 모습을 만들어 보자.

아마 여러분이 외계인을 창작할 때 출발점은 '인간이 아닌' 무엇인가 생각해내는 데 있음을 이미 깨달았을지 모르겠다. 이 작업을 해내는 한 가지 방안은 '인간성'의 정반대를 생각해보는 것이지만, 이러한 정반대는 오직 인간이라는 관점에서만 표현하고 파악할 수 있을 것이다. 그러므로 외계인에 대한 묘사는 우리 마음속의 억압된 생각과 욕망을 반영할 가능성이 크다. 이것들이 '인간이 아닌' 것처럼 보이는 것은 우리가 그것을 부정했기 때문이다. 또 한 가지 가능성은 '당신이 생각해 낸' 외계인은 다른 텍스트에서 창작된 것과 비슷할 수도 있다는 것이다. 모든 장르가 그렇듯이, 상호텍스트성은 SF에서도 의미가 생성되는 주된 방법 중의 하나다.

애넷 쿤은 마가렛 태럿(Margaret Tarratt)이 외계인에 관해 제시한 프로이트 이론을 이렇게 설명했다:

> 외계인과 외계 세력은 … 실제로는 문명이 원시적 무의식, 즉 이드(id)와 겪는 갈등을 외부화한 것이다. 그리고 SF에 등장하는 이 수많은 괴물은 억압된 성적 욕망이 위장된 채 재현된 것이다(Kuhn, 1990, p.92).

타자는 '여성성'이라는 또 다른 방안으로 구현되기도 한다. 즉 여성의 섹슈얼리티는 괴물스럽고, 따라서 남성의 통제를 필요로 하는 존재로 재현된다.

> 수많은 호러 텍스트, 특히 SF 호러 영화에서—부정적인 힘으로 구성된—태고의 어머니상은 변화무쌍한 측면을 가진 존재로 재현된다. 그녀는 <거대한 발톱(The Giant Claw)>에서는 넋을 잃고 바라보는 식인 새의 입으로 나타나고, <놀랍도록 줄어든 사나이(The Incredible Shrinking Man)>에서는 무시무시한 거미로, <죠스(Jaws)>에서는 이빨이 달린 여성 성기/자궁으로, <괴물(The Thing)>과 <폴터가이스트(Poltergeist)>에서는 생생하게 맥박 치는 자궁으로 나타나는 것을 볼 수 있다(Creed, 1990, pp.135-6).

크리드의 아이디어는 '인간의 의미'를 다루는 장르라는 SF의 정의와 잘 들어맞지만, 또한 인간의 의미, 즉 이 경우 여성성의 정의는 불가피하게 이데올로기적일 수밖에 없음을 분명하게 부각해준다. 따라서 가부장적 사회에서는 여성의 억압을 정당화하기 위해 여성의 섹슈얼리티가 '괴물스러운' 것으로 재현된다. 호러 영화가 똑같은 이데올로기적 갈등을 어떻게 표현하는지 알아보려면 5장을 보라.

스타니슬라브 렘(Stanislaw Lem)은 〈솔라리스(Solaris)〉(1961/1973)에서 솔라리스라는 이름의 행성을 뒤덮은 외계의 바다를 창조했다. 인간들은 [행성] 궤도를 돌면서 이 외계 존재를 조사했다. 하지만 인간과 소통하고 이해하려는 시도처럼 보이는 조치로, 행성이 과학자들의 가장 내면적인 욕망과 환상을 구체화하게 되면서, 과학자들은 오히려 자신들이 연구 대상임을 깨닫는다. 주인공인 켈빈의 경우, 이는 최근 사망한 젊은 부인의 부활 형태로 구현된다. 이들의 가장 깊은 내면적 욕망이 구체화된 결과를 보면, 인간에겐 그러한 욕망이 없는 게 차라리 더 나을 것이라고 렘은 시사한다. 〈솔라리스〉는 1972년에 영화화되었고 안드레이 타르코프스키(Andrei Tarkovsky)가 감독을 맡았다.

가장 중요한 SF 작가 중 한 명인 어슐러 르 귄(Ursula Le Guin) 역시 설득력 있는 외계인을 창조해냈다. 〈세상을 가리키는 말은 숲(The Word for World is Forest)〉(1972)에서는 외계인 등장인물 중의 하나가 죽어가면서 사후에 일어날 일에 대해 호기심을 표현한다. 아마 르 귄의 소설 중 가장 유명한 작품일 〈어둠의 왼손(The Left Hand of Darkness)〉(1969)에서 외계인은 양성의 (즉 남자가 될 수도, 여자가 될 수도 있는) 존재로 나온다. 좀 더 최근으로 오면, 메리 도리아 러셀(Mary Doria Russell)이 〈참새(The Sparrow)〉(1997)에서 독창적인 외계인 모습을 창작해 갈채를 받았다.

〈인디펜던스 데이〉(1996)에서처럼, 외계인이 타자를 표현하지 않고 단순히 내러티브상의 악당으로 사용되는 텍스트는 '비장르 SF'일 가능성이 있다.

SF에 등장하는 다른 비인간 캐릭터는 로봇, 안드로이드와 사이보그다. 로봇은 인간의 일을 해낼 수 있는 기계다. 안드로이드는 인간처럼 보이는 로봇이다(이들은 인간과 구분할 수가 없을 정도다). 사이보그는 부분적으로 기계이고 부분적으로 인간이다. 분명히 이 인공적 존재들은 인간성의 개념을 탐구하는 데 이상적인 대상들이다(이 장 뒷부분의 〈블레이드 러너〉를 보라).

아에스킬루스의 〈결박된 프로메테우스〉(대략 기원전 463년경)에 나오는 프로메테우스는 신들에게서 불을 훔쳐 인간에게 기초적인 정신적, 육체적 기술을 가르치는데, 이 때문에 최고신인 제우스는 인간을 말살하려던 원래 계획을 완수하지 못하게 된다. 좀 더 완벽한 종족을 창조하려던 제우스의 계획이 실패한 결과, 우리에겐 불완전성이 그대로 남았다. 로봇, 안드로이드나 사이보그 창조에 관한 SF 내러티브는 인간이 프로메테우스 역할을 맡았을 뿐 프로메테우스 신화의 다른 버전으로 볼 수 있다. 피조물을 창조하는 행위를 통해, 우리는 '불을 만지고 있는' 셈이다(아래에 나오는 '통제되지 않는 기계' 내러티브를 보라).

프로메테우스적 피조물 중 다수는 살과 피를 가진 존재에 비해 더 뛰어나다는 점에서 '인간보다 더 낫다'. 이는 현대 사회에서 더 강화된 물리적 압력을 견뎌낼 수 있는 존재의 필요성을 반영한다.

> 순전한 인간의 신체는 기계적 세계의 스트레스와 충격에 맞게 설계되지 않았다. 현대성[이 가져온 위협]에 대비해 신체는 무장되어야

> 했다. 슈퍼히어로는 1930년대 미국의 산업적 지형에서 등장했다 … 강철 인간 같은 존재는 기계 시대 같은 환경에서 존재하는 데 필요한 자질을 갖추었다. 슈퍼히어로, 로봇 혹은 복제인간의 새로운 신체가 구체적으로 보여주듯이, '인간 존재의 철저한 무력감'은 극복될 수도 있는 것이어서, 테크놀로지로 생겨난 트라우마는 그 자신의 해결책을 만들어냈다. 아니면 <블레이드 러너>의 포스터가 표현했듯이, "인간은 자신의 짝을 만들어냈다. …"(Bukatman, 1997, p.72).

〈블레이드 러너〉에서 복제인간(사이보그)은 인간보다 신체적으로 더 뛰어나지만 노예 대우를 받는다.

3) 배경

수많은 장르가 공간뿐 아니라 시간에 의존해 배경을 규정하기는 하지만, SF는 두 가지 차원을 신축적으로 사용한다는 점에서 독특하다. SF의 배경은 글자 그대로 언제 어느 곳으로든 될 수 있다.

(1) 시간

- 과거: 시간 여행 내러티브 (〈백 투 더 퓨처〉 같은)
- 현재: '만일 외계인이 인간을 탐구하려고 우연히 지구에 남게 되었다면?'처럼 '가상적 상황'의 시나리오 (〈E.T.〉)
- 미래: 필립 K. 딕의 〈안드로이드는 전기 양의 꿈을 꾸는가?〉

시간은 시간 여행으로 조성된 역설을 탐구하는 데에도 사용될 수 있다. 만일 당신이 과거로 여행해 아버지나 어머니를 살해했다면 그냥 한순간에 사라져버리게 될까? 〈터미네이터〉(1984)에서 시간 여행 패러독스는, 존 코너가 카일 리스를 과거로 되돌려 보내 자신의 아버지가 되도록 하는 이야기를 다룬다. 만일 그렇게 하지 않았다면 코너는 존재할 수가 없었기에, 미래의 사건이 과거의 사건을 초래한 셈이다. 그러한 시간 여행 패러독스가 매력적인 데는 프로이트적인 이유가 있다고 콘스턴스 펜리(Constance Penley, 1990)는 주장하는데, 이는 바로 '원초적 장면의 환상'(primal scene fantasy)이다. '원초적 장면'은 부모가 성관계를 맺는 것을 최초로 목격하거나 거기에 관해 상상하는 것을 의미하는데, 어떤 면에서 우리는 자신이 수태되던 장면을 다시 방문하는 셈이다. 이는 우리가 자신의 정체성을 받아들이게 되는 데 중요하다고 프로이트는 주장했다. 〈터미네이터〉에서 원초적 장면은 존 코너가 카일 리스를 아버지로 **선택하는** 장면과 관련이 있다. 여기서 리스는 모순된 인물이다.

> 카일은 공포에 질린 사라에게 명령을 내리는 남성적이고 비정한 투사이지만, 이와 달리 소년스럽고 수줍으며 그녀보다 외모가 상당히 더 젊어 보이는 모습으로 묘사된다. 사라가 점차 신체적으로 그에게 애정을 표하는 장면(그의 상처를 붕대로 감싸고 흉터를 만지는 행위)은 그의 어린애 같음을 강조하며, 사랑을 나누는 신에서 더 경험이 많고 나이든 여성이 젊은 남성을 주도하는 장면도 그렇다. 따라서 카일은 존 코너의 아버지이면서도, 그의 젊음과 미숙함이라는 점에서는 사라의 아들이기도 하다(Penley, 1990, p.122).

〈터미네이터〉는 분명히 가장 흥미로운 SF 영화 중의 하나다. 두 사람 다 인류의 구원자라는 점에서 존 코너의 이름 첫 철자(JC)가 예수 그리스도(Jesus Christ)를 나타낼 수도 있다고 션 프렌치(Sean French, 1996)는 주장한다. 아니면 단지 감독인 제임스 카메론(James Cameron)의 철자를 딴 것일 수도 있다. 카메론은 〈터미네이터〉의 후속작이자 SF 영화인 〈에일리언〉(1986)과 〈어비스(The Abyss)〉(1989)에서도 감독을 맡았고, 〈스트레인지 데이즈(Strange Days)〉(1995)의 대본도 썼다.

좀 기이하지만 로버트 하인라인의 단편 〈당신들은 모두 좀비다(All You Zombies)〉에서도 원초적 장면을 방문하는 장면이 나오는데, 여기서 중심인물은 성전환 수술의 도움을 얻어 자신의 아버지와 어머니가 동시에 되려는 계획을 꾸민다.

(2) 공간

대다수의 사람들은 SF를 '외계 공간'과 연관 짓겠지만, 이 장르는 내면의 공간도 탐구한다. 위의 역사 부분에서도 살펴보았지만, 에드거 앨런 포는 종종 착란 상태인 개인의 정신을 탐구해 인간성의 한계를 탐색했다. 필립 K. 딕의 〈도매가로 기억을 팝니다(We Can Do Memories Wholesale)〉(1966)는 1990년에 영화 〈토탈 리콜〉용으로 각색되었는데, 만일 기억을 이식할 수 있다면 진실과 거짓의 차이를 식별할 수 없게 될 것이라는 착상에 근거해 집필되었다. 영화 〈마이크로 결사대(The Fantastic Voyage)〉(1969)는 과학자의 생명을 위협하는 두뇌 손상을 치료하기 위해 승무원이 잠수함을 타고 과학자의 혈관 속을 여행하는 이야기를 다루었다.

외계 공간이 SF의 배경으로 친숙하기는 하지만, 1957년 이후 러시아인들이 최초의 인공위성을 쏘아올린 뒤부터 이곳은 더 이상 SF만의 전유 공간은 아니다. 오스카 상을 수상한 〈아폴로 13호(Apollo 13)〉(1995)는 SF가 전혀 아니다. 하지만 1950년대에 비슷한 시나리오로 영화를 만들었다면 아마 SF가 되었을 것이다. 이는 역사가 이 장르를 따라잡은 사례이다.

물론 외계 공간은 사실상 작가가 상상할 수 있는 어떤 것으로도 될 수 있지만 대개 다른 행성, 은하계, '먼 우주'로 구성된다. 테크놀로지가 발전함에 따라 새로운 공간도 열렸는데, 바로 사이버스페이스다. 이는 가상현실 혹은 정보 테크놀로지에 의해 생겨난 공간이다.

> [이는] 실질적인 물리적 공간(Tron)으로 나타나든, 아니면 확장되고 흡인력 있는 컴퓨터 인터페이스처럼 형이상학적인 공간 감각으로 재현되든지 관계없이 그렇다(Bukatman, 1997, p.45).

SF가 산업혁명 시기에 탄생했음을 감안하면, 도시가 두드러진 배경을 이룬다는 것은 그리 놀랄 일은 아니다. 이항대립으로서 도시는 시골과 대비되는데, SF의 유토피아는 흔히 농촌을 배경으로 하지만, 디스토피아는 변함없이 도시를 기반으로 한다. 우리는 〈블레이드 러너〉의 디스토피아를 다음에 검토할 것이다. 〈블레이드 러너〉는 1927년에 나온 프리츠 랑의 〈메트로폴리스(Metropolis)〉에 빚을 지고 있다. 〈메트로폴리스〉는 시각적으로 놀라운 도시 경관을 배경으로 하지만 여기서 노동자들은 지하에서 고통스럽게 노동을 해야 했다. 아이작 아시모프의 로봇 스토리 중의 하나인 〈강철도시(The Caves of Steel)〉에서는 리에 베일리라는 탐정이 등장하는데, 여기서는 사실상 완전히 도시 기반의 미래 지구를 배경으로 설정했다.

> 도시 문화는 식량의 최적 배분, 효모와 수경 재배법의 점진적인 활용을 의미했다. 뉴욕시는 2만 평방 마일이 넘는 지역에 퍼져 있고, 지난 인구조사에서 인구는 2천만 명을 훨씬 넘겼다. …
> 이치 시티는 경제적으로 거의 자족적인 준자치 단위가 되었다. 도시 위를 지붕으로 덮고, 주변에 장벽을 치며, 도시를 지하화할 수도 있었다. 이는 강철 동굴, 엄청나게 훌륭하고 자족적인 강철과 콘크리트 동굴이 되었다(Asimov, 1958, p.23).

1980년대에 이르면 사이버펑크의 등장으로 다음과 같이 전혀 다른 배경이 구현되었다:

> 산업 시대의 팽창주의적이고 가시적인 기계 장치가 점차 정보시대의 비가시적 테크놀로지로 옮겨가게 됨에 따라 이 장르에 재현의 위기가 나타났다. 1980년대의 많은 과학 픽션, 특히 사이버펑크의 목적은 인간들이 글로벌하면서도 잘 드러나지 않는 데이터 유통 영역과 상호교류할 수 있도록 해주는 새로운 위치를 구축하는 데 있었다. 즉 새로 떠오르는 전자 영역을 장악하기 위한 새로운 정체성이 목적이었다(Bukatman, 1997, p.46).

사이버 스페이스는 내면의 공간과 (정신 외부에 존재하는 것으로 정의되는) 외부의 공간 사이에 직접적인 상호작용을 가능하게 해준다고 주장할 수도 있다. 가상 현실은 테크놀로지의 '내면적 공간', 신경 단위로서의 칩을 3차원적으로 재현한다.

4) 도상학

▩ 연습문제 4.6 ▩

SF와 더불어 연상되는 대상은 무엇인가?

여러분이 이 장르의 팬인지 아닌지는 그다지 중요하지 않으며, 누구든 목록을 만들어낼 수는 있었을 것이다. 다음 목록은 완벽한 상태를 목표로 한 것은 아니다.

- 광선총: 1956년작 고전인 〈금지된 행성(Forbidden Planet)〉과 〈스타워즈〉(1977)를 보라.
- 신시사이저 음악: 〈금지된 행성〉에서 테레민(Theremin)*의 이용이 한 예다. 〈스타워즈〉는 '심포니 악보'로 그 액션-모험물로서의 권위를 강조했다. 사운드가 특히 기괴하고 이상할 경우, 신시사이저는 현대적임을 함축한다.
- 미래주의적 의상: 분명히 미래의 패션은 알려진 바가 없기 때문에 어려운 작업이다. 뤽 베송(Luc Besson)은 〈제5원소〉(1997)에서 장 폴 고티에를 디자이너로 설정해 이 문제점을 깔끔히 피해갔다. 최첨단 패션이 대체로 그렇듯이 분명히 고티에의 디자인은 어쨌든 '이 세상 바깥의' 것이다. 물론 중요한 것

---

* 테레민은 연주자의 물리적 접촉 없이도 작동되는 전자 악기의 일종이다. 1920년 러시아의 물리학자 레프 세르게예비치 테레민이 개발했다. —역주

은 의상이 미래를 함축하는가 하는 것이다. 예를 들면, 〈롤러볼(Rollerball)〉(1974)에 나온 '미래주의적' 의상 개념은 당시에는 그럴듯했을지 몰라도 이미 절망적일 정도로 시대에 뒤떨어져 보인다. 〈블레이드 러너〉는 많은 등장인물이 마치 1940년대 느와르 영화의 등장인물처럼 차려입게 해서 문제점을 피해 갔다.

- 우주선: 즉 실제로 존재하는 우주선처럼 보이지 않는 우주선을 말한다. 제임스 본드 영화 〈문레이커(Moonraker)〉(1979) 속의 우주 셔틀은 분명히 SF 도상학의 한 예는 아니었다.
- 외계인: 이 책 집필 시점에만 해도 (만일 51구역 음모론을 실제로 믿는 사람이 아니라면) 외계인들은 분명히 가공의 창작물이었다. 외계인의 겉모습을 묘사하는 관습은 전적으로 픽션 텍스트에서 영향을 받는다. 예를 들면, 지능이 고도로 발달한 종족의 커다란 두뇌 구멍(〈미지와의 조우, 1978〉와 이전에 나온 수많은 텍스트), 〈에일리언〉 프랜차이즈에 나오고 〈인디펜던스 데이〉에서 재탕되는 벌레 모양의 살인기계가 그 예다. 액션-모험물인 '비장르 SF'에서 벌레 외계인은 '곤충'의 특징으로 규정되며, 〈스타십 트루퍼스(Starship Troopers)〉(1997)에서처럼 단지 피를 튀기는 박멸거리에 불과할 뿐이다.
- 첨단 기술의 모습: 번쩍거리는 불빛과 삑삑거리는 소음이 나는 컴퓨터와 매우 깨끗한 기술적 환경이 등장한다. 이처럼 미래에 대한 유토피아적 시각은 〈2001 스페이스 오디세이〉(1968)에서 잘 예시된다. 〈에일리언〉이 주는 즐거움 중 하나는 우주선에 첨단 기술의 모습과 누추하고 더러운 부분이 공존한다는 것이다.
- 컴퓨터로 생성된 특수 효과: 사실상 어떤 영화의 크레딧을 보더라도 특수효과 담당자에 대한 크레딧은 나온다. 현재 액션-

모험 영화의 홍수 속에서 SF가 대중적인 선택의 출발점이 되는 이유는 바로 이 장르가 최신 컴퓨터 영상 효과로 수용자에게 놀라운 체험의 기회를 제공한다는 점이다. 〈스타워즈〉가 성공을 거둔 데에는 멀티 트랙 촬영에 컴퓨터로 **통제된** 카메라를 사용했다는 점도 일부 요인이었다. 〈어비스〉(1989)는 모핑(morphing) 테크닉*을 사용한 최초의 영화였다.

5) 내러티브

- 최초의 접촉: 인류가 외계 종족과 만나게 되면 어떤 일이 발생할까? 근년에 와서 '화성의 생명체'를 둘러싸고 가끔씩 한바탕 요란을 떠는 일은 있었지만, '최초의 접촉' 내러티브는 미생물을 만날 때 일어나는 일을 다루지는 않는다. 대개 상상은 우리를 파괴하거나 단지 우리와 공존하고 싶어 하며 우리보다 지적으로도 기술적으로도 우월한 종족과의 만남에 집중된다 (예를 들면, 올라프 스테이플던의 〈마지막 인간과 최초의 인간Last and First Men, 1930〉과 로버트 하인라인의 〈우주 동물The Star Beast, 1954〉이 각기 이에 해당하는 사례다).
- 우주 탐험: 고전적으로는 〈스타 트렉〉(1960년대와 '넥스트 제너레이션' 시리즈)의 존재 이유가 되는 주제인데, '용감하게도 남성이나(1960년대) 사람(1990년대)이 이전에 가본 적이 없는 곳에 다

---

* 모핑은 영화나 애니메이션 작업에 사용하는 특수 효과의 하나로, 하나의 이미지에서 다른 이미지로 자연스럽게 넘어가도록 하는 기법을 말한다. 이전에는 두 개의 이미지나 음을 겹쳐서 편집하는 크로스페이딩(cross-fading) 기술로 이 효과를 냈지만, 1990년대 초반 이후에는 소프트웨어를 이용해 좀 더 사실감 있는 이행이 가능해졌다. —역주

녀온' 이야기다. 이 내러티브는 기본적으로 우주를 새로운 프론티어의 장소로 활용하는데, 말하자면 우주에서의 웨스턴인 셈이다. 〈스타 트렉〉은 원래 '우주에서의 **마차형 기차**(Wagon Train, 인기 웨스턴 시리즈)' 개념으로 구상되었다. 원래 개척자의 공간이 1890년에 사라지고 나자, 미국인들에겐 프론티어의 신화를 지속할 수 있는 다른 방안이 필요해졌다. 이 신화는 미국을 "강인하고 야망이 있으며 자립적인 개인이 정상으로 가는 길을 밟아갈 수 있고 무한한 기회가 있는 넓게 열린 땅"(Slotkin, 1973, p.5)으로 파악했다.

〈스타 트렉〉의 이데올로기적 기반은 눈에 띄게 북미적, 즉 '미국식 삶의 양식'을 전파하는 다인종, 다국적의 전세계 국가연합이다. 물론 체코프가 등장한 것은 러시아인들이 자기 나라 사람이 승무원에 들어 있지 않다고 불평한 후에 와서인 듯하다. 〈스타 트렉〉은 '장르 SF'이지만 이 내러티브는 스페이스 오페라에서도 주된 요소다. 위의 역사 관련 논의에서 에드거 라이스 버로스를 다룬 부분을 보라.

러싱과 프렌츠(Rushing & Frentz, 1995)는 흥미로운 연구에서 프론티어의 신화를 '미국 영화 속의 사이보그 주인공'과 연관 짓는다. 이들은 어떻게 해서 사냥꾼 신화라는 주류 요소가 변형되어 인간 사냥꾼이 사냥당하는 처지로까지 전락하는지 보여주는데, 이러한 신화는 SF에서는 '통제되지 않는 기계' 내러티브로 구현된다.

- 통제되지 않는 기계: 여기서는 인간이 창조한 기계, 대개 컴퓨터가 창조자보다 더 힘이 강해져 인간을 장악하려고 작정한다. 프레드릭 브라운(Frederic Brown)은 재치 있는 단편 소설을 많이

썼는데, 그의 단편 〈해답(Answer)〉에서는 960억 개 행성의 모든 컴퓨터가 서로 연결되고 난 후 처음으로 던진 질문이 '신이 존재하는가?'였다. 이에 대한 해답은 '그래, 이제 신은 존재해'였다(Brown, 1977, p.121). 통제되지 않는 기계는 또한 〈터미네이터〉의 시나리오에서도 일부를 이루었는데, 이 영화는 물론 '핵전쟁 홀로코스트 이후 내러티브'이기도 하다. 이는 이 내러티브들이 상호 배제적으로 구분되지 않음을 보여주는 증거이다.

- 핵전쟁 홀로코스트 이후: 위의 역사 부분에서 주장했듯이, 제2차 세계대전 이후 시기에는 핵전쟁 이후를 다룬 텍스트가 무수하게 등장했다. 존 윈덤의 〈크라이솔리드〉(1955)는 핵전쟁의 여파로 갈갈이 찢어진 인간 사회뿐 아니라 종교적 근본주의와 다윈식 진화도 다루었다. 바로 이러한 내러티브에서 이 장르의 전복적 측면이 두드러지게 나타난다. 핵전쟁에 대한 공식적 입장은 아주 낙천적이었다(영국 정부는 1980년대에 〈보호하고 생존하라〉라 불리는 소책자를 발간했는데, 여기서는 사람들이 침대 밑에 숨으면 핵 낙진의 피해를 막을 수 있다고 주장했다). SF 팬이라면 핵전쟁은 우리가 아는 문명의 종말을 의미한다는 것을 알고 있을 것이다.
- 시간 여행: 이 내러티브는 웰스의 〈타임 머신〉과 〈터미네이터〉와 관련해 이미 논의했다. 스타니슬라브 렘의 〈스타 일기(The Star Diaries)〉는 이 내러티브에 대한 유쾌한 풍자인데, 여기서 주인공 이온 티치가 시간 루프 속에 갇혀버린다. 다양한 시기에서 온 수많은 이온 티치가 시간 루프에서 계속 튀어나오고, 그 결과 우주선은 인원 과잉이 되며, 티치 중 그 누구도 서로 협력하지 않으려 하는 바람에 수많은 논쟁이 벌어진다.

정말 나는 내가 아직도 토요일의 나인지, 아니면 이미 월요일의 나로 바뀌었는지 기억을 못 하겠다. 물론 그게 중요하다는 뜻은 아니다. 아이들은 군중 속에서 짓이겨질 것 같다며 훌쩍거리면서 엄마를 찾았다. 의장, 즉 이듬해에서 온 티치는 연이어 욕을 뱉어냈다. 의장이 실수로 수요일의 나의 손가락을 밟자, 초콜릿을 찾으러 침대 밑에 기어 들어갔다가 헛수고한 수요일의 내가 자신의 다리를 물었기 때문이다. 특히 지금 여기저기서 희끗희끗한 수염이 난 인물이 나타나는 것을 보면서, 나는 이 모든 일의 결말이 좋지 않을 것임을 깨달았다. 142번째와 143번째 소동 사이에 나는 출석부를 돌렸는데, 그 후 거기 있는 사람 중 상당수가 부정행위를 하고 있음이 드러났다 (Lem, 1976, p.17).

만일 당신이 다른 시간대에서 온 자신을 만난다면 협력하고 싶겠는가? 명령을 내리려 할까, 아니면 받으려 할까?

- 대안적 세계: 실제 일어난 것과 다르게 역사가 전개되었다는 가정에 근거한 내러티브다. 예컨대, 만일 종교개혁이 일어나지 않았다면? (케이스 로버츠Keith Roberts의 〈파반Pavane, 1968〉과 킹즐리 에이미스Kingsley Amis의 〈역사 궤도의 수정The Alteration, 1976〉을 보라). 이 내러티브는 평행관계의 우주, 즉 우리 세계와 매우 유사한 세계를 제시하는데 양자의 차이는 우리에게 자신의 현실을 돌이켜보게 해준다. 예를 들면, 위의 소설들은 종교개혁이 우리 사회에 실제로 어떤 효과를 미쳤는지 시사해준다.

또한 대안적 세계는 특정한 문화 환경에 근거할 수도 있는데, 프랭크 허버트(Frank Herbert)의 〈듄Dune〉 소설들은 물이 가장 가치 있는 상품이라는 전제에 입각해 문명을 창조해낸다. 대안적 세계의 또 다른 유형은 유토피아가 될 수도 있고, 아니면 그 반대로 디스토피아가 될 수도 있다. 조안나 러스(Joanna Russ)의 〈남성화된 여성(The Female Man)〉(1975)은 전자를, 마가렛 애트우드(Margaret Attwood)는 〈하녀 이야기(The Handmaid's Tale)〉(1985)에서 후자를 제시한다(Lacey, 1996을 보라).

- 도플갱어(doppelganger): 이 내러티브는 외계인이나 기계가 인간을 정확하게 그대로 모방할 능력을 갖추게 되는 이야기를 중심으로 한다. 그러한 내러티브에서 일반적으로 제기되는 질문은 '양자를 어떻게 분간하는가?' 하는 것이며, 따라서 이 질문을 통해 인간이 된다는 것의 의미에 초점을 맞춘다. 영화 〈신체 강탈자의 침입〉(오리지널 버전은 1956년 돈 시겔이 감독했고 다른 버전은 1978년과 1993년에 제작되었다)의 클라이맥스에서 '주인공'이 '공주'에게 키스하는 순간 그녀는 아무런 반응도 없고 냉담한 태도를 보인다. 그녀는 이미 장악된 것이었다. 이 텍스트에서 인간성을 규정하는 것은 감정이었다. 〈괴물〉은 존 카펜터(John Carpenter) 감독이 〈외계의 괴물(The Thing from Another World)〉(1951)을 1982년에 리메이크한 것인데, 여기서 외계의 '물체'는 이 구분을 너무나 철저하게 극복해, 감정표현이 없어 '장악당한' 것처럼 보이던 놀스조차 나중에 인간임이 밝혀진다.

정체성 상실은—그리고 더 구체적으로는 얼굴 없는 대중에 압도되어 무인기처럼 되어버리는 데 대한 개인의 두려움은—1950년대 SF

> 영화의 주된 관심사였는데, 이 영화들에서 이는 대개 전체주의 정치 체제에 대한 알레고리였다. 이후의 수십 년 동안 그러한 상실은 무의미한 경쟁의 일부가 되어 획일적 동조와 '타협'을 하는 데 대한 두려움, 부나 쾌락 추구를 위한 영혼의 희생에 대한 공포를 나타내면서 좀 더 추상적 관심사로 변해갔다(Billson, 1997, p.64).

인간성은 현대의 부르주아 문화에 의해 형성된 유물론적 관심사나 욕망에 '장악'당할 수도 있다. 예를 들면, 〈스텝포드 와이프(The Stepford Wives)〉(1975)에서는 북미 작은 마을에 사는 남성들이 안드로이드가 훨씬 더 효율적이고 순종적이라는 이유로 부인을 안드로이드로 대체했다.

이 절의 마지막 부분은 단일한 텍스트의 장르 분석을 고찰한다. 최근 나온 가장 영향력 있는 SF 영화 중의 하나는 〈블레이드 러너〉로, 이 영화는 미래주의 SF 영화의 '모습'을 정하는 데 기준이 되었다. 일부 사람들이 보기에, 필립 K. 딕의 원작 소설을 각색한 이 영화는 졸작에 불과했다. 딕은 영화가 개봉되기 전에 사망했지만 그 영화를 좋아한 것으로 알려져 있다. 〈블레이드 러너〉는 SF가 다루는 주제 중 상당수를 구현하고 있어, 새로운 하위장르도 낳았다.

(1) <블레이드 러너 감독판>: 개별 텍스트와 장르

〈블레이드 러너〉는 1982년에 개봉된 후 전반적으로 혹평을 받았고 수용자의 반응도 좋지 않았는데, 그러다가 1991년에 이른바 감독판으로 재개봉되었다. 〈블레이드 러너〉가 대규모 예산이 투입된 박스오피스 실패작에서 비평가의 가장 큰 관심작의 하나인 컬트 영화로 변신하게 된 이야기를 재탕하지는 않겠다. 그보다는 이 영화가 다양한 SF 관련 주제를 어떻게 다루는지 살펴볼 것이다. 또한 이 영화는 SF 역사 측면에서 사이버펑크 탄생에도 영향을 미쳤다는 점에서 흥미롭다.

> 1980년대의 많은 과학 픽션, 특히 사이버펑크의 목적은 인간이 글로벌하면서도 잘 드러나지 않는 데이터 유통 영역과 상호교류할 수 있도록 해주는 새로운 위치를 구축하는 데 있었다. 즉 새로 떠오르는 전자 영역을 장악하기 위한 새로운 정체성이 목적이었다(Bukatman, 1997, p.46).

윌리엄 깁슨(William Gibson)은 소설 〈뉴로맨서(Neuromancer)〉(1984)로 사이버펑크를 창안한 인물로 알려져 있는데, 〈블레이드 러너〉가 자신의 작품에도 영향을 미쳤음을 인정했다. 이 영화는 주로 SF임에는 의심의 여지가 없지만, 느와르 영화의 요소도 많이 갖고 있다. 가령 '하드보일드'식 외로운 늑대 캐릭터, 복잡하게 꼬인 플롯, 선과 악의 구분 모호, 사람들의 삶이 음모에 의해 통제되고 있다는 암시, 표현주의적 시각 스타일 등이 그 예다.

> 느와르와 사이버펑크의 연계는 표면적이거나 우연적이지 않으며, '참을 수 없이 험악한 공간', 즉 한때는 도시였다가 지금은 사이버인 공간과 연결되어 있었다. 도시의 소외와 단절에 관한 이야기를 풀어가야 하는 숙제는 이제 범죄 픽션과 SF의 혼합물, 바로 사이버펑크의 손에 남겨졌다(Bukatman, 1997, p.51).

정보 테크놀로지를 강조하는 유일한 신은 데커드("나는 생각한다. 고로 나는 존재한다"라는 구절로 인간성을 정의한 데카르트와 비슷한 이름)가 복제인간(사이보그)의 방에서 발견한 사진을 분석하는 장면이다. 그는 이미지를 스캐너에 밀어넣어 음성으로 활성화한다. 데커드는 명령조로 "화질을 3에서 36으로 개선하라. 그리고 다시 뒤로. 정지."라고 말한다. 스캐너는 요청한 구역으로 줌인해 들어가면서 마치 고속으로 사진을 촬영하는 카메라 같은 기계음을 낸다(이는 올드 테크놀로지와 뉴 테크놀로지의 포스트모던적 혼합으로 이 영화의 특징이다). 이미지의 미세한 부분이 오늘날에는 [기술적으로] 불가능할 정도까지 확대되면서 화질이 엄청날 정도로 개선된다.

집중하는 듯한 표정, 앞으로 수그린 자세, 그리고 음악이 시작되는 것으로 보아 데커드가 뭔가를 발견한 게 분명하지만, 그가 발견한 것이 무엇인지는 관객에게 확실하게 드러나지 않는다. 그러고 나서 거울 내의 한 구역(느와르 영화의 도상학적 대상)의 화질 개선을 지시하자, 특이한 전구 같은 대상이 나타나고, 데커드가 '왼쪽으로 추적'을 요청하자 잠자는 사람의 몸이 나타난다. 이 순간에는 마치 우리도 대상의 **이면**을 들여다보는 것같이 보이지만, 2차원 이미지에서는 그것이 무엇인지 식별해낼 수가 없다. 이는, 그리고 도시의 재현은 카오스 이론의 '새로운' 수학 방식을 반영한다고 부카트먼은 주장한다

> 영화의 무한한 복잡성은, 카오스 체제란 무작위적이지 않고 복잡할 뿐이라고 주장하는 카오스 이론의 일부 명제, 즉 대량으로 반복되는 단순한 동작을 통해 생산되는 비선형적 체제를 시사한다. 새로

운 차원은 전통적 수학의 차원 사이에 놓여 있는데, 바로 **차원 분열 도형적**(fractal) 차원이다(Bukatman, 1997, p.58).

하지만 이 장면은 단지 차원 분열 도형적 공간의 탐구가 아니라, 단서를 찾는 탐색작업이기도 하다. 도시 길거리가 아니라 테크놀로지에서 해답을 찾는다는 것은 영화가 최초의 사이버펑크에 해당한다는 사실을 보증해주는 근거이다. 잠자는 신체는 (그다지 그녀처럼 보이지는 않지만) 교활한 여자인 조라처럼 보이는데, 데커드는 그녀를 추적해서 살해한다. 그는 복제인간을 처형하는 일을 내켜 하진 않지만 이 임무를 실행하라는 협박을 받는다. 느와르의 주인공처럼 그의 도덕적 입장은 다소 의심스럽다. 레이첼이 스스로 인간이라고 생각하는 증거인 사진을 보여주려 그를 방문할 때 데커드는 그녀가 떠나지 못하도록 거칠게 저지한다. 이때 '불길함'을 함축하는 음악이 깔리고 조명은 베네치아 블라인드의 그림자 선이 신을 가로질러 드리우게 하는데, 마치 데커드가 레이첼을 강간하려는 것처럼 보인다. 데커드가 레이첼을 이렇게 다루는 것은 그녀가 인간이 아니기 때문인 것으로 보인다. 데커드는 레이첼에게 '키스해줘요'와 '당신을 원해요'라고 말하도록 지시한다. 그는 야만적인 남성 욕망을 의인화한 존재이다. 하지만 레이첼은 그를 원하기 때문에 저항을 누그러뜨리는데, 그러자 긴장은 완화된다.

'3차원처럼 보이는 2차원적 이미지'를 사용하는 기법은 영화 후반에 데커드가 레이첼의 사진을 검토할 때에도 나타난다. 이 사진은 복제인간이 경험을 통해 발전시킨 감정을 극복하는 데 기억을 활용하도록 돕기 위해 이들에게 주어진다. 갑자기 사진 한 장이 생생하게 살아난 것처럼 보이는데, 이 '라이브' 이미지는 1초도 채 안 되는 짧은 순간 동안만 지속하지만 그것이 과연 움직였는지 확신하기는 어렵다. 대다수의 사람들은 과거를 기억하는 데에 사진을 활용하지만, 점점 늙어가면서 기억이 쌓였다가 희미해지게 되면 사진이 더 소중해진다는 것을 이 장면은 강조한다. 실로 우리의 과거 존재는 아마 우리가 기억할 수 있는 것, 그리고 다른 사람이 우리에 대해 갖고 있는 기억 그 이상의 것은 아니라고 주장할 수도 있을 것이다.

1995년 개봉된 사이버펑크 영화 〈스트레인지 데이즈〉는 S.Q.U.I.D.(뇌파신경 자극장치)라는 장치를 사용해 이 발상을 한 걸음 더 발전시킨다. 이는 경험을 녹화해 나중에 다시 작동시킬 수 있도록 해주는 녹화장치다. 중심인물인 레니 네로는 블랙마켓용 '뇌파신경 자극장치' 테이프를 거래하는데, 이를 이용하는 사람은 자신의 기억이나 다른 사람의 기억을 완벽하게 경험할 수 있게 된다. 〈블레이드 러너〉의 시작 부분과 비슷하게 영화는 극단적인 눈 클로즈업으로 시작한다. 이전의 영화를 지칭하는 배경음악도 나온다. 〈스트레인지 데이즈〉는 엄청나게 야심찬 영화로, 경찰 특공대가 흑인 지도자를 죽이고, 군대는 법과 질서 유지를 위해 길거리를 계속 순찰하는 낯선 세기말적 세상을 표현하려 한다. 하지만 내러티브는 마치 필연적으로 묵시록 같은 결말로 치닫는 것처럼 보일지 몰라도, 결국엔 묵시록 대신 타협된 결말이 주어진다(부록 1을 보라).

〈블레이드 러너〉에서 눈은 중심적인 상징이자, 은유적으로는 '영혼의 창'이며, 대다수 사람들에게는 가장 중요한 지각용 장기다. [사이보그인] 로이 배티가 자신의 생명을 연장할 방법을 찾으러 다니는 동안, (사이보그 눈 생산자인) 츄에게 "만약에 내가 당신 눈으로 본 것을 당신이 당신 눈으로 보았다면."이라는 대사로 말장난을 친다. 여기서 함축된 관음증은 영화 자체를 지칭하기도 하는데, 영화에서 관객은 카메라의 눈으로 보기 때문이다. 데커드가 조라의 드레스 룸을 수색할 때, 그는 관음증 환자가 훔쳐볼 때 들여다보는 구멍을 찾고 있다고 주장한다(이 신은 느와르 영화의 고전이라고들 하는 〈빅 슬립〉을 상호텍스트적으로 지칭한다). 영화의 오프닝 시퀀스에서 우리는 경악스러울 정도로 디스토피아적인 로스앤젤레스의 지형을 처음으로 목격하게 되는데, 이 장면에는—와이드스크린 전체를 메울 정도로—극단적인 눈의 클로즈업 컷이 번갈아 삽입된다. 어두운 파노라마를 밝히는 불빛이 눈에 반영된다. 이 눈은 신체에서 분리되어 있어, 우리는 단지 그것이 레온의 심문을 기다리는 홀든의 눈일 것이라고 추정할 뿐이다(〈이미지와 재현〉의 부록 1을 보라). 이러한 분리는 눈이 영화 시청의 추상적 이미지를 나타내고 있음을 시사한다. 이는 마치 눈이 미장센의 일부인 것처럼 관객을 영상 속에 위치시키는 한 가지 방안이 된다. 영화는 인간이 된다는 것의 의미를 다루면서, 자신이 텍스트를 시청하고 있음을 수용자에게 환기해준다.

눈은 또한 데커드가 인간인지 아닌지에 관한 단서를 제공한다. 영화 전편을 통해 사이보그 캐릭터의 눈은 고양이 눈처럼 빛을 반사하지만, 데커드의 눈은 딱 한 번을 제외하면 그렇지 않다. 영화 나머지 부분을 따라 가보면, 이 단서는 중심인물의 신분이 인간인가 아닌가 하는 질문에 해답을 주는 것 같기도 하고, 아닌 것 같기도 하다. '눈을 언급한' 또 다른 부분은 피험자에게서 정서적 반응으로 유발된 눈 팽창 정도를 측정해 [복제인간 여부를 판별하는]

보이트-캠프(Voigt-Kampff) 테스트다. 이는 정교한 거짓말 탐지기인 것처럼 보인다.

> <블레이드 러너>는 1950년대 SF 영화를 지배한 인간성 개념을 독창적으로 변용한다. <에이리언 몬스터(I Married Monster from Outer Space)>, <외계의 괴물>, <화성에서 온 침입자(Invaders from Mars)>, <신체 강탈자의 침입> 등에서 비인간은 한마디로 감정이 없는 데 비해 인간은 감정을 느낀다. <블레이드 러너>는 이 구분이 당연하다는 발상을 깨뜨리면서 다음과 같이 교묘하게 뒤집어놓는다: 즉 **감정을 느끼는 자**가 인간이라는 것이다(Bukatman, 1997, p.69).

복제인간 처형자인 데커드는 그들에게 감정을 느낄 여유가 없다. 이 점은 클라이맥스에서 뒤집어지는데, 배티는 자신을 제작한 타이렐(여기서 〈프랑켄슈타인〉을 모방한 부분이 보인다)에게서 불멸의 생명을 얻으려 했으나 자신의 죽음을 받아들이고 블레이드 러너를 구한다. 왜냐하면 그에게 연민의 감정을 **느끼기** 때문이다. 세바스찬 같은 복제인간은 '급속 노화' 증세를 보인다. 이들에겐 살 날이 4년밖에 주어지지 않았다. 복제인간이 지나치게 인간화하는 것을 방지하는 안전장치가 마련되어 있다는 뜻인데, 이는 아마 우리가 늙어가게 되면 더 인간다워질 수 있을 것임을 시사한다. 하지만 이들은 인간보다는 **더 낫다**. 이들은 '딴 세상'에서 가혹한 환경에서도 일할 수 있도록 설계되었다. 클라이맥스 신에서, 데커드와 배티 사이에는 아무런 진짜 결투도 이루어지지 않는다. 결투는 완전히 일방적이며, 그렇다면 승자는 한 명밖에 남지 않게 되었을 것이다.

〈블레이드 러너〉에 나오는 도시는 포스트모던하다. 이는 쓰레기로 덮혀 있는 폐허 속의 도시다. 포스트모더니즘은 빌려온 자료와 재활용을 특징으로 한다. 이는 건축에서 가장 두드러지게 나타난다.

> 회상과 과거로부터의 인용은 새로운 종합의 하위코드다. 로마와 그리스식 기둥은 도시에 복고풍 미장센을 조성한다. 고전적인 동양 신화의 기호도 반복해 등장한다. 네온사인 조명에는 중국식 용이 계속 나온다. 장식에는 이집트식 요소가 강하게 배어 있다. 타이렐 회사는 짙은 석양 속에 서 있는 이집트 피라미드를 닮은 건축 위로 솟아 있다 … 인용의 미학으로서의 패스티시(fastiches)는 이미 죽은 스타일을 받아들여 편입하고, 과거, 기억, 역사의 회상을 시도한다(Bruno, 1990, p.187).

타이렐 건물 자체는 "아르 데코 장식이 달린 일종의 마야 피라미드"(Trumbell, 1995, p.16) 모양으로 설계되었다. '마야 신전'의 외양은 인간 제물과 연관되기 때문에 [타이렐의 성격에] 적절하다. 이 점은 '인간보다 더 인간스런'이라는 타이렐의 구호를 역설적으로 비틀어놓는다. 로스앤젤레스는 과거와 (다가올) 미래의 혼합물인데, 만일 포스트모더니즘이 주장하듯이 지금이 역사의 종말이라면 인간은 이미 패배했고 우리는 디스토피아에 남겨질 수밖에 없다. 진짜 동물은 남아 있지 않고, 복제 동물만 있을 뿐이다. 환경은 생태적 악몽 수준이다. 배티와 데커드 간의 싸움은 인간은 더 뛰어난 창조물에 뒤지기 때문에 동물의 길을 가게 될 것임을 시사한다. 〈블레이드 러너〉는 '통제되지 않는 기계'의 내러티브를 다음과 같이 매우 흥미롭게 뒤틀어놓는다: 즉 타이렐이 생산한 '괴물'은 살 만한 자격이 있고, 확실히 인간이 만들어낸 것보다 더 가혹한 환경을 조성할 것 같지도 않다.

지구 온난화가 확실함을 감안하면, 〈블레이드 러너〉의 생태학적 악몽이 우리의 미래가 아니라고 과연 확신할 수 있을까? 1999년에는 〈매트릭스〉가 흥행 대성공을 기록한 것으로 보아, 이 장르는 아직까지 할리우드에 살아남아 있다.

6) SF 영화 대 SF 소설

분석 도구로서 장르의 강점 중 하나는 장르가 미디어를 초월할 수 있다는 점이긴 하지만, 미디어마다 장르 관습을 활용하는 방식은 다를 가능성이 크다. SF는 주로 문학 장르인데, 이 장르가 원래 문학에서 유래했기 때문이 아니라, 문학에서는 (퍼스의 용어로는) 언어의 상징적 속성 덕분에 표현의 신축성이 훨씬 더 크기 때문이다. SF는 미메시스(mimesis), 즉 현실의 복제를 주 관심사로 삼지 않기 때문에 신축성이 반드시 필요하다. 반대로 SF는 반미메시스적이기도 하다. SF는 다양한 세상을 배경으로 하든 다양한 시대를 배경으로 삼든, 흔히 다양한 현실을 다룬다. 아마 이 점은 SF가 교육받지 못한 집단 사이에서 통용되었고 지금도 그러하며, 흔히 주변적인 영역으로 대접받은 한 가지 이유일 것이다(휴고 건스백의 '비장르 SF'는 또 다른 이유다). 중심적인 부르주아 미학은 리얼리즘이기 때문에, 그리고 외부인에게 SF는 주로 판타지로 보이기 때문에, SF는 현대 사회와 아무런 관련성이 없는 것처럼 간주된다. 하지만 이미 살펴보았듯이, '장르 SF'는 인간이 된다는 것의 의미라는 이슈를 다룬다는 점으로 정의되는데, 그렇다면 이 과업은 판타지와 더할 나위 없이 무관할 수밖에 없는 것이다.

하지만 최근에 와서 컴퓨터로 생성된 특수효과의 발전은 SF 소설가가 종이 위에 창조할 수 있는 내용과 할리우드 기술자가 영화에 마법처럼 구현할 수 있는 것 사이의 격차를 좁혀주었다. 형식으로서의 소설은 등장인물의 내면 세계를 가장 잘 묘사하는 존재로 계속 남아 있을 가능성이 크지만, SF 책을 영화용으로 각색하는 일은 현대 세계를 배경으로 하는 문학만큼 저렴하지는 않더라도 점차 수월해질 것이다. 이 점에도 불구하고, 대다수의 현대 SF 영화는 30년도 더 지난 과거 수잔 손탁이 이야기한 내용과 거의 달라지지 않았다.

> SF 영화는 과학에 관한 것이 아니다. 이는 예술에서 가장 오래된 주제 중의 하나인 재난에 관한 것이다. 과학 영화에서 재난을 철저하게 살펴보는 일은 드물며, 항상 폭넓게 다룰 뿐이다. 이는 양과 독창성의 문제다(Sontag, 1979, p.491).

영화와 문학의 또 다른 제도적 차이는 텍스트를 검열하는 정도다. 서구에서는 문학보다는 영화를 훨씬 더 철저하게 검열하는 경향이 있다. 영화가 (퍼스의) 도상(2장 3절을 보라)을 사용한다면, 문학은 상징을 사용한다. 여기서 발생하는 한 가지 효과는, 이미지를 활용하면 생생한 세부사항을 훨씬 더 강렬하게 보여줄 수 있다는 것이다. 데이비드 크로넨버그 감독 버전의 〈크래쉬(Crash)〉(1996)가 영국 보수 정치인과 〈데일리 메일〉을 거의 기절초풍하게 만든 것은 사실이지만, 이들은 소설에서 다음과 같은 세

부묘사는 아직 보지도 못했을 것이다:

> 나는 입을 움직여 그의 배를 지나, 피와 정액 자국으로 축축한 사타구니 부분으로 내려갔는데, 그의 성기 끝에 묻은 여성 분비물 냄새가 희미하게 풍겼다. 생생하게 기억되는 충돌의 흔적이 보간의 사타구니에서 빛나고 있었고, 나는 흉터를 하나하나씩 나의 입술로 더듬었다(Ballard, 1973, p.201).

작가로서 발라드의 명성은 SF 분야 내에서만 통하긴 하지만, 〈크래쉬〉는 장르 소설이 아니다. 하지만 이 발췌문은 요점을 잘 예시해준다. 포르노그라피 영역 외에 이 장면이 영화로 촬영되는 것을 상상할 수 있을까? 검열관이 과도할 정도로 민감한 반응을 보이는 것은 이미지의 생생함 때문에 나온 결과만은 아니다. 영화는 문학보다 대중 매체의 성격을 더 띠는 경향이 있으며, 계급적 편견에 따르자면 분명히 노동계급을 포함해 대중 수용자를 대상으로 하는 텍스트라면, 오로지 중산계급을 대상으로 하는 텍스트보다는 내용을 좀 더 걸러낼 필요가 있다고 우리는 생각한다.

'장르 SF'가 영화와 '불편한' 관계에 있게 되는 마지막 이유는, SF는 단편 소설 형태로 많이 나오는데, 이는 장편 분량으로 각색하기 쉽지 않은 경향이 있다는 것이다. 아서 C. 클라크(Arthur C. Clarke)의 단편 소설 〈파수꾼(The Sentinel)〉은 〈2001: 스페이스 오디세이〉에 영감을 주긴 했지만, 영화로 제작하기 위해서는 훨씬 더 자세하게 발전시켜야만 했다. 슬픈 일이지만, 적어도 영국에서 SF는 비평계에서 주변화된 채 남아 있다. 그러나 이는 오직 이 '펄프 픽션'을 비웃는 사람에게만 슬픈 일일 뿐이다. 그처럼 잠재적으로 큰 즐거움을 주는 텍스트이자, 인간으로서 우리가 누구인지에 대해 놀랄 만한 통찰력을 제공하는 장르로는 SF 외에 또 어떤 것이 있는가?

8. 멜로드라마 — 장르이자 스타일

포르노그라피를 제외하자면 다른 어떤 장르와도 달리 '멜로드라마'는 흔히 부정적 용어로 사용된다. 멜로드라마는 솝 오페라처럼 가정을 배경으로 하는 관계에 과장된 방식으로 초점을 맞추는 텍스트를 지칭한다. 하지만 이는 앞에서 설명한 느와르 영화처럼 다른 장르 텍스트 형태에 영향을 미치는 **스타일**이기도 하다. 이 점은 특히 영화와 연극에서 확연하다.

뤼미에르 형제는 1895년 12월 28일 파리에서 처음으로 영화 공개 상영 자리를 마련하였다. 이것들은 기본적으로 '가정용 영화' 유형의 상영이었지만, 얼마 지나지 않아 영화 장르의 기원이라 할 만한 멜로드라마와 액션이라는 두 가지 형태가 부상했다. 19세기 연극에서도 가장 인기 있는 유형은 멜로드라마였는데, 이는 원래 18세기의 공식 인가(Patent) 극장에 대항해 개발된 형식이었다.

> 18세기 영국과 프랑스에서 시행된 왕실 인가는 두세 군데 극장에 '공식적' 레퍼토리의 독점과 다른 모든 '비인가' 혹은 '군소 극장' 오락물 형태에 대한 검열권까지 부여했다(Gledhill, 1987a, p.14).

비인가 극장에서는 대화가 금지되었기 때문에 배우의 비언어적 커뮤니케이션을 상당히 강조하고, 유성, 번개, 유령, 불타는 십자가와 솟아오르는 묘지 같은 기호의 사용도 중시했다. 이와 비슷하게 영화 역시 1920년대 말까지는 (물론 영화 상영에다 흔히 사운드 효과를 가미하고 대개 음악 반주를 덧붙이기는 했지만) 무성이었기 때문에 내러티브 전개와 특징 부여의 상당 부분을 이미지가 담당해야 했다. 마치 상징의 사용처럼, 연극조의 동작에 근거해 연극에서 개발된 멜로드라마식 연기 스타일은 초기 영화에 이상적인 표현 형식이었다.

멜로드라마에서는 마치 회화에서처럼 연극적인 미장센이 마련되었고, 무대 아치가 일종의 프레임 구실을 했는데 이는 나중에 영화 프레임의 모델이 되었다. 음악 역시 빼놓을 수 없는 부분이었는데, 멜로드라마는 바로 '드라마가 달린 음악'을 의미했다. 이후 영화의 선구자가 된 무대 장치도 개발되었다. 예를 들면 시공간의 경과가 일어났음을 알리는 기호로 커튼 내림을 폐기하고 디졸브와 페이드를 사용한 것을 들 수 있다.

멜로드라마는 흔히 부르주아 혹은 중산계급 가족과 귀족 간의 갈등을 다루었다. 예를 들면 내러티브는 18세기의 감성적 소설인 리처드슨(Richardson)의 〈클라리사(Clarissa)〉에서 볼 수 있듯이 딸에게 눈독 들이는 부패한 귀족에 대항해 딸의 명예를 지키려는 싸움을 다루었다. 이 투쟁은 귀족의 지배에 맞서 개인적 양심과 개인의 권리를 지키려는 [중산층의] 욕망을 상징했다. 이 욕망은 현대 사회에서도 여전히 중시되는 가치다. 초창기 멜로드라마는 지배 귀족에 대항해 새로 등장하던 중산 계급의 권리를 주장하는 정치적 무기였다.

강력한 사회적 세력으로서 귀족제가 소멸한 후 멜로드라마는 대결을 다루던 데서 벗어나 동화로 옮아갔다. 19세기 동안에는 산업화로 불가피하게 노동과 가정이 분리됨에 따라 가정이 점차 압박을 받게 되었다. 이 시기의 멜로드라마는 현실이 어떠한 모습인지가 아니라 어떤 것이 이상적인 모습인지를 다루면서, 어머니를 중심으로 가정과 가족이 유지되던 '에덴동산 같은' 과거를 종종 환기시켰다.

초창기의 수많은 픽션 영화가 영화와 가장 가까운 예술 형태인 연극에서 영감을 얻은 것은 그다지 놀랄 만한 일도 아니다. 관객은 극장 좌석에 앉아서 보는 데 익숙했기 때문에 초기 영화는 흔히 카메라를 좌석 위치에 배치하고 배우는 마치 무대 위에 있는 것처럼 연기하는 방식으로 구성되어 있었다. 처음에는 카메라 이동도 없었고 편집도 이루어지지 않았다. 하지만 곧 영화는 하나의 형식으로 발전해나갔다.

> 멜로드라마적 상상력을 구현하는 방안을 공통적으로 모색하는 과정에서 영화는 기술적으로 무대의 문제점을 해결했고, 소설의 언어적 한계도 극복했다(Gledhill, 1987a, p.27).

D. W. 그리피스(D. W. Griffith)는 서구 영화에서 성숙된 영화 언어를 창조한 감독으로 통하는데, 이 언어는 오늘날에도 여전히 사용되고 있다. 종종 그의 공적으로 간주되는 수많은 기술적 장치를 그리피스가 모두 '발명'하지는 않았음은 분명하다. 예를 들자면 에드윈 S. 포터(Edwin S. Porter)는 20세기 초반에 디졸브, 다른 장면의 컷 삽입(cross-cutting), 클로즈업과 카메라 이동

을 사용했다. 하지만 그리피스의 장치 사용이 더 정교했다. 이 장치는 확연하게 드러나는 기술적 속임수가 아니라 스토리텔링의 일부로 녹아 있었다. 그리피스의 수많은 영화인 〈국가의 탄생(Birth of a Nation)〉(1914), 〈동부 저 멀리(Way Down East)〉(1920), 〈풍운의 고아(Orphans of the Storm)〉(1921) 등은 무대 멜로드라마를 각색한 것이다. 또 다른 멜로드라마인 〈흩어진 꽃잎(Broken Blossoms)〉(1919)은 흑백 결혼을 다루었지만 모든 주역이 결말에서 사망한다는 점에서 이례적이었다. 그리피스는 이 영화를 스튜디오에서 되사들여 배포했고, 이를 최초의 '예술' 영화로 마케팅했다.

〈재즈 싱어(Jazz Singer)〉(1927)의 성공은 '무성' 영화의 종말을 의미했고, 이로써 멜로드라마 영화도 사라질 것이라는 주장도 나왔다. 앞으로 살펴보겠지만, 그런 일은 일어나지 않았다.

초창기 장르 비평은 추정컨대 남성적 장르인 액션, 특히 웨스턴의 서사시와 갱 영화의 비극적 주인공에 초점을 맞추었다.

> '고전적' 장르는 '성인의' 리얼리즘에 의존해 구성되었다 — 반면 '멜로드라마'는 청소년과 대중성, 그리고 여성의 최루성 텍스트인 로맨스나 가족 멜로드라마로 이루어진 여성화된 영역처럼 오염된 범위 내에서만 인정받았다(Gledhill, 1987a, p.34).

이 '고전적' 장르는 영화 이론가의 찬사를 받았다, 하지만 이 영화의 상당수가 멜로드라마의 요소를 갖고 있음을 이들은 망각한 것처럼 보였다. 1970년대에 이르러서야 멜로드라마는 비평계에서 대접을 받게 되는데, 이는 특히 토마스 엘세서(Thomas Elsaesser)와

로라 멀비(Laura Mulvey)의 저작이 나오면서 가능해졌다(이 저작들은 모두 Gledill, 1987에 포함되어 있다).

초창기 비평 작업 중 상당수는 1950년대 할리우드 멜로드라마가 갖고 있던 전복적 특징에 초점을 맞추었다. 이 시기는 제2차 세계대전 동안 수많은 여성이 재정적 독립을 경험한 뒤이기 때문에 멜로드라마 역시 전통적인 중산계급 가족 개념을 의문의 대상으로 삼았다. 1950년대의 많은 멜로드라마, 특히 더글라스 서크(Douglas Sirk)가 감독하고 로스 헌터(Ross Hunter)가 제작한 영화들은 전통적 가족에 비판적이었다. 이 밖에도 1950년대 할리우드의 기술 발전이 어떻게 영화가 대화 중심에서 미장센 중심으로 옮아가는 데 기여했는지를 엘세서(Elsaesser, 1985)는 기술했다. 컬러, 딥포커스, 크레인과 달리샷의 발전으로 좀 더 정교한 미장센이 가능해졌다. 프로이트 이론의 영향력이 점차 커진 것도 이 장르의 기본적으로 내향적인 초점을 더 강화했다. 북미의 가족생활 방식에 관한 이러한 비평이 학계에서는 1970년대에 폴 윌먼(Paul Willemen)의 저작이 나온 후에야 부각되었다는 점은 주목할 필요가 있다. 이들의 주장은 이렇다. 위대한 저자 감독(저자로서의 영화 감독)은 멜로드라마적 미장센의 과잉을 활용해 '이차적 텍스트'를 만들어내고, 결국 할리우드 제작물에 불과한 자기 영화의 관습화된 내러티브 구조를 전복할 수 있게 된다는 것이었다. 하지만:

> 만일 서크와 같은 저자 감독만이 순전히 이데올로기적인 멜로드라마 자료에 스타일적인 압력이 영향을 미치도록 할 수 있고, 이에 따라 그것이 '균열'을 일으키도록 하여 지배적 이데올로기 측면에서

텍스트적인 허점을 드러내도록 할 수 있는 게 사실이라면, 오로지 엘리트 수용자, 즉 실로 이미 전복적 사상을 받아들인 자만이 이차적 텍스트를 해독할 수 있게 될 것이다. 그러한 위치는 멜로드라마가 대상 수용자에게 허용하는 구경꾼의 위치를 설명해주지 못한다 (Feuer, 1984, p.6).

오늘날의 수용자는 멜로드라마에 내재하는 이데올로기적 모순을 이미 직시했다고 '여성의 영화'에 관한 글에서 제닌 베이싱어(Jeanine Basinger)는 주장했다. 이들은 이러한 깨달음을 얻기 위해 미장센 분석이나 정신분석학 이론의 복잡한 세부사항을 숙지할 필요도 없으며 내러티브를 이해하는 것만으로도 충분했다. 1930년대와 1940년대 '여성 영화'에 흔한 기본 내러티브는 중심인물이 안정된 가정 상황에서 쫓겨나거나 집을 떠나 스스로 성공적인 커리어를 꾸리게 되는 이야기를 보여준다. 내러티브의 주인공인 여성은 결단력 있게 행동하고 행동을 통해 내러티브 전개의 동기를 부여할 수 있는 존재로 그려진다. 하지만 할리우드의 상당 부분에 배어 있는 가부장 이데올로기는 이러한 성공이 내러티브의 결말로 되는 것을 허용할 수 없었다. 여성은 자신이 '소속되었던' 가정으로 되돌아갈 필요가 있었다. 따라서 성공한 여성의 삶은 기본적으로 공허한 것으로 재현되고 그녀는 대개 자신의 가정과 자신에게 '적절한' 어머니와 주부로서의 역할로 돌아갔다.

내러티브가 흔히 어떻게 해서 지배 이데올로기의 가치를 강화하는지 살펴보았는데, 이는 사회의 가치를 구현하는 주인공의 승리와, 이 가치를 위반한 악당의 패배로 표현된다. 이전에 갱 영화에서는 마지막 장면에 도달하기 전까지 범죄가 엄청난 보상을 누렸듯이, 여성 영화 역시 다음과 같이 전복의 내러티브를 제공했다고 베이싱어는 주장한다:

> 관습화된 결말은 어떤 스토리를 경고성 이야기로 바꿔놓는데도 불구하고 일부 여성들의 마음에는 자신이 화면에서 목격한 증거 때문에 동요, 심지어 반란의 씨앗이 심어졌음이 분명하다. 도덕성이 요지를 전하기 위해 자신의 정반대를 극화해야 할 때, 반대는 독자적인 생명을 얻게 된다. 영화는 우연하게도 모호하고 모순된 성격을 띠게 된다. 비록 날조된 결말로 해결되는 것으로 되어 있기는 하지만, 영화는 두 가지 메시지를 함께 전달한다(Basinger, 1994, pp.11-12).

이처럼 '날조된 결말'은 흔히 본질적으로 설득력이 떨어지는 판에 박힌 해피엔딩 식의 결말로 구현된다. 많은 멜로드라마는 모호한 결론만 제시한다. 예를 들면 〈천국이 허락한 모든 것(All That Heaven Allows)〉(더글라스 서크, 1955)과 '리메이크'작인 〈불안은 영혼을 잠식한다(Angst Essen Seelen Auf)〉(라이너 베르너 파스빈더, 1973)에서 우리 주인공들은 결말에서 다시 맺어지지만 남자가 중병을 앓는다. 〈광신도인 나의 아들(My Son the Fanatic)〉(우디얀 프라사드Udayan Prasad, 1997)에서는 주인공의 미래가 어떻게 되는지 파악하기 어렵다(또한 Stafford, 1998도 보라).

그러니까 멜로드라마는 그것이 제공하는 과잉에서뿐 아니라 좀 더 직설적으로는 내러티브에서도 전복성을 띤다.

1950년대에 이르러 와이드스크린 시네마의 개발은 멜로드라마주의의 무장에 또 다른 도구를 추가해주었다. 〈이유없는 반항(Rebel without a Cause)〉(1955)의 감독인 니콜라스 레이는 처음으로 와이드스크린 시네마를 활용해 멜로드라마적인 효과를 낸 감독 중의 한 명이다. 예를 들면, 〈이유없는 반항〉에서 짐의 가족이 계단에서 언쟁하는 신이 이에 해당한다. 가족의 균열을 나타내는 기호 역할을 하는 카메라 틸트는 스크린의 폭 때문에 거의 현기증이 날 것 같은 효과를 낸다. 레이의 〈실물보다 큰(Bigger Than Life)〉(1956) 역시 와이드스크린 포맷으로 촬영했는데, 점잖은 교사 가족의 겉모습 바로 밑에 깔린 경제적 긴장과 젠더 갈등을 탐색했다.

영화화된 멜로드라마에서는 미장센에 대한 주목이 핵심적이다. 미장센은 흔히 대화와 내러티브보다 더 중요하다. 〈세인트 루이스에서 만나요(Meet Me in St. Louis)〉(1944)에서 빈센트 미넬리(Vincent Minnelli)는 어쩔 수 없이 집으로 되돌아가게 된 어린 소녀의 히스테리적 상태를 표현주의적 미장센으로 표현하는데, 이는 (자신의 가족 대신에) 눈사람을 부수는 장면으로 구현된다. 오페라를 포함해 뮤지컬은 특히 두드러진 멜로드라마 형식이다.

멜로드라마적 미장센에서 과잉을 해독하는 방법 중의 하나는 성적 요소를 강조하는 정신분석학 담론을 전개해보는 것이다.

▨ 연습문제 4.7 ▨

그림 4.4를 보고 슈왈제네거가 어떻게 남성적 속성으로 의미작용하는지 알아보자.

출처: 〈코난 더 디스트로이어(Conan, the Destroyer)〉(1984)의 스틸컷.

〈그림 4.4〉 '결코 무력화되지 않는' 슈왈제네거

이 이미지에 나타나는 과잉은 아놀드 슈왈제네거(Arnold

Schwarzenegger)의 남성성을 강조하려 의도된 것이다. 정신분석학의 관점에서 보면 권력은 남성이 행사하든 여성이 휘두르든 남성 성기 상징으로 재현된다. 하지만 남근상의 상징은 그것이 재현하는 남성 성기 자체보다는 장점이 더 많다. 결코 무력화될 수가 없다는 것이다.

> 이는 남성 이미지에서 가장 불안정한 점을 낳게 한다. 남성 성기는 남근상(phallus)의 부착물이 아니라는 사실 때문이다. 남성 성기는 남근상이 함축하는 신화에 결코 필적할 수가 없다. 이 때문에 남성의 심상(male imagery)은 상당 부분 과잉을 보이거나 심지어 신경질적 성질을 띠게 된다. 꽉 쥔 주먹, 부풀어오른 근육, 꽉 다문 턱, 남근상적 상징의 범람, 이것들은 모두 결코 달성할 수 없는 것, 바로 남근상 신화의 구현을 좇으려 안간힘을 쓰고 있다(Dyer, 1982, p.71).

그러한 과잉 심상은 이미지의 크기와 질이 정말로 중요한 영화 화면에서 볼 때 이상적으로 구현된다.

> 텔레비전은 제한된 시각적 스케일 탓에 재현에서 다른 부분을 강조할 수밖에 없기 때문에, 프라임타임대 연속극에서의 과잉이 쉽사리 미장센에 집중될 수는 없다. 연기와 편집, 배경음악, 줌 렌즈의 사용이 결합되면 흔히 고도의 (멜로)드라마가 조성되는데, 이러한 텔레비전 관습이 고도의 정신분석학적 재현에 의해 중층 결정될 때에는 더욱더 그러한 효과가 발생한다(Feuer, 1984, pp.9-10).

포이어가 지적하듯이, 1980년대에 북미에서 큰 인기를 끈 〈댈러스〉와 〈다이너스티〉 같은 솝 오페라들은 값비싸고 화려한 세트를 사용해 TV 이미지의 '빈약함'을 극복했다. 예를 들면 〈댈러스〉 제작에는 한 시간에 1백만 달러 수준으로 비용이 들어갔다. 작은 화면 사이즈에도 불구하고(이 책 집필 시점에 와이드스크린 텔레비전이 막 소비자 품목으로 보급되고 있었다), 텔레비전은 약간의 '시네마' 테크닉을 활용하면 멜로드라마적 효과를 낼 수가 있다. 예를 들면 여러 다른 내러티브 갈래의 컷을 삽입하는 기법은 솝 오페라에서 즐겨 쓰는 기법이다.

멜로드라마는 3차원적(F. M. 포스터Forster의 용어로는 '원만한') 캐릭터를 창조하지 않고 식별하기 쉬운 정형화된 인물 유형(types)을 사용한다. 즉 참을성 있고 고통받는 여주인공, 정직하지만 흔히 약간 무능한 주인공, 대개 처녀 여주인공을 노리고 성적인 음모를 꾸미는 파렴치하고 술수에 능한 악당, 고결한 어머니상, 완고하며 '보수적 가치를 고수하는(Victorian)' 아버지상(Walker, 1982, pp.3-4) 등이 대표적이다. 이들은 장르 방식에 따라 정형화된 인물 유형의 예로서 확실히 빅토리아 시대의 멜로드라마와 연관되는 캐릭터이다. 혹은 이 텍스트는 여전히 가끔 상영되는 '무성' 영화라서 그러할 가능성이 더 크다.

멜로드라마는 다음과 같은 특징을 지닌다:

- 내러티브 내부에서 선과 악의 도덕적 양극단을 확인할 수 있다.
- 등장인물이 일반적으로 낮은 사회적 지위 출신이고 뚜렷하게 식별되는 적과 대결한다는 점을 제외하면 비극과 비슷하다.
- 극적 강조를 위해 음악을 사용한다.
- 갈등에 대해 명쾌한 해결책이 제시된다.

- 과잉과 과장이 특징이다.
- 정형화된 캐릭터를 사용한다.
- 내러티브 장치로 우연의 일치를 사용한다.
- 노골적인 감성주의를 강조한다.
- 시각적 기호로 상징을 사용한다.

무엇보다도 멜로드라마는 과잉을 특징으로 한다. 즉 '지나침'이 없다면 아마 멜로드라마가 아닐 것이다. 로맨스, 솝 오페라, 특히 '여성의 영화' 형태의 멜로드라마는 흔히 여성을 대상으로 하는 장르로 간주되며, 과잉은 히스테리의 표현으로 특징지어진다(5장을 보라).

많은 장르는 배경, 등장인물, 내러티브와 도상학 사용법에 의해 정의할 수 있다고 알고 있다. 하지만 멜로드라마는 수많은 다양한 장르에서 나타날 수 있는데, 예를 들면 니콜라스 레이가 감독한 웨스턴 〈런 포 커버(Run for Cover)〉(1955), 〈쟈니 기타〉(1954), 혹은 느와르 영화이자 '여성의 영화'인 〈밀드레드 피어스〉(마이클 커티스 Michael Curtis, 1945)가 그 예다.

멜로드라마로 쉽사리 규정할 수 있는 텍스트도 많지만, 멜로드라마를 일반적인 미학적 재현 양식, 혹은 스타일로 사용하는 다른 영화도 많다. 예를 들면, 〈세븐〉에서 밀스 집안의 도식화된 가정생활은 다음과 같이 멜로드라마적으로 설명된다:

- 이들의 아파트에는 규칙적으로 기차가 지나가는 소음이 들린다: 이는 트레이시가 도시 생활과 그 배후의 부패와 단절되어 있음을 강조한다. 부동산 중개사는 그들에게 아파트를 한 번에

잠깐씩만 보여주는 수법으로 기차 소음을 숨길 수 있었다.

- 밀스는 당혹스럽게도 개를 데리고 놀면서 '아이들'이라고 부른다: 이는 그가 가족을 필요로 함을 강조하는데, 이는 남성성(개)으로 승화된다.
- 소머셋이 와인을 마실 때 밀스는 맥주를 마신다: 이 음료들의 함축적 의미는 각각 프롤레타리아스러움과 세련됨이다.

우연일치의 사용은 내러티브의 경제성을 조성하는 데 기여하는 기법 중의 하나다. 예를 들면 〈세븐〉에서는:

- 밀스가 수사를 위해 도착하자 지방 검사는 두 번째 살인사건에 관해 진술하고 있다.
- 트레이시가 낙태 여부 문제로 소머셋에게 조언을 구할 때 대화는 교착상태에 빠지고, 소머셋은 호출기 덕분에 당혹스런 상황에서 벗어난다.
- 소머셋은 젊었을 때 밀스와 유사한 지위에 있었다.
- 결국 형사들이 존 도의 아파트를 찾아낼 때 이들이 도착하자마자 살인자가 나타난다.

장르와 멜로드라마 사이의 또 다른 공통점은 도상학인데, 이는 연극에서 상징이 수행하던 방식과 똑같이 의미의 지름길 구실을 한다. 멜로드라마적인 정형화된 인물 유형 역시 수많은 다양한 장르에서 활용된다. 사실 텍스트에서 구체적인 장르 관습과 '멜로드라마적' 요소를 구분하려 시도하는 것은 거의 의미가 없다. 그것은 어디서나 통용되는 스타일이다. 예를 들면, 비멜로드라마적인 호러 텍스트는 상상하기조차 어렵다.

우리는 연극과 영화에서의 멜로드라마를 살펴보았지만, 19세기 문학 역시 멜로드라마 스타일을 사용했다. 전통적 미학에 의하면 많은 멜로드라마 텍스트가 낮은 위상으로 분류된다는 점을 감안하면, 몇몇 위대한 영국 소설가들, 특히 찰스 디킨스와 토마스 하디가 소설에서 멜로드라마 스타일을 사용했다는 점은 역설적이다. 디킨스가 〈어려운 시절〉(1854)에서 공리주의자 토마스 그래드그라인드의 특징을 묘사한 다음 부분을 예로 들어보자:

> 토마스 그래드그라인드 나으리. 현실 속의 인물. 사실과 계산을 따지는 사람. 2와 2를 더하면 4가 되고 더 이상이 될 수 없다는 원칙대로 사는 사람이며, 그 이상을 허용하도록 말로 설득할 수 없는 사람이다. 토마스 그래드그라인드 나으리—더도 덜도 아니고 토마스—토마스 그래드그라인드. 규정과 저울을 고수하고 항상 주머니에 계산표를 갖고 다니면서 인간성에 관한 어떤 부분이든 기꺼이 자로 재고 측정하려고 하면서 정확하게 결과를 말해주는 인물이다. 그에게는 모든 것이 단지 숫자의 문제, 단순한 산술의 대상일 뿐이다(Dickens, 1969, p.48).

분명히 이는 수용자가 요지를 놓칠까 봐 거의 원형적 이름까지 사용한다는 점에서 인물의 특징을 '과도하게' 규정한 것이다. 운명(Fate)으로 규정되는 내러티브적 우연일치의 사용은 토마스 하디가 가장 즐겨 쓰는 장치이다. 예를 들면 〈테스〉(1892)에서 테스가 문 밑으로 밀어 넣은 편지가 카펫 아래로 들어가는 바람에 전달되지 못하게 되는 설정이 이에 해당한다. 확실히 멜로드라마는 서구 사회에서 지배적인 담론 양식 중의 하나다.

9. 장르와 포맷

이 장에서 우리는 다양한 장르를 살펴보았는데, 이 마지막 절은 '장르'와 '포맷'의 차이를 고찰할 것이다. 포맷은 장르적 형태의 특정한 변형을 기술하는 텔레비전 산업의 용어로 주로 쓰인다. 또한 이는 예를 들면 VHS 비디오테이프와 35mm 필름미디어 상품에 쓰이는 테크놀로지 유형을 기술하는 데도 사용된다.

게임 쇼 장르는 구성요소의 레퍼토리 측면에서 다음과 같이 정의할 수 있다:

- 배경: 텔레비전 스튜디오
- 등장인물: 스튜디오 수용자이며, 경쟁 참가자는 '보통' 사람이고 진행자는 아저씨 같은 인물이다.
- 내러티브: 상을 받으려면 질문이나 과제를 극복해야 한다.
- 도상학: 첨단 기술과 최신식 배경
- 스타일: 기본적으로 '라이브' 텔레비전 방송이며 진행자의 강조, 수용자와 경쟁 참여자의 반응을 보여주는 샷, 파편화된 구조 등도 포함된다.

하지만 게임 쇼는 포맷이기도 하다. 〈캐치프레이즈(Catchphrase)〉(요크셔 텔레비전)에 독특한 포맷은 경쟁 참가자가 어떤 사진의 일부 조각을 보고 구절을 추론하는 구조로 되어 있다. 이 포맷은 해외 다른 곳에도 판매될 수 있으며, 이를 구입한 프로그램 제작자는 해당 지역 참가자를 활용하고, 이 경우 그 문화권의 문구를 사용할 수도 있다. 대다수의 게임 쇼는 장르 관습에 충실하겠지만, 포맷은 다양해질 가능성이 크다.

모든 포맷을 장르의 일부로 간주할 수는 없다. 예컨대, 신문은 분명히 타블로이드나 대판 포맷으로 되어 있다. 수용자는 이 포맷에 대한 기대치를 갖고 있다. 대판 신문을 구입한 사람은 지면에서 '하드' 뉴스를 기대하고, 이는 종종 '무거운 내용'으로 지칭된다. 타블로이드를 구입한 사람은 오락을 추구할 가능성이 더 크다. 영국에서는 '선정적 선두지(red tops)'(〈선Sun〉, 〈스타Star〉, 〈미러Mirror〉)와 중간 시장용(〈데일리 메일Daily Mail〉과 〈익스프레스Express〉) 등 타블로이드의 두 가지 유형도 구분할 필요가 있다. 앞의 신문은 하드 뉴스를 거의 싣지 않지만, 후자는 대판과 '선정적 선두지'의 중간쯤에 해당한다. 분명히 신문은 보이는 모습 그대로의 포맷으로 되어 있다. 타블로이드의 두 배 크기인 대판은 좀 더 진지한 신문에 이상적이다. 한 페이지에 더 자세한 기사를 게재할 여백이 훨씬 더 많고 1면에 많은 '리드'를 실을 수도 있기 때문이다. 1960년대 이후에는 신문이 대판에서 타블로이드 포맷으로 옮겨가는 경향이 있었는데, 이러한 변화와 더불어 뉴스 가치도 좀 더 가벼워졌다. 하지만 진지한 타블로이드 신문도 있는데, 프랑스의 〈리베라시옹(Liberation)〉과 〈로스앤젤레스 타임스(Los Angeles Times)〉를 예로 들 수 있다.

비록 포맷에 근거해 신문에 대한 어떤 기대치를 가질 수는 있지만, 이는 형태를 장르적으로 볼 수 있을 정도로 자세하지는 않다고 나는 주장한다. 구성요소의 레퍼토리를 신문에 적용해보라.

▨ 연습문제 4.8 ▨

타블로이드 신문에서 장르적인 배경, 등장인물, 내러티브, 도상학과 스타일은 무엇일까?

이 질문에 대한 해답은 너무 일반적일 것이라고 거의 확실히 예상할 수 있는데, 예를 들면 가정 중심의 스토리, 명사, 충격-공포 내러티브, 타블로이드식 언어 등이 나올 것이다. 이 모든 해답은 출판물의 일부 기사에는 적용될지 모르나, 다른 기사나 피처물은 어떻게 봐야 할까? 따라서 적어도 그 출판물에 익숙하지 않은 사람에게 신문이 조성하는 기대치는, 텍스트가 어느 정도 '진지한지'만 말해주는 포맷과 관련이 있다. 신문은 장르 성격을 띠지 않는다.

좀 더 모호한 사례는 잡지다. 잡지는 장르인가 포맷인가? 분명히 잡지의 물리적 포맷이 전해주는 정보는 거의 없다. 대다수의 잡지는 내용과 상관없이 똑같은 규격으로 되어 있다. 특수 잡지는 장르 성격을 띤다고 주장할 수도 있다. 예를 들면 〈엠파이어(Empire)〉와 〈프리미어(Premiere)〉 같은 주류 영화 잡지의 다음과 같은 내용을 생각해보라. 가령 배경은 없지만 영화 스타와 제작자 형태의 등장인물이 나온다든지, 영화 제작이나 제작된 영화를 다루는 내러티브가 있다든지, 글래머 사진과 영화 스틸이 나온다든지 하는 부분은 아마 도상학적이라 할 수 있을 것이고, 글보다 이미지가 지배적이고 우호적/다소 냉소적인 스타일 등도 그 예로 들 수 있을 것이다. 하지만 종합 잡지는 논란의 여지가 좀 더 크다.

▨ 연습문제 4.9 ▨

라이프스타일 잡지에 구성요소의 레퍼토리를 적용할 수 있는가?

배경 개념은 필요가 없지만 스포츠나 쇼 비즈니스든, 단지 엘리트로 간주되는 개인들(예컨대, 영국 왕실)이든 명사에 초점을 둔다는 점에서 '등장인물'은 존재한다. '홍보성 내용'(최신 '상품'을 판매하는 스타), 대인관계 요령과 '실용적' 지침 정보에 초점을 둔다는 점에서 이때 표현되는 내러티브는 상대적으로 제한적이다. 글래머 사진이나 레이아웃과 보완관계인 요란한 겉모습은 도상학으로 간주할 수 있다. 라이프스타일 잡지는 구성요소의 레퍼토리와 비슷한 요소를 갖추고 있기는 하지만 이 범주들을 확대 해석해 텍스트를 끼워 맞추는 것은 의미가 없어 보인다. 장르처럼 라이프스타일 잡지도 '같지만 다른' 것을 제공한다. 그동안 얼마나 많은 성생활 실태조사가 이루어졌는지 생각해보면 놀랄 정도다. 이 잡지의 전형적인 내용은 다음과 같다:

여성과 남성 잡지

- '진짜 삶의 이야기'
- 건강
- 관계
- 글래머 여성 사진
- 섹스
- 패션
- 스타 신상정보
- 미용(남성 잡지에서는 '그루밍'으로 불린다)

남성 전용 잡지

- 극한 체험
- 스포츠
- 테크놀로지
- 예술

이것들은 잘 팔리는 라이프스타일 잡지의 구성요소이며, 위에서 언급한 게임 쇼처럼 포맷으로 간주해야 한다고 주장할 수도 있을 것이다. 영국에서는 〈로디드(Loaded)〉가 남성 전용 라이프스타일 잡지의 흐름을 시작했고, 〈FHM〉, 〈맥심(Maxim)〉, 〈프런트(Front)〉 등이 그 포맷을 따랐다.

요컨대, 어떤 텍스트가 장르적인지, 포맷의 산물인지 규정하는 것은 아무런 의미가 없다. 중요한 것은 관습적 요소를 찾아내서, 개별적 텍스트가 일반적 규범을 어느 정도 충실히 따르거나 어떤 점에서 벗어나는지 확인할 수 있도록 하는 것이다.

다음 장은 장르를 좀 더 넓은 시각에서 살펴보고, 이 개념에 대해 어느 정도 문제 제기를 하면서 장르와 사회 전체 간의 관계를 고찰한다.

5

장르 이론 2

Theory of Genre 2

5장 장르 이론 2

이 장의 목표

- ▶ 장르와 관련해 ‘닭이 먼저냐, 달걀이 먼저냐’ 하는 수수께끼를 살펴본다.
- ▶ 장르를 보는 12가지 접근방식을 정리한다.
- ▶ (융Jung이 말한) 장르의 신화적 특징을 탐구한다.
- ▶ <인디펜던스 데이>와 같은 ‘액션’ 영화를 이용해 모험 장르를 탐구한다.
- ▶ 솝 오페라를 사례로 삼아 특정 젠더 대상의 장르를 다룬다.
- ▶ 두 가지 유형의 장르 주기, 즉 인기의 주기와 장르의 생애주기를 살펴본다.
- ▶ 영국의 TV 경찰 장르와 호러 영화를 예로 들며, 장르와 현실 간의 관계를 탐구한다.
- ▶ 기호학을 장르에 적용하고 장르 비평의 이데올로기를 살펴본다.
- ▶ 시간대 편성이 장르와 어떻게 관련되는지를 보여준다.

1. 시작하며

이 장에서는 장르에 관해 좀 더 심화된 시각을 제공하고, 이 개념의 이론적 문제점을 살펴보며, 장르와 사회의 관계를 고찰한다.

2. 장르 — 닭이 먼저냐, 달걀이 먼저냐?

여러분이 보기에 장르와 장르를 구성하는 텍스트 중 어느 게 먼저인 것 같은가? 실제로 솝 오페라인 텍스트가 없다면 가령 솝 오페라 장르는 상상조차 할 수 없기 때문에 분명히 텍스트가 먼저 와야 할 것처럼 보일지 모른다. 하지만 이 점을 수긍한다면, 다음 질문에 답변을 해야 한다:

> 만일 사전에 솝 오페라가 어떤 것인지 몰랐다면 실제 텍스트가 솝 오페라인지 어떻게 알았나?

우리가 사전에 어떤 개념과 구성요소의 레퍼토리도 갖고 있었음은 확실하지만, 이는 장르 텍스트에서 유래했음에 틀림없다(그러니까 이는 진짜로 '사전의 것'은 아니다). 그러므로 논리적으로는 실제로 솝 오페라를 시청하고 나기 전까지는 '그 텍스트 자체'가 솝 오페라임을 알 수 없을 것이라는 뜻이 된다. 이는 '닭이 먼저냐, 달걀이 먼저냐?'와 똑같은 수수께끼가 된다. 달걀이 없다면 닭이 존재할 수 없다. 그러나 닭이 없다면, 달걀은 누가 낳을 수 있는가? 웨스턴과 관련해 튜더가 주장하듯이:

> 장르라는 용어를 사용하는 거의 모든 작가는 진퇴양난에 빠지게 된다. 이들은 수많은 영화의 분석을 근거로 '웨스턴'을 정의하고 있지만, 분석을 끝내기 전까지는 아마 이 영화를 '웨스턴'이라고 말할 수 없을 것이다(Tudor, 1976, p.120).

달리 표현하자면, 이 문제는 관념론과 경험론이라는 철학적 입장 간의 '갈등'을 부각한다. 전자가 하나의 이상형, 구성요소의 레퍼토리를 제시한다면, 후자는 장르를 정의하기 위해 실제 텍스트를 검토하는 입장이다.

구성요소의 레퍼토리 사용 역시 문제의 소지가 크다. 만일 내러티브, 배경, 도상학 등의 관습을 근거로 텍스트를 정의한다면, 우리는 사실상 가령 장르 1에 속하는 텍스트가 장르 2에 속하는 또 다른 텍스트와 다르다고 주장하고 있는 셈이다. 무엇보다 장르를 과거에 이런 식으로 정의했기 때문에, 이 차이는 물론 자명하다. 단지 장르 때문에 우리가 결정적인 궁지에 빠지게 된 것일 수도 있다. 장르를 개념으로서 유용하게 만들려면 [다음과 같은 점이 필요하다고] 튜더는 결론짓는다:

> **장르** 개념은 …. 특수한 목적으로 비평가가 만든 분류가 아니다. 이는 일련의 문화적 관습이다. **장르**는 우리가 집단적으로 그렇다고 믿는 것이다(Tudor, 1976, p.122).

따라서 장르는 비평 목적으로는 거의 쓸모가 없지만 '상식' 측면에서는 유용성이 매우 크며, 대중 수용자도 이 개념을 그렇게 사용하고 있다. 장르에서 등장하는 '닭/달걀' 문제는 '상식' 담론에서는 존재하지 않는다. 하지만 '집단 수용자' 내부에서는 장르 관습에 관해 모두 똑같은 지식을 갖고 있다고 가정할 수 없다. 4장을 읽기 전까지는 여러분도 느와르 영화 장르에 친숙하지 않았을 가능성도 크다. 이제 해당 장을 읽었다고 가정한다면, 여러분은 그 장르에 속하는 텍스트를 장르 텍스트로 간주하면서 볼 수 있다. 여러분은 이전에는 그 텍스트를 이해하기 위해 다른 틀을 사용했을 것이다. 이 틀이 장르 성격을 띠었다면 그건 당연한 일이다. 이것을 '탐정 영화'나 '스릴러'로 여기며 읽었을 수도 있다. 이와 비슷하게 SF를 판타지로 간주하고 외면해버렸을 지도 모른다. '장르 SF'란 인간이 무엇인가 하는 이슈를 다룬다는 것을 이제 여러분은 알게 되었다.

물론 장르란 수용자에게 속하는 개념이라는 튜더의 결론은 매력적이긴 하다. 그렇지만 학술적 관점에서는 이 개념을 텍스트 분석에 좀 더 유용하도록 만들어볼 필요가 있다. 따지고 보면 5장에서 시도한 부류의 분석은 많은 시사점을 줄 수 있다. 프로프에 관한 논의에서 결론지었듯이, 어떤 이론의 성공 여부를 판별하는 진정한 척도는 바로 그것의 '사용 가치'다. 미디어 전공자로서 우리는 (비록 철학을 잊어서는 안 되겠지만) 만일 장르 개념이 유용하다고 판단하면 장르 비평에 내재한 철학적 **딜레마**는 맘대로 무시해도 좋다. 장르를 학술적 시각에서 이해하려는 사람이라면 이미 그 장르를 문화적 관습으로 체험했을 것이고, 따라서 이 학자는 이미 거기서 무엇을 기대할지 사전에 알고 있을 가능성이 크다. 장르를 '집단적으로 믿지 않는' 상태에서는 학술적으로도 고찰할 수가 없다.

3. 미디어 텍스트에 대한 12가지 장르적 접근방법

4장은 주로 수많은 사례 연구 형태로 장르를 기술한 내용으로 구성되어 있었다. 하지만 '그게 무슨 쓸모가 있어?' 라는 질문 역시 타당하다. 만일 장르 비평이 할 수 있는 일이라는 게 고작 텍스트 유형을 판별하는 것이라면, 이는 대다수의 수용자도 몇 초 이내에 할 수 있는 일이며, 미디어 텍스트와 그것을 생산, 소비하는 사회에 관해 어떤 통찰력도 만들어내지 못할 가능성이 크다. 장르를 확인하는 일은 중요하지만, 이는 분석에서 첫 번째 단계이어야 한다. 버거(Berger, 1992)는 미디어 텍스트를 보는 다음 12가지 접근방식을 제안한다:

1. **장르 진화의 역사적 연구**: 4장에서 우리는 SF의 역사를 살펴보았다.
2. **텍스트와 장르의 관계**: 장르는 '똑같지만 다른 것'의 혼합물이기 때문에, 텍스트를 장르 구성요소의 레퍼토리와 비교해 차이점을 찾아낼 수도 있다. 4장의 상당 부분은 수많은 장르를 정의하는 구성요소를 찾아내려는 시도였다. 우리는 또한 〈뉴욕 경찰 24시〉에서 스티브 보치코의 '혁신적 미학'이 TV 범죄 연속극에 어떤 영향을 미쳤는지도 살펴보았다.
3. **장르가 서로 어떤 관련을 맺는지에 관한 연구**: 왜 일부 장르는 '하이브리드'로 결합되는가? 이는 다음 두 가지 방식으로 살펴볼 수 있다. 즉 어떻게 여러 장르가 결합해 사이버펑크처럼 또 다른 장르나 하위 장르를 만들어내는지(4장을 보라), 혹은 SF와 호러처럼 유사한 담론을 다루는 두 개의 장르가

쉽사리 결합하게 되는지가 그 예다.

4. **특정한 시기에 인기 있는 장르를 비교해보면 서로 어떤 관련이 있는가?**: 예를 들면, 북미 텔레비전 프로그램의 시각적 스타일은 현재 액션 영화의 인기와 관련이 있는가? 또한 SF는 왜 텔레비전과 영화에서 모두 인기가 있는가?
5. **미국의 텍스트, 장르와 다른 나라의 텍스트, 장르 간의 비교**: 영국의 병원 드라마는 북미 제작 드라마와 비교해 어떤 차이가 있는가(이 장의 후반을 보라)? 버거는 여기서 자민족중심주의가 나타나는 데 대해 비판적이다. 물론 어떤 국가의 장르 텍스트라도 다른 나라 것과 비교해볼 수 있다. 예를 들면, 브라질의 텔레노벨라(telenovelas)를 솝 오페라와 비교해보면 풍부한 함의를 얻을 수 있을 것이다(Trinta, 1998을 보라). 토니 레인즈(Tony Rayns)는 '경찰 영화'인 〈그 남자 흉폭하다〉에 관해 이렇게 주장했다(〈その男, 凶暴につき〉, 기타노 다케시, 1989):

> 일본 영화라는 사실은 그것이 할리우드의 규범에서 벗어나 갖고 있는 특징을 부분적으로 설명해준다. 즉 클라이맥스와 작은 매듭 부분은 미국 관객이 영화에서 학습을 통해 기대하는 그 어떤 것보다도 암울하고, 폭력 순간은 더 강렬하고 자세하며, 무엇보다 어떤 할리우드 폭력영화에서보다 훨씬 더 개인화되어 있다(Rayns, 1994, p.53).

6. **다양한 장르에 있는 주인공과 여주인공의 (그리고 악당과 여자 악당들의) 독특한 특징**: 4장에서 보았듯이, '하드보일드' 내러티

브의 주인공은 '고전적 탐정 픽션'의 주인공과 매우 다르다. 이와 비슷하게, 1장에서 바르트의 '기호적' 내러티브 약호는 '주인공'과 '악당'과 관련된 특징을 결정한다.

7. **다양한 장르가 사회와 문화를 어떻게 달리 반영하는지에 관한 분석**: '힙합' 음악은 흑인에게 (그리고 점차 백인에게도) 어떤 호소력을 발휘하며, 왜 댄스 음악은 주로 젊은 층을 대상으로 하는가? 장르와 하위문화 간의 관계는 〈미디어 제도와 수용자〉에서 살펴볼 것이다.
8. **신화적, 민담적 내용이 텍스트와 장르에 미치는 영향**: 일부 장르는 다른 장르보다 신화와 민담을 구조적 토대로 더 많이 활용할 가능성이 크다. 판타지의 요소를 갖춘 SF는 가령 시추에이션 코미디보다 신화적 구조를 더 손쉽게 활용할 수 있다. 다음 절은 어떻게 해서 '모험'과 '로맨스'가 대다수 장르 텍스트에서 기본적 요소를 이루게 되는지 살펴본다.
9. **장르별 인기의 부상과 쇠퇴**: 적어도 이 책 집필 시점(2000년 - 역자)에서 보면 할리우드 뮤지컬은 '사망한' 장르인가? (장르 주기는 5장 6절에서 다룬다).
10. **매체별 장르의 차이**: 출판업계는 SF를 주로 '문학적 게토'로만 여겼는데, 할리우드는 어떻게 해서 이를 주변부에서 건져내 대중 수용자에게 매력적인 장르로 바꿔놓고 있는지 살펴보았다.
11. **다양한 장르는 수용자에게 어떤 이용과 충족을 제공하는가?**
12. **제작과 미학 관련 기술적 문제가 미치는 영향은 장르별로 어떻게 다른가?**: 이 두 문제는 〈미디어 제도와 수용자〉에서 다룰 것이다. 장르와 관련지어 수용자의 '이용과 충족' 이론을 설명

할 것이다. 고전 느와르 영화가 'B'급 영화 장르의 위상 때문에 어떻게 전복적 장르로 변신할 수 있게 되었는지 커(Kerr, 1979)는 설명했다.

이 개념의 철학적 기반이 취약하다는 점과는 상관없이, 버거의 목록은 장르 비평에 관해 설득력 있는 주장을 제시한다.

4. 융이 말한 신화로서의 장르

현대인의 무의식적 정신은 한때 원시인의 신념과 의례에서 표현되던 신화 생산 능력을 보존하고 있다. 그리고 그 능력은 여전히 심리적으로 대단히 중요한 역할을 수행한다. 우리는 자신이 인식하는 것보다 훨씬 더 다양한 방식으로 그러한 상징이 담고 있는 메시지에 의존하고 있으며, 이것은 우리의 태도와 행동에 모두 엄청난 영향을 미친다(Henderson, 1964, p.107).

인간은 원형적 상징으로 표현되는 '집단 무의식'을 갖고 있다고 정신분석학자 칼 융(Carl Jung)의 추종자들은 믿고 있다. 카웰티는 이 아이디어를 장르에 적용해 그가 '공식적 원형(formulaic archeypes)', 혹은 도덕적 판타지라는 부르는 것을 추출해내는데, 여기엔 '모험', '로맨스', '미스터리', '멜로드라마', '외계인이나 외계인 국가' 등이 있다(Cawelti, 1976, p.39).

우리는 가장 영향력이 있을 뿐 아니라 어떤 점에서는 원형적 장르에 해당하는 '모험'과 '로맨스'에 초점을 맞출 것이다. 즉 이것들은 모든 장르 창작에서 시사점을 주는 기본적 패러다임이다.

1) 모험물

모험 스토리의 중심적 판타지는 주인공—개인이든 집단이든—이 장애와 위험을 극복하고 어떤 중요한 도덕적 임무를 완수한다는 것이다(Cawelti, 1976, p.39).

초기 문학에서 이러한 판타지는 내러티브적으로 죽음에 대한 승리를 다루는 영웅담과 신화에 구현되었다. 좀 더 현대에 와서 이 판타지가 표현되는 방식은 현재 어떤 장르가 인기 있는지에 달려 있다:

> 어떤 신화의 문화적 처리는 특수한 역사적, 정치적 상황에 대응해서 이루어지며, 원형적 표현을 … 수사적 수단으로 끌어다 쓸 수도 있다(Rushing & Frentz, 1995, p.48).

예를 들면, 19세기 문학에서 모험물의 원형은 '기사의 모험담'에 위해 수행되면서 인기를 끌었는데, 이는 흔히 성배를 찾는 이야기로 이루어져 있었다. 20세기에 들어와 '죽음에 대한 승리'는 웨스턴에서는 '불의에 대한 승리', 스파이 픽션에서는 국가 구하기, 전쟁 스토리에서는 공포의 극복과 적의 격퇴 등으로 구현되었다고 카웰티는 지적한다. 20세기 후반의 끝 무렵에는 적어도 영화에서는 액션-모험 내러티브가 지배적이었다. 아마 이것들은 흔히 '이벤트성' 영화로 마케팅되는 '슈퍼 장르' 영화일 것이다.

슈퍼 장르 영화는 단순히 단일 장르로 분류되기를 거부하며 절충적 성격을 띤다. (조지 루카스가 1977년에 제작한) 〈스타워즈〉는 흔히 할리우드의 장르 활용에서 전환점으로 언급된다. 이는 SF, 웨스턴, 동화적 판타지의 단순한 혼합물 이상의 것으로, 1930년대와 1940년대에 유행하던 〈플래시 고든〉 같은 토요일 흥행 모험물 연속극 시절로 되돌아간 것이나 마찬가지였다. 스티븐 스필버그의 인디아나 존스 영화는 이 텍스트를 좀 더 노골적으로 참조했다. 하지만 래리 그로스가 지적하듯이, 그가 '요란한 대형 액션 영화'라 부르는 영화계의 경향은 1960년대에 시작되었다.

> <007 위기일발(From Russia with Love)> 이후 제임스 본드는 무엇을 위해 스파이 짓을 포기할까? 완전히 새로운 초역동적 만화형 액션 영화를 위해서다. … <골드핑거> 이래로 정찰과 플롯 장치는 거의 완전히 사라진다. 대규모의 순수한 액션 설정 장면이 그 자리를 차지한다(Gross, 1995, p.8).

여기서 핵심 단어는 '역동적(kinetic)'인데, 이 영화는 움직임을 다룬다는 것이다. 실제로 초창기 영사기 형태 중의 하나는 '활동영사기(kinematograph)'로 불렀다. 이전까지 할리우드는 영화를 장르 측면에서 다음과 같이 마케팅하고 분류했다:

- 뮤지컬
- 갱스터
- 스크루볼 코미디
- 스릴러
- 웨스턴
- 전쟁
- 호러
- 여성 영화

- 로맨틱 모험물
- 전기 영화

등등

하지만 현대 할리우드는 협소한 장르 범주화에서 벗어나는 '슈퍼 장르' 텍스트를 선호한다. 앞서 살펴보았듯이, 〈블레이드 러너〉는 느와르 영화와 SF의 혼합물이며, 액션 영화의 특징인 추적과 투쟁(역동적) 시퀀스도 포함하고 있다. 그로스는 〈스타워즈〉 이후 상업 영화의 새로운 포맷을 다음과 같이 요약하고 있다:

1. 스필버그와 루카스 식으로 많은 돈을 투입해 B급 영화 장르 플롯을 정교하게 한 단계 더 발전시켜 제작한다.
2. 복잡한 내러티브를 단순화한다.
3. 영화적인 기법, 이미지와 테크놀로지가 내러티브 경험을 압도한다.
4. 특히 중요한 부분은 이 영화의 가치를 스스로 떨어뜨리는 유머의 가미이다(Gross, 1995, p.9).

그로스에 따르면, 이러한 관행의 결과 다음과 같은 현상이 나타났다:

> 1981년 이후 요란한 대형 액션 영화의 제도화가 급속하게 전개되었다. 이는 모든 메이저 제작사의 개봉작 선택 과정에도 영향을 미쳐 유럽 예술 영화를 사실상 말살하는 등 할리우드에서 창작 분위기를 완전히 바꿔놓았다(Gross, 1995, p.10).

그로스가 설명하는 내용의 상당 부분은 하이 컨셉트(high concept)* 영화 제작을 지칭하는 것으로 볼 수 있는데, 이 용어는 〈미디어 제도와 수용자〉에서 살펴볼 것이다.

북미 박스오피스 기록을 기준으로 집계해 〈스크린 인터내셔널(Screen International)〉에 보도된 1997년도(1997.1.10-1998.1.11) 흥행 상위 10위권 영화는 다음과 같다:

1. 〈맨 인 블랙(Men in Black)〉
2. 〈잃어버린 세계(The Lost World: Jurassic Park)〉
3. 〈타이타닉(Titanic)〉 (개봉 기간 단 4주 동안의 집계분)
4. 〈라이어 라이어(Liar Liar)〉
5. 〈에어 포스 원(Air Force One)〉
6. 〈스타워즈 재개봉작〉
7. 〈내 남자친구의 결혼식(My Best Friend's Wedding)〉
8. 〈페이스오프(Face/Off)〉
9. 〈배트맨 앤 로빈(Batman and Robin)〉
10. 〈조지 오브 정글(George of the Jungle)〉

---

* 하이 컨셉트는 미국 할리우드나 방송업계에서 사용하는 용어로서, 영화나 드라마의 기본적인 특징을 간결하고 인상적인 한두 문장으로 정리한 것을 말한다. 이는 제작자가 프로그램이나 영화 대본의 상업적 잠재력을 평가하기 쉽도록 아이디어를 간단한 줄거리 형태로 요약한 문장 형태를 띤다. 가령 〈쥬라기 공원〉은 '만약 공룡이 부활한다면 어떻게 될까?'라는 질문 형식의 아이디어로 정리할 수 있다. 대중적인 블록버스터 영화는 대개 하이 컨셉트에 근거해 만들어진다. 반면에 로우 컨셉트(low concept) 영화는 간결하고 인상적인 줄거리보다는 캐릭터 전개와 영상 기법 등의 정교한 표현 장치에 의존하며, 작품성을 중시하는 예술영화에서 흔히 발견된다. —역주

이 중 일곱 편은 그로스가 말한 요란한 대형 액션 영화로 범주화할 수 있다. 제작사는 또한 자사 영화를 설명할 때 전통적 장르를 사용하기를 꺼린다. 예를 들면, 1998년 초 콜럼비아 트라이스타 개봉작 18개 영화는 다음과 같은 항목으로 광고되었다:

- 스릴러 3편
- 드라마 3편
- 코미디 드라마 2편
- 로맨틱 코미디
- 미래 배경 스릴러
- 액션 드라마
- 액션 스릴러
- 드라마 스릴러
- 로맨틱 모험물
- 액션 모험물
- 코미디 풍자
- 코미디 스릴러
- 로맨틱 코미디-드라마

특히 위의 공식에서 '스릴러'를 포함한다면 액션과 모험물이 압도적으로 많은 것은 분명하다. '스릴러'를 예외로 하면, 위의 서술 중 전통적 장르 범주에 속하는 것은 없다. 위의 영화 중 하나인 '미래 배경 스릴러' 〈가타카(Gattaca)〉를 손쉽게 SF로 분류할 수 있다는 사실은, 제작사가 SF의 주변적 이미지를 얼마나 경계하고 있는지 보여준다. 이처럼 장르별 범주화에 대한 경계에서 한 가지 예외는, 전통적으로 젊은 수용자 대상의 장르이던 호러 영화다. 1997년 개봉작 〈나는 네가 지난 여름에 한 일을 알고 있다(I Know What You Did Last Suumer)〉, 〈스크림 2(Scream 2)〉, 1998년작 〈할로윈 7 (Halloween H20)〉, 그리고 〈나는 네가 지난 여름에 한 일을 알고 있다〉 후속작은 1996년 〈스크림(Scream)〉이 시작한 '10대 호러'의 '부활'을 계속 이어갔다. 콜럼비아 트라이스타의 범주 중 10가지는 복합장르다. 이 중 마지막 범주만 모든 영화 관객의 구미에 맞추려 필사적으로 노력한 것처럼 보인다.

〈타이타닉〉은 전후반부가 거의 정신분열적 수준일 정도로 서로 쪼개져 있다는 점에서 '슈퍼 장르' 영화의 좋은 예이다. 여기서 전반부는 로맨스(멜로드라마)이고 이후 후반은 액션이다. '슈퍼 장르' 영화의 등장과 관련이 있는 것은 이벤트 영화다. 1998년의 이벤트 영화를 겨냥한 〈고질라〉는 영화 개봉 꼬박 18개월 전에 시작한 마케팅 캠페인('크기는 중요하다')으로 널리 칭송을 받았다. 그러나 비록 1억 달러가 넘기는 했지만 북미 박스오피스에서 이 영화의 실적은 실망스러웠다. 이 영화는 제작에 1억 2천만 달러가 들고 인쇄와 광고에만 추가로 6천만 달러가 나간 것으로 알려졌다. 〈고질라〉는 대규모 박스오피스 수입을 거둬들였지만 네트워크 TV 방영권은 기본 수준인 2천5백만 달러에 팔렸으며, 똑같은 제작자의 〈인디펜던스 데이〉와 대조적으로 마케팅에 의해 조성된 기대치에는 미치지 못했다.

▨ 연습문제 5.1 ▨

생각나는 모든 액션-모험물 텍스트에서 주인공의 젠더를 리스트로 만들어 보자.

누가 주인공 역할을 맡는지는 문화에 따라 달라진다. 교사를 주인공으로 등장시키는 (아니면 학생이든가) 텍스트가 얼마나 되겠는가? 이와 비슷하게, 어떤 집단이 악당 역에 적합하다고 간주될까? 아마도 위의 연습문제에서 발견했겠지만, '모험' 내러티브에서는 대다수의 주인공이 남성이며, 이는 액션-모험 텍스트가 압도적으로 남성에게 호소력을 발휘하는 한 가지 이유가 될 수 있다. '슈퍼 장르' 영화에서 악당은 보통 과대망상증 환자, 외계인, 괴물이나 자연 참사이다. 원형적 모험 내러티브에서 그렇듯이, 주인공은 악당을 물리쳐 '죽음에 대해 승리'를 거두지만 강조점은 액션, 단기적 반응과 즉각적 효과에 둔다.

악당의 어떤 행동이든 대개 주인공의 대응행동을 유발한다. 이는 관습화된 프로프식의 내러티브다. 하지만 액션 영화에서는 내러티브 전개보다는 **액션** 그 자체가 주안점이다. 〈배트맨 앤 로빈〉(1997)에서 미스터 프리즈가 고담 시를 파괴하려는 이유는 의미가 없으며, 중요한 것은 그가 도시를 냉동시켜 버리는 과정을 보여주는 특수효과다. 이와 비슷하게 배트맨과 그의 동료들은 미스터 프리즈의 행동을 원점으로 되돌리기 위해 다른 특수효과를 '활용'한다. 결과는 무의미하며, 단지 사건만이 중요할 뿐이다. 그러한 포스트모던한 텍스트에서 우리는 미디어 표면을 넘어가지 않도록 되어 있다. 〈배트맨 앤 로빈〉은 단순히 다른 영화처럼 액션, 혹은 움직임(이 영화는 또한 만화의 관습에도 의존한다)에 관한 것이라고 주장할 수도 있다. 현대 할리우드는 형태만 있고 실체는 전혀 없는 롤러코스터 타기를 생산하는 비즈니스에 종사한다.

마이클 로긴의 흥미진진한 〈인디펜던스 데이〉 분석이 보여주듯이, 겉으로 보기와 달리 모든 액션 영화가 흥미로운 연구와 무관한 것은 아니다. 영화의 클라이맥스에서 '백인 쓰레기'인 러셀 케이스는 남은 미사일을 가진 유일한 사람인데, 그는 "툭 튀어나온 다리 같은 것이 양쪽에 달리고 가운데에 신체 구멍이 나 있는 시각적 이미지로 된 외계인 주 무기를 향해 미사일을 겨냥"(Rogin,

1998, p.68)하지만, 발사 장치가 고장난 것을 발견한다. 그러나 그는 다음과 같이 반응하면서 임무 취소를 거부한다:

> "좋다. 이 외계인 멍청이들아."(우리 세대의 표현으론 'XX를 뚫어주마.') 하고 러셀은 고함을 지른다. "잘 있었냐, 얘들아. 내가 돌아왔다!"라는 마지막 말을 남기며 러셀 케이스는 외계인의 X구멍으로 비행해 들어가 외계인 성 학대자에게 복수한다(Rogin, 1998, p.69).

뒤이어 발생한 대화재는 다음과 같은 결론을 도출할 수 있게 해준다고 로긴은 재미 있는 표현을 섞어가며 주장한다:

> 클라이맥스에 [외계 비행체를] 두 개의 물리적 구멍으로 두 동강 내면서, <인디펜던스 데이>는 항문 삽입과 죽음을 연결 짓고, 물질적 권력에서 탈피해 이성애를 구출한다. 유대인-흑인 [제프 골드브럼과 윌 스미스] 동맹의 귀환은 또한 남부 백인의 배신으로 위협받던 클린턴[빌 풀만]의 민주당도 구해낸다. 항문 폭발은 외계인뿐 아니라 레이건으로 돌아선 민주당 지지자도 쓸어버리기 때문이다(Rogin, 1998, pp.71-2).

처음 읽어보면 이 결론은 해괴하기 짝이 없어 보이지만, 로긴은 텍스트를 자세하게 언급하면서 자신의 시각을 정당화한다.

모험물 텍스트는 강력한 내러티브 추진력이 특징인데, 이 장 후반에서 살펴보겠지만 이는 구체적으로 남성의 흥미를 끌 수 있다. 적어도 영화에서 이 장르가 압도적으로 많은 이유 중의 하나는 대부분 남성이 결정을 내리기 때문일 수도 있다. 영국의 텔레비전에서도 비슷한 경향이 있다는 주장도 가능하다. 1998년 여름 여성의 누드를 등장시키는 수많은 드라마 프로그램을 살펴보면서, 존 더그데일은 다음과 같은 결론을 내렸다:

> 이 프로젝트에서 흥미로운 점은 … 이것이 여성에 의해 집필되었을 뿐 아니라 월드컵을 피해 온 여성 시청자를 끌어들이기 위해 편성된 수많은 프로그램 중의 일부를 이룬다는 점이다. 그렇다면 이것이 남성들을 끌어들이는 데 충분할 정도로 누드를 포함시키려 애쓴다는 점은 기이하기 짝이 없는데, 이러한 정책은 영화 대본이 연속극 담당 남성 책임자와 채널 관리자를 대상으로 집필된다는 사실과 관련이 있을지 모른다(Dugdale, 1998).

전통적으로 여성에게는 로맨스가 가장 흥미를 유발하는 원형적 장르였다.

2) 로맨스

카웰티의 '로맨스'는 모험, 사랑과 기사도가 발생하는 내러티브인 '문학적 로맨스(literary romance)'와 똑같지 않다는 점은 주목할 필요가 있다. 카웰티는 이를 "모험 스토리의 여성판"(Cawelti, 1976, p.41)이라 불렀다. 이것들은 여성이 중심인물로 등장하고 "이야기를 조직화하는 행동은 사랑 관계의 전개"(Cawelti, 1976, p.41)라는 점이 특징이다. 모험물 내러티브 역시 대개 '사랑' 관계를 포함하지만, 사랑은 악당에 대항한 주인공의 투쟁에 부수적인 요소다. 로맨스에서는 어떤 위험이든 "사랑 관계를 위협하고 그 후에는 공고히 하는 수단으로 기능한다. … 로맨스의 도덕적 판타지는 사랑이 모든 장애와 어려움을 극복하고 승리하며 영원하다는 것이다" (Cawelti, 1976, pp.41-2).

이러한 형태는 아마 대다수 소설에서 유행하겠지만, '야한 책(bonk-buster)' 형태로 나오는 '가벼운 여행용 소설'(수백 쪽 짜리 소설)에서 특히 두드러진다. 앞의 용어가 시사하듯이, 현대 로맨스에서는 섹스가 두드러진 특징이다. 1997년 박스오피스 순위를 다시 살펴보면, 〈내 남자친구의 결혼식〉과 〈타이타닉〉의 전반부만 아마 로맨스로 분류할 수 있을 것이다. 우리는 이미 멜로드라마로서의 로맨스를 4장에서 어느 정도 자세히 살펴보았다. 이처럼 남성이 액션을 선호하고 여성은 로맨스를 좋아하는 것은 유전의 결과인가, 아니면 젠더의 결과인가?

5. 장르와 젠더 — 솝 오페라

솝 오페라는 오랫동안 주로 여성에게만 인기 있는 장르로 간주되었다. 이 점은 원래 북미에서는 솝 오페라가 주부 대상의 '낮 시간' 프로그램으로 편성되었다는 점에서도 간접적으로 드러난다. 솝 오페라는 세제 회사의 후원을 받았기에 그러한 이름이 붙었으며, 가정에서 여성의 주된 관심사로 간주된 가정 내부 이슈를 다루었다. 이처럼 가정 내부, 혹은 사적 공간을 강조하는 것은 공적 공간에서 발생하는 '모험' 장르와 대비를 이룬다.

〈표 5.1〉

공적	사적
거리	집
일반 공중	가족
노동	여가 (이 대립항은 가정에서의 '노동'을 무시하는데, 이는 가부장 사회에서 주부의 노동은 어떤 지위도 부여받지 못한다는 점과 정확히 일치한다.)
액션	휴식
외향적	내향적
이성	정서
업무상 관계	사적 관계
남성	여성

(가부장적인) 서구 사회에서 노동의 세계, 공적 영역은 사적 영역보다 더 높은 가치를 인정받았다. 솝 오페라는 이러한 대립항을 다음과 같이 뒤집어놓는다:

> 솝 오페라의 본질은 개인적 문제에 관한 성찰이며, 행동이 아니라 대화, 즉각적 반응보다는 점진적인 전개, 즉시적 효과보다는 지연된 대응행위를 강조한다(Geraghty, 1991, p.41).

이러한 뒤집기를 시도하면서, 솝 오페라는 남성의 관점에서 볼 때 삶에서 중요한 것에 도전한다. '사적' 영역이 '공적' 영역보다 더 우월하다고 보면 이는 남성이 선호하는 영역을 은연중에 조롱하게 된다. 이 밖에도 그 선구자인 '여성'의 영화처럼 솝 오페라는 다음과 같은 결과를 낳게 된다(4장을 보라):

> 중심 역할인 여성 주인공을 독자가 지지하도록 유도하고, 비록 남성 캐릭터는 반드시 그리 하지는 못하겠지만, 수용자가 여성의 행동 이유를 이해하도록 하는 데 강조점을 둔다. … 여성이 내러티브에서 두드러진 위치를 차지하는 것은 정서적 영역에 대한 그녀의 이해력과 통제력에 근거한다(Geraghty, 1991, pp.116-17).

솝 오페라와 그 원천이 되는 원형장르인 로맨스는 흔히 현실도피주의적이라고 규정된다. 즉 여성이 현실에서 도피해 '유토피아'라는 느낌을 경험할 수 있게 해주는 텍스트라는 것이다. 하지만 이엔 앙(Ien Ang)은 부유하고 권력을 지닌 사람들의 삶을 묘사한 북미의 솝 오페라 〈댈러스〉의 분석에서, 여성이 솝을 '리얼리즘' 텍스트로 의미부여하고 있다고 설명했다. 여성들은 프로그램이 현실과 매우 유사하다고 믿는다는 게 아니라 프로그램에 묘사된 정서의 리얼리즘을 믿는다는 뜻이다:

> 이러한 측면에서 <댈러스>의 리얼리즘은 '정서적 리얼리즘(emotional realism)'이라 부를 수 있다. … 현실처럼 인식되는 것은 세상에 관한 지식이 아니라 세상에 관한 주관적 경험이다(Ang, 1985, p.45).

이 장르의 전반적 내러티브 구조가 반복적이고 끊임없이 되풀이되는 속성을 띠는 것은 지루하면서 끝없이 되풀이되는 주부의 노동을 반영한다고 말할 수 있을 것이다:

> 솝 오페라는 진행속도가 느리고 반복이 잦고 스토리라인도 서로 끊

> 기고 중복되며 화려함보다는 일상성을 강조하기 때문에, 단순한 가사노동을 할 때 프라임타임 텔레비전처럼 집중하지 않고도 이해하기 쉬운 내러티브를 제공한다(Geraghty, 1991, p.43).

물론 여성들이 솝 오페라를 즐기기 위해 가정주부가 될 필요는 없다. 솝 오페라가 여성에게 호소력을 발휘하는 또 다른 점은 "여성들이 효율적이면서도 합리적인 행위를 완벽하게 표현한다는 점인데, 이는 텔레비전에 등장하는 다른 여성에게는 아주 드문 특징이다"(Zoonen, 1994, p.121). 솝 오페라가 여성에게 갖는 소구력은 다음과 같이 좀 더 근본적인 데 있다는 주장까지 나왔다:

> 솝 오페라에서처럼 결말이 열려 있고 진행속도가 느리며 클라이맥스가 다수로 된 구조는 여성의 섹슈얼리티 패턴과 잘 맞다(Modleski, 1982, p.98).

이와 반대로, 남성들은 모험 장르가 제공하는 즉각적인 충족에 더 흥미를 느끼는 것으로 보인다. 피스크는 솝의 내러티브 구조를 1970년대와 1980년대에 인기를 끈 '액션' 프로그램인 〈A 특공대(The A Team)〉와 비교했다.

〈표 5.2〉

솝 오페라	〈A 특공대〉
내러티브에 결말이 없다	각 에피소드마다 내러티브가 종결된다
문제 해결, 친밀한 대화, 감정을 강조한다	액션을 강조하고 대화를 최소화한다

등장인물과 플롯이 다수다	수용자가 동일시할 것으로 기대하는 주인공 중심으로 구조화된다
스토리 시간과 현실의 시간은 밀접하게 상응관계를 맺는다 (에피소드 사이에도 등장인물의 삶은 계속된다)	이들의 삶은 연기 중에만 이루어진다
분절화: 한 이야기 갈래에서 다른 갈래로 급작스러운 이동이 이루어진다	단일한 플롯으로 구성된 내러티브다
남성 등장인물은 섬세한 성격을 띨 수도 있다	섬세한 남성 등장인물은 흔히 위협적 인물이거나 게이의 특징으로 규정된다
여성 등장인물은 전문직이다	권력은 남성에게만 귀속된다
가정 배경이 주가 된다	공적 영역이 지배적이다

출처: Fiske, 1987에서 각색함.

솝 오페라는 이러한 성격의 결과로 다음과 같은 특징을 지닌다:

> 사적 관계를 (근간으로) [삼는다]. 솝 오페라는 내러티브의 골격을 이루는—결혼, 출생, 이혼, 죽음 등—극적 순간과 다툼, 유대, 딜레마 등의 일상적 교환을 보여준다(Geraghty, 1991, p.41).

'이용과 충족' 이론의 관점에서 보면(〈미디어 제도와 수용자〉를 보라), 솝 오페라는 수용자가 자신의 개인적 정체성을 표현하는 데 도움을 준다. '보통' 사람이 '보통' 문제점에 대처하는 것을 보면서, 수용자는 등장인물의 경험을 자신의 경험과 비교해볼 수 있다. 솝 오페라는 또한 사회적 상호작용에도 매우 유용하기에, 신문과 잡지에까지 '침투해' 있다(솝 오페라를 전문으로 하는 간행물도 있다). 또한 〈브룩사이드(Brookside)〉와 〈이스트엔드 사람들〉 같은 '리얼리즘' 솝 오페라는 또한 내러티브 내에 정보를 담으려 세심하게 주의를 기울이기도 한다. 예를 들면, 〈브룩사이드〉에서 다운증후군 아이를 다루는 내러티브 갈래는 그러한 아이에 대처하는 경험에 '사실적' 맥락을 부여하기 위해 치밀한 사전 조사를 거친 후 제작되었다. 도로시 홉슨(Dorothy Hobson, 1989, 1990)의 연구에 의하면, 솝 오페라에 관한 여성의 대화는 두 가지 방식으로 이루어진다:

> [홉슨이] 인터뷰한 여성들은 나름대로 리얼리즘적 플롯과 스토리에 관한 자신의 견해를 근거로, 내러티브 전개나 앞으로 등장인물의 감정에 관해 상상해보는 경향이 있었다. … 둘째, 여성들은 자신의 삶에 관해 생각해보고 이야기하기 위해 솝 오페라를 활용한다(Zoonen, 1994, p.118).

이는 모든 남성이 솝 오페라의 매력을 이해하기 어렵다는 뜻은 아니다. 실제로 제라티 책의 핵심 주장은 솝 오페라가 남성뿐 아니라 게이와 레즈비언 같은 소수 집단의 관심사를 포함하는 방향으로 진화했다는 것이다. 이와 비슷하게 사회 내에서 전통적 젠더 역할이 바뀌고 있어, 남성은 좀 더 '여성화'되고 여성은 더 많은 권력을 확보하게 될 가능성이 있다는 뜻이기도 하다. 젠더에 관해 오래 통용되던 정의가 흐려짐에 따라 이전에는 여성 장르로만 간주되던 것이 남성에게도 좀 더 소구력을 갖기 시작한 것도 그리 놀랄 일은 아니다.

1985년에 방영된 〈이스트엔드 사람들〉(BBC 1)의 첫 번째 에피소드에서 오프닝 샷은 장화를 신은 발이 문을 걷어차는 장면으로 시작한다는 점을 제라디는 지적한다. 1982년 채널 4의 개국과 더

불어 처음 방영된 〈브룩사이드〉가:

> 노동과 노동조합주의 이슈를 포함하려 시도했을 때, 이 시도는 공적 영역에서 활동하는 남성 캐릭터를 강조하는 효과를 낳았다. 이 시기에 바비 그랜트(Bobby Grant)*의 재현 방식은 대단히 강력한 효과를 발휘했으며 … 그와 가족 간의 관계 역시 감동적으로 다루어졌다. 따라서 과거 <코로네이션 스트리트>에서 남성적 감정이란 무관심이나 개탄거리로나 표현되었던 반면에, 여기서는 수용자가 그 감정의 깊은 내면을 들여다볼 수 있게 되었다(Geraghty, 1991, p.171).

1980년대의 새로운 솝 오페라는 또한 어린이에도 초점을 두게 되었는데, 물론 〈코로네이션 스트리트〉가 이러한 추세에 반응을 보이기까지는 더 오랜 시간이 걸렸다. 그렇지만 〈코로네이션 스트리트〉는 결코 완전하게 변신하지는 못했다. 특히 1990년대 말인데도 종족적 소수집단 인물이 여전히 부재한 것을 보면 〈코로네이션 스트리트〉는 1950년대의 샐포드(Salford)**가 여전히 존재하는 '타임머신'의 시간대에 살고 있다는 인상을 받게 된다. 좀 더 최근

* 바비 그랜트는 영국의 솝 오페라 〈브룩사이드〉에 등장하는 가공인물로서 릭키 톰린슨(Ricky Tomlinson)이 배역을 맡았다. 바비는 1982년 드라마 첫 회부터 나오기 시작해 1988년까지 드라마의 중심인물로 활동했다. 1980년대 초반 높은 실업률과 노사분규로 갈등을 겪던 시대상황을 반영해, 바비 역시 극 중에서 사회주의자이자 노동조합운동가로 나왔는데, 가정에서는 아들에게 폭력을 휘두르는 가부장적 인물이기도 했다. —역주

** 〈코로네이션 스트리트〉는 웨더필드(Weatherfield)라는 가상의 도시에 있는 코로네이션 거리를 배경으로 했는데, 이는 랭카스터의 샐포드라는 도시를 모델로 삼은 것이다. —역주

으로 오면 [1972년에 에머데일이라는 가상의 농촌 마을을 배경으로 시작된] 〈에머데일 농장(Emmerdale Farm)〉(요크셔 텔레비전)은 시청자 수를 늘리기 위해 〈에머데일〉로 이름을 바꿔 비행기 추락 사고와 인질극까지 다루었다.

왜 이 시점에 솝 오페라는 남성층의 취향에 좀 더 부응하는 방향으로 진화하게 되었을까? 전통적으로 남성 전유물로 여겨지던 영역이 점차 여성층에게도 수용되고 있다는 증거가 나와 있다. 과거라면 남성만의 축구 이벤트에 불과했을 1998년 영국 월드컵에서 첫 주에 중계된 경기 시청자 수치는 상당한 비율의 여성이 경기를 시청했음을 입증했다:

> 기대치보다 더 많은 수의 여성이 축구 중계를 시청하고 있는데, 이는 지금까지 전체 수용자의 약 3분의 1[실제로 그 수치는 37%였다]에 해당하며, 영국 여성들이 유럽 대륙의 여성보다 시청할 가능성이 더 높다는 뜻이다(<Campaign>, 1998. 6. 19.).

적어도 영국에서 축구는 전통적으로 남성만의 영역으로 간주되었다. 여성들의 관심이 증가하면서 아마 이 전통 역시 무너지려 하고 있는 듯하다(Lacey, 1998b도 보라). 젠더 역할의 변화가 이러한 변화를 촉진했다는 주장도 그럴듯해 보이지만, 실제로는 미디어 텍스트와 사회 간의 인과적 연계를 확신할 수는 없다. 하지만 사회에서의 변화를 평가하는 한 가지 방안은 장르를 주기로 살펴보는 것이다.

6. 장르 주기

장르는 두 가지 측면에서 주기성을 띤다. 장르 인기의 부침과 부합하는 주기가 있으며, 장르에는 '생애' 주기의 특성도 있다.

1) 인기의 주기

'인기의 주기'를 고려할 때 우리는 수용자의 선택에 미디어 산업이 어떻게 대응하는지를 살펴보게 된다. 어떤 텍스트가 예외적으로 큰 인기를 끈다면, '후속작'도 이에 그다지 뒤떨어지지 않을 것이라고 확신할 수 있다. 이것은 속편 형태를 띨 수도 있고, 다른 제작자가 이 텍스트를 나름대로 각색한 버전으로 '인기에 편승'하려는 시도 형태로 나올 수도 있다. 이 '버전들'은 필연적으로 장르에서 나름대로 단서를 얻는다. 영국 텔레비전에서는 '다큐 솝'(혹은 아마도 '다큐 시트콤')인 〈운전학원(Driving School)〉이 성공을 거둔 후 이 장르의 수많은 다른 사례가 줄지어 나왔는데, 여기에는 호텔이나 여행사, 공항, 항공사, 심지어 주차 단속원에 관한 프로그램도 포함된다. 이와 비슷하게, 테이크 댓(Take That)*이 팝 차트에서 성공을 거두자 이를 계기로 1990년대에 비슷한 '남성 밴드' 아류가 대거 쏟아져 나왔다.

음악에서는 펑크와 그런지(grunge)** 같은 장르의 주기는 단지

---

* 1989년 맨체스터에서 결성된 팝 그룹을 말한다. —역주

** 그런지는 시애틀 사운드(Seattle sound)로 불리기도 하는데, 1980년대 중반 미국 시애틀 주에서 등장한 록 음악 장르이자 하위문화를 지칭한다. 그런지는 1990년대 초반부터 중반까지 너바나(Nirvana), 펄 잼(Pearl Jam), 사운드가든(Soundgarden) 등의 음반 출시로 상업적으로도 큰 성공을 거두었다. 이 밴드들의 성공 덕분에 올

산업 차원에서 대중적 형식을 최대한 활용한 사례 이상의 것이다. 예를 들면 EMI 그룹은 성공을 현금화하기 위해 섹스 피스톨즈(Sex Pistols)와 계약을 맺었지만, 밴드는 펑크에 어울리게 내내 악명을 떨쳤고, 이 때문에 그 유명한 밴드 해체로 이어졌다. 음악적 인기는 흔히 청년 하위문화 그룹과 밀접하게 '연계'되어 있고, 이 때문에 적어도 한동안은 산업적 생산보다는 수용자와 '길거리'의 힘에 의해 움직인다. 물론 그 인기가 '길거리'에 의해 좌우되는가 산업에 의해 좌우되는가는 어느 정도 주기의 존재와 무관하긴 하지만, 분명한 사실은 어떤 장르가 특정한 시점에만 인기를 끈다는 점이다.

이러한 유형의 주기는 아마도 영화에서 가장 두드러질 것이다. 최근 SF와 특수 효과 영화가 어느 정도 지배적이었는지 우리는 이미 목격했다. 예를 들면 지난 1988년 북미 영화 흥행 상위 10위권에서 유일한 비코미디물은 〈다이 하드(Die Hard)〉였다. 하지만 이 주기도 이전의 장르 주기를 대체하는 어떤 지점에서 시작된다는 점은 분명하다.

> 1980년대 말 매끈해 보이던 표면에 특이한 균열이 일어났다. … (코미디의) 유행으로 몰락했던 장르, 오래전에 사라졌던 장르가 다시 등장하기 시작했다. 그동안 스릴러라는 형식 자체가 너무나 철저하게 외면당해 심지어 <톱니바퀴의 칼날(Jagged Edge)>(1985)은 히치콕의 <이창(Rear Window)>(1954) 이후 미국의 흥행 상위 20개작 중에 처음으로 등장한 비시대극 범죄자 추적물이었다. … <양들의 침

터너티브 록의 인기가 높아졌고, 그런지는 당시 록 음악에서 가장 대중적인 형태로 부상했다. —역주

묵>(1991)이 나올 무렵에 이르면 스릴러는 도처에 널려 있게 된다 (Pirie, 1996, p.27).

피리의 주장에 따르면, 주된 장르 전환, 그리고 1990년대 말 〈스타게이트〉(1994)를 계기로 일어난 'SF 열기'는 "반(反)주기적이라는 점에서, 즉 지배적인 시장 지혜나 추이를 **거슬러** 발생했다는 점에서 주요한 재정적 대전환에 버금가는 현상이다"(Pirie, 1996, p.26).

따라서 1990년대 말 메이저 할리우드 스튜디오가 특수효과/SF 영화 제작으로 성공을 추구하고 있긴 하지만, **모든 예상과 어긋나게** 또 다른 장르 텍스트가 성공을 거둔다면 이 주기는 끝날 것이다. 비평가들은 할리우드가 단순히 상품 생산자에 불과하며, 영화의 성공은 주로 트렌드 추구와 마케팅 덕분이라며 비난하는데, 이들은 수용자가 싫증을 낸다면 영화는 크게 실패하고 말 것이라는 점을 망각하는 경향이 있다. 문화 텍스트가 이를테면 (늘 똑같은) 구운 콩과 같은 방식으로 생산되는 제품이었으면 하는 것은 모든 제작자의 분명한 바람이겠지만, 심지어 공식화된 텍스트조차도 본질적인 구성요소는 '차별성'이다. 장르는 분명히 똑같은 특징을 지니긴 하지만, '그렇지만 다른'이라는 요소가 없다면 수용자는 그냥 지난번 것과 똑같은 영화를 시청하고 있다고 느낄 가능성이 크고, 이는 '선의'로 입장권을 구입한 수용자를 배신하는 행위가 될 것이다. 여기서 우리는 주기의 두 번째 유형, 즉 장르 발전의 '생애 주기(life cycle)'로 넘어가서 살펴볼 것이다. 콩은 반드시 똑같아야 하지만, 장르 텍스트에서 **차이**는 필연적으로 진화로 이르게 된다.

2) 장르의 생애 주기

만일 장르의 변형이 제대로 이루어지면 이후에 나오는 텍스트는 이러한 변형을 활용할 가능성이 크고, 이렇게 되면 이는 장르의 주요 구성요소로 자리잡게 된다. 예를 들면, (대부분 스페인에서 촬영한) 1960년대의 '스파게티 웨스턴'은 웨스턴 장르를 채택한 후 표현주의적 카메라 앵글을 가미하고, 대사를 상당 부분 덜어냈다:

> 이것들은 스타일화된 폭력과 잔혹함으로 채워졌다. 그리고 운명이란 마치 멀리 평평하게 펼쳐진 지평선과 같다는 생각에 충실한 만큼, [이 영화들은] 늘 복잡한 음모로 얽혀 있다. 이 영화들은 탐욕, 배신, 은밀한 명예 추구, 굳은 복수심 외에는 어떤 다른 인간적 충동도 알지 못한다(Thompson, 1981, p.1417).

이 영화들이 웨스턴 장르를 매우 성공적으로 패러디하는 바람에 다음과 같은 결과가 나왔다고 톰슨은 주장했다:

> 그것이 미친 영향은 총체적이었다. 오늘날 제작되는 웨스턴은 아주 소수뿐이다. 이 장르는 돌과 납, 먼지에 관한 진실된 이야기가 아니라 과거의 날조에 불과하다는 점이 드러났기 때문이다(Thompson, 1981, p.1419).

3장에서 살펴보았듯이, 비록 웨스턴은 대개 19세기 말을 배경으로 하지만, 제작되는 시기의 이데올로기적 관심사를 반영한다. 사회가 변화함에 따라, 장르도 변화한다.

미디어 제작자에게 편리한 한 가지 요령은 수용자의 호응을 받을 만한 장르 공식을 변형시켜 사용하는 것이다. 변용을 능숙하게 처리해 좋은 반응을 얻는 제작자라면 탁월한 재정적 실적을 올리는 커리어를 기대해도 좋다. 아마 스티븐 스필버그와 스티븐 킹 같은 아티스트만이 이러한 대중문화 생산의 '성배'에 거의 근접했을 것이다. 바로 여기서 왜 대중으로서의 수용자는 새로운 장르 주기에 갑자기 호응을 보이거나 새로운 장르 변용에 '빠져드는'가 하는 질문이 제기된다. 이 질문에 대한 해답을 모색하려면 텍스트, 제작자와 사회 간의 관계를 살펴볼 필요가 있다. 이 텍스트를 생산하고 소비하는 사회와 텍스트는 서로 관계가 있다고 단정해도 무방하다. 하지만 이 관계를 구성하는 요소가 무엇인지는 논란의 여지가 있다. 흔히 텍스트는 미메시스적이라고, 즉 현실을 반영한다고 간주된다. 하지만 이러한 반영은 중립적이지 않으며, 필연적으로 이데올로기적 요인에 의해 규정된다.

3) 현실을 '반영하는' 텍스트

앞서 살펴보았듯이, 사회가 변화함에 따라 장르도 변화한다. 솝 오페라와 젠더 문제를 고찰하면서 젠더 역할의 변화, 특히 1980년대에 일어난 변화는 오늘날의 솝에서도 두드러지게 나타났다. 새로 나오는 솝이라면, 아마 당대의 사회적 이슈를 다루려 시도한 〈이스트엔드 사람들〉과 〈브룩사이드〉의 성공 사례를 근거로 삼을 것이다. 수용자 확보 측면에서는 〈코로네이션 스트리트〉가 시청률이 훨씬 더 높았음에도 불구하고 그렇다. 〈코로네이션 스트리트〉는 1990년대에 와서는 장르 혁신의 면모를 거의 보여주지 못했다. 추측건대 이 드라마의 매력은 현대 사회에 대한 관찰보다는 오히려 과거에 대한 노스탤지어를 제공한다는 점과 관련이 있어 보인다. 장르 측면에서 〈코로네이션 스트리트〉는 원래는 드라마-다큐멘터리로 구상되었지만 영국의 다른 텔레비전 솝 오페라의 선구자가 되었음은 분명하다. 그러나 장르 자체가 진화하는데도, 옛날 스타일의 〈코로네이션 스트리트〉는 그렇게 될 것 같지 않다.

20세기 말에 이르러 솝의 하위장르인 병원 드라마가 엄청난 성공을 누리고 있다. 북미의 〈ER〉*과 영국의 〈사상자(Casualty)〉** 같은 프로그램의 중심인물은 의사와 간호사인데, 이들은 대개 희박한 가능성에도 불구하고 각고의 노력 끝에 환자를 잘 치료해낸다. 이 프로그램의 소구점은 주로 오락물이다. 하지만 왜 이 시점에 이 장르의 주기가 되살아났는지 의문을 던져볼 수 있다. 이 장르는 주인공이 치료하는 취약한 신체(이는 특히 〈ER〉에서 음습하게 그려진다)에 초점을 두어 세기말 혹은 밀레니얼의 불안감을 표현한다고 주장하는 것은 너무 진부할지도 모르겠다. 이러한 해석은 이 사례에서는 텍스트와 그것이 제작되는 시점 간에 직접적인 원인-결과 간의 연계를 찾아내는 '속류 마르크스주의' 시각의 오류를 범하고 있다는 점에서 진부하다. 연계는 작용할 수도 있겠지만 [양자 간에] 작동할지도 모르는 연관성을 정당화하려면 좀 더 정교한 주장이 필요하다.

---

* 미국 방송사 NBC에서 1994년 9월부터 2009년 4월까지 방영된 의학 드라마다. 국내에서는 1997년부터 1999년까지 SBS에서 방영했고, KBS도 2000년 1월에서 6월까지 방영한 적이 있다. ―역주

** 영국 BBC 1 채널에서 1986년 이후 주말 저녁 시간대에 방영하고 있으며 의학 드라마로는 세계 최장 방영 기간을 기록하고 있다. 홀비 시티 병원이라는 가상의 장소를 배경으로 병원 응급의학과에서 벌어지는 에피소드를 다루고 있다. ―역주

전통적으로 영국의 솝은 스스로 리얼리즘 텍스트를 자처했으며, 이 때문에 신뢰성을 유지하려면 (〈코로네이션 스트리트〉를 제외하면) 사회에서 일어나는 변화에 맞추어야 한다. 따라서 영국에서 국립의료서비스(National Health Service)가 해체되었다면 병원 장르가 NHS 제도의 틀 속에서 작동하는 것은 아마 신뢰성을 떨어뜨리는 행위가 될 것이다. 실제로 관련된 조직의 변동이라는 혼란은 중요한 내러티브 갈래로 다루어질 가능성이 크다. 우리는 주변 세계가 어떻게 변화하고 있는지 파악하기 위해 리얼리즘 텍스트, 특히 뉴스와 다큐멘터리뿐 아니라 픽션 텍스트도 활용한다.

▨ 연습문제 5.2 ▨

전형적인 호주인의 특징을 기술해보자(여러분이 호주인이라면 영국이나 북미를 시도해보자).

여러분이 호주인과 호주에 대해 갖고 있는 인식이 어느 정도 미디어 전반, 특히 솝 오페라 〈이웃들〉에서 유래한 것일까? 만일 호주인이 영국에 대해 갖고 있는 정보가 〈코로네이션 스트리트〉뿐이라면, 이들은 영국 북부 지방 사람들에 대해 어떤 시각을 갖게 될까? 대다수의 북미인이 영국인이나 호주인에 대해 알려고 할 때 어떤 텍스트가 여기에 가장 큰 도움이 될까? 등등의 질문을 생각해보라. 우리는 실제 생활에서 보다는 미디어 재현을 통해 외국인에 대해 훨씬 더 많이 알게 될 가능성이 크다. 미디어가 우리의 지각에 영향을 미치는 정도는 대단히 큰 논란거리이며, 아마 사회 전반과 분리할 수 없는 문제일 것이다(물론 미디어 재현은 사회의 일부이다).

1970년대 (런던 경찰청 소속 정예 경찰 부서인) '특별 기동대' 일부 단원들은 테임즈 텔레비전(Thames Television)의 〈스위니〉(이는 스위니 토드 특별 기동대를 런던 사투리의 운율에 맞춘 속어다)의 등장인물인 리건과 카터의 행동을 보고 따라했다고, BBC 다큐멘터리인 〈일선의 경찰(Cops on the Box)〉에서 한 경찰관은 말했다. 아마 포스트모더니스트들의 주장이 맞을지도 모르며, 현실과 미디어 텍스트 사이에는 아무런 차이가 **없을 수도** 있다. 즉 미디어 텍스트는 현실을 보는 틀을 정해주고, 현실 **자체가** 미디어 텍스트인지도 모르겠다.

일반 텍스트와 사회 간에 상대적으로 단순화된 관계가 존재한다고 가정하고, 다음 절에서는 영국의 텔레비전 경찰 장르를 살펴본다.

4) 영국의 텔레비전 경찰 장르

텔레비전 경찰 프로그램은 텔레비전에 방영된 가장 흥미로운 장르 중의 하나다. 기존 편성표에서 지지부진해지는 고정 코너를 대체하기 위해 새로운 변용이 시도되면서 이 장르는 지속적으로 '재발명'되고 있다. 샬롯 브런스던은 이 장르에 관해 다음과 같이 주장했다:

> [이 장르는] 점차 무책임해지는 국가에 포획된 책임감 있는 시민의 드라마를 반복적으로, 심지어 강박관념처럼 연출해내기 때문에 제작자와 수용자에게 모두 커다란 반향을 일으켰다(Brunsdon, 1998, p.225).

〈도크 그린의 딕슨〉은 1950년대에서 1970년대까지 영국의 토요일 초저녁 편성표에서 주력 상품이었다. 이 드라마는 존재감만으로도 질서를 회복할 수 있을 만한 비무장 영국 경찰인 딕슨이라는 가부장적 인물을 다루었다. 〈딕슨〉은 경찰이 '백인보다 더 백인스러운' 존재로 비춰지던 전후 합의의 시대에 속했다. 도둑질하는 경찰을 다룬 한 에피소드는, 결코 '사회의 기둥'이 될 수 없는 경찰을 다루는 데서 이 프로그램이 갖고 있던 문제점을 드러냈다. 딕슨이 '부패한' 경찰을 체포할 때 이 도둑경찰은 '썩은 사과'로 규정되었다. 딕슨은 그에게 "제복을 벗어. 그다음에 널 체포할 거야" 라고 말한다. 프로그램으로서 〈딕슨〉이 체포당하는 제복 경찰의 이미지를 감당할 수가 없었음은 분명하다.

'부패한' 경찰이라는 관념에 익숙한 오늘날의 수용자에게 그러한 조심스런 태도는 이상하게 비칠지 모르겠다. 하지만 장르 진화의 이 단계에서 '악당으로서의 경찰'은 다룰 수가 없는 것이었다. 하지만 이는 이 장르가 그러한 재현을 '허락하지 않았기' 때문인 것은 아니었다. 4장 시작 부분에서 사용한 모델은 장르 텍스트 창작에서 제도가 중요하다고 강조했는데, 이 시점에 영국의 텔레비전 경찰 프로그램이 경찰 부패를 표현하지 못한 것은 주로 관련 기관들이 그러한 논쟁적 영역에 관여하길 '거부'했기 때문에 발생한 결과였다. 4장에서 언급했듯이 경찰이 압력 집단을 감시하는 역할을 한 사례처럼 지금도 어떤 기관이 다루려 하지 않는 다른 영역이 존재한다는 것은 의심의 여지가 없다.

좀 더 진보적으로 바뀐 1960년대에 이르면 경찰을 법과 질서의 모범 이외의 존재로 재현하는 것이 제도적으로 가능해졌다. 〈Z 카

(Z Cars)〉*는 무엇보다도 경찰도 약점이 있음을 보여줌으로써 이 장르와 텔레비전 전반에 새로운 리얼리즘 미학을 도입했다. 이러한 진화는 다음과 같이 일부 층의 분노를 불러일으키기도 했다:

> 이 드라마가 경찰관을 일상생활의 압력과 문제점에서 자유롭지 않은 '인간'으로 재현한 것은 공중의 신뢰를 해칠 수도 있을 것이라는 이유를 들면서, 랭카스터 경찰서는 초창기에 <Z 카>에 제공하던 지원을 철회했다. 물론 이 시리즈의 성공이 확실해지자 이 결정은 나중에 번복되었다(Hurd, 1981, p.54).

하지만 〈Z 카〉에서 경찰의 재현은 경찰이 영웅이라는 핵심적 교의에서 크게 벗어나지는 않았다. 1970년대에 이르러서야 비로소 영국의 텔레비전 화면이 경찰을 대안적 방식으로 재현하기 시작했는데, 이는 〈법과 질서(Law and Ordr)〉에서 가장 두드러지게 나타났다. 〈법과 질서〉가 (예를 들면 [유료 채널인] UK골드에서) 재방 기회를 그다지 많이 얻지 못했다는 사실은 만성화된 경찰 부패의 묘사를 기득권 체제가 달가워하지 않았음을 시사한다. 하지만 1970년대에 나온 또 다른 연속극인 〈스위니〉는 정기적으로 재방송된다. 여전히 '영웅으로서의 경찰'이라는 관점에서 표현하기는 했지만, 〈스위니〉는 경찰 법 집행의 '현실'을 색다른 시각에서 접근했다. 1970년대에 이르면 런던 광역 경찰의 부패는 악명을 떨치

* 〈Z 카〉는 뉴톤이라는 가상의 마을을 배경으로 순찰 제복 경찰 이야기를 다룬 텔레비전 드라마다. 영국 BBC에서 1962년 1월에 시작해 1978년 9월까지 방영했다. 이 드라마는 이전의 경찰 드라마와 달리 리얼리즘의 요소를 가미해 좀 더 현실에 가까운 경찰의 이미지를 선보였다. —역주

는 수준에 달해, 로버트 파크(Robert Park)가 '런던 경찰' 정화의 임무를 띠고 경찰청장에 임명되었다. 이처럼 거물급이 '십자군' 역할을 맡게 된 것을 뉴스 매체가 대대적으로 보도한 것은 당연한 일이었고, 이는 아마 〈스위니〉가 등장하게 된 근거를 '조성'했을 것이다.

> <스위니>의 [등장은] 다른 경찰 시리즈물, 뉴스 보도, 그리고 로버트 파크 경처럼 저명한 고위 경찰에 대한 견해 등으로 공중이 이미 경찰에 관해 갖게 된 **담론적** 지식과 관련이 있다. 경찰 시리즈물은 공중의 지식 중 일부를 취하고(물론 경찰 인력 내부의 인종차별주의나 경찰 구류 중 발생한 사망 등 어처구니없는 사건은 부정하도록 세심한 선별을 거친다), 물론 가변적이긴 하지만 장르 관습을 통해 이 지식을 굴절시킨다(Tulloch, 1990, p.71).

이전에 나온 〈Z 카〉와 마찬가지로 〈스위니〉는 리얼리즘 스타일 때문에 격찬을 받았다. 주인공인 리건과 조력자 카터의 묘사가 바로 그러한데, 이 드라마는 〈도크 그린의 딕슨〉과는 엄청난 세월의 격차를 보여준다. 〈도크 그린의 딕슨〉이 당시의 '현실'과 '동떨어진' 내용을 다루었음을 감안하면, 이 드라마가 1970년대에도 여전히 방영되고 있었다는 것은 매우 기이한 일이다. 그러나 털록이 지적하듯이, 〈스위니〉의 '리얼리즘'은 세심하게 선별된 것이며, 리건의 규칙 위반은 다음과 같이 서사구조상으로 정당화된다:

> 리건은 '청부업자적' 폭력과 규칙 위반에 대한 권한을 부여받았다.

> 그의 (비극적이지만 가벼운 정도의) 부패는 '선한' 사회가 혼란으로부터 보호받는 대가로 치러야 할 비용이다(Tulloch, 1990, p.69).

이 프로그램은 4장에서 허드가 텔레비전 경찰 시리즈물에 관해 제시한 대립항의 모델이 되었다. 리건과 카터는 법 대 규칙, 전문직업주의 대 조직, 권위 대 관료제, 직관 대 테크놀로지, 대중 대 지식인, 동료애 대 계급의 관계를 요약해 보여준다. 존 털록은 앨런 클라크(Clarke, 1986)와 앤드루 로스(Ross, 1987)의 저작을 요약하면서 다음과 같이 말한다:

> <스위니>는 분명히 그 시대가 낳은 산물로서, 범죄란 전후 재건의 '비정상적' 괴멸의 일부라는 합의에 근거한 이전의 범죄 시리즈물에서 벗어나, 1960년대 후반 이후 좀 더 정면 대결식 정치가 출현하고 경찰도 점차 준군사 조직의 기능을 띠게 된 변화를 반영한다(Tulloch, 1990, p.70).

텔레비전 경찰 장르에서 독보적인 주류가 1990년대 영국 텔레비전에서 대체되었다는 것이다. 하지만 이 점에도 불구하고 이 장르는 여전히 다음과 같은 형태로 진화하고 있다:

> 1990년대 중반에 활발했던 장르는 의학 드라마라고 해도 좋다. 이와 동시에 범죄 시리즈물 내에서도 범죄의 의학화로 옮아가는 움직임이 있는데, 수수께끼 해결사로서의 경찰 중심에서 벗어나 병리학자와 범죄 심리학자에게 초점을 맞추게 되었다(<크래커>, <데인저필드Dangerfield>[1995-], <무언의 목격자Silent Witness>[1996-],

<맥칼럼McAllum>[1997-], <블리스Bliss>[1997-] 등이 그 예다) (Brundson, 1998, p.242).

1990년대 초에 이 장르를 발전시킨 '정통파' 텔레비전 경찰 프로그램 중의 하나는 〈법과 질서〉와 마찬가지로 토니 가넷이 제작한 〈수사선의 이면〉이다. 〈수사선의 이면〉은 경찰의 범죄를 조사하는 경찰 부서에 초점을 맞추었다(허드가 말한 대립항을 이 프로그램이 어떻게 표현했는지 고찰한 문헌으로는 Lacey, 1998을 보라). 브런스던은 [이 프로그램에 관해] 다음과 같은 결론을 내렸다:

> [이 드라마는] 고위층의 정치적 압력을 명시적으로 인정해 매우 정치화된 경찰 이미지를 제시한다. [여기서는] 내무장관과 함께 상대적으로 뚜렷하게 신분이 드러나진 않지만 다른 권력층도 언급한다 (Brunsdon, 1998, p.240).

길퍼드 4인방과 버밍엄 6인방 석방, 스티븐 로렌스(Stephen Lawrence) 살인범 추적 수사*의 난맥상처럼 최근 영국에서 잘 알려진 사건들이 이 장르에 어떤 변화를 초래할지는 앞으로 두고 볼 일이다. 만일 사회와 그러한 '리얼리즘' 장르 간의 관계가 직접적이었다면 경찰의 인종차별주의나 구류 중 사망 사건이 이미 장르에서 다루어졌을 것이다. 그러한 논란거리 이슈가 지금까지—내

* 영국 런던 동남부의 플럼스테드 출신의 10대 흑인 소년인 스티븐 로렌스는 1993년 4월 22일 버스를 기다리다가 흑인 증오 범죄로 살해되었다. 5명의 용의자는 체포되었지만 기소되지 않았다. 그간 경찰 수사가 인종 편견에 의해 부당하게 처리되었음이 이 사건을 계기로 드러나면서 논란이 되었다. —역주

가 아는 한—텔레비전 경찰 장르에서 등장하지 않았다는 사실은 기성 체제에 직접 문제를 제기하는 인종적 재현을 걸러내는 '체화된' 선별 메커니즘이 존재한다는 것을 시사한다. 〈법과 질서〉가 체제 전복적 시도를 했다고 알려져 있긴 하지만, 이는 제도적 측면에서 상당 부분 당시의 산물이다. 이 프로그램의 존재가 BBC의 조직구조와 공적 서비스 정신 덕분이라는 것은 거의 확실하다. BBC는 여전히 공적 서비스 기관으로 남아 있지만, 1980년대에 전개된 방송사 내부의 구조 개편 때문에 아마 경찰에 관해 매우 논란의 여지가 큰 프로그램을 제작하기가 불가능해졌을 것이다.

'체화된' 검열 메커니즘을 설명하려면, 이데올로기 개념을 사용할 필요가 있다:

> 베닛과 울러코트의 견해로는, "대중적 픽션에서 장르 변화와 혁신의 시기는 이전에 헤게모니를 확보할 수 있게 해주던 이데올로기적 접합이 더 이상 대중적 동의를 생산하는 기능을 수행하지 못하게 된 시기와 일치한다"(Brunsdon, 1998, p.74).

우리는 경찰에 관한 정보 중 상당 부분을 텔레비전 경찰 장르에서 얻는다. 만일 이를테면 〈도크 그린의 딕슨〉과 〈Z 카〉가 오늘날의 경찰을 그럴듯하게 재현하지 못하게 되면, 바로 새로운 변종이 도입될 수도 있을 것이다. 헤게모니란 지배 이데올로기가 자신의 세계관에 대한 대중적 동의를 확보하는 방식이다. 여기서 만일 경찰의 지배적 재현과 경찰에 대한 사회의 이해가 부합하지 않는다면, 공중은 다른 데서 정보를 찾으려 할 것이다. 지배 이데올로기는 끊임없이 저항 세력을 흡수하려고 노력하기 때문에, 1970년대 초반처럼 경찰에 대한 공중의 인식이 변화하는 시기에는 현실의 (바르트가 말하는) 신화적 구조도 바뀌어야 한다. 장르들은 그 내부에 (변화하지 않는) 과거와 더불어 (변화한) 현재를 모두 담아서 보여주기 때문에 이러한 신화를 설득력 있게 표현해준다. 장르는 새로운 동의를 조성하는 데 기여할 수 있도록 기꺼이 진화할 수도 있다. 〈스위니〉는 경찰에 대한 공중의 인식에 (그리고 물론 그 이후의 경찰 시리즈에도) 의심할 나위 없이 영향을 미쳤는데, 〈스위니〉가 나온 이후 공중은 만일 범죄자를 체포할 방안이 없을 경우에는 법을 위반할 필요도 있다고 보게 되었다. "걱정 마라. '철저한 현실파' 형사인 리건과 카터는 믿어도 되잖아"라는 것이 [여기서 제시되는] 메시지였다.

〈스위니〉가 인기를 끈 것은 여전히 믿음을 주면서도 '현대적'으로 경찰을 재현했기 때문일 가능성이 매우 높다.

> 피스크가 보기에 … 텍스트는 우리가 세상을 이해하는 데 사용하는 담론의 적절성에 관한 불확실성을 제거해준다는 바로 이 이유 때문에 인기를 끈다. "텍스트의 담론이 상식 이데올로기의 일부이기 때문에" 텍스트는 신뢰할 만하게 보이며, 우리의 경험도 신뢰할 만한 것임을 확인해준다(Brunsdon, 1998, pp.76-7).

부패와 악이 넘쳐나고 있음을 깨닫는 것보다는 '세상에 아무 문제가 없고', '앞으로도 영원한 행복'을 달성할 수 있다고 믿는 것이 수용자에게는 훨씬 더 마음이 편하다. 아마 텍스트에 영향을 미치는 이데올로기는 비리얼리즘 장르에서 확인하는 것이 더 손쉬울 것이다. 분명히 이러한 텍스트는 적어도 어느 정도는 현실과 괴리되어 있기 때문이다.

7. 비리얼리즘 장르 — 호러

어떻게 해서 텔레비전 경찰 장르와 현실이 상호작용하여 장르 진화를 낳고, 나아가 수용자로부터 헤게모니적 동의가 확보된다는 주장까지 가능한지 우리는 앞서 살펴보았다. 하지만 일부 장르는 현실과 직접적인 관계를 맺는 것처럼 보이지 않는데, 예를 들면 SF, 뮤지컬과 호러 텍스트가 이에 속한다. 분명히 이 장르들도 사회가 변화함에 따라 진화하며, 텔레비전 경찰 장르처럼 이 진화는 이데올로기적 변화의 지배를 받을 것이다. 이 절에서 우리는 호러 장르가 사회의 이데올로기적 관심사를 어떻게 표현하는지 살펴볼 것이다.

1장에서 제시했듯이, 프로프의 '행동 영역'에 관한 고찰은 주인공과 악당이 재현하는 가치를 통해 어떤 텍스트의 이데올로기적 토대를 보여줄 수 있다. 호러 텍스트에서 내러티브적 문제는 흔히 비인간 악당에 의해 초래되는데, 괴물, 좀비, 뱀파이어, 늑대인간 등등이 그 예다. 이러한 문제발생은 폭력을 특징으로 하며, 따라서 문제 해결은 대개 '악마'의 처단을 통한 폭력종식이 될 것이다. 내러티브에서 가동되는 이항대립은 인간 대 비인간이다.

> 괴물, 그리고 괴물이 시작해서 구체화하는 문제는 항상 '인간'과 '자연'의 정의와 범주에 혼란과 도전을 제기한다. 대체로, 문제발생의 초점이 되는 것은 괴물의 신체다. 기형이거나 인간과 동물의 특징에

> 비해 이질성을 특징으로 하거나 단지 '비인간적' 시선을 특징으로 하건 간에, 신체는 항상 어떤 방식으로든 '타자'로 기호화, 즉 정확히 말해 괴물스러운 존재로 기호화된다(Neale, 1980, p.21).

호러 텍스트는 인간의 정신에서 억압된 것, 즉 타자를 표현하는 데 이상적이다. 이떤 본능, 즉 프로이트가 '이드'로 특징지은 속성의 억압을 필요로 한다. 빅토리아 시대의 고딕 소설*에서도, '점잖은 모임'에서는 금지된 섹슈얼리티의 표현을 발견할 수가 있다. 흔히 현대 호러물은 다음과 같이 특히 젠더 역할에 대한 남성의 공포를 다룬다:

> 호러 영화에서는 남성의 신체를 괴물스럽게 묘사하는데, 이때마다 남성의 신체는 대개 여성의 몸과 연관되는 특징을 갖게 된다. 이들은 생리를 경험하고, 신체 형태가 바뀌고, 출혈을 하고, 출산을 하고, 여성의 신체로 변하며, 거세당한다(Creed, 1993, p.118).

이 점은 내러티브적 문제발생이 어떻게 괴물의 신체에 각인되는지에 관해 닐이 위에서 묘사한 내용과 관련지어 볼 수 있다. 젠

* 빅토리아 고딕 소설(Gothic fiction)은 18세기 이후 유행한 극단적 낭만주의 성향의 픽션물로 주로 그 하위장르인 고딕 호러로 잘 알려져 있으며, 호러, 죽음, 로맨스 등을 다룬다. 이 장르는 영국의 작가 호레이스 월폴(Horace Walpole)이 1764년에 출판한 〈오트란토 성(The Castle of Otranto)〉에서 시작되었는데, 책의 부제가 바로 '고딕 이야기(A Gothic Story)'였다. 이 장르는 특히 19세기에 인기가 있었는데, 메리 셸리의 〈프랑켄슈타인〉, 에드거 앨런 포, 찰스 디킨스, 바이런 경의 저작들도 이 장르에 속한다. 특히 빅토리아 재위 말기에 나온 유명작이 바로 브램 스토커의 〈드라큘라〉다. 고딕이라는 명칭은 소설의 배경이 주로 고딕 건축물이었다는 점에서 유래한다. —역주

더와 관련해, 남성의 신체는 정상 ('인간')으로 정의되고 따라서 여성의 몸과 대립되는 존재라고 추론해볼 수 있다. 여성의 몸은 (SF 영화에서 볼 수 있듯이 — 4장을 보라) 타자를 나타내고, 따라서 남성성에 대한 위협적 존재이다. 캐롤 클러버(Carol Clover, 1992)는 장르 속의 수많은 살인자가 성적 부적절성이라는 공통점으로 서로 연결된다고 보았다. 이 점은 히치콕의 〈싸이코〉(1960)(1998년에 리메이크됨)에서 시작해 〈13일의 금요일(Friday the Thirteenth)〉과 〈양들의 침묵〉(1991)의 버팔로 빌에까지 적용된다.

> 권력, 돈, 법, 사회 제도가 과거, 현재, 미래의 가부장에 의해 통제되는 남성 지배적 문화에서, 타자로서의 여성은 특히 중요한 의미를 지닌다. 우리 문화에서 여성에 관한 지배적인 이미지는 전적으로 남성에 의해 창조되고 통제된다. 여성의 자율성과 독립성은 거부된다. 남성은 태생적으로 자신에게 내재하지만 억압된 여성성을 스스로 부정하고 열등한 것으로 매도하기 위해 이를 여성에게 투사한다 (Wood, 1985, p.199).

호러 영화는 흔히 여성성의 파괴를 통해 여성성을 '부인'한다. 〈드레스드 투 킬(Dress to Kill)〉(1980)에서 오프닝 신은 성적 욕망을 감당하지 못하는 아내가 처음에는 자위를 하다가 그다음엔 낯선 남자와 두 번 섹스를 하는 모습을 보여준다.

> 저녁에 그 남자의 처소를 떠나자마자, 그녀는 엘리베이터에서 갑자기 공격을 받고 살해된다. (불법적) 섹스와 죽음 간의 원인-결과식 관계를 아마 이보다 더 뚜렷하게 보여줄 수는 없을 것이다(Clover,

1992, p.34).

성적으로 일탈을 일삼는 여성은 가부장적 관점에서 보면 수동적이기보다는 적극적인 여성을 의미하기 때문에, 자신의 행동에 대한 처벌을 받는다. 현대 영화 제작자 중에서 전복적 시도를 많이 하는 인물인 데이비드 크로넨버그는 이처럼 여성의 몸을 괴물처럼 보는 시각을 다음과 같이 뒤집어놓았다:

> <데드 링거(Dead Ringer)>와 <플라이(The Fly)>의 주인공은 자궁 선망(womb envy), 즉 분명히 여성의 재생산 능력에 대한 질투에서 유래하는 무력감을 겪는다(Robins, 1993, p.135).

둘 중에서는 분명히 〈플라이〉(1986)가 호러 영화에 더 가까울 것이다. 과학자 세스 브런들(제프 골드브럼 분)은 공간이동 장치를 발명하지만, 그 장치를 실험해본 후 자신의 유전자가 파리와 결합되었음을 깨닫는다.

그 후 그는 변신을 겪고 브런들 파리가 된다. 그의 변신의 근거가 과학적이기 때문에 〈플라이〉는 SF이지만 영화 전편에 깔린 암울한 이미지 때문에 확고하게 호러 영화로도 자리매김한다. 세스는 자신에게 어떤 일이 일어나고 있는지 깨닫기 전, 거울 속의 자기 모습을 응시하면서 자신의 특이한 손톱을 살펴본다.

> 그 이미지는 이중 해석이 가능한 시각적 요소로 가득 차 있는데, 즉 은밀한 성인 의식인 자위(남성 성기 모양의 손가락)와 여드름 짜기(브런들이 거울 위의 끈적거리는 덩어리를 휴지로 닦는 장면)를 동

> 시에 시사한다. 여기서는 크로넨버그의 특기로 알려진 불안한 본능적 효과가 익숙한 맥락에서 조성되는데, 호러 장르의 오싹한 효과는 상당 부분 수용자로 하여금 억압된 것이 위장된 형태로 귀환하는 것을 체험하게 해준다는 데서 유래한다는 이론이 여기서 증명된다(Robins, 1993, p.140).

브런들은 성적으로 순진한 인물로 묘사되며, 로니(지나 데이비스 분) 덕분에 '육체의 즐거움'을 처음 알게 된다. 이 시점까지 그는 오직 무생물 물질만 공간이동 시킬 수 있었지만, 섹스를 경험하고 난 후에는 육체를 인식할 수 있도록 컴퓨터를 프로그램해야겠다고 깨닫게 된다. 브런들은 로니가 다른 연인을 방문하고 있다고 오해하고는 질투로 흥분하고 술 취한 상태에서 자신을 공간이동 시키는 치명적 실수를 범한다.

> 세스의 공간이동 기구는 솔직히 말해 자궁 형태에 여성 성기 형태의 유리문까지 갖춰 분명히 자궁의 모사품이다. 전송기 내에 태아처럼 벗은 채로 웅크리고 있는 샷이 벗은 몸으로 서서히 수신기에서 의기양양하게 일어서 나오는 샷으로 이어지는 모습은 그의 공간전송 프로젝트가 자신을 출산하려는 시도임을 의미한다(Robins, 1993, p.140).

영화의 클라이맥스에서 브런들 파리는 임신한 로니를 자신과 융합시키려 한다. 그렇게 하면 그는 여성의 섹슈얼리티를 통제하게 될 것이다. 그는 자신의 아이를 출산할 수 있고, 따라서 남성에 의한 완전한 통제라는 신화를 유지할 수 있게 될 것이기 때문이다.

출처: 〈플라이〉(1986)의 스틸컷.

〈그림 5.1〉 노골적인 자궁 모양에 여성 성기 형태의 유리문까지 갖춘 세스의 공간전송 기구

〈플라이〉의 이러한 해독은 행동에서 성적 동기를 가장 중요시하는 프로이트의 아이디어에 크게 의존하고 있다. 호러 영화는 인간 정신의 비인간적이고 괴물적 부분을 다룬다는 점에서 프로이트의 이론을 적용하기에 이상적인 소재다. 호러의 매력을 설명하려고 시도하는 다른 담론도 존재한다. 예를 들면 1950년대에 핵폭탄으로 생겨난 변형인간을 다룬 작품의 유행(가령 〈뎀!Them!, 1954〉)은 냉전과 군비경쟁으로 촉발된 공포를 표현했다. 좀비 영화, 특히 조지 로메로(George Romero)가 감독한 영화들은 소비자주의에 대한 비판으로 볼 수 있다. 여기서 좀비들은 정상적 쇼핑족과 아주 흡사하게 쇼핑몰을 어슬렁거리며 돌아다닌다. 부르주아 이데올로기에서 가장 중요한 사회 단위인 핵가족 내부의 불안은 〈위험한 정사(Fatal Attraction)〉(1987)와 〈적과의 동침(Sleeping With the Enemy)〉(1991) 같은 스릴러에서 구현되었다.

비록 비리얼리즘적 토대를 갖고 있기는 하지만, 호러 영화가 다루는 주제는 여전히 현대 사회와 관련지을 수 있다. 이데올로기의 검토를 통해 우리는 이 관계를 풀어낼 수 있다. 수많은 호러 텍스트는 성적으로 적극적인 여성이 남성의 전통적인 지배적 역할을 위협하게 되면서 생겨난 남성의 불안을 다룬다. 4장에서 다룬 네오 느와르 영화의 팜므 파탈 역시 서구 사회에서 여성이 점차 권력을 확장해가고 있음을 보여주는 사례이다.

8. 장르와 기호학

기호학이나 구조주의의 관점에서 보면 장르는 랑그(langue)로, 개별적 텍스트는 파롤(parole)로 간주할 수 있다. 장르에서 구성요소의 레퍼토리, 기호 체계의 규칙과 장르 텍스트는 이러한 규칙을 표현한다. 구성요소의 레퍼토리가 장르에 의해 통합체적으로 결합된 계열체라면, 도상학 역시 기호 체계이며 따라서 기호학적으로 정의될 수 있다.

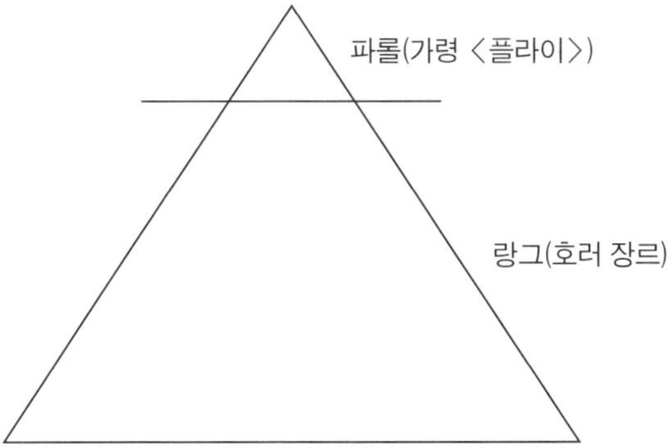

〈그림 5.2〉

1) 도상학

분명히 우리는 도상학이 특정한 장르에 속한다고 인식하기 때문에, 도상학적 기호를 의미작용의 첫 번째 수준에서 파악하지는 않는다. 이는 두 번째 (혹은 아마 세 번째가 될 수도 있다) 의미작용 수준, 즉 함축적 의미의 수준에서 존재한다.

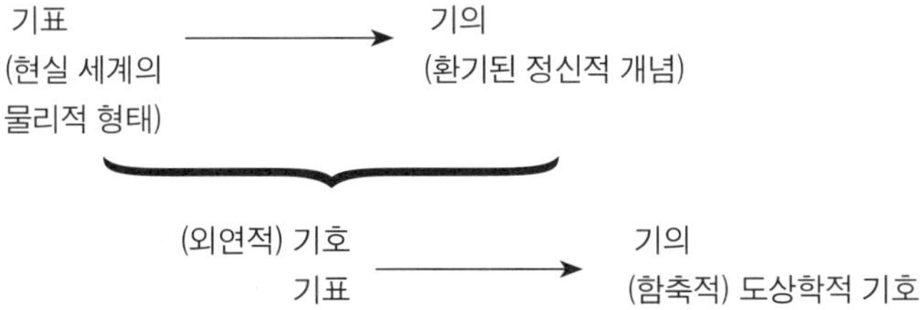

〈그림 5.3〉

도상학은 다른 장르 계열체와 결합해서 특정한 장르를 함축할 수 있다. 예를 들면, 십자가는 대개 기독교를 의미하는 기호이겠지만, 뱀파이어 캐릭터처럼 다른 장르 계열체와 결합할 경우 호러 영화만을 지칭하는 기호가 될 것이다. 이 계열체가 구성요소의 레퍼토리이며, 따라서 예컨대 십자가와 '비바람 몰아치는 날씨 속의 고딕식 성채'라는 배경은 호러 장르를 지칭하는 기호가 될 가능성이 크다. 도상학은 일정한 장르의 함축적 의미를 환기하게 되는데, 이렇게 해서 이와 동시에 장르를 규정하고 그 장르의 담론도 가동시키게 된다.

▩ 연습문제 5.3 ▩

피, 십자가, 삐걱거리는 문, 처녀 희생자, 비명소리 등의 호러 도상학을 활용해 **호러 장르라는 맥락에서** 각 기호에 대해 여러분이 생각하는 함축적 의미를 적어보자(단지 '피'의 함축적 의미만을 고려한다면 아마 '컷'을 떠올리게 될 수도 있을 것이기 때문에. 이 지침은 매우 중요하다).

몇 가지 예시

- 피: 피는 생명 유지에 필요하기 때문에 죽음을 함축한다. 만일 우리가 피를 보게 된다면 이는 출혈이 일어났다는 뜻이고, 여기서 생명의 피와 죽음이라는 핵심적 대립항이 설정된다. 수많은 10대 호러 영화는 과도하게 피를 강조한다. 특히 젊은 10대 남성들은 목이 잘려나가는 징그러운 장면의 세부묘사에 열광하는 것처럼 보인다. 왜 꼭 이 연령대에 이처럼 체액에 대한 강박관념이 특히 두드러지게 나타날까?
- 십자가: 호러는 초자연적 현상을 다루며 따라서 종교도 건드린다. 선 대 악이라는 중요한 대립항은 흔히 종교적 상상력에서 도출된다. 지하의 불타는 지옥, 순수함의 타락, '자연적 질서'의 파괴 등이 그 예다.
- 삐걱거리는 문: 이는 오래된 집이나 성과 관련이 있다. 오래된 건물은 역

사가 있고(대개 처참한 살인이 벌어진 곳이거나 드라큘라 백작 같은 인물의 거주지일 수도 있다), 이 소리는 수수께끼 의미규칙으로 작용하거나 (누가 들어오고 있지?) 누군가 들어오고 있는 것을 주인공이 들을 수 있음을 암시해 긴장감을 조성하는 데 기여한다.

- 처녀 희생자: 선과 악의 대립항은 흔히 자연 대 비자연이라는 이분법으로 표현된다. 자연은 순수함을 특징으로 하며, 그동안 가부장적 이데올로기는 처녀를 '순수하다'고 규정했다(이는 확실히 남성이 성적으로 서투르다는 느낌을 갖게 되는 데 대한 대응이다. 남성이 처녀를 대할 때 아무리 서투르더라도 처녀 역시 더 잘 알지 못하기 때문에 이러한 서투름은 문제가 안 되기 때문이다). 주인공은 공주를 구출해서 벌거벗은 여성의 육체를 드러낼 기회를 얻게 되는데, 이때 처녀는 공주 역할을 하기에도 편리하다.
- 비명소리(scream): 이는 통제 불능 사태와 더불어 대개 여성과 관련된다. 가장 최근 흥행에 성공한 호러 주기는 바로 이 도상학의 이름을 딴 영화(〈스크림〉)에 의해 시작되었다. '울음'이 아니라 '비명'이 지니는 처절함은 강력한 힘과 절망적 상태를 시사한다. 그리고 여기서 다시 희생자로서의 여성이라는 의미작용이 발생한다.

2) 통합체 체제로서의 장르

위에서 언급했듯이, 장르 텍스트는 계열체, 혹은 등장인물, 배경, 도상학, 내러티브와 텍스트의 스타일 등 '구성요소의 레퍼토리'가 결합된 것이다. 전통적 장르 텍스트, 예를 들면 갱스터 영화는 다음과 같은 계열체의 결합물로 존재한다.

〈표 5.3〉

등장인물	배경	도상학	내러티브	텍스트의 스타일
갱 마피아 유형 매춘부 두목 해결사	도시 시카고 1920년대 저질스런 지역 나이트클럽	기관총 고속질주 차량 양복 담배(엽궐련) 양복 장식물 경찰 테크놀로지	갱 전쟁 경찰 대 갱 '주인공'의 성공과 몰락	빠른 전개 액션 명암배분 조명 과도한 폭력

하지만 포스트모던한 장르 텍스트는 이와 다른 부류의 계열체도 활용하는데, 무엇보다 장르 자체를 이용한다. 〈펄프 픽션〉(타란티노 감독 작, 1994)은 포스트모던한 영화로, 우리는 다른 텍스트를 참조할 때 이 영화를 가장 잘 이해할 수 있다. 어떻게 해서 이 영화가 할리우드 역사의 요약판이라고 볼 수 있는지 나는 다른 곳에서 살펴보았다(Lacey, 1996a). 이러한 맥락에서 우리는 이 영화가 의미를 전달하기 위해 다양한 장르를 어떻게 활용하는지에 관심을 둔다.

〈펄프 픽션〉은 다음과 같은 장르에 의존하며, 따라서 그 장르들에서 사용하는 구성요소의 레퍼토리를 끌어다 쓴다.

〈표 5.4〉

갱 영화	느와르 영화	복싱 영화	전쟁 영화
갱의 정부 미아; 두목(마르셀러스 월러스); 해결사(속칭 '늑대')	팜므 파탈로서의 미아; 서류가방은 〈키스 미 데들리〉의 장면을 지칭한다	금시계 에피소드; (〈보디 앤드 소울 Body and Soul〉에서처럼) 버치는 싸우지 않기로 결심한다	크리스토퍼 월켄이 연기한 버치 부친 친구는 전형적인 '버디(buddy)' 이야기를 패러디해서 들려준다

이 결합방식은 포스트모던주의자가 브리콜라주(bricolage)라고 부른 것이다. 이는 "(폭 넓은) 범위의 장르에서 따온 기표를 최대한 활용"(Philips, 1996, p.136)해 텍스트의 의미작용을 극대화하는 계열체를 절충적으로 섞은 것이다. 하지만 〈펄프 픽션〉은 수많은 장르에서 차용하는 수준을 넘어서, 프랑스 누벨 바그(nouvelle vague) 영화, 1950년대의 키치(kitsch), 1977년도 흥행작인 〈토요일 밤의 열기(Saturday Night Fever)〉와 1972년의 〈서바이벌 게임(Deliverance)〉까지도 참고한다.

〈표 5.5〉

누벨 바그	1950년대 키치	〈토요일 밤의 열기〉	〈서바이벌 게임〉
미아 월러스는 '사각형'이라는 단어를 말하는 대신에 화면에서 구형을 선택한다.*	잭래빗 슬림즈라는 식당은 1950년대의 아이콘을 닮은 사람들로 붐빈다.	주연 존 트라볼타가 빈스 역을 연기한 디스코 영화인데, 이전의 영화와 정반대로 〈펄프 픽션〉에서 그의 춤 실력은 형편없다.	마르셀러스 월러스는 남부 출신의 무식한 백인노동자에게 강간당한다; 이 장면은 〈서바이벌 게임〉에서도 등장한다.

* 추측건대 미아가 사각형 대신에 구형을 선택한다는 사실은 포스트모던적 유희성이기도 하다.

타란티노는 영화 '광'(아니면 덕후라고 해도 좋다)인 것이 아주 확실하다. 〈펄프 픽션〉은 '엄청난' 흥행 성공작이었지만(북미 박스 오피스에서 1억 달러 이상의 매출을 올렸다), 타란티노가 끌어다 쓴 모든 계열체를 이 수용자가 알고 있을 가능성은 거의 없었다. 분명한 것은, 이러한 무지가 많은 사람들에게는 문제가 안 되었다는 것이고 수용자는 '그게 뭐 중요해?'라고 반문하는 게 당연하다. 포스트모더니즘은 어떤 의미도 전달하지 않으며 그렇게 할 의도도 없다(장르 구조 이론을 더 깊이 알고 싶어 하는 독자에게는 릭 알트만 Rick Altman의 〈영화/장르Film/Genre, 1999〉를 추천한다).

9. 이데올로기와 장르 비평

우리는 이데올로기가 장르 텍스트에서 어떻게 작동하는지 살펴보았지만, 필연적으로 장르 자체도 이데올로기적 구성물일 수밖에 없다. 〈이미지와 재현〉의 제5장은 '감독 중심주의 영화 이론'을 간단히 살펴보았는데, 이 이론은 감독을 영화의 저자로 개념화한 것이다. 원래 이 이론은 영화에 예술 형태로서의 지위를 부여하려는 시도에서 나온 주장이었지만, 곧 영화를 분석하는 데는 한계가 있고 편협함을 조성하는 시각으로 전락했다. 감독 중심주의 이론에 대한 대응으로 1960년대 말과 1970년대 초 영화 연구에서 다음 두 가지 상호보완적 기능을 수행하기 위해 '장르 연구'가 생겨났다:

> 첫째, 지금까지 지배적인 영화 개념은 예술 전반의 '오래된 규범과 원칙'에 호소하며 일부 언론인과 비평가의 '취향'이 더 뛰어나다는 가정에 근거해 정립되고 옹호되어 왔는데, [새 시각은] 이러한 관념에 도전해 그것을 대체하려 했다 …
> 둘째, 어떠한 예술 생산 형태든 사회의 역사에 깊숙이 뿌리내린 규칙의 구속을 받는 활동이라는 깨달음의 영향으로, 영화 이론도 수많은 영화의 저변을 흐르는 구조를 찾아내고 그 구조와 사회적 토대의 관련성을 탐색하기 시작했다(Willemen, 1980, p.1).

이 '기능' 혹은 프로젝트는 영화 텍스트를 새롭게 이해하는 방식, 혹은 미학을 창조하려고 시도했다는 점에서 이데올로기적이었다. 이 시도는 그 자체로는 무해한 활동인 것처럼 보일지 모르나, 그럼에도 불구하고 당시에는 그 시도의 전복성이 더 두드러져 보였다. 영화 문화에 대한 이러한 재평가 작업의 상당 부분은 영국영화진흥기구의 교육 분과에서 일어나고 있었다.

> [이 기관은] 영국의 영화 관련 논쟁에서 지적인 중심지가 되었다. 그러나 지금이라면 거의 믿기 어렵다고 할 정도로, 우리가 사용한 용어(저자, 장르, 구조주의, 기호학)는 더 폭넓은 영화 문화를 적으로 만들었다. BFI는 자체적으로 분과 활동에 관한 이사진 중심의 조사위원회를 설치했는데, 요지는 사상에 대한 관심을 중단하라는 권고를 내린 것이다(McArthur, 1992, p.37).

분과에서 '주도적 인물' 중 상당수는 항의의 표시로 사표를 냈다. 이들이 다룬 '사상'이 기득권층의 신경을 건드린 것은 분명하다. 원래의 감독 중심주의 이론이 어느 정도는 예술과 대중문화를 구분한 것과 마찬가지로, 이 사상의 전반적 요지는 예술을 구성하는 속성을 재정의하고 비판한 것이었다. 리처드 다이어는 '예술'과 '오락'의 전통적 구분방식을 기술했는데, 이 구분은 '예술'과 '장르'에도 적용된다.

〈표 5.6〉

예술	오락(장르)
교화적	쾌락주의적
엘리트주의적	민주적
세련됨	저질스러움
어려움	쉬움

출처: Dyer, 1992, p.12.

앞서 살펴보았듯이 장르 텍스트는 그다지 어렵지 않게 해독할 수 있는 친숙한 구조를 제공하기 때문에 수용자에게는 '쉽다'. 장르 텍스트는 적어도 통용되는 시점에는 대중문화 텍스트라는 점에서 민주적이다. 이것들의 기능은 대개 즐거움을 주는 것인데, 이는 흔히 멜로드라마적 방식으로, 즉 저질스럽게 이루어진다. 여기서 우리는 어느 정도는 오락과 장르를 혼용하고 있다. 그러나 중요한 요지는 예술과 장르는 대립항으로 간주할 수 있다는 것이다.

감독 중심주의 이론이 등장하기 이전 시대에 유럽 예술 영화는 흔히 할리우드의 장르 영화와 대비되면서 우호적으로 평가되었다. 후자가 공식화된 픽션으로 수용자의 최소 공통분모에 영합했다면, 전자는 존재의 보편적 주제를 다루는 것으로 되어 있었다. 하지만 앤드루 튜더는 예술 영화 역시 하나의 장르라고 주장한다:

개인적 스타일의 특징이 극도로 잘 드러나고 의도적으로 지적 색채가 강한 [장르다]. 베르히만의 실루엣, 청교도적 집착, 형편없는 중세 암흑기의 음식이라든지, 안토니오니(Antonioni)의 절제된 대화, 흑백 촬영, 세심하게 조성된 황량한 구도라든지, 펠리니(Fellini)의

자아도취적인 초현실주의 이미지가 [그 예다](Tudor, 1976, p.123).

이러한 범주화는 분명히 구성요소의 레퍼토리라는 개념과 잘 일치하지 않지만, 튜더의 요지는 예술이 장르보다는 낫다는 엘리트주의의 가정에 어느 정도 위선이 작용하고 있음을 보여준다. '예술 영화'도 사전의 기대치를 특징으로 하며, 이는 지금도 그렇다. 비평가와 출판사가 새로운 작가를 범주화하려 시도할 때에도 비슷한 일이 발생한다. 장르 범주화가 잘 되지 않는 소설가는 다른 기성 작가와 유사한 인물로 묘사된다. 예를 들면, 우니야 켐파두(Oonya Kempadoo)*는 책 카탈로그에서 '새로운 아룬다티 로이(Arundhati Roy)**'로 묘사되었다.

1990년대 말에 이르러 장르 비평은 '학계'에 잘 정착되었기 때문에, 전투는 장르 이론 측의 승리로 끝난 것처럼 보인다. 즉 적어도 텍스트를 살펴보는 새로운 방식이 출현할 때까지는 그렇다.

* 우니야 켐파두는 남미 가이아나 출신의 부친을 둔 영국의 소설가다. 영국 서섹스에서 태어나 다섯 살 때부터 가이아나에서 성장했으며, 암스테르담, 트리니다드, 세인트 루시아, 토바고 등 다양한 지역에서 살았다. 1997년부터 작가 활동을 시작해 1998년 출판된 반자전적 성장소설인 〈벅스톤 스파이스(Buxton Spice)〉로 평단의 주목을 받았고, 이후에도 〈타이드 러닝(Tide Running)〉(2001), 〈모든 고상한 동물들(All Decent Animals)〉(2013) 등의 작품을 냈다. —역주

** 아룬다티 로이는 인도 출신의 소설가이자 사회운동가이다. 초기에는 영화 대본을 집필하는 일에 종사했으나 〈작은 것들의 신(The God of Small Things)〉(1996) 출간을 계기로 세계적인 유명작가이자 베스트셀러 작가로 떠올랐다. 데뷔작인 〈작은 것들의 신〉은 1997년 맨부커상을 받았고 〈뉴욕타임스〉에서 그해 주목할 만한 책으로도 선정되었다. —역주

10. 장르와 편성 시간대

이 책은 어떤 텍스트가 어떻게 의미작용하여 특정한 장르에 속하게 되는지를 주로 다루었다. 하지만 수용자가 어떻게 텍스트를 특정한 장르로 규정하게 되는지에는 텍스트 외적인 변인도 영향을 미칠 수 있다.

> CBS 방송사가 <캐그니와 레이시(Cagney and Lacey)>를 목요일 밤 <매그넘(Magnum)> 뒤 시간대에 편성했을 때 시청률은 형편없었다. 그러나 '여성들의 밤'으로 알려진 … 월요일로 재편성하자 … (최고의 시청률을 기록했다). <캐그니와 레이시>는 여러 장르 특징이 특히 골고루 섞인 프로그램이어서, 그 주된 장르가 다소 애매했고, 이 때문에 편성시간대 조정은 남성적 경찰 프로그램에서 솝 오페라나 여성 프로그램으로 [프로그램 성격의] 균형을 옮겨놓을 수 있었던 것이다(Fiske, 1987, p.113).

▩ 연습문제 5.4 ▩

표 5.7에서 프로그램 목록을 살펴보고 다섯 편을 다른 시간대로 '이동'하거나 다른 채널로 옮겨보자. 이러한 변화가 수용자의 기대치를 어떻게 바꿔놓을까? 예를 들면, 〈세 가지 색: 빨강(Three Colours Red)〉을 ITV 저녁 8시에 방영한다면 수용자는 이를 어떤 부류의 텍스트로 기대할 것인가?

〈표 5.7〉

BBC 1	BBC 2	ITV (Yorkshire)	CHANNEL 4	CHANNEL 5
6.00pm Six O' Clock News (뉴스) 6.30-7.00 Look North (지역 뉴스) 7.00 Big Break (당구 게임) 7.30 Mastermind (퀴즈 쇼) 8.00 EastEnders (드라마) 8.30 The Peter Principle (드라마) 9.00 Nine O' Clock News (뉴스) 9.30 Birds of a Feather (드라마) 10.00 Panorama (심층 보도) 10.45 Omnibus (예술 다큐멘터리) 11.40 A Dry White Season (드라마) 1.25-1.30am Weather (일기예보)	6.30pm Athletics (스포츠) 8.00 Motormonth (카 레이스) 8.30 The Travel Show (여행) 9.00 The Vicar Dibley (코미디 드라마) 9.30 United Kingdom (인물 영화 시리즈) 10.00 Athletics (스포츠) 10.30 Newsnight (뉴스) 11.15 Cricket: Third Test (스포츠 하이라이트) 12.00 The Midnight Hour (정치 대담) 12.30-7.15am The Learning Zone (교육방송) Open University (12.30-2.00) Summer Nights (2.00-4.00) BBC Focus (4.00-6.00) Open University (6.00-7.15)	5.55-7.00pm Calendar (뉴스) 7.00 Wheel of Fortune (퀴즈 쇼) 7.30 Coronation Street (솝 오페라/드라마) 8.00 World in Action (탐사보도) 8.30 Turner round the World (게임 쇼) 9.00 Brammwell (의학 드라마) 10.00 News at Ten (뉴스) 10.30 Regional News (지역뉴스) 10.40 New Voices (드라마) 11.10 Baywatch Nights (미국 경찰 드라마) 12.05am Blue Bayou (범죄 드라마) 1.50 Not Fade Away (명사 애청 음악 소개) 2.50 The Chart Show (음악 순위 소개) 3.50 Cybernet (컴퓨터 게임) 4.20 JobFinder (직업 소식) 5.30-6.00 Morning News (뉴스)	6.00pm Tour de France (사이클 경주) 6.30 Hollyoaks (드라마) 7.00 Channel 4 News (뉴스, 날씨) 7.50 Chester Mystery Plays (체스터 지역 주관의 성서 관련 연극) 8.00 Dosh (재테크, 생활정보) 8.30 Absolutely Animals (반려동물 프로그램) 9.00 Secret History (역사 다큐멘터리) 10.00 NYPD Blue (미국 경찰 드라마) 10.55 Mao's New Suit (역사 다큐멘터리) 12.00 Canto Fever (중국 팝 음악 소개) 12.15-4.55am Century of Cinema (영화 Three Colours Red; Polish Cinema; A Short Film about Love) 4.55 Tour de France (사이클 경주) 5.30-6.00 Backdate (역사 퀴즈)	6.00pm Move On Up (퀴즈) 6.30 Family Affairs 7.00 Tell the Truth (시사 토론) 8.00 Hot Property 8.30 5 News (뉴스) 9.00 Neighbours (코미디 드라마) 10.50 The Jack Docherty Show (대담 쇼) 11.35 Prisoner: Cell Block H 12.35am Live and Dangerous (스포츠) 5.30-6.30am 100 Per Cent

* 출처: 〈라디오 타임스〉 1997년 7월 5~11일 판에서 발췌 정리했음.

편성표를 살펴보면 어떤 프로그램을 언제 어디서 방영하는지에 따라 그러한 프로그램에 대한 우리의 **기대치**도 영향을 받는 것을 볼 수 있다. 대부분 재편성을 한다고 해서 어떤 작품의 장르까지 바뀌지 않을 것임은 분명하다. 다만 〈캐그니와 레이시〉처럼 장르 측면에서 애매한 텍스트들에서만 그렇게 큰 차이가 발생할 수 있다. 예술 영화 〈세 가지 색: 빨강〉 같은 비주류 텍스트는 채널 4에 배치될 뿐 아니라 '한산한' 아침 시간대에 편성된다는 점은 주목할 필요가 있다.

11. 결론: 내러티브와 장르

내러티브와 장르는 메타언어이며, 수용자에게 텍스트를 해독하는 방법을 '제안'해준다. 두 개념은 서로 밀접한 관련이 있지만, 이 관계에서 양자가 평등한 위상에 있지는 않다. [개념] 더미의 맨 밑에는 '장르적이고 내러티브적인' 텍스트가 존재하고, 그 위에 장르가 있으며, 맨 위에 내러티브가 위치한다. 이는 어떤 측면에서는 '내러티브 장르'가 할 수 있는 일이란 단지 내러티브 형식의 변형에 불과하다는 뜻이다. 예를 들자면, 등장인물, 배경 등을 다른 것으로 교체해 새로운 문제해결 방식을 제시하는 것이다. 이와 비슷하게 장르 텍스트가 할 수 있는 역할은 장르 형식을 변형해 제시하는 데 불과하다.

내러티브

내러티브 장르, 예컨대 호러

내러티브와 장르 텍스트, 예컨대 〈플라이〉

〈그림 5.4〉

내러티브란 어느 곳에든 존재하고(즉, 인간은 이야기 전달자다), 비록 모든 장르가 내러티브로 구성되지는 않지만(예를 들면, 라이프스타일 잡지) 장르의 영향력은 이보다 미세한 정도로 약할 뿐임을 우리는 이 책에서 살펴보았다. 그러니까 아마 우리는 장르적 이야기 전달자(homo narrans de generibus)라고 할 수는 있겠다.

부록 1

이 부록의 목적은 이 책에서 언급한 영화에 관해 더 알고 싶어 하는 사람을 위해 내러티브의 세부사항을 좀 더 자세하게 설명하는 데 있다.

<원초적 본능> (폴 버호벤Paul Verhoven, 1992)

이 영화는 '노골적인' 섹스신을 사용해 엄청난 유명세를 탔다. '진짜' 살인자가 밝혀지는 마지막 신 이전까지는 팜므 파탈(샤론 스톤이 연기한 캐서린 트라멜)이 '얼음송곳' 살인자임을 암시한다는 점에서 이는 느와르 영화(4장을 보라)이다. 하지만 이 점은 상당히 애매하게 처리된다. 영화 마지막 신에서 주인공인 닉(마이클 더글라스)이 캐서린과 섹스를 할 때 그녀는 얼음송곳 쪽으로 손을 뻗지만 잡지는 않는다.

> 영화는 어느 쪽을 보는지에 따라 두 가지 방식으로 해석할 여지를 남겨두려 한다. 내러티브를 따라가면 베스 가너가 살인자로 지목됨을 알 수 있고, 아니면 미장센을 중시하면 버호벤이 주장하듯이 마지막 샷에서 살인무기 얼음송곳과 그녀 간의 환유적 연상을 통해 캐서린 트라멜이 범인임을 확인하게 된다(Cohan, 1998, pp.267-8).

사건의 두 가지 전모가 모두 사실일 수는 없기 때문에 버호벤은 믿을 만한 전달자가 못된다고 주장하고 싶어질지도 모르겠다.

하지만 트라멜이 베스 가너를 모함했을 수도 있다는 점에서 영화가 제시하는 내러티브는 일관성을 띤다는 주장도 가능하다.

<노라 프렌티스> (빈센트 셔먼Vincent Sherman, 1947)

리처드 탤봇이 그녀에게 푹 빠져 일을 꾸미는 것을 노라는 말리지만, 그는 나서서 이혼요구를 할 엄두가 나지 않아 자신이 사망한 것처럼 위장하기로 결심한다. 그는 신분을 바꾸지만 알아볼 수 없을 정도로 얼굴에 치명적인 상처를 입은 후 자신을 살해한 혐의로 기소되어 결국 법정에 서게 된다. 유죄판결을 받고 난 후에도 그는 진실을 밝히지 못한다. 그렇게 되면 치욕스럽게 가족과 대면해야 하기 때문이었다. 영화 결말에서 그는 내내 자신을 지지해준 노라와 헤어져 사형대에 선다.

<싸이코> (알프레드 히치콕, 1960)

영화 후반부에 마리온이 살해되고 난 후 카메라는 그녀의 방을 훑어가면서 훔친 돈에 초점을 맞춘다. 이는 그녀가 죄를 짓지 않았다면 살아났을 것이며 노먼 베이츠의 범죄는 탐욕이 아니라 욕정이었음을 수용자에게 환기해준다.

<수색자> (존 포드, 1956)

에드워즈는 데비를 살해할 기회를 얻지만, 영화에서 가장 유명한 신에서 그녀를 구출한다(영화 시작 부분에서 그랬던 것과 똑같이). 시간이 지나 영웅의 위치에서 조력자로 바뀌면서 에드워즈의 증오도 사라졌다. 영화의 결말 부분에서 에드워즈는 눈에 띄게 늙어 보이는데, 이는 인종적 증오의 시간이 끝났음을 시사한다.

<스트레인지 데이즈> (캐서린 비글로우, 1995)

이 영화는 총제작비를 4천2백만 달러나 투입했지만 북미 박스 오피스에서 겨우 791만 9천 달러의 수입을 올리는 데 그쳤다(출처: IMDB).

북미가 파국으로 치닫고 있었으나 마침내 마지막 순간 거의 신의 행위에 의해 경찰 수장이 '저놈을 체포해'라고 말한다. 악당은 체포되고(이들은 가짜 경찰이지 로스앤젤레스 경찰 특공대가 아니었다), 인종 폭동은 결코 일어나지 않는다. 이러한 '해피엔딩'은 이 지점까지 북미 사회에 관해 제시된 전복적 시각과 잘 어울리지 않는다. 마치 이러한 결말이 없다면 재원 조달이 불가능했을 것처럼, 이 결말은 억지스러워 보인다. 이는 할리우드의 특징적인 현상이다. 1930년대 갱 영화가 유행하던 시절에 주인공은 갱이었다(사회의 관점에서 보면 악당이 분명하다). 그러므로 주역은 내러티브의 문제 해결 부분에서 반드시—대개 죽음으로—처벌받아야 했다.

<유주얼 서스펙트> (브라이언 싱어Bryan Singer, 1995)

복잡한 시작 부분이 지난 후에는 내레이터가 세관 관리의 심문을 받는 (케빈 스페이시가 연기한) '버벌 킨트'인 것은 분명해졌다. 이야기의 상당 부분은 카이저 소제의 정체를 심문하는 데 할애되는데, 결말에서 그는 (아마도) 킨트인 것으로 밝혀진다. 내레이션의 세부사항에서 상당 부분(전부?)은 취조실 게시판에 남은 메모에서 따온 것임도 알 수 있다. 이는 모든 이야기가 날조된 것임을 시사한다.

부록 2: 대중문화 장르별 인기 텍스트

텔레비전

1997년 5월 26일부터 6월 1일까지 한 주 동안 영국 텔레비전에서 방영된 시청률 상위 10개 프로그램은 다음과 같다(출처: Barb/RSMB):

1. 〈이스트엔드 사람들〉 — 솝 오페라
2. 〈코로네이션 스트리트〉 — 솝 오페라
3. 〈에머데일〉 — 솝 오페라
4. 〈버즈 오브 어 페더(Birds of a Feather)〉 — 시트콤
5. 〈악의 손길(Touching Evil)〉 — 경찰 드라마
6. 〈이웃들〉 — 솝 오페라
7. 〈더 빌(The Bill)〉 — 경찰 드라마
8. 〈레니의 아마존 대탐험(Lenny's Big Amazon Adventure)〉 — 다큐멘터리
9. 〈로열 갈라(A Royal Gala)〉
10. 〈복권추첨 실황 중계(National Lottery Live)〉

상위 10개 프로그램 중 다섯 편(〈더 빌〉을 포함하면 여섯 편)은, 비록 내러티브 측면에서 비관습적이긴 하지만, 앞서 살펴본 프로프와 토도로프의 아이디어에 잘 들어맞는 솝 오페라다.

[과거] 1977년도의 상위 10개 프로그램은 다음과 같았다(출처: 〈라디오 타임스〉, 1997년 6월 28일~7월 4일):

1. 〈코로네이션 스트리트〉
2. 〈세기의 현상퀴즈(Sale of the Century)〉 — 게임 쇼
3. 〈종합병원(General Hospital)〉 — 솝 오페라
4. 〈방송안내(What's On Next)〉
5. 〈동거남 대소동(Man About the House)〉 — 시트콤
6. 〈도슨과 친구들(Dawson and Friends)〉 — 코미디
7. 〈크로스로즈〉 — 솝 오페라
8. 〈10시 뉴스(News at Ten)〉
9. 〈군에 가, 기피자들!(Get Some In!)〉 — 시트콤
10. 〈승자독식(Winner Takes All)〉 — 게임 쇼

내가 어렴풋이 기억하기론, 1977년에는 이 프로그램 중 적어도 세 편이 솝 오페라였고 다른 두 편은 시트콤이었다. 물론 후자 역시 시리즈물로서 문제 해결 부분이 최초의 상황 A1과 정확하게 똑같은 상황으로 되돌아간다는 점만 제외하면, 관습적 내러티브 구조를 따르고 있다.

영화

1996년도 북미 흥행 기록 상위 10개 영화는 다음과 같다(출처: 〈스크린 인터내셔널〉, 1997년 1월 24~30일):

1. 〈인디펜던스 데이〉
2. 〈트위스터(Twister)〉
3. 〈미션 임파서블(Mission: Impossible)〉
4. 〈더 록〉
5. 〈랜섬(Ransom)〉
6. 〈101마리 달마시안(101 Dalmatians)〉
7. 〈너티 프로페서(The Nutty Professor)〉
8. 〈버드케이지(The Birdcage)〉
9. 〈타임 투 킬(A Time To Kill)〉
10. 〈조강지처 클럽(The First Wives Club)〉

1997년 초 업계 잡지인 〈스크린 인터내셔널〉은 당시의 화폐가치로 환산했을 때 '미국의 역대 흥행 상위작'에 해당하는 영화를 다음과 같이 선정했다:

1. 〈바람과 함께 사라지다(Gone with the Wind)〉 (1939) (12억 5060만 달러)
2. 〈백설공주와 일곱 난쟁이(Snow White and the Seven Dwarfs)〉 (1937) (9억 5590만 달러)
3. 〈E.T.〉 (1982) (6억 9820만 달러)
4. 〈스타워즈〉 (1977) (6억 4840만 달러)
5. 〈101마리 달마시안〉 (1961) (6억 3200만 달러)
6. 〈밤비(Bambi)〉 (1942) (6억2190만 달러)
7. 〈죠스〉 (1975) (5억 6820만 달러)
8. 〈사운드 오브 뮤직〉 (1965) (5억 4460만 달러)

9. 〈십계(The Ten Commandments)〉 (1956) (5억 2710만 달러)
10. 〈메리 포핀스(Mary Poppins)〉 (1964) (4억 9800만 달러)

적어도 대중영화에서는 동화식 구조가 뚜렷하게 존재한다고 말해도 무방할 것이라 생각한다. 물론 잘 알려진 것처럼 〈바람과 함께 사라지다〉에서 주인공이 "솔직히 이제 난 당신이 어찌 되든 상관없어"라고 말하면서 '공주'를 뿌리치는 장면으로 끝나는 식의 예외도 있다. 1998년도 흥행 돌풍을 일으킨 〈타이타닉〉(1997)은 1997년 크리스마스에 개봉되는 바람에 위의 순위표에 나오진 않는다. 그런데 〈타이타닉〉은 영화를 보는 모든 사람이 배가 침몰한다는 사실을 거의 확실히 알고 있음에도 불구하고 관습적으로 구조화된 내러티브를 통해 긴장감을 조성하는 '수법'을 구사했다.

비디오

1998년 중 한 주를 무작위로 추출해 10월 16일로 끝나는 한 주 동안을 대상으로 호주에서 비디오 대여 실적 상위 10개 작을 살펴보면 다음과 같다(출처: 〈스크린 인터내셔널〉, 1998년 10월 30일):

1. 〈굿 윌 헌팅(Good Will Hunting)〉
2. 〈타이타닉〉
3. 〈스피어(Sphere)〉
4. 〈하드 레인(Hard Rain)〉
5. 〈마우스 헌트(Mouse Hunt)〉
6. 〈폴른: 추락천사(The Fallen)〉

7. 〈리치 앤 푸어(For Richer or Poorer)〉
8. 〈스크림 2〉
9. 〈자칼(The Jackal)〉
10. 〈아이언 마스크(The Man in the Iron Mask)〉

이것들은 모두 북미 작품이며 관습화된 내러티브 구조를 따르고 있음은 의심의 여지가 없다. 이는 단지 할리우드의 지배 때문에 현지 제작이 말살된 결과로 나타난 것이라고 주장할 수도 있다. 하지만 반대 주장도 역시 성립한다. 할리우드가 지배하는 이유 중의 하나는 '동화'식 구조를 가장 잘 '답습'하기 때문이라는 것이다. 심지어 북미와 문화적으로 상당한 차이가 있는 국가인 일본을 살펴봐도, 호주의 순위표 이전 주의 비디오 대여 순위 목록은 다음과 같이 관습적으로 구조화된 텍스트가 지배하고 있음을 볼 수 있다:

1. 〈굿 윌 헌팅〉
2. 〈원령공주(The Princess Mononoke)〉
3. 〈페이스 오프〉
4. 〈링(Ring)〉
5. 〈링-라센(Rasen)〉
6. 〈데블스 에드버킷(The Devil's Advocate)〉
7. 〈맨 인 블랙〉
8. 〈캅랜드(Copland)〉
9. 〈나는 네가 지난 여름에 한 일을 알고 있다〉
10. 〈맨 인 블랙〉(일본어 더빙판)

여기서 유일하게 미국 이외 지역의 텍스트는 극장 개봉에서 일본 흥행 기록을 깨뜨린 〈원령공주〉다. 비록 나는 이 애니메이션 영화를 보진 못했지만, 미국 배우들의 목소리로 더빙되어 북미에서 개봉되었다는 사실은 이 영화 역시 본질적으로 관습화된 구조를 갖추고 있음을 시사한다.

서적

영국에서 1996년 한 해 동안 판매부수 상위 10개 작은 다음과 같다(출처: Hamilton, 1997):

1. 〈그린 마일(The Green Mile)〉 (스티븐 킹)
2. 〈레인메이커(The Rainmaker)〉 (존 그리샴John Grisham)
3. 〈호스 위스퍼러(The Horse Whisperer)〉 (니콜라스 에반스Nicholas Evans)
4. 〈교통법규집〉 (교통부)
5. 〈일곱 번째 두루마리(The Seventh Scroll)〉 (윌버 스미스Wilbur Smith)
6. 〈소피의 세계(Sophie's World)〉 (요슈타인 가아더Jostein Gaarder)
7. 〈냉혹한 욕망(A Ruthless Need)〉 (캐서린 쿡슨Catherine Cookson)
8. 〈비극과의 대면(Come To Grief)〉 (딕 프란시스Dick Francis)
9. 〈커밍 홈(Coming Home)〉 (로자문드 필처Rosamund Pilcher)
10. 〈포터스 필드(From Potter's Field)〉 (패트리샤 콘웰Patricia Cornwell)

〈교통법규집〉을 제외하면, 이 중 프로프와 토도로프의 틀에 손쉽게 들어맞지 않는 텍스트가 있다면 오히려 놀랄 만한 일일 것이다. 물론 내 판단이 틀릴 수도 있지만, 내가 어느 정도 확신을 갖고 이 주장을 할 수 있다는 사실은, 적어도 서구에서는 위에서 서술한 내러티브 구조가 보편성을 띠고 있음을 보여준다.

참고문헌

Aeschylus, *Prometheus Bound*, London: Penguin, 1961.

Aldiss, B., *Billion Year Spree*, London: Weidenfeld & Nicolson, 1973.

Alexander, M., *Beowulf*, Harmondsworth: Penguin, 1973.

Altman, R., *Film/Genre*, London: British Film Institute, 1999.

Andrew, G., *The 'Three Colours' Trilogy*, London: British Film Institute, 1998.

Ang, I., *Watching Dallas*, London: Methuen, 1985.

Aristotle, translated by T.S. Dorsch, *On the Art of Poetry/Classical Literary Criticism*, Harmondsworth: Penguin, 1965.

Arroyo, J., "Kiss Kiss Bang Bang", *Sight and Sound* 7(3), March, 1997.

Asimov, I., *The Caves of Steel*, St Albans: Panther, 1958.

Asimov, I., *I, Robot*, London: Grafton, 1968.

Auerbach, E., *Mimesis*, Princeton: Princeton University Press, 1968.

Auster, P., *The New York Trilogy*, London: Faber and Faber, 1987.

Ballard, J. G., *The Drowned World*, Harmondsworth: Penguin, 1965.

Ballard, J. G., *Crash*, London: Jonathan Cape, 1973.

Barthes, R. *Image - Music - Text*, Glasgow: Fontana, 1977.

Barthes, R., *S/Z*, Oxford: Blackwell, 1990.

Basinger, J., *A Woman's View*, London: Chatto & Windus, 1994.

Beckett, S., *Waiting for Godot*, London: Faber and Faber, 1956.

Berger, A. Asa, *Popular Culture Genres*, Newbury Park: Sage, 1992.

Berger, A. Asa, *Narratives in Popular Culture, Media, and Everyday Life*, London, Thousand Oaks, New Delhi: Sage, 1997.

Bettelheim, B., *The Uses of Enchantment*, New York: Knopf, 1976.

Blade Runner (http://kzsu.stanford.edu.uwi/br/off world.html).

Billson, A., *The Thing*, London: British Film Institute, 1997.

Booth, W. C., *The Rhetoric of Fiction*, Chicago: University of Chicago Press, 1961.

Bordwell, D., "ApProppriations and lmProppriеties", *Cinema Journal* 27(3), 1988.

Bordwell, D. and Thompson, K., *Film Art* (4th edn), New York: McGraw-Hill, 1993.

Bowker, J. (ed.), *Secondary Media Education*, London: British Film Institute, 1991.

Branigan, E., *Narrative Comprehension and Film*, London and New York: Routledge, 1992.

Bratchell, D. F. (ed.), *Shakespearean Tragedy*, London: Routledge, 1990.

Britton, A., "Detour", *The Movie Book of Film Noir*, ed. I. Cameron, London: Studio Vista, 1994.

Broeshe, P., "Beware the Serial Killers Are Back", *Guardian*, 17 October, 1998.

Bronte, E., *Wuthering Heights*, London: J. M. Dent, 1978.

Brown, F., *The Best of Frederic Brown*, New York: Del Rey, 1977.

Brown, M. E., "The Politics of Soaps", *Australian Journal of Cultural Studies* 4(2), 1987.

Bruno, G., "Ramble City: Postmodernism and *Blade Runner*", *Alien Zone*, ed. A. Kuhn, London and New York: Verso, 1990.

Brunsdon, C., "Structure of Anxiety: Recent British Televsion Crime Fiction", *Screen* 39(3), 1998.

Bukatman, S., *Blade Runner*, London: British Film Institute, 1997.

Burch, N., "How We Got into Pictures", *Afterimage*, Nos 8/9, Winter, 1980/81.

Cain, J. M., *The Five Great Novels of James M. Cain*, London: Pan, 1985.

Cameron, I. (ed.), *The Movie Book of Film Noir,* London: Studio Vista, 1994.

Carr, T. (ed.), *Best Science Fiction of the Year 5,* London: Book Club Associates, 1977.

Cawelti, J. C., *Adventure, Mystery, and Romance,* Chicago and London: University of Chicago Press, 1976.

Chambers Dictionary of World History, Edinburgh: Chambers, 1994.

Chandler, R., *The Raymond Chandler Omnibus,* London: Book Club Associates, 1975.

Chatman, S., *Story and Discourse,* Ithaca, NY: Cornell University Press, 1978.

Chaucer, G., *The Canterbury Tales,* New York and London: W.W. Norton, 1989.

Clarke, A., "This is Not the Boy Scouts", *Popular Culture and Social Relations, eds.* T. Bennett, C. Mercer, and J. Woollacott, Milton Keynes: Open University, 1986.

Clover, C., *Men, Women and Chainsaws,* London: British Film Institute, 1992.

Clute, J. and Nicholls, P. (eds), *The Encyclopedia of Science Fiction,* Griffin, NY: St Martin's, 1993.

Cohan, S., "Censorship and Narrative Indeterminacy in 'Basic Instinct'", *Contemporary Hollywood Cinema,* eds, S. Neale and M. Smith, London and New York: Routledge, 1998.

Cohan, S. and Hark, I. R. (eds), *Screening the Male,* London: Routledge, 1993.

Cook, P. (ed.), *The Cinema Book,* London: British Film Institute, 1985.

Creed, B., "Alien and the Monstrous-Feminine", *Alien Zone,* ed. A. Kuhn, London and New York: Verso, 1990.

Creed, B., "Dark Desires", *Screening the Male,* eds. S. Cohan and I. R.

Hark, London: Routledge, 1993.

Daiches, D. (ed.), *Companion to Literature* vol. 1, Harmondsworth: Penguin, 1971.

Dargis, M., "N for Noir", *Sight and Sound* 7(7), July, 1997.

Defoe, D., *Robinson Crusoe*, London and Harmondsworth: Penguin, 1985.

Dick, P. K., *The Three Stigmata of Palmer Eldritch*, St Albans: Triad/ Panther, 1978.

Dickens, C., *Hard Times*, Harmondsworth: Penguin, 1969.

Dos Passos, J., *USA*, Harmondsworth: Penguin, 1996.

Dugdale, J., "Peek Viewing for the Girls", *Guardian*, 30 June 1998.

Dundes, A., "Introduction to the Second Edition" *Morphology of the Russian Folktale*, V. Propp, Austin: University of Texas, 1968.

Dyer, R., "Don't Look Now - the Male Pin-up", *Screen* 23(3-4), 1982.

Dyer, R., *Only Entertainment*, London: Routledge, 1992.

Dyer, R., *The Matter of Images*, London: Routledge, 1993.

Dyer, R., "'There's Nothing I Can Do! Nothing!': Femininity, Seriality and Whiteness in 'The Jewel in the Crown'", *Screen* 37(3), 1996.

Dyer, R., "Kill and Kill Again", *Sight and Sound* 7(9), 1997.

Dyer, R., *Se7en*, London: British Film Institute, 1999.

Dyer, R., "Kill and Kill Again - The Fascination of Serial Killing", London: British Film Institute, Media Studies Conference, 1999a.

Eagleton, T., *Literary Theory*, Oxford: Blackwell, 1983.

Early, G., "Ali's Rumble", *Sight and Sound* 7(5). 1997.

Eco, U., "Innovation and Repetition", *Daedelus*, Fall, 1985.

Eco, U., OU Foundation Course Narrative (Hard Times 4 Narrative), 1987.

Eldridge, J. (ed.), *News Content, Language and Visuals*, London: Routledge, 1993.

Eliot, T. S., *Collected Poems 1909- 1962,* London: Faber and Faber, 1974.

Ellis, J., *Visible Fictions* (rev. edn), London: Routledge, 1992.

Ellroy, J., *The Big Nowhere,* London: Arrow, 1994.

Elsaesser, T., "Tales of Sound and Fury", *Movies and Methods* vol. 2, ed. W. Nichols, Berkeley and Los Angeles: University of California Press, 1985.

Epic of Gilgamesh, The, (trans. N.K. Sanders), London: Penguin, 1960.

Evans, I., *A Short History of English Literature,* 4th edn, Harmondsworth: Penguin, 1976.

Faulkner, W., *As I Lay Dying,* Harmondsworth: Penguin, 1930/1963.

Feuer, J., "Melodrama, Serial Form and Television", *Screen* 225(1), 1984.

Fiske, J., *Television Culture,* London: Routledge, 1987.

Fiske, J. and Hartley, J., *Reading Television,* London: Methuen, 1978.

Fowles, J., *The French Lieutenant's Woman,* Triad/Granada, 1977.

French, S., *The Terminator,* London: British Film Institute, 1996.

Geraghty, C., *Women and Soap Opera,* Cambridge: Polity, 1991.

Ginsberg, A., *Howl,* San Francisco: City Lights Books, 1956.

Gledhill, C., "Klute 1: A Contemporary Film Noir & Feminist Criticism", *Women in Film Noir,* rev. edn, ed. E. A. Kaplan, London: British Film Institute, 1980.

Gledhill, C. (ed.), *Home Is Where the Heart Is,* London: British Film Institute, 1987.

Gledhill, C., "The Melodramatic Field –An Investigation", *Home* is *Where the Heart Is,* ed. C. Gledhill, London: British Film Institute, 1987a.

Glover, D., "The Stuff That Dreams Are Made of: Masculinity, Femininity and the Thriller", *Gender, Genre & Narrative Pleasure,* ed. D. Longhurst, London: Unwin Hyman, 1989.

Griffith, R., "Cycles and Genres", *Movies and Methods,* ed. W. Nichols, Berkeley and Los Angeles: University of California Press, 1976.

Gross, L., "Big and Loud", *Sight and Sound* 5(8), 1995.

Hamilton, A., "Fastsellers of 1996", *Guardian,* 9 January, 1997.

Hammett, D., *The Four Great Novels,* London: Pan, 1982.

Hanscombe, G., Penguin Passnotes: William Golding *The Lord of the Flies,* London: Penguin, 1986.

Hawkes, T., *Structuralism and Semiotics,* London: Methuen, 1977.

Hayward, P. and Wollen, T. (eds), *Future Visions,* London: British Film Institute, 1993.

Heath, S., *Questions of Cinema,* Basingstoke and London: Macmillan, 1981.

Henderson, B., "The Searchers: An American Dilemma", *Movies and Methods* vol. 2, ed. W. Nichols, Berkeley and Los Angeles: University of California Press, 1985.

Henderson, J. L., "Ancient Myths and Modern Man", *Man and His Symbols,* ed. C. G. Jung, London: Aldus, 1964.

Heyward, S., *Key Concepts in Cinema Studies,* London: Routledge, 1996.

Hoberman, J., "Paranoia and the Pods", *Sight and Sound* 4(5), 1994.

Hobson, D., "Women, Audiences and the Workplace", *Television and Women's Culture,* ed. M. E. Brown, London, Thousand Oaks, New Delhi: Sage, 1990.

Hobson, D., "Soap Operas at Work', *Remote Control,* eds. E. Seiter, H. Borchers, G. Kreutzner, and E. Warth, London: Routledge, 1991.

Hodge, J., *Trainspotting* - The Screenplay, London: Faber and Faber, 1996.

Holland, P., *The Television Handbook,* London: Routledge, 1997.

Hunter, L., *Screenwriting,* London: Robert Hale, 1994.

Hurd, G., "*The Sweeney* - Contradictons and Coherence", *Screen Education*, No. 20, 1976.

Hurd, G., "The Television Presentation of the Police", *Popular Film and Television*, eds. T. Bennett, S. Boyd-Bowman, C. Mercer, and J. Woollacott, London: British Film Institute, 1981.

Interactive Movie Database website (IMDB) (http://us.irndb.corn/).

Jackson, R., *Fantasy: The Literature of Subversion*, London: Methuen, 1981.

Jaggi, M., "The Impure Norm", *Guardian*, 2 May, 1998.

Jameson, F., *The Geopolitical Aesthetic*, Bloomington and London: Indiana University Press and British Film Institute, 1992.

Jung, C. G., *Man and His Symbols*, London: Aldus, 1964.

Kafka, F., (trans. D. Scott & C. Waller), *The Trial*, London: Picador, 1977.

Kaplan E. A. (ed.), *Women in Film Noir*, rev. edn, London: British Film Institute, 1980.

Keats, J., *Selected Poems and Letters of Keats*, Oxford: Heinemann Educational Books, 1966.

Keeble, R., *The Newspapers Handbook*, London: Routledge, 1994.

Keeping, C. and Crossly-Holland, K., *Beowulf*, Oxford: Oxford University Press, 1982.

Kennedy, D., "Mr Skint Strikes It Rich", *The Times*, 10 January, 1998.

Kerr, P., "Out of What Past? Notes on the B Film Noir", *Screen Education* Nos.32-33, 1979.

Kerr, P., *A Philosophical Investigation*, London: Arrow, 1993.

King, S., *The Shining*, Sevenoaks: New English Library, 1977.

Kitses, J., *Horizons West*, London: Secker and Warburg/British Film Institute, 1969.

Kitses, J., *Gun Crazy*, London: British Film Institute, 1996.

Krutnik, F., *In a Lonely Street*, London: Routledge, 1991.

Kuhn, A., *Women's Pictures,* London, Boston, Melbourne and Henley: Routledge & Kegan Paul, 1982.

Kuhn, A., "History of Narrative Codes", *The Cinema Book,* ed. P. Cook, London: British Film Institute, 1985.

Kuhn, A. (ed.), *Alien Zone,* London and New York: Verso, 1990.

Lacey, N., "Gender and SF: What Does the Future Hold?", Science Fiction Genre Project, Stafford, 1996.

Lacey, N., "Pulp Fiction - Back to the Future" (in the picture *Film Reader 1,* 36 Hospital Rd, Keighley, BD20 SEU, 1996a).

Lacey, N., *Image and Representation,* Basingstoke: Macmillan, 1998.

Lacey, N., *Media Studies - Exam Success Guide,* Deddington: Philip Allan, 1998a.

Lacey, N., "On Me 'Ed Girl!" (in the picture, number 34, autumn itp, 36 Hospital Rd, Keighley, BD20 SEU, 1998b).

Lawley, P., "Top Girls", *Contemporary British Dramatists,* ed. K. A. Berney, London, Detroit, Washington DC: St James Press, 1985.

LeGuin, U., *The Left Hand of Darkness,* St Albans: Panther, 1969.

LeGuin, U., "The Word for World is Forest", *Again, Dangerous Visions 1,* ed. H. Ellison, London: Pan, 1977.

Lem, S., *Safaris,* London: Arrow, 1961/1973.

Lem, S., *The Star Diaries,* London: Futura, 1976.

Lemon, L. T. and Reis M. J. (eds), *Russian Formalist Criticism,* Lincoln: University of Nebraska Press, 1965.

Lesage, J., "S/Z and The Rules of the Game", *Movies and Methods* vol. 2, ed. W. Nichols, Berkeley and Los Angeles: University of California Press, 1985.

Levi-Strauss, C., *Structural Anthropology,* Harmondsworth: Penguin, 1968.

Longhurst, D. (ed.), *Gender, Genre & Narrative Pleasure,* London:

Unwin Hyman, 1989.

Longhurst, D., "Science Fiction: The Dreams of Men", *Gender, Genre & Narrative Pleasure,* ed. D. Longhurst, London: Unwin Hyman, 1989a.

Luthi, M., *The Fairytale as Art Form and Portrait of Man,* Chicago: University of Chicago Press, 1984.

MacArthur, T. (ed.), *The Oxford Companion to the English Language,* London: Quality Paperbacks Direct, 1992.

MacCabe, C., *Godard: Images, Sounds, Politics,* Basingstoke and London: Macmillan, 1980.

MacCabe, C., "Pierrot le fou", *The Movie* 72, 1981.

MacCabe, C., "Preface to 'The Geopolitical Aesthetic'" (Frederic Jameson, 1992), 1992.

MacCabe, C., "Bayonets in Paradise", *Sight and Sound* 9(9), 1999.

Making Music, 138, September, 1997.

Malory, T., *The Death of Arthur,* Harmondsworth: Penguin, 1969.

Marketing of a Film - Judge Dredd - A Case Study 95 Film Education.

Masterman, L., *Teaching the Media,* London and New York: Routledge, 1985.

McArthur, C., *Underground USA,* London: Secker and Warburg/British Film Institute, 1972.

McArthur, C., *The Big Heat,* London: British Film Institute, 1992.

Metzger, B. M. and Coogan, M. D. (eds), *The Oxford Companion to the Bible,* New York and Oxford: Oxford University Press, 1993.

Modleski, T., *Loving With a Vengeance,* London: Methuen, 1982.

Monaco, J., *The New Wave,* London: Oxford University Press, 1976.

Monaco, J., Pallot, J. and Baseline, *The Second Virgin Film Guide,* London: Virgin, 1992.

Moon, B., *Literary Terms: A Practical Glossary,* London: English &

Media Centre, 1992.

Morley, D., *Television, Audiences and Cultural Studies*, London: Routledge, 1992.

Mosenzon, Y., "'Pretty Woman' - A Proppian Fairy Tale" (in the picture *Film Reader 1*, 36 Hospital Road, Keighley, BD20 SEU, 1996).

Nash, M., "Vampyr and the Fantastic", *Screen* 17(3), 1976.

Natriss, D., The UK Episode Guide to The X-Files (website), 1997.

Neale, S., *Genre*, London: British Film Institute, 1980.

New Encyclopedia Britannica, 15th edn, Chicago: University of Chicago, 1989.

Nichols, W., *Ideology and the Image*, Bloomington: Indiana University Press, 1981.

Nowell-Smith, G., "The Television Presentation of the Police", *Popular Film and Television*, eds. T. Bennett, S. Boyd-Bowman, C. Mercer, and J. Woollacott, London: British Film Institute, 1981.

O'Keefe, B., "The Language of *Trainspotting*", *The English Review*, November, 1996.

O'Sullivan, T. and Jewkes, Y. (eds), *The Media Studies Reader*, London: Edward Arnold, 1997.

O'Sullivan, T., Hartley, J., Saunders, D., Montgomery, M. and Fiske, J., *Key Concepts in Communications and Cultural Studies*, 2nd edn, London: Routledge, 1994.

Orwell, G., *Nineteen Eighty-Four*, Harmondsworth: Penguin, 1954.

Panofsky, E., *Meaning in the Visual Arts*, New York: Anchor, 1955.

Paretsky, S., *V. I. Warshawski*, London: Penguin, 1993.

Parrinder, P., *Science Fiction: Its Criticism and Teaching*, London and New York: Methuen, 1980.

PatronSaints/ Gibson, infovillage.com/ PatronSaints/ Gibson.html, 1998.

Peacock, T. L., *Nightmare Abbey/Crotchet Castle,* Harmondsworth: Penguin, 1969.

Penley, C., "Time Travel, Primal Scene and the Critical Dystopia", *Alien Zone,* ed. A. Kuhn, London and New York: Verso, 1990.

Phelps, G., *An Introduction to 50 British Novels 1600-1900,* London: Pan, 1979.

Philips, P., "Genre, Star and Auteur", *An Introduction to Film Studies,* ed. J. Nelmes, London: Routledge, 1996.

Pirie, D., "Wave Theory", *Sight and Sound* 6(6), 1996.

Place, J. A. and Peterson, L. S. (1976), "Some Visual Mofits of Film Noir" *Movies and Methods,* ed. W. Nichols, Berkeley and Los Angeles: University of California Press, 1976.

Place, J., "Women in Film Noir", *Women in Film Nair,* rev. edn, ed. E. A. Kaplan, London: British Film Institute, 1980.

Poe, E. A., *Selected Writings,* Harmondsworth: Penguin, 1967.

Poe, E. A., *The Science Fiction of Edgar Allan Poe,* Harmondsworth: Penguin, 1976.

Poole, S., "Eat Pixels, Sucker", *Guardian,* 22 May, 1998.

Pope, R., *Textual Intervention,* London: Routledge, 1995.

Propp, V., *Morphology of the Russian Folktale,* Austin: University of Texas, 1968.

Pye, D., "Film Noir and Suppressive Narrative", *The Movie Book of Film Noir,* ed. I. Cameron, London: Studio Vista, 1994.

Rayns, A., "Sono otoko, kyobo ni tsuki *(Violent Cop)", Sight and Sound* 4(1), 1994.

Rich, B. R., "Dumb Lugs and Femmes Fatales", *Sight and Sound* 5(11), 1995.

Ridley, M. R., *Othello,* London: Routledge, 1989.

Robbins, H. W., "More Human Than I Am Alone", *Screening the Male,* eds. S. Cohan and L. R. Hark, London: Routledge, 1993.

Rogin, M., *Independence Day*, London: British Film Institute, 1998.

Romney, J., "They're Out to Get You", *Guardian*, 19 October, 1998.

Rosen, C., *The Classical Style*, London: Faber & Faber, 1971.

Ross, A., "Miami Vice: Selling in", *Communication* 9, 1987.

Rushing, J. H. and Frentz, T. S., *Projecting the Shadow*, Chicago and London: University of Chicago Press, 1995.

Russell, M. D., *The Sparrow*, London: Black Swan, 1997.

Ryall, T., "Teaching Through Genre", *Screen Education* 17, 1975.

Scholes, R. and Rabkin, E. S., *Science Fiction: History - Science -Vision*, New York: Oxford University Press, 1977.

Schrader, P., "Notes of Film Noir", *Film Comment* 8(1), 1972.

Shelley, M., *Frankenstein in Three Gothic Novels*, Harmondsworth: Penguin, 1968.

Slotkin, R., *Regeneration Through Violence*, Middletown: Wesleyan University Press, 1973.

Sontag, S., "The Imagination of Disaster", *Film Theory and Criticism*, 2nd edn, eds. G. Mast and M. Cohen, Oxford: Oxford University Press, 1979.

Sophocles, (trans. E. F. Watling), *The Theban Plays*, Harmondsworth: Penguin, 1947.

Stafford, R., Youth Pictures Project (itp, 36 Hospital Rd, Keighley, BD20 SEU, 1997).

Stafford, R., Melodrama and Genre Project (itp, 36 Hospital Rd, Keighley, BD205EU, 1998).

Stafford, R., Science Fiction Genre Project (in the picture 36 Hospital Road, Keighley, BD20 SEU, 1996).

Stam, R., Burgoyne, R. and Flitterman-Lewis, S., *New Vocabularies in Film Semiotics*, London: Routledge, 1992.

Sterne, L., *The Life and Opinions of Tristram Shandy,* Harmondsworth: Penguin, 1967.

Storr, A., *Music and Mind,* London: HarperCollins, 1992.

Strange, 0., *Sudden,* London: Corgi, 1961.

Strinati, D., "Postmodernism and Popular Culture", *The Media Studies Reader,* eds. T. O'Sullivan and Y. Jewkes, London: Edward Arnold, 1997.

Sutcliff, R., *Dragonslayer,* Oxford: Heinemann Educational, 1961.

Taubin, A., "The Allure of Decay", *Sight and Sound* 6(1), 1996.

Thomson, D., "Pizza (or Pasta) Westerns", *The Movie* 71, 1981.

Thomson, D., *The Biographical Dictionary of Film, rev.,* London: Andre Deutsch, 1995.

Thwaites, T., Davis, L. and Mules, W., *Tools for Cultural Studies,* South Melbourne: Macmillan, 1994.

Tilley, A., "Narrative", *The Media Studies Book,* ed. D. Lusted, London: Routledge, 1991.

Todorov, T., *The Fantastic,* Ithaca, NY: Cornell University Press, 1975.

Todorov, T., "The Typology of Detective Fiction", *Modern Criticism and Theory: A Reader,* ed. D. Lodge, New York: Longman White Plains, 1988.

Tolson, A., *Mediations,* London and New York: Edward Arnold, 1996.

Trinta, A. R., "News from Home: A Study of Realism and Melodrama", *The Television Studies Book,* eds. C. Geraghty and D. Lusted, London: Routledge, 1998.

Trumbell, D., "Escape From Gravity", *Sight and Sound* 5(5), 1995.

Tudor, A., "Genre and Critical Methodology", *Movies and Methods,* ed. W. Nichols, Berkeley and Los Angeles: University of California Press, 1976.

Tulloch, J., *Television Drama: Agency, Audience and Myth,* London:

Routledge, 1990.

Turner, G., *Film As Social Practice,* 2nd edn, London: Routledge, 1993.

Vogler, C., *A Winter's Journey,* 2nd edn, London: Michael Wiese Productions, 1999.

Walker, M., "Melodrama and the American Cinema", *Movie* Nos. 29/30, 1982.

Walker, M., "Film Noir: Introduction", *The Movie Book of Film Noir,* ed. I. Cameron, London: Studio Vista, 1994.

Ward, A. C., *Longman Companion to 20th Century Literature,* 2nd edn, London: Book Club Associates, 1975.

Warshow, R., *The Immediate Experience,* New York: Atheneum Books, 1970.

Watson, J., *Media Communication,* Basingstoke: Macmillan, 1998.

Watson, J. and Hill, A., *A Dictionary of Communication & Media Studies,* 3rd edn, London: Edward Arnold, 1993.

Watt, I., *The Rise of the Novel,* Harmondsworth: Pelican, 1972.

Weiten, W., *Psychology Applied to Modern Life,* 2nd edn, Pacific Grove: Brooks/Cole, 1986.

Welsh, I., *Trainspotting,* London: Minerva, 1993.

Wentworth, S., *One Night of Love,* Richmond: Mills & Boon, 1994.

White, T. H., *The Once and Future King,* Glasgow: Fontana, 1962.

Widdicombe, R., "Discovering Legends in His Own Lifetime", *The Sunday Times, The Culture,* 4 September, 1994.

Willemen, P., "Introduction", *Genre,* ed. S. Neale, London: British Film Institute, 1980.

Williams, R., *Marxism and Literature,* Oxford: Oxford University Press, 1977.

Winder, D., *Internet Jargon A-Z,* Bath: Future Publishing, 1994.

Winnington, R., "Critic's Prologue", Penguin *Film Review* No.1, August,

1946.

Withall, K., "Into the Labyrinth - The Serial Killer Cycle", (In the picture .*Film Reader 1,* 36 Hospital Road, Keighley, BD20 SEU, 1996).

Wittstock, M., "For Those Watching in Black and White ...", *Guardian,* 2 March, 1998.

Wollen, P., "North By North-West: A Morphological Analysis", *Film Form* 1(1), 1976.

Wollen. P., "Godard and Counter Cinema: Vent d'Est", *Movies and Methods* vol. 2, ed. W. Nichols, Berkeley and Los Angeles: University of California Press, 1985.

Wood, R., *Howard Hawks,* rev. edn, London: British Film Institute, 1981.

Wood, R., "An Introduction to the American Horror Film", *Movies and Methods* vol. 2, ed. W. Nichols, Berkeley and Los Angeles: University of California Press, 1985.

Wordsworth, W., *The Prelude,* Oxford: Oxford University Press, 1970.

Wright, W., *Sixguns and Society,* Berkeley: University of California Press, 1975.

Zoonen, L. van, *Feminist Media Studies,* London Thousand Oaks and New Delhi: Sage, 1994.

찾아보기

ㅁ

ㅂ

ㅅ

ㅇ

ㅎ

내러티브와 장르:
미디어 분석의 핵심 개념들

초판 1쇄 발행 2020년 2월 25일

지은이 닉 레이시
옮긴이 임영호
펴낸이 강수걸
편집장 권경옥
편집 박정은 이은주 윤은미 강나래
디자인 권문경 조은비
펴낸곳 산지니
등록 2005년 2월 7일 제333-3370000251002005000001호
주소 부산시 해운대구 수영강변대로 140 BCC 613호
전화 051-504-7070 | 팩스 051-507-7543
홈페이지 www.sanzinibook.com
전자우편 sanzini@sanzinibook.com
블로그 http://sanzinibook.tistory.com

ISBN 978-89-6545-642-1 93330

* 책값은 뒤표지에 있습니다.
* 이 도서의 국립중앙도서관 출판예정도서목록(CIP)은 서지정보유통지원시스템 홈페이지(http://seoji.nl.go.kr)와 국가자료공동목록시스템(http://www.nl.go.kr/kolisnet)에서 이용하실 수 있습니다. (CIP 제어번호: CIP2020003363)
* 이 도서는 방송문화진흥회의 저술 지원으로 제작되었습니다.